城市与区域管理丛书

面向世界城市的北京发展趋势研究

Study on the Development Trend of Beijing on Becoming a World City

李国平 王 立 孙铁山 刘霄泉 曹红阳 等/著

科学出版社
北 京

内 容 简 介

本书力图全景展现面向世界城市的北京发展及未来图景，从分析北京建设世界城市的背景、地位和基础出发，详尽地从人口、资源、环境，经济发展，社会发展和空间发展四个方面对面向世界城市的北京发展现状进行分析，并对北京建设世界城市的发展趋势进行判断和展望。通过问卷调查和座谈，本书汇集了22位来自不同领域的专家对北京发展和建设世界城市的见解和观点，为判断未来北京发展趋势，以及认识北京建设世界城市的目标、差距、问题、路径和战略等提供参考。最后，本书提出了北京建设世界城市的战略定位、发展目标、模式及其策略。

本书的内容和一些观点能够为新的城市总体规划修编以及相关规划的编制提供依据，也可为北京城市管理提供决策参考。

图书在版编目(CIP)数据

面向世界城市的北京发展趋势研究/李国平等著. —北京：科学出版社，2012.5

（城市与区域管理丛书）

ISBN 978-7-03-033997-3

I.①面… II.①李… III.①城市发展战略-研究-北京市 IV.①F299.271

中国版本图书馆 CIP 数据核字（2012）第 063340 号

责任编辑：陈　超　汪旭婷　雷　旸／责任校对：包志虹
责任印制：徐晓晨／封面设计：无极书装
编辑部电话：010-64035853
E-mail：houjunlin@mail.sciencep.com

科学出版社 出版
北京东黄城根北街 16 号
邮政编码：100717
http://www.sciencep.com

北京虎彩文化传播有限公司 印刷
科学出版社发行　各地新华书店经销

*

2012 年 5 月第　一　版　开本：B5（720×1000）
2020 年 5 月第五次印刷　印张：22
字数：405 000
定价：60.00 元
（如有印装质量问题，我社负责调换）

"城市与区域管理丛书"编委会

主　编　王　铮

副主编　李国平

编　委（按姓氏笔画排列）

　　　　丁金宏　王如渊　王国成　刘　筱　杨　凯
　　　　沈建法　张文忠　陈　爽　陈兴鹏　陈晓宏
　　　　苗长虹　周国华　周春山　修春亮　秦耀辰
　　　　蒋金荷　薛　领　魏后凯

总　　序

早在 20 世纪 70 年代，人们就提出了环境管理的理论体系。此后，地理学与管理学长期合作发展。1997 年的东亚经济危机使人们认识到应对危机时区域政府责任重大，这就刺激了人们对经济的区域性特性深入认识和对区域的管理学性质的关注。这样，科学的一个重要发展——区域管理作为一个学科迅速地兴起。现在，在地理学领域，越来越多的学者，从管理学角度认识区域经济问题；在管理学领域，越来越多的学者认识到把管理学局限在企业管理或者商业管理的局限性。实际上，区域（城市、国家是区域的特殊类型）管理，往往具有不同于企业管理的原则和基本思想。当企业遭遇危机，企业可以采用所谓"减员增效"的措施来提高企业活力，把冗余的员工推给社会。可是当国家遭遇经济危机，国家领导人绝不可"减员增效"，而是要创造就业机会，为所有公民服务。最简化地说，企业管理目标是最大利润，区域管理目标是充分就业。在政策应用上，尽管原理上一致，二者往往背道而驰。实际上，管理学有一个词汇"governance"，在企业管理中，governance 目前强调的是放松规制，强调市场机制的决定性作用，发挥对个体激励作用。在区域管理领域，governance 正在被强调为法律的有效性和政府的主动性。国际上对 2008 年开始的经济危机的应对，被众多学者陈述为是一种 governance，政府不再是把经济完全交给市场。企业管理学者和区域管理学者对 governance 理解的侧重点不同，反映了企业管理与区域管理思想的差异。在中文中，企业管理学家最初把 governance 翻译为治理，区域管理学家习惯把 governance 翻译为管治，这就反映了两个学科的视角差异。且不争论这个名词的翻译，事实说明，区域管理具有自己的管理学独特性和社会对它需求的必然性。因此，出版城市与区域管理学的理论与案例研究成果，是一件很有意义的事情。

目前，区域管理是一个庞大的学科体系。一般来说，第二次世界大战后兴起环境管理，在 20 世纪 70 年代就成为独立学科。此后，流域管理、资源管理、城市管理、增长管理、人口管理应运而生，丰富了区域管理。最近兴起的是城市和区域管治（governance），它强调通过一套程序、惯例、政策、法律、机构和社会组织来组织、管理及控制区域，这个过程不再关注单一的目标，而是关注众多目标并且注意平衡各利益相关方的利益。在最近一年，关于区域的经济管治和气候经济学管治被学者们多次提到，这代表着区域管理学的深入发展。总之，区域管理已经形成了有众多领域的生机勃勃的新学科。

在我国，2000 年，科学出版社出版了王铮主编的"经济发展与地方管理丛书"；2001 年，国家自然科学基金委员会把区域发展管理列为资助方向；同年 12 月，北京大学设立城市与区域管理系，开始招收区域与城市管理本科生，这些事件标志着区域管理在中国进入了一个系统发展的阶段。最近几年，闫小培、沈建法等对城市管治（governance）展开的大量研究，使得城市管理从城市运行管理与城市行政扩充到了区域的发展管理、公共服务管理、社会管理领域。王铮、李国平对区域知识管理做了一些起点性研究，提出了新的概念和思想；周国华等许多中国学者，针对中国突出的城乡统筹问题，进行了大量的实证研究，提出了一些新观点；而环境管理、资源管理更是硕果累累，区域管理在中国取得了丰富成果。我们希望通过这些理论、方法和案例的出版，推动区域管理的全面发展，同时显示区域管理学的独特性，促进更多的学者和青年学生投入到区域管理的理论研究和社会实践中。值得一提的是，由于城市管理在区域管理中具有特别的理论意义，应用意义突出，所以丛书突出了城市管理，命名为"城市与区域管理丛书"，虽然作为学科，称之为"区域管理学"已经意义充分。

王铮

2011 年 11 月 28 日于中关村

前　言

《北京城市总体规划（2004—2020年）》将北京的城市性质确定为全国的政治中心、文化中心、世界著名古都和现代国际城市；在城市发展目标和主要职能方面，强调以建设世界城市为努力目标，不断提高北京在世界城市体系中的地位和作用；在城市发展第三阶段目标中，明确提出到2050年左右进入世界城市行列。《北京市国民经济和社会发展第十二个五年规划纲要》提出要努力打造国际活动聚集之都、世界高端企业总部聚集之都、世界高端人才聚集之都、中国特色社会主义先进文化之都、和谐宜居之都，推动北京向中国特色世界城市迈出坚实的步伐。国家以及北京市已经正式将世界城市确立为北京发展的宏伟目标和努力方向。

北京建设世界城市已具有一定基础。2010年北京地区生产总值已经达到13 778亿元，人均超过1万美元，开始步入世界较发达城市之列，逐步确立了在科技创新、现代服务型经济体系、产业高端发展等方面的国内领先地位。北京在世界城市体系中的地位也在不断提升，2008年在世界城市网络中排序已经从2000年的第29位跃升为第9位，其整体连通度指数从43.43上升到68.77，已经属于高度整合于世界城市网络的世界城市。北京成功举办了2008年奥运会，完成了新中国成立60周年庆典，并且作为经济总量超过日本成为世界第二大经济体的国家的首都，积极应对了国际金融危机冲击，这些都大大提升了北京在世界上的形象和城市影响力。伴随我国经济社会快速发展，北京建设成为世界城市的目标可以也能够提前实现，我们认为2030年北京可以基本建成世界城市。

北京建设世界城市是一个长期的过程，需要经济、社会、人口、资源、环境、空间等方面不断发展和完善，需要不断解决新问题，需要不断根据新形势、新需求制定与调整相关政策，更需要一步一个脚印地按照世界城市的高标准和高要求来扎实地推进北京的各项工作。因此需要深刻地分析北京发展现状，客观地判断北京发展阶段，准确地找出存在的关键问题，科学地预测北京发展的未来趋势和发展方向，特别是需要预测和展望到2030年。

本书力图全景展现"北京2030"，为此也开展了诸多分析预测工作，其核心目的在于为新的北京市城市总体规划修编提供依据。《北京城市总体规划（2004—2020年）》的城市定位和城市发展方向仍具有重要的指导意义，但我们不得不面对由于经济高速增长特别是人口的迅猛集聚，一些重要的规划指标特别是人口控制目标已经提前突破或即将突破这一客观现实，显然需要适时对其进行必要的修编。我们希望本书的内容和一些观点能够直接为城市总体规划以及相关规划的编制或修编工作产生积极的影响和作用。

本书作者主要来自北京大学首都发展研究院和北京市城市系统工程研究中心。北京大学首都发展研究院和北京市城市系统工程研究中心多年来致力于研究首都发展中的一些基础性、长期性、前瞻性和战略性问题。本书是北京大学首都发展研究院和北京市城市系统工程研究中心众多北京相关研究成果中的一个代表。

本书共八章，分别是北京建设世界城市的背景分析，北京建设世界城市的基础分析，人口、资源、环境发展现状及趋势分析，经济发展现状及趋势分析，社会发展现状及趋势分析，城市空间发展现状及趋势分析，2030年的北京：专家咨询意见分析，北京2030：面向世界城市的发展目标、模式与策略。

本书首先从回顾北京的城市发展历程出发，论述了北京城市定位的变化，分析了在新阶段北京将建设中国特色世界城市作为发展目标的战略决策过程和背景，并分析了现阶段北京建设世界城市的必要性，以及新形势下北京建设世界城市的机遇和挑战等。之后，本书详细探讨了北京建设世界城市的地位和基础，通过对世界城市网络及北京在其中的地位和变化，揭示目前北京已初步具备建设世界城市的基础和条件。同时，世界城市的发展往往有一个支撑其发挥控制职能的区域，本书将北京及其周边地区作为北京建设世界城市的区域基础，并对其条件和问题等进行分析。此外，本书还对北京的城市发展与主要世界城市的发展展开比较，分析北京与主要世界城市的差距和存在的问题等。

本书分别从人口、资源、环境，经济发展，社会发展和空间发展四个方面对北京城市发展现状进行分析，并对北京建设世界城市的发展趋势进行判断和展望。人口、资源与环境是北京建设世界城市的重要支撑条件，而三者的协调发展是北京城市可持续发展的关键。本书重点分析了北京市人口和资源的总量增长和结构变动，以及环境质量现状，并在此基础上对未来人口、资源、环境的发展趋势进行展望。在经济发展方面，本书详尽回顾了北京市经济发展和产业结构变动历程，对北京经济发展的总体趋势和经济重构的基本特征进行研究，重点分析工业（制造业）和现代服务业的发展现状和结构特征，并探讨了北京的经济发展走向，包括经济总量的持续扩张、产业结构的高级化等。北京是中国的首善之区，建设世界城市当善于社会建设与发展。本书详细阐述和分析了北京在居民收入、科技创新、社会保障和公共服务等重点社会建设领域的发展历程，并对社会建设与发展到2030年的总体趋势进行了判断和展望。此外，本书还探讨了在快速的社会、经济变化过程中城市空间发展的历程和现状，着重分析了伴随城市增长，北京的城市郊区化过程和特征，以及在郊区化过程中城市空间结构的发展趋势。本书重点对北京市经济空间布局的发展进行分析和展望，探讨了伴随产业结构的迅速变化，产业空间格局（包括制造业和服务业空间格局）的发展趋势。同时，面对城市交通和空间发展日益紧密的相互作用，本书对北京城市交通建设现状及发展趋势进行分析，并研究了城市交通发展趋势对城市空间发展的影响等。

本书第七章汇集了22位来自城市规划、地理学、经济学、管理学等领域的专家对北京的城市发展定位、人口发展、经济发展、资源环境、城市空间发展和社会发展现状和趋势的见解和观点，集中体现了该领域众多专家的真知灼见，这为我们对北京城市发展趋势和2030年的北京进行判断，以及认识北京建设世界城市的目标、差距、问题、路径和战略等提供了重要的参考。

本书第八章系统阐述了北京建设世界城市的战略定位、发展目标、模式及其策略。首先，结合本书的研究成果，提出了北京建设世界城市的战略定位，北京建设世界城市不仅要符合世界城市的一般规律，更应具有北京特色。未来20～30年，北京建设世界城市的战略定位应当是：影响政治发展的国际政治交往中心；具有经济实力与活力，影响和控制对外经济的国际经济管理中心；具有深厚文化底蕴、高度包容性、多元化的世界文化名城；引领国际自主创新、连接全球创新网络的世界创新城市；可持续发展的国际生态城市。其次，进一步提出了"六个提升"的北京建设世界城市的发展目标。北京建设世界城市要建立起具有中国特色和首都特点的经济模式和空间模式，其经济模式应着力于产业结构高级化、价值链增值环节升级化、经济职能外向化，其空间模式应在市域层面构建网络化大都市，在区域层面依托京津冀区域，构建区域城市网络，连接世界城市网络。最后，本书提出了北京建设世界城市的具体发展战略，包括经济发展策略、空间发展策略，社会发展策略和人口、资源、环境发展策略等。

本书由李国平、王立、孙铁山、刘霄泉、曹红阳共同讨论拟定结构框架，集体讨论确定各章主要内容、基本观点以及分析论证方法，然后由各执笔者承担相应章节的写作。前言由李国平、王立执笔；第一章第一节由刘霄泉，第二节由李国平、王立，第三节由刘霄泉执笔；第二章第一节由孙铁山、李国平，第二节由李国平、孙铁山、张悦，第三节由孙铁山、王立执笔；第三章第一节由王志宝、张健，第二节由王志宝、严靖凯、曹红阳，第三节由田家宁、王志宝执笔；第四章第一节由李国平、刘霄泉，第二节由刘霄泉，第三节由吴爱芝、齐云蕾执笔；第五章第一节由吴爱芝、赵浚竹，第二节由王伟、吴爱芝，第三节由吴爱芝、李咏涛，第四节由吴爱芝、李桐执笔；第六章第一节由孙铁山，第二节由张冰雪、李国平，第三节由齐云蕾、王伟执笔；第七章第一节由张悦，第二节由吴爱芝，第三节由王立，第四节由曹红阳，第五节由吴爱芝，第六节由李桐，第七节由张悦执笔；第八章第一节由李国平、王立，第二节由李国平、李岱松，第三节由孙铁山、刘霄泉、王志宝、吴爱芝执笔。除执笔人外，还有王海芸、袁薇薇、罗毅、李青森、原嫄、赵天旸、玄兆辉、陈晓白等参与了课题研究工作。全书最后由李国平、孙铁山、刘霄泉统稿。

在本书形成过程中得到了北京市发展和改革委员会、北京市对口支援和经济合作领导小组办公室等单位或机构的大力支持。为完成本书的研究和写作工作，研究课题组先后多次到北京市各部门和各区县进行调查研究，对给予调查研究以协助的相关机构、企业和个人表示衷心的感谢。

本书的出版得到了科学出版社责任编辑陈超女士的帮助，特此致谢。

笔者力图以世界城市为参照系来客观地分析北京发展现状以及2030年的愿景，寄希望于本书的出版一方面能对北京市的科学决策产生积极作用和重要影响，同时也希望带来对于北京长期发展趋势分析研究的新关注。但限于理论水平与实践经验，本书难免存在不足之处，著者全员诚恳希望得到广大读者的批评指正。

李国平　王　立
2011年11月

目 录

总序（王铮） ·· i
前言 ·· iii

第一章　北京建设世界城市的背景分析 ··· 1
　　第一节　北京的城市发展历程 ··· 1
　　第二节　北京建设世界城市的战略决策 ··· 4
　　第三节　北京建设世界城市的机遇和挑战 ····································· 9
　　参考文献 ··· 13

第二章　北京建设世界城市的基础分析 ··· 15
　　第一节　世界城市网络及北京的地位 ··· 15
　　第二节　北京建设世界城市的区域基础 ······································· 19
　　第三节　北京城市发展与主要世界城市的比较 ··························· 27
　　参考文献 ··· 34

第三章　人口、资源、环境发展现状及趋势分析 ····································· 36
　　第一节　人口发展现状与趋势分析 ··· 36
　　第二节　资源供给与利用的现状及趋势分析 ······························· 61
　　第三节　环境现状与趋势分析 ·· 82
　　参考文献 ··· 103

第四章　经济发展现状及趋势分析 ··· 106
　　第一节　经济发展历程与总体趋势分析 ····································· 106
　　第二节　工业发展现状与趋势分析 ··· 120

第三节　现代服务业发展现状与趋势分析 …………………… 138
　　参考文献 …………………………………………………………… 150

第五章　社会发展现状及趋势分析 …………………………………… 152
　　第一节　居民收入发展现状与趋势分析 …………………… 152
　　第二节　科技创新发展现状与趋势分析 …………………… 161
　　第三节　社会保障发展现状与趋势分析 …………………… 173
　　第四节　公共服务发展现状与趋势分析 …………………… 181
　　参考文献 …………………………………………………………… 208

第六章　城市空间发展现状及趋势分析 ……………………………… 210
　　第一节　郊区化与城市空间结构发展趋势 ………………… 210
　　第二节　产业空间布局与发展趋势 ………………………… 227
　　第三节　城市交通发展趋势及对城市空间发展的影响 …… 253
　　参考文献 …………………………………………………………… 267

第七章　2030年的北京：专家咨询意见分析 ………………………… 269
　　第一节　北京的城市发展定位 ……………………………… 269
　　第二节　北京的人口发展 …………………………………… 276
　　第三节　北京的经济发展 …………………………………… 277
　　第四节　北京的资源环境 …………………………………… 281
　　第五节　北京的城市空间发展 ……………………………… 284
　　第六节　北京的社会发展 …………………………………… 290
　　第七节　结论 ………………………………………………… 295
　　参考文献 …………………………………………………………… 297

第八章　北京2030：面向世界城市的发展目标、模式与策略 ……… 298
　　第一节　北京建设世界城市的战略定位和发展目标 ……… 298
　　第二节　北京建设世界城市的经济与空间模式 …………… 301
　　第三节　北京建设世界城市的发展策略 …………………… 310
　　参考文献 …………………………………………………………… 324

附录　北京2030：面向世界城市的首都发展趋势分析和展望专家调查
　　　　问卷 ……………………………………………………………… 325

第一章
北京建设世界城市的背景分析

第一节 北京的城市发展历程

北京建城的历史可以追溯到3000年以前，所谓"左环沧海，右拥太行，北枕居庸，南襟河济，俯中原，诚天府之国"（于敏中等，1983），优越的地理区位和自然环境为北京的城市发展奠定了良好的基础。在城市发展历程中，北京在不同的时期被赋予了不同的城市职能，尤其是新中国成立后，北京历次城市规划对其城市性质和发展定位进行了调整，伴随着北京城市建设的不断推进，今天的北京不仅是世界著名古都，是我国的政治中心、文化中心，也逐渐成为现代化的国际城市。从北京的城市发展历程来看，可以分为三个阶段。

一、1949年前的北京城——封建皇权的象征

早在3000多年前的春秋战国时期，北京地区已经出现了早期的城市。温和的气候、肥沃的土地、广阔的平原为北京地区的经济发展提供了优越条件，北京地区农业经济发达、物产富饶，更是南北交通枢纽，不仅是历朝历代的北方军事重镇，更是中原汉族与北部游牧部族贸易和文化交往的中心（高福顺，2000）。唐宋以后北京的地位更进一步提升，金代正式建都于北京，当时北京地区的人口已超过100万人；此后元、明、清各朝均建都于此，北京正式成为集政治、经济、文化于一体的首善之区，人口超过200万人。

作为全国首都，历史时期的北京城商业繁荣，人口密集，水源是城市建设中至关重要的问题；此外，受地理条件和城市功能定位的影响，生产功能已远远不能满足城市人口增长和经济发展的需求，粮食及商品往往需要依托外部运入，因而我国历代城市建设者在城市选址时都十分关注水源的选择和水利工程

的修建。从北京城的发展历史来看，金中都的建设主要依托莲花池水系，而元大都建设时，考虑到莲花池水系水源的不足，即改为依托高粱河水系新建都城，因而都城选址也向东北部迁移，构筑了北京城的雏形，并成为明清北京城的建设基础。此外，通惠渠工程成功解决了漕粮入境的困境，在京杭大运河源源不断地将粮食、商品运入京城的同时，更进一步加强了北京在南北交通枢纽方面的重要功能，保证了北京城的物资需求。

明清北京城以紫禁城为中心，按中轴线东西对称的原则设计，集中国传统都城建设之大成，是此后北京城市建设的基础。尽管伴随着城墙的拆除和20世纪80年代后城市改造速度的加快，北京城市空间结构已经发生了巨大的变化，但我们依旧可以在红墙绿瓦之间寻找到当日宏伟的北京城的印迹。这座繁荣的古代都城，汇集了南北文化，也为我们留下了丰富的文化遗产。

二、1949～1980年的北京城——高速发展的工业新城

1949年10月1日，中华人民共和国成立，北京成为新中国的首都，正式开启了北京城市建设与现代化发展的新篇章。自1949年新中国成立以来，北京市先后开展了五次总体规划的编制，在不同历史时期城市的建设与发展实践过程中，不断对城市发展定位进行修正和调整。

新中国成立之初，战乱后的北京城千疮百孔、百废待兴。1949年3月5日，中共七届二中全会提出要"将消费的城市变成生产的城市"这一新中国城市发展的总体思路。为充分贯彻中央精神，1949年4月16日，中共北平市委即制定了北京市恢复改造和发展生产的工作决定。结合对西方工业的反思和对京津冀大北京地区发展的思考，梁思成提出了对这一决定的深刻担忧和建设环境优美的行政中心城市的美好愿景，并与陈占祥等学者一起提出了保留古城、疏散功能、另建新城的宏伟设想（王军，2003）。然而这个影响北京学界半个多世纪的宏伟设想，并未能成为引导北京城市建设的蓝图，随着1953年由北京市委规划小组编制完成的《改建与扩建北京市规划草案的要点》的出炉，北京市进入了全面工业化和旧城改造阶段。

《改建与扩建北京市规划草案的要点》将北京的城市性质定位为"我国政治、经济、文化的中心"，以及"我国强大的工业基地和科学技术的中心"，以全市的中心区作为中央首脑机关所在地，将行政中心设在旧城中心部位，四郊开辟大工业区和大农业基地，规划20年左右城市人口规模达到500万人、城市用地面积扩大到600千米^2，成为第一个五年计划期间北京城建设的基本方案。在国家优先发展重工业的战略以及北京建设强大的工业基地和科学技术中心的建设方针指导下，第一个五年计划期间，北京初步建成了大中小企业配套齐全

的工业格局。

1955年在原有的《改建扩建北京市规划草案要点》的基础上，对北京城市建设总体规划进行了全面、深入的研究与编制工作，于1958年编制完成并以草案形式发布了《北京城市建设总体规划初步方案》。这次总体规划进一步强调了变消费型城市为生产型城市、建设大工业城市的定位，反映了当时国家工业化的战略要求，以及通过工业化道路恢复和发展生产、实现强国富民的迫切需求。规划进一步确定了北京的定位，即北京是中国的政治中心和文化教育中心，并应迅速建成一个现代化的工业基地和科学技术中心；同时在城市布局上提出了"分散集团式"和"子母城"的布局形式，在工业发展上提出了"控制市区、发展远郊"的方针。1962年，北京市委指出，北京已经实现了由消费型城市向生产型城市的转变，正式进入了以重化工业为主导的工业化阶段。地区生产总值从1949年的2.77亿元增长到1962年的29.59亿元，第二产业比例增长至55.09%，与此相伴随的正是城墙的全面拆除和城市空间格局的巨大变化。

三年自然灾害和"文化大革命"并没有阻挡北京的工业化进程，到20世纪70年代末，北京已成为全国重要的工业基地。1972年11月北京市规划管理局恢复后，经过一年多的努力，于1973年10月8日提出了《北京地区总体规划方案》和《北京市区总体规划方案》。这一方案虽然未予讨论，但是方案中已经明确指出北京城市发展中出现的若干问题：城市规模过大、工业过于集中带来了严重缺水、环境污染、用地紧张等。历史证明，北京在水资源及矿产资源短缺的情况下过度发展工业，不仅给自身造成了严重的城市问题，也由于京津经济同构发展，导致了天津的衰退（王军，2003）。

三、1980年后的北京城——日新月异的国际城市

改革开放为北京带来了新的发展活力，城市的商业活动开始繁荣，城市服务功能逐渐增强。改革开放开始之后，北京建设工业城市的定位开始受到质疑，1982年由北京市规划委员会编制的新一轮《北京城市建设总体规划方案》成为北京城市建设的转折点。该轮方案对北京的城市定位进行了调整，明确北京的城市性质是全国的政治中心和文化中心，而取消了"经济中心"的提法，并提出了严格控制城市规模，坚持"分散集团式"城市布局，发展远郊卫星城，严格控制城市人口规模的城市发展目标，另外根据北京历史文化名城的地位，对保留、继承和发扬文化古都风貌提出了更高的要求。这一总体规划方案强调经济发展要适应和服从城市性质的要求，调整结构，根据资源情况重点发展能耗低、用水少、占地少、运输量少和不污染、不扰民的工业，对现有重工业进行技术改造，并提出改变工业过分集中于市区的状况。

在不断加大的全球化影响之下,以举办1990年亚运会为契机,北京的对外开放水平得到进一步提高。为适应国际国内日益频繁的政治、经济和文化交往,1993年编制的《北京城市总体规划(1991—2010年)》再次对北京的城市定位进行了调整,进一步明确北京的城市性质是伟大社会主义中国的首都,全国的政治中心和文化中心,世界著名的古都和现代国际城市,并提出发展适合首都特点的经济,调整产业结构和布局,大力发展高新技术和第三产业,明确提出城市发展要实行"两个战略转移"的方针,即全市城市发展重点要逐步从市区向广大郊区转移,市区建设要从外延扩展向调整改造转移,并将历史文化名城保护纳入总体规划,把城市基础设施现代化和环境建设放在突出位置。这是首次在城市总体规划中突出北京城市的国际功能,提出建设全方位对外开放的现代化国际城市的目标,充分反映了国际交往和对外开放不断扩大的时代背景下,首都建设和发展的客观要求。

随着对北京功能定位的明确,北京工业布局的重心逐渐向郊区转移,以现代服务业为主的第三产业成为城市的主导产业,2000年第三产业比重已达到64.81%;同时城市化和城市郊区化的步伐明显加快,对外开放水平快速提升。《北京城市总体规划(2004—2020年)》进一步明确了北京的城市性质,具体来说:国家首都,即按照中央对北京做好"四个服务"的工作要求,强化首都职能;国际城市,即以建设世界城市为努力目标,不断提高北京在世界城市体系中的地位和作用;历史名城,要求弘扬历史文化,保护历史文化名城风貌,形成传统文化与现代文明交相辉映、具有高度包容性、多元化的世界文化名城;宜居城市,要求创造充分的就业和创业机会,建设空气清新、环境优美、生态良好的宜居城市。在这一城市总体规划中,北京的首都职能、居住功能和文化特色得到强调,并进一步明确提出要将世界城市作为北京城市建设的努力目标。

第二节 北京建设世界城市的战略决策

经过60多年的城市建设和经济发展,北京的面貌发生了翻天覆地的变化。2008年成功举办第29届奥运会后,北京的国际声望大幅提高,首都的现代化建设进入了新的发展阶段。在应对金融危机的过程中,北京对城市发展定位和未来目标有了新的判断。2009年年底召开的北京市委十届七次全会上,提出了要从建设世界城市的高度,加快实施"人文北京、科技北京、绿色北京"发展战略,以更高标准推动首都经济社会又好又快发展。这意味着北京城市国际化进程进入了新的阶段,将以建设国际城市的高端形态——"世界城市"为发展目标。

一、建设中国特色的世界城市

作为学术术语,"世界城市"一词最早由英国学者格迪斯提出,用以表述"世界最重要的商务活动绝大部分都须在其中进行的那些城市"(谢守红等,2004)。英国学者霍尔在其 1966 年的著作《世界城市》(World Cities)中,第一次全面而系统地描述和研究了世界城市,并为现代世界城市研究奠定了基础(Hall,1996)。霍尔针对伦敦、巴黎、纽约、东京、莫斯科以及德国莱茵-鲁尔区、荷兰兰斯塔德区 7 个世界城市开展了详尽的研究,认为世界城市是那些已经对全世界或大多数国家发生经济、政治和文化影响的国际第一流大都市,世界城市的形成取决于其具有全球影响的复合的城市功能,包括政治、贸易、交通、金融、教育、文化和科技等。霍尔认为,世界城市的具体特征是:①主要的政治权力中心;②国家的贸易中心;③主要银行所在地和国家金融中心;④各类专业人才聚集的中心;⑤信息汇集和传播的地方;⑥大的人口中心且集中了相当比例的富裕阶层人口;⑦娱乐业已成为重要的产业部门。

霍尔所描述的世界城市延伸了格迪斯提出的概念,认为世界城市的形成取决于其具有全球影响的复合的城市功能,包括政治、贸易、交通、金融、教育、文化和科技等。这是从城市化过程中全球性国际大都会的角度对世界城市的理解,而并未将世界城市的发展与全球化过程中世界体系的变化以及全球资本运行不平衡的地理格局相结合,即并未将对世界城市的理解与全球化过程结合起来。

第二次世界大战后,全球化进程不断加快,促使全球政治、经济空间格局进行重构。世界城市是全球化的产物,同时也是全球化过程中关键的协调者、推动全球化进程的核心力量。全球化及在此过程中形成的新国际劳动分工是理解世界城市的重要基础。1986 年,弗里德曼在此基础上提出了迄今为止最为经典的世界城市理论(Friedmann,1986)。弗里德曼认为,在全球化时代,城市可以被看做跨国公司在管理全球劳动配置与分工中的控制中心,由此将地方与全球经济整合起来。在整合过程中,新国际劳动分工决定了城市的功能和城市体系的结构(苏雪串,2006)。一些城市不再直接生产工业品,而是成为集聚和扩散国际资本的枢纽,并通过复杂的全球城市体系成为整合和控制全球生产和市场的关键力量,而这些城市则处于全球城市体系的最高层级,即是所谓的世界城市(蔡建明,2001)。弗里德曼认为世界城市的形成过程是"全球控制能力"的生产过程,而这种控制能力主要是指对全球经济的控制力,其产生取决于特定部门的集中和快速增长,包括跨国公司总部、国际金融、国际交通和通信、高级商务服务等。

20世纪90年代后,美国学者萨森进一步发展了世界城市理论(Sassen,1991)。萨森很大程度上接受了弗里德曼提出的世界城市体系的观点,并着重强调了高级生产者服务业在其中的重要作用。萨森认为,全球化过程中金融产业和生产者服务业的快速增长、国际化以及向特定城市的集中,使这些城市成为全球生产服务和创新的中心,从而获得管理和协调全球经济的战略能力。她把这些生产服务高度集中,服务于全球资本运行的战略性地区称为"全球城市(global cities)",以强调它们在全球化中的独一无二的地位。萨森重点研究了纽约、伦敦、东京,她认为全球城市是:①世界经济组织中高度集中化的控制中心;②金融和专业服务的中心;③创新的生产地,即创新中心;④产品与创新的市场地,即消费中心。

目前,学术界对世界城市的普遍认识是:世界城市是全球城市体系中最高等级的城市;是有世界影响力的城市,是全球化经济的空间节点;承担着世界性资源的调控和集散功能,占据着全球经济、政治、文化活动的制高点;是一个国家(或地区)参与国际政治、经济和社会分工的重要载体。世界城市在国际劳动分工中能够对政治、经济、技术、劳动力等高端生产要素发挥协调和控制作用。世界城市本质上是指一种"世界城市地位",即那种具有重大世界影响的城市的"地位",而这种地位是由世界城市所具有的不同于一般大城市的功能所决定的。目前公认的世界城市有纽约、伦敦、东京。其具体特征表现为国际金融中心、决策控制中心、国际活动聚集地、信息发布中心和高端人才聚集中心五个方面,并具备以下六个支撑条件:一是一定的经济规模,二是经济高度服务化、聚集世界高端企业总部,三是区域经济合作紧密,四是国际交通便利,五是科技教育发达,六是生活居住条件优越。

20世纪90年代以来,在《北京城市总体规划(1991—2010年)》提出建设现代化国际城市的发展目标以后,来自北京大学等科研机构的国内学者,结合西方世界城市理论,陆续开展了一系列世界城市研究,从世界城市的内涵和北京建设世界城市的战略性、长远性,以及面临的困难等多方面,对北京建设世界城市进行了深入探讨,为北京确立世界城市目标和明确发展模式提供了理论基础。

20世纪90年代中期,李庚等(1996)、庞效民(1996)即指出,北京在建成现代化国际城市的基础上,具有领先发展成为世界城市的机遇和潜力。20世纪90年代末,李国平(1999,2000)首次探讨了北京建设世界城市的基本定位,指出:北京世界城市的建设,需要以发展全球政治、科技文化中心为先导,带动其他全球功能尤其是全球经济功能的发展,同时通过发挥其他全球功能与全球政治、科技文化中心功能的协同效应,进一步推动全球政治、科技文化中心的发展,即北京世界城市将是政治、文化以及经济职能高度统一的整体。

2000年以后，伴随着北京快速发展的步伐，学者对北京建设世界城市的研究也更加深入，顾朝林等（2005），沈金箴、周一星（沈金箴，2003；沈金箴等，2003），苏雪串（2007），吕拉昌（2007）等学者均指出，北京具有建设世界城市的优势和潜力，但是距离世界城市还存在较大的差距。杨开忠等（2000）指出，北京应成为国际城市体系中的高层节点，发展以生产者服务业为主的第三产业以及高科技的第二产业，积极参与国际竞争，到2050年前后建设成为全球性国际政治中心、国际文化中心、国际商务管理中心、国际金融中心和国际创新与知识产业中心。周一星（2000）认为，中国未来的世界城市将是以都市连绵区核心大都市为代表的城市集聚体；顾朝林等（2005）、李国平等（2004）、谭成文等（2001）指出，北京建设世界城市需要依托首都圈以及环渤海地区作为发展的区域基础。吴良镛也强调，实施"大北京"（京津冀北地区）共同发展战略是实现建设世界城市这一目标的必要基础［肖华文，2011；清华大学人居环境研究中心"京津冀北（大北京地区）城乡空间发展规划研究"项目组，2002］。在对北京市建设世界城市的发展定位和区域基础的初步探讨的基础上，李国平等（2002，2010a，2010b）进一步从经济和空间两个角度研究了北京建设世界城市的发展模式。李国平等（2010a）、刘淇（2010a）指出，未来20～30年，北京建设世界城市的战略定位应是：影响政治发展的世界政治交往中心；具有经济实力与活力，影响和控制对外经济的国际经济管理中心；具有深厚文化底蕴、高度包容性的、多元化的世界文化名城；引领国际自主创新、连接全球创新网络的世界创新城市；可持续发展的国际低碳城市。北京建设世界城市要高质量地推进经济、社会、环境和空间的协调发展，建立起符合世界城市要求的经济模式和空间模式。经济模式方面应实现产业结构的高级化，价值链增值环节的升级化和经济职能的外向化；空间模式方面，在市域层面要加速构建多中心、网络化的大都市；在区域层面要依托首都圈地区，形成区域城市网络，并与全球城市网络相连接。

伴随着《北京城市总体规划（2004—2020年）》现代国际城市的定位和建设世界城市的发展目标的确定，2010年北京市首次在政府工作报告正式提出北京建设世界城市的发展目标，北京市委书记刘淇强调，世界城市是国际城市的高端形态，是聚集世界高端企业总部和高端人才的城市，是国际活动的聚集地和对全球的政治、经济、文化等方面具有重要影响力的城市（刘淇，2010）；建设世界城市，不是简单地模仿复制已有世界城市的形态和发展路径，而是要按照科学发展观的要求，大力实施"人文北京、科技北京、绿色北京"发展战略，在提高全球影响力的同时凸显中国特色、首都特点[1]。按照《北京城市总体规划

---

[1] 资料来源：http://politics.people.com.cn/GB/1026/12214239.html.［2011-10-19］。

(2004—2020年)》确定的北京城市发展目标定位，北京建设世界城市要分三步走：第一步要构建现代国际城市的基本构架，第二步到2020年全面建成现代化国际城市，第三步到2050年成为世界城市。根据这一长远目标，北京"十二五"规划更进一步明确了北京建设世界城市的发展内涵，即北京应从客观实际出发，努力打造国际活动聚集之都、世界高端企业总部聚集之都、世界高端人才聚集之都、中国特色社会主义先进文化之都、和谐宜居之都。

二、北京建设世界城市的必要性

北京建设世界城市，是国家发展的战略选择。当今世界正处于大发展、大变革、大调整的重要时期，政治多极化和经济全球化的趋势日益明显，特别是世界经济重心呈现东移态势。自改革开放以来，中国的经济持续保持增长态势，目前中国的经济总量已跃升世界第二位，中国在全球的影响力日益提高。在2008年年底的全球性金融危机中，中国仍然保持经济稳定发展的态势，成功应对了金融危机的冲击，进一步提高了对全球经济增长的贡献。随着中国综合国力的增强，为了顺应中国迅速发展和崛起的局面，实现从世界政治经济外围国家向核心国家转型、从"中国制造"向"中国创造"拓展转型、从全球生产和贸易大国向投资和金融大国拓展转型和从强壮"硬实力"向强壮"软实力"的拓展转型，目前迫切需要面向世界提升城市发展的国际化水平，提高北京、上海、香港等大城市在世界城市体系中的影响力与地位。而北京作为世界大国和未来世界强国的首都，理应率先向世界城市的发展目标迈进。

北京建设世界城市，是进入新的发展阶段后建立的新发展目标。2008年，北京成功举办了第29届奥运会和第13届残奥会，受到了全世界的瞩目和国际奥委会的高度评价。2009年，首都圆满完成了新中国成立60周年庆祝活动。在全球性金融危机中，北京作为大国首都，有效保持了经济的平稳较快发展。国务院批复的《北京城市总体规划（2004—2020年）》中明确提出，必须以建设世界城市为努力目标，不断提高北京在世界城市体系中的地位和作用，到2050年左右进入世界城市的行列。这一城市总体规划实施五年以来，首都城市的建设与管理水平得到了极大的提升。特别是人均国内生产总值（GDP）在2009年已突破1万美元，提前11年实现了城市总体规划所确定的中期目标，同时标志着北京已步入中等发达富裕城市行列，这使得北京发展为世界城市成为可能。在此发展背景下，有必要以世界城市的标准推动新阶段下的首都发展，建设经济、社会、生态全面协调可持续发展的城市。

北京建设世界城市，将带动我国政治、经济、文化进加速融入全球化竞争，进一步提高国家竞争力和世界影响力。从全球化角度来看，建设世界城市，有助于我国在全球分工体系中从低附加值、低效率、低辐射的生产环节向高附加值、高效、高辐射的生产环节转型，具有推进国家产业升级、加快转变经济发展方式的意义。从国际政治经济体系来看，自金融危机以后，我国正加速向全球政治经济体系的核心国家转型，而北京建设世界城市将有助于推动这一转型过程。从文化角度来看，世界城市是世界文化特别是消费文化的象征与引领者，北京建设世界城市必然有利于我国迈向全球文化中心的转型。北京建设世界城市，不仅对我国在全球竞争中争取主动权具有重大意义，而且也是有效平衡南北关系、实现全国区域协调发展的客观需要。同时以建设世界城市为契机，北京将进一步提高国际化水平，吸引凝聚更多的经济、科技、文化、人才等资源，全面提升首都城市建设水平。

第三节 北京建设世界城市的机遇和挑战

当今世界瞬息万变，国内外经济形势复杂多变，尤其在 2008 年金融危机后，世界经济、政治格局正在发生巨大的变化，中国总体实力和影响力的提升为北京建设世界城市提供了良好的机遇；然而伴随着外部环境不确定因素的增多以及北京城市发展的内在问题，在迈向世界城市的前进道路上，也仍然面临着诸多挑战。

一、北京建设世界城市的机遇

后金融危机时代，全球化背景下的经济格局重塑，为北京建设世界城市带来机遇。2008 年全球性金融危机直接引发了以美国为代表的世界发达经济体的经济衰退，对全球政治、经济格局造成巨大冲击。在这一过程中，以中国为代表的发展中国家的经济表现明显优于发达国家，中国不仅平稳渡过金融危机，还成为许多国家的金融避风港。在 2009 年全球经济普遍下滑的情况下，中国经济总量超越日本成为世界第二大经济体，极大提高了中国的世界影响力和在全球体系中的话语权。在全球化不断加速的背景下，金融危机过后的新一轮经济发展过程中，中国将成为国际金融秩序中的主角，吸引大量国际资本的注入和跨国公司的进入，并为中国经济进入国际舞台拓宽了道路。后金融危机时代，中国的平稳增长将成为推动世界经济增长的重要发动机，从而打破"单极发展"的全球经济体系，引导全球经济格局的全面重构，进而影响全球政治格局和秩序的变革。作为中国首都，尤其在 2008 年奥运会后，北京的全球影响力不断提升。作为中国最受世界关注的城市之一，北京吸引着大量国际资本、人力、智力等资源的涌入,也必然成为中国参与全球竞争的主要阵地。新一轮全球产业转移和国际分工,势必将进一步推动全球资本向北京的集聚,北京的国际地位也将不断提升,参与国际分工、承接高端国际产业转移的可能性也明显提高,为北京提升国际影响力和连通度提供了重要契机,也决定了建设世界城市成为北京发展的必然选择。

城市发展迈上新台阶,发展战略调整逐步明晰,为北京建设世界城市带来机遇。2009年北京市人均GDP已超过1万美元,第三产业比重超过75%,居民的生活水平和消费水平不断提高,为我们在更高层次上参与全球分工、实现更高水平发展提供了基础。2008年北京举办奥运会之后,北京的国际影响力大幅提升;2010年北京首都国际机场客运量达到7390万人次,跻身全球第二大机场,进一步推进了北京开放度和全球联系度的提高。"人文北京、科技北京、绿色北京"的发展战略和中国特色世界城市长远目标得到确立,成为北京全市上下凝心聚力、持久推进首都科学发展的强大动力。城市化快速推进和消费结构加快升级,在有效带动发展的同时,不断推动供给升级,为优化经济结构、深入推进经济发展方式加快转变创造了新的条件。城市发展空间格局优化和新的发展区域崛起,推动新的增长极加快形成,为长期平稳较快发展注入新的活力。此外区域城市群的蓬勃兴起和共同发展,有利于在更大范围配置资源,拓展发展腹地,为增强首都经济的辐射带动能力形成新的支撑(北京市发展和改革委员会,2010)。

二、北京建设世界城市的挑战

1. 增强经济实力和国际竞争力

世界城市首先需要一定的经济规模、经济高度服务化,以及对世界经济的较高的控制能力。尽管产业结构服务化的趋势愈发明显,伴随着奥运会的举办和首都国际机场的扩建,国际影响力和对外联系程度也不断加强,但是北京的总体经济实力和国际竞争力仍然距离世界城市存在较大差距。未来国内外多层面竞争将更加激烈,世界范围内对经济、科技的制高点,以及国内地区间对高端要素和产业资源竞争日益加剧,深入调整结构、实现创新驱动发展需要付出更大的努力。

与伦敦、纽约、东京等目前世界上的主要世界城市相比,无论是经济总量还是人均指标方面,北京都还存在较大差距;粗放型经济增长方式还没有发生根本性的转变,消费主导的经济增长机制还没有完全形成;尽管第三产业比重已经超过75%,但是产业素质不高,尤其是第三产业中高级生产者服务业比重明显偏低,第二产业中创新能力和科技水平仍然比较有限,与世界城市标准仍有很大差距。在后金融危机时代外需减少的条件下，对北京经济实力增强和经济结构调整提出了更大的挑战。

从科技创新能力来看，2005～2007年北京国际认可的专利数量仅有3012项，与纽约、伦敦和东京的差距较大。虽然北京科技创新水平不断进步，但是距离成为具有全球吸引力和影响力的科技创新中心还有一定的差距。从经济自主创新来看，企业的辐射能力薄弱，活动范围基本限于国内，缺乏自主打造的具有全球性垄断优势的世界生产网络体系。从创新环境来看，北京对人才资源和智力资本的吸引力不及其他世界城市高，保护知识产权、鼓励创新和成果转化、吸引人才等创新的体制机制仍然有待完善。

2. 解决人口、资源和环境矛盾

北京是一个自然资源并不丰富的城市，加之近年来人口增长持续加快，导致城市资源与环境的承载力已达到极限，人口与资源环境的矛盾将成为城市未来可持续发展的显著制约，给资源平衡、环境承载、公共服务和城市管理带来严峻挑战。因而解决人口、资源和环境矛盾将成为北京发展过程中的长期任务，也成为北京建设世界城市的巨大挑战。

第一，北京是世界上严重缺乏水资源的大城市之一。北京属温带半干旱半湿润季风气候区，多年平均降水量为585毫米，降水量85%集中在6月至9月，综合年际变化来看，丰水年和枯水年频繁交替，加之境内没有大的河湖存在，非常不利于水资源的合理利用。北京人均水资源量不足300米^3，仅为全国人均水平的1/8和世界平均水平的1/30，严重低于国际公认的1000米^{3}下限，属于重度资源型缺水地区。目前北京的水资源开发利用率已经达到92%，而公认的水资源合理开发利用率仅为40%。虽然按照现有规划，南水北调工程I期和II期分别可向北京引水10亿米^{3}和14亿米^3，在一定程度上缓解北京水资源压力，但是人口规模和城市的不断扩大将导致水资源消耗需求的继续扩大，加之北京地下水位已严重降低，水质恶化现象日趋严重，南水北调仍然无法从根本上解决北京的水资源短缺问题，有限的水资源供给与用水需求的不断增长将是北京长期面临的问题和建设世界城市的严重制约。

第二，北京可开发利用的土地资源不足，呈现人多地少的状态。随着人口的增长和城市的扩大，北京的土地利用出现建设用地无序扩张的问题，特别是郊区集体建设用地流转混乱。土地资源利用效率仍然较低，土地利用集约度仍需提高，如城市建设用地外延扩展占用了大量土地，而实际利用效率很低，在农村居民点中则仍存在大量的空心村和闲散土地。由于北京人多地少，土地后备资源不足，且土地生态水平日益恶化，可用于开发建设的土地无法满足城市不断扩大发展的需求，土地资源在北京建设世界城市过程中对经济社会高速发展的约束作用将日益明显。

第三，北京能源资源严重匮乏，同时能源消费量极大，能源对经济社会快速发展的约束瓶颈日益凸显。北京能源对外依存度极高，自供能源仅占能源消费总量的6%，100%天然气与石油、70%的电力与成品油以及95%的煤炭都需要从山西、河北、内蒙古等周边省区调入，能源供应存在极大的不确定性。尽管近年来北京能源消费结构持续保持优化态势，但目前煤炭和焦炭消费仍然呈现比重高、总量大的特点，清洁能源比例偏低，严重影响了大气环境质量。能源利用效率偏低，工业用能、建筑采暖和生活用能中的浪费现象比较普遍。随着北京经济社会的迅速发展，居民生活水平的提高与消费结构的升级进一步推动了能源消费量的增长。

第四，北京人口规模增长过快，进一步造成了资源匮乏与人口扩张之间的矛盾，资源环境承载能力已接近极限。根据第六次全国人口普查（2010年），2010年11月1日零时北京市常住人口为1961.2万人，已经远远超过北京城市总体规划中确定的2020年常住人口总量控制在1800万人的数字。根据预测2015年将达到2300万人，2020年将突破2500万人。除水、土地、能源等自然资源和生态环境已很难满足不断增长的人口的生存需要外，交通、教育、医疗等公共服务资源也产生了突出的供需矛盾，不仅威胁到社会的稳定运行，也严重影响了城市的宜居程度。

3. 缓解"大城市病"

伴随着北京快速的经济增长，城市空间急速蔓延，城市规模日益扩大，2010年常住人口已超过1900万人，在城市建设过程中，"大城市病"现象非常突出，特大型城市建设和运行管理的压力更加凸显，交通拥堵、垃圾治理等困扰人们生活的问题日益严重，保障城市常态安全运行和应急协调能力面临更大考验。

尽管近年来北京交通基础设施日益完善，然而随着人口和机动车保有量激增，城市交通拥堵已经成为严重影响北京居民生活效率与质量的城市病。北京机动车保有量增长速度过快，目前已突破500万辆，其中仅2009年就新增机动车70万辆，而公共交通体系特别是公共交通设施建设则相对滞后。交通出行结构不合理，由于公共交通发展相对滞后于机动车发展，依赖私家车的交通出行习惯已经形成，加之机动车道的扩展挤压了自行车与步行交通的空间，机动车已经成为最主要的交通出行方式。向心交通需求巨大，由于长期以来北京城市扩展呈同心圆状"摊大饼"式向外扩展，主要公共服务设施都集中在城市中心区，中心城区有限的空间与巨大的向心交通需求之间的矛盾进一步加剧了拥堵。交通拥堵问题不仅导致城市生活效率和生活质量降低，也带来了严重的尾气和噪声污染，交通事故率增加。在建设世界城市的过程中，如何提高城市交通效率、缓解交通拥堵问题，是北京所面临的严峻挑战。

北京房地产价格的迅速飙升是另一显著的城市病表现。2009年北京商品房价格平均上升了73.5%，房价上涨速度远远超过居民收入的上涨速度，居民住房负担极重，居民房价收入比达到了25∶1（李君甫，2010）。保障性住房供给不足，无论是数量还是面积都相对过低，建设力度亟待提高。房价的快速飙升，加剧了贫富差异的进一步扩大，抑制了社会中间阶层的扩大，造成多种社会矛盾隐患，导致居民生活幸福感降低，城市生活功能弱化，为北京城市经济与社会的持续稳定发展埋下潜在危机。

4. 提升社会软实力

随着经济发展与产业结构升级，社会结构变化更加复杂，教育、医疗、健康、住房、社会保障、收入分配和人口老龄化等问题日益成为社会关注的焦点。近年来北京社会呈现"M"形化趋势。

一方面，由于制造业相对衰退，大量本地劳动人口转移进入低端服务业劳动市场，加之外来人口大量涌入满足基本生活需要的低端服务业与建筑业，社会底层显著扩大。另一方面，金融、总部经济等高端服务业不断扩大，金领阶层与跨国企业家阶层迅速上升。北京人均GDP和GDP的增长率始终差距较大，人均GDP增长长期滞后于GDP增长。虽然2010年人均GDP已经达到1万美元，但与其他世界城市相比，生活质量相对较低，仍需要大幅提高。多元利益诉求协调难度加大，社会管理工作亟待加强。城乡区域协调发展的要求更加迫切，改变薄弱地区发展状况，逐步缩小城乡差距，仍需要付出艰苦努力，能充分释放发展活力的改革攻坚任务更加艰巨。

此外，北京这座古老的城市虽然拥有深厚的历史文化积淀，但是面向全球的文化影响力仍然有待提高。与其他世界城市相比，在传统文化与西方文化之间的碰撞融合之中，北京尚未建立完成独具特色、包容开放的文化体系，文化的产业化程度尚待提高。

参考文献

北京市发展和改革委员会．2010．北京市国民经济和社会发展第十二个五年规划．6
蔡建明．2001．"世界城市"论说综述．国外城市规划，（6）：32-35
高福顺．2000．论古都北京形成的地理基础．长春师范学院学报．19（4）：20-23
顾朝林等．2005．全球化与重建国家城市体系设想．地理科学，25（6）：641-654
李庚，王野霏，彭继延．1996．北京与世界城市发展水平比较研究．城市问题，（2）：53-59
李国平．1999．面向世界城市的北京经济功能强化方向研究．中国软科学，（11）：73-76
李国平．2000．世界城市故居演化与北京建设世界城市的基本定位．城市发展研究，（1）：12-16
李国平，卢明华．2002．北京建设世界城市模式与政策导向的初步研究．地理科学，22（3）：263-269

李国平等．2004．首都圈结构、分工与营建战略．北京：中国城市出版社

李国平，刘霄泉，孙铁山．2010a．北京建设世界城市的市域空间发展模式研究．北京联合大学学报（人文社会科学版），8（3）：5-9，15

李国平等．2010b．世界城市及北京建设世界城市的战略定位与模式研究．北京规划建设，(4)：21-26

李君甫．2010．北京城镇住房价格分析．中国校外教育，(10)：42-44

刘淇．2010．加快经济发展方式转变，推进世界城市建设．求是，(10)：8-11

吕拉昌．2007．全球城市理论与中国的国际城市建设．地理科学，27（4）：449-456

庞效民．1996．关于中国世界城市发展条件与前景的初步研究．地理研究，15（2）：67-73

清华大学人居环境研究中心《京津冀北（大北京地区）城乡空间发展规划研究》项目组．2002．规划"大背景地区"建设"世界城市"——《京津冀北（大背景地区）城乡空间发展规划研究》基本要点．城市，(1)：13-17

沈金箴．2003．东京世界城市的形成发展及其对北京的启示．经济地理，23（4）：571-576

沈金箴，周一星．2003．世界城市的含义及其对中国城市发展的启示．城市问题，(3)：13-16

苏雪串．2006．西方世界城市理论的发展和演变综述．现代城市研究，(12)：56-59

苏雪串．2007．西方世界城市理论的演变及其对北京的启示．中央财经大学学报，(2)：68-71

谭成文，李国平，杨开忠．2001．中国首都圈发展的三大战略．地理科学，21（1）：12-18

王军．2003．城记．北京：生活·读书·新知三联书店

肖华文．2011．北京定位世界城市——两院院士、清华大学教授吴良镛细说"大北京"．城乡建设，(12)：46-47

谢守红，宁越敏．2004．世界城市研究综述．地理科学进展，23（5）：56-66

杨开忠，李国平．2000．持续首都：北京新世纪发展战略．广州：广东教育出版社

于敏中等．1983．日下旧闻考（卷五）．北京：北京古籍出版社

周一星．2000．新世纪中国国际城市的展望．管理世界，(3)：18-25

Friedmann J．1986．The world city hypothesis．Development and Change，17（1）：69-83

Hall P．1996．The global city．International Social Science Journal，48（147）：15-23

Sassen S．1991．The Globe City：New York，London，Tokyo．Princeton：Princeton University Press

第二章
北京建设世界城市的基础分析

第一节 世界城市网络及北京的地位

一、世界城市网络

世界城市是具有全球控制能力的战略性地区，是协调和控制全球经济的枢纽和中心。世界城市的控制能力是通过复杂的全球城市体系中城市间的联系达成的，从而世界城市能够整合全球经济并主导自上而下等级性的全球城市体系。但世界城市的概念很难体现全球范围城市间的相互联系，因此需要从动态的角度理解世界城市。

1996年，美国学者卡斯特在其著作《网络社会的崛起》中首次系统提出了全球化、信息化与网络化背景下新的社会形态理论，即网络社会的崛起，极大地拓展了对全球化空间本质的理论认识（卡斯特，2001）。他认为信息技术的发展使全球范围不同地方的同步联系成为可能，而这正是全球化的本质特征，由此全球化造就了新的空间逻辑，即"流动空间（space of flows）"取代"地方空间（space of places）"成为主导的空间形式。在这种空间形式中，地方并未消亡，而是被吸纳进入网络，作为网络的枢纽和节点，其地位取决于网络联系的强度，而非其所具有的功能（汪明峰等，2007）。这样，世界城市不再被静态地理解为"控制中心"（作为地方的城市），而是理解为网络化的过程（作为过程的城市），即将全球服务生产与消费中心不断通过流动连接到全球网络（全球性流动空间），并通过流动的强化来累积和保持城市的"控制能力"。因此，世界城市应更准确地被理解为"世界城市网络（world city network）"（Taylor，2007）。

英国学者泰勒认为基于"过程"而非"地方"理解世界城市，即提出"世界城市网络"的概念，有益于突破原有世界城市理论的局限。首先，它打破了基于等级体系的世界城市观念，认为世界城市并不必然存在等级体系。城市体系过于强调世界城市的控制能力，而强化了城市间的竞争关系。而城市网络则强调城市间的合作关系，即通过功能性与战略性网络（如生产网络、城市同盟等）建立合作获得共同发展。显然，这为世界城市发展提供了截然不同的政策策略。其次，世界城市网络从本质上认同所有城市都受全球化、网络化的影响，都有潜力整合进入全球网络，并不存在那些"独一无二"的城市。而作为网络化过程，世界城市的发展是动态的，并不存在"核心-边缘"结构（Taylor，2007）。

泰勒指出，理解世界城市网络必须要理解全球化中将城市联系成网络的过程。表面上，世界城市网络是全球化中的城市形成的网络，但从全球化的经济关系出发，城市间的联系主要是由城市内运营但联系超出本地的跨国或跨地区企业，尤其是生产性服务企业实现的。因此，泰勒认为"世界城市网络是一个由全球服务企业联结而成的全球性服务中心网络"，即世界城市网络的形成是全球服务性企业在开展全球业务过程中把各城市联结在一起的结果（Taylor，2005）。

二、北京在世界城市网络中的地位及变化

泰勒及其领导的全球化和世界城市研究小组（The Globalization and World Cities Research Network，GaWC）对世界城市网络进行了迄今为止最为深入和详尽的刻画与研究。泰勒等把世界城市看做是彼此连接的网络体系中的"全球服务中心"，并使用全球生产服务（包括金融、保险、会计、广告、法律、咨询等）企业办公机构的全球网络来刻画世界城市网络。他认为世界城市网络是一种特殊的社会网络，与一般的社会网络具有两级结构不同，世界城市网络具有更复杂的三级结构，即系统、节点和次节点三个层级。尽管世界城市作为网络节点是城市网络中的行为主体，但其服务或控制功能是由全球服务企业（次节点）利用其全球网络向客户提供服务达成的。因此，世界城市网络是由节点（城市）内的组成部分（即全球服务企业）相互连接的嵌套型网络（interlocking networks）（Taylor，2001）。据此，泰勒等构建了生产服务跨国公司的分支机构网络，以此刻画世界城市网络，并对主要城市的网络连通度进行测度，以反映它们在网络中的地位。

GaWC研究小组根据泰勒提出的嵌套网络模型，使用世界城市中全球生产服务企业的机构数间接测度城市间的联系，并计算反映城市的网络连通度（即城市融入世界城市网络的程度）的指标，据此将世界城市划分为不同级别。其中，作为全球服务中心的世界城市被定义为alpha城市，而alpha城市又分为四个级别：alpha＋＋城市包括伦敦和纽约，比其他所有城市都更高程度地整合于世界城市网络；alpha＋城市是指其他一些高度整合于世界城市网络的世界城市，主要满足亚太地区高级生产服务的需要；alpha和alpha-城市是指那些将主要经济区域或国家连接到世界经济体系中的重要的世界城市。图2-1根据GaWC研究

小组的成果绘制了 2000 年、2004 年和 2008 年由 alpha 城市构成的世界城市网络。

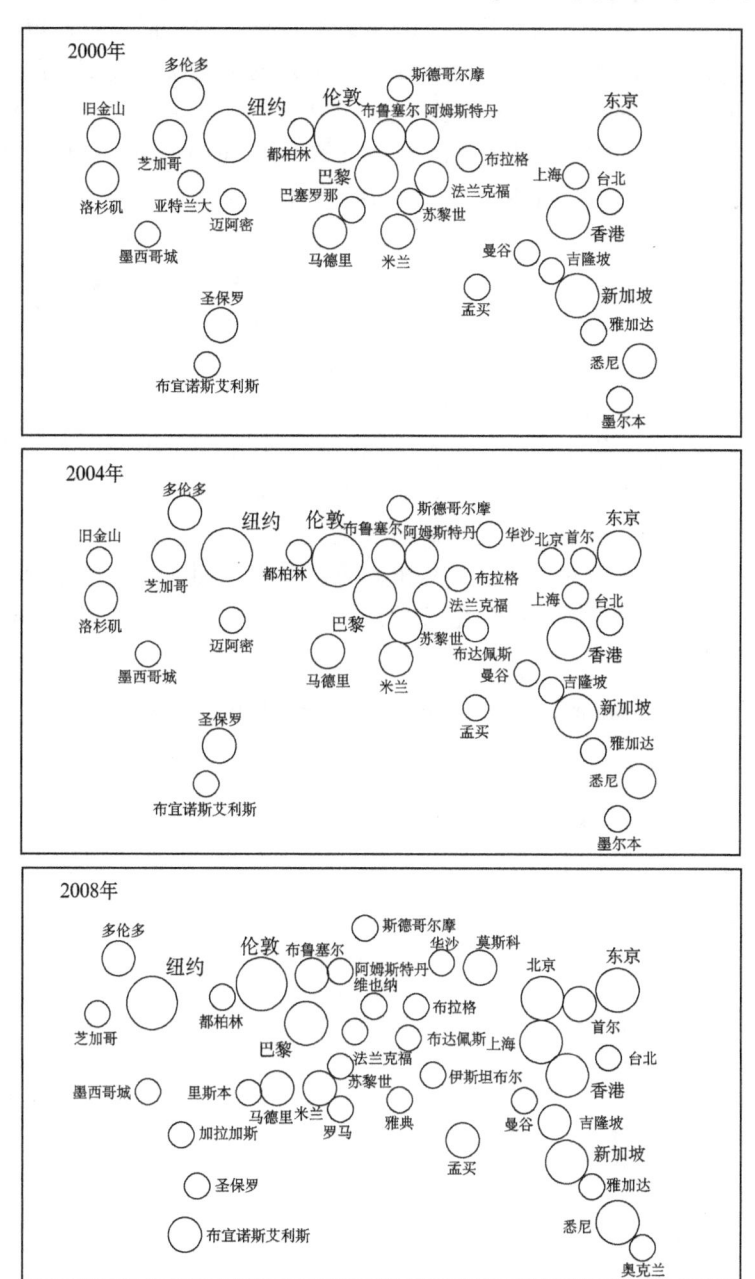

图 2-1 2000 年、2004 年和 2008 年 alpha 世界城市

资料来源：The World According to GaWC. http://www.lboro.ac.uk/gawc/gawcworlds.html.

德鲁克等学者研究总结了 2000～2008 年世界城市网络发展的主要特征是：①世界城市网络的整体连通程度不断提升；②以洛杉矶、旧金山、迈阿密为代表的美国城市和非洲撒哈拉以南地区城市与全球网络连接程度不断降低；③以上海、北京为代表的中国、南亚及东欧城市与全球网络连接程度大幅提升（Derudder，2008）。表 2-1 列出了 2000 年和 2008 年世界城市网络中主要城市连通度，即与世界城市网络连接程度高低的排名（Derudder，2008）。2000 年，北京位列第 29，上海位列第 27，均未进入前 20。但到 2008 年时，北京和上海与世界城市网络的连接程度大幅提升，分别位列第 9 和第 8，在世界城市网络中的地位明显提高。此外，从图 2-1 中也可以看到这样的趋势，根据 GaWC 绘制的 alpha 世界城市网络，2000 年时北京尚未进入 alpha 世界城市之列，到 2004 年时北京已成为 alpha－世界城市，到 2008 年时更跃居成为 alpha＋世界城市。可见北京在世界城市网络中的地位正在快速上升。除了与世界城市网络的连接程度，泰勒在研究中还进一步比较了北京、上海、香港和台北四个大中国地区主要的世界城市的腹地联系，他发现 2004 年时尽管北京、上海与世界城市网络的连接程度与香港还有差距，但已显示出和香港类似的面向全球的腹地联系，说明北京、上海在世界城市网络中已开始发挥面向全球的连接作用，而台北则没有这样的功能（Taylor，2008）。

表 2-1　2000 年和 2008 年世界城市网络中主要世界城市连通度排名

2000 年			2008 年		
位序	城市	连通度	位序	城市	连通度
1	伦敦	100	1	纽约	100
2	纽约	97.1	2	伦敦	98.64
3	香港	73.08	3	香港	81.33
4	东京	70.64	4	巴黎	77.91
5	巴黎	69.72	5	新加坡	74.15
6	新加坡	66.61	6	东京	72.58
7	芝加哥	61.18	7	悉尼	71.76
8	米兰	60.44	8	上海	70.05
9	马德里	59.23	9	北京	68.77
10	洛杉矶	58.75	10	米兰	67.67
11	悉尼	58.06	11	马德里	66.42
12	法兰克福	57.53	12	莫斯科	64.24
13	阿姆斯特丹	57.1	13	首尔	63.54
14	多伦多	56.92	14	布鲁塞尔	63.53
15	布鲁塞尔	56.51	15	多伦多	62.29
16	圣保罗	54.26	16	布宜诺斯艾利斯	61.21
17	旧金山	50.43	17	孟买	60.24
18	苏黎世	48.42	18	吉隆坡	58.87

续表

\multicolumn{3}{c	}{2000 年}	\multicolumn{3}{c}{2008 年}
位序	城市	连通度	位序	城市	连通度
19	台北	48.22	19	台北	56.77
20	雅加达	47.92	20	圣保罗	56.49
……	……	……	……	……	……
22	布宜诺斯艾利斯	46.81	22	苏黎世	55.83
23	孟买	46.81	25	阿姆斯特丹	54.6
27	上海	43.95	27	雅加达	54.03
28	吉隆坡	43.53	30	法兰克福	52.31
29	北京	43.43	31	芝加哥	52.2
30	首尔	42.32	44	洛杉矶	41.77
37	莫斯科	40.76	49	旧金山	40.01

上述研究表明，以北京、上海为代表的中国城市在世界城市网络中的地位正不断上升，尤其是北京正快速融入世界城市网络，并逐步成为重要节点。而且，随着近年来北京的快速发展，尤其是成功举办奥运会后，国际声望和地位大幅提升，北京已初步具备了建设世界城市的基础和条件。

第二节 北京建设世界城市的区域基础

一、北京建设世界城市的支撑区域

国际经验表明，世界城市的发展往往有一个支撑其发挥控制职能的高度发达的城市区域。比如，纽约在全球经济的控制能力更多地取决于美国东海岸大都市带的强大支撑，而东京在全球经济中的地位则主要来源于东京大都市圈和日本太平洋沿岸工业经济带的强大经济基础。其至一些世界城市（比如荷兰的兰斯塔德）的发展表明，世界城市的职能往往并非集中在一个重要的城市，而是在区域的核心城市间分散融合，形成高度整合、一体化的区域体系。因此，从区域层面上理解世界城市的形成和发展是十分必要的。美国学者斯科特认为全球资本主义发展正进入一个以强化了的区域化生产为标志的发展阶段，世界范围内由大的城市区域主导的斑块结构已取代传统的"核心-边缘"组织模式。因此，他认为与其说世界城市，不如说是这样的城市区域，正成为全球经济增长节点，而他把这些区域称为"全球城市区域（global city regions）"（Scott，2001）。弗里德曼也指出，斯科特所说的"区域层面"应该是我们所关注的世界城市的组织层面，即世界城市是与一个更广阔的区域构成整体，而世界城市的经济能力取决于其所关联的区域的生产力（Friedmann，2005）。

北京建设世界城市同样需要有广阔的经济腹地和强大的区域支撑。北京建设世界城市的支撑区域应该是与北京具有密切经济联系、一体化程度较高的协调发展区域，这一区域也称为我国的首都圈。中国的首都圈概念由来已久。历史上，国都周围地区称为京畿，由主管京师的官员管治，承担支援和服务首都的重要职能。在周王朝初期，燕的国都蓟城就拥有一个四周的辅助城市圈，实质上形成了一个首都圈。自辽代起，北京成为国都，至清代，其首都圈范围越来越大，逐步发展成为一个以北京为中心，半径300～400千米的圈域，圈域内包括保定、天津、唐山、秦皇岛、承德、张家口等一批重要城市，这些城市以其特定职能（政治、军事、经济、交通）服务于首都，保证北京作为国家政治与文化中心职能的发挥（杨开忠等，2000）。

目前，对我国首都圈空间范围的划分有不同的方案，表2-2总结了不同的划分方案。其中，杨开忠等（2000）、谭成文等（2000）和李国平等（2004）从北京与周边地区经济联系强度出发，认为与北京经济联系最为紧密的区域应该包括天津和河北省的廊坊、唐山、秦皇岛、保定、沧州、承德、张家口7个地市。我们认为，这一区域应视为北京建设世界城市的支撑区域。

表2-2 我国首都圈空间划分的不同方案

划分方案	主要依据	具体范围	来源
"2+5"	北京与周边城市的社会经济联系的历史成因	北京、保定、天津、唐山、秦皇岛、承德、张家口和已经消失的元上都开平府	王玲（1986）和范爱文（1999）
"2+7"	北京与周边地区的社会经济联系强度	北京、天津、廊坊、保定、沧州、承德、张家口、唐山、秦皇岛	杨开忠等（2000）、谭成文等（2000）和李国平等（2004）
"2+8"	加入石家庄，主要考虑到其作为河北省省会的中心地位，方便京、津、冀区域间协调	北京、天津、石家庄、廊坊、保定、沧州、承德、张家口、唐山、秦皇岛	根据国家发展和改革委员会组织编制的《京津冀都市圈区域规划》，又称"京津冀都市圈"
"2+11"	考虑省级行政区划的完整性	北京、天津和河北省（共11个地市：石家庄、保定、廊坊、沧州、唐山、秦皇岛、张家口、承德、邯郸、邢台、衡水）	也称京津冀区域

二、北京建设世界城市的区域条件

将北京及其周边的天津和河北省的廊坊、唐山、保定等7个地市作为北京建设世界城市的支撑区域。2009年，该区域总人口（其中，北京和天津为常住人口，河北各地市为户籍人口）7012.21万人，总面积16.67万千米^2，城市化水平为56.97%。其中，市域面积超过1万平方公里的城市有7个，张家口和承德是市域面积最大的两个城市。市域人口超过1000万的城市有3个，分别是北京（1755万人）、天津（1228.16万人）和保定（1101.66万人），市域人口在500万人以上的城市还有唐山和沧州。区域内城镇化水平最高的城市是北京（85.00%）和天津（61.80%），均大大超过全国46.59%的平均水平（表2-3）。

表2-3　2009年首都圈各城市基本情况

城市	人口/万人	面积/千米^2	城镇化水平/%
北京	1 755.00	16 411	85.00
天津	1 228.16	11 760	61.80
秦皇岛	297.80	7 523	47.24
保定	1 101.66	20 584	35.85
张家口	423.53	36 873	43.98
承德	344.20	39 548	38.64
沧州	702.88	14 053	42.01
廊坊	412.19	6 429	47.30
唐山	746.79	13 472	53.42
总计	7 012.21	166 653	56.97
最大值	1 755.00（北京）	39 548（承德）	85.00（北京）
最小值	297.80（秦皇岛）	6 429（廊坊）	35.85（保定）
平均值	779.13	18 517	50.58
标准差	493.30	11 969	15.07

注：北京和天津为常住人口，其他河北各地市为户籍人口

资料来源：《北京统计年鉴2010》、《天津统计年鉴2010》、《河北经济年鉴2010》

2009年，该区域地区生产总值3.05万亿元，人均地区生产总值为4.86万元，固定资产投资总额为1.72万亿元，三次产业增加值比重为5.1∶40.7∶54.1，为"三、二、一"结构（表2-4）。区域内北京的地区生产总值位居首位，占区域地区生产总值的39.81%，其次是天津和唐山，分别占24.64%和12.49%。从三次产业结构来看，北京第三产业比重已达到75.5%，远远高于区域内其他城市的水平，其服务业主导的产业结构明显。从人均地区生产总值来看，北京人均地区生产总值高达7.05万元，是天津的1.12倍，唐山的1.38倍，保定的4.49倍。从固定资产投资来看，北京2009年固定资产投资为4858.4亿元，是天津的0.97倍，唐山的2.23倍，秦皇岛的11.54倍。总体上，北京与周边地区相比，无论是人口规模、城镇化水平还是经济发展水平，都显著高于周边地区，区域内的发展差异比较明显。

表 2-4　2009 年首都圈各城市经济情况

城市	地区生产总值/亿元	产值比重/% 第一产业	产值比重/% 第二产业	产值比重/% 第三产业	产业结构	人均 GDP/元	固定资产投资/亿元
北京	12 153	1	23.5	75.5	三二一	70 452	4 858.4
天津	7 521.85	1.7	53	45.3	二三一	62 574	5 006.32
秦皇岛	804.54	12.7	38.7	48.5	三二一	27 016	421.04
保定	1 730	15.3	50.4	34.3	二三一	15 704	1 130.42
张家口	800.34	15.2	41.8	43	三二一	18 897	657.48
承德	760.11	14.9	51.6	33.5	二三一	22 083	567.2
沧州	1 801.23	12	48.2	39.8	二三一	25 626	1 102.82
廊坊	1 147.48	12.1	53.4	34.5	二三一	27 839	1 279.69
唐山	3 812.72	9.4	57.8	32.8	二三一	51 055	2 182.61
总计	30 531.27	5.1	40.7	54.1	三二一	48 694	17 205.98

资料来源：《北京统计年鉴 2010》、《天津统计年鉴 2010》、《河北经济年鉴 2010》

首都圈作为北京建设世界城市的支撑区域，是我国重要的经济区域。其土地面积仅占全国国土面积的 1.74%，但集中了全国 5.99% 的人口和 9.85% 的经济总量（2009 年）。2009 年，该区域固定资产投资和社会消费品零售额分别占到全国的 8.75% 和 9.23%（表 2-5）。但与我国另外两个大都市圈，即长江三角洲大都市圈和珠江三角洲大都市圈相比，尽管首都圈的面积最大，但大部分社会经济指标（除常住人口和第一产业增加值外）都仅为长江三角洲大都市圈的一半；同珠江三角洲大都市圈相比，除常住人口、固定资产投资、第一产业增加值高于珠江三角洲大都市圈，其他方面也都略低于珠江三角洲大都市圈。总体上，北京建设世界城市的区域基础，与上海和广州相比，仍相对较弱，但发展潜力巨大。

表 2-5　中国三大都市圈社会经济情况（2009 年）

区域	土地面积 数值/公里^2	土地面积 比重/%	常住人口 数值/万人	常住人口 比重/%	全社会固定资产投资额 数值/亿元	全社会固定资产投资额 比重/%	社会消费品零售额 数值/亿元	社会消费品零售额 比重/%
全国	9 600 000	—	133 474	—	224 598.8	—	132 678.4	—
首都圈	167 101	1.74	8 000.4	5.99	19 642.3	8.75	12 241.3	9.23
长江三角洲大都市圈	110 115	1.15	10 028.2	7.51	28 482	12.68	20 294.6	15.30
珠江三角洲大都市圈	54 743	0.57	4 766.3	3.57	9 603.8	4.28	10 834.9	8.17

区域	地区生产总值 数值/亿元	地区生产总值 比重/%	第一产业 数值/亿元	第一产业 比重/%	第二产业 数值/亿元	第二产业 比重/%	第三产业 数值/亿元	第三产业 比重/%
全国	340 506.9	—	35 226	—	157 638.8	—	147 642.1	—
首都圈	33 533	9.85	1 872.9	5.32	13 925.4	8.83	17 734.5	12.01
长江三角洲大都市圈	59 979	17.61	2 042.1	5.80	30 441	19.31	27 496	18.62
珠江三角洲大都市圈	32 147	9.44	723.8	2.05	15 427.7	9.79	15 996	10.83

资料来源：《北京市区域统计年鉴 2010》

建设首都圈作为北京世界城市的区域基础有其优势条件。首先，受历史文化、政治、经济和地缘等因素影响，北京、天津和冀北地区自古便形成联系紧密、相互依托的关系。以海河为纽带，以华北平原为依托形成的"燕赵文化"，构成了区域共同的文化基础。长期、稳定的分工关系和功能联系是区域一体化发展的重要基础。其次，从国际经济格局来看，首都圈是中国参与全球国际交往的门户，也是辐射东北亚、连接欧亚大陆桥的重要节点，而从国内来看，这一区域服务于北方广阔的经济腹地，是北方的经济中心区域，因此在发展上具有重要的地缘优势。再次，区域内丰富的自然资源为北京建设世界城市提供有力保障。同时，这一地区是我国智力资源最为富集的区域，密集的高科技人才和强大的科技创新能力是区域发展的重要优势。最后，区域产业基础良好，天津在现代制造业，河北在重化工和原材料工业等领域均有较强的竞争力，且与北京经济发展具有很好的互补性。目前，区域内已初步形成北京以总部经济、知识经济和服务经济占优，天津以现代制造业和高新技术制造业占优，河北以重加工工业和农副产品生产、加工业占优的分工格局。同时，区域具有发达的对内对外交通网络，拥有以天津港为枢纽，包括秦皇岛港、唐山港（包括京唐港区和曹妃甸港区）和黄骅港的现代化港口群，拥有我国最大的陆路运输系统和航空枢纽，这为区域一体化发展和北京建设世界城市提供了良好的条件。随着我国经济重心向北转移，首都圈将成为我国新一轮经济增长的重要引擎。因此，在《中华人民共和国国民经济和社会发展第十二个五年规划纲要》中明确提出了推进京津冀区域发展，建设首都经济圈。结合北京提出的建设世界城市的发展目标，首都圈作为北京建设世界城市的区域基础已上升为国家战略，其发展面临着重要的历史机遇。

三、北京建设世界城市的区域问题

应该看到，北京建设世界城市的区域基础仍然比较薄弱。建设世界城市，需要北京加强区域合作，积极推进区域一体化发展，不断提升区域竞争力。为了使北京和周边地区得到更好的发展，需要重点解决以下问题。

（一）区域内部发展差异过大

目前，北京与周边地区经济发展水平差距过大，区域的"核心-边缘"二元结构突出。从人均地区生产总值来看，2009年北京的人均地区生产总值达到7.05万元，天津略低于北京，达到6.26万元，而河北各地市除唐山外大都在2万元左右，区域内经济发展水平落差很大。在我国三大都市圈中，首都圈的产业体系最完整，基础原材料工业、现代制造业、现代服务业等在全国发展中占据重要地位。但与北京接壤的张家口、承德、保定所辖的39个县中，有25个县为国家和省级贫困县，低收入人口占总人口的20%左右。例如，有"北京南大门"之称的保定市，其下辖的涞水县与北京房山区相连，涞水县的义合庄村，2009年人均收入只有1200元，而与之接壤的房山区土堤村却达到了8000多元，相差近7倍。经过多年的扶贫开发，"环京津贫困带"尽管有近百万贫困人口实现了脱贫，但与相邻的京津郊县相比，收入水平、生活条件等差距却越拉越大，相对贫困问题愈加突出。造成这些地区持续贫困的原因涉及自然条件、历史、经济和社会环境等多个因素。长期以来，形成了"国家要生态、地方要财政、农民要致富"这三方面需求不一致、关系不协调的局面。此外，京津周边中小城市发展相对滞后，在一定程度上制约了京津中心城市的功能疏解、产业升级和人口规模控制，造成区域整体竞争力较弱。

（二）人口、资源、环境矛盾突出

北京及其周边地区是我国人口和资源环境关系相对紧张而生态环境又较为脆弱的区域。近年来，随着该区域社会经济的快速发展，导致地区资源和环境的压力不断加大，资源环境问题日益突出，生态环境不断恶化，进一步制约和影响了区域发展能力和质量，对区域可持续发展造成潜在的威胁，处理好本地区人口与资源、环境的相互关系对北京建设世界城市具有重要意义。

根据北京市第六次人口普查公报，截至2010年年底，北京市常住人口为1961.2万人，已经突破了国务院批复的《北京城市总体规划（2004—2020年）》确定的到2020年北京市常住人口总量控制在1800万人的目标。同时，根据天津市和河北省第六次人口普查公报，天津市常住人口也达到了1293.8万人，河北省常住人口更是突破了7000万人大关，整个区域人口增加趋势明显。

目前，北京及其周边地区普遍面临资源、能源短缺问题，尤其作为资源需求强劲而资源相对贫乏的北京，目前人口增长与有限的资源、环境承载力之间的矛盾尖锐。受区域长期以来高强度与高密度社会经济活动和人口规模不断扩大的影响，首都圈地区资源和环境问题日益严峻，面临的生态和环境问题主要表现为以下几点：

第一，水资源短缺。水资源是首都圈地区目前最为稀缺的资源之一，水资源短缺已经成为制约首都圈区域经济发展的瓶颈。首都圈地区水资源短缺存在着自然和人为两方面因素。自然方面来讲，首都圈地处我国干旱半干旱地区，降水量少，水资源时空分配不均，高密度的人口分布导致该地区水资源的人均占有量仅为全国人均水资源占有量的1/8，世界人均水资源占有量的1/30。从人为因素来说，首都圈人口和社会经济的迅速发展加速了城镇化进程，城乡用水标准提高，用水量持续增加导致水资源供需矛盾的出现。而严重的水污染包括城市地表水和地下水源的污染，部分水库的水体富营养化则进一步加剧了水资源的供需矛盾。另外，污水处理能力不足，水资源的再生利用程度低、不合理的城市产业结构和布局，以及居民节水意识的薄弱都是造成首都圈地区特别是北京水资源不足的重要原因。

第二，水土流失和土地沙化现象严重。首都圈地处华北平原，干旱少雨的气候、疏松深厚的沙层、春季多大风天气的影响，加上高密度、高强度的经济开发活动和不合理的土地利用方式造成了这一区域土地沙化和水土流失现象日益严重，影响水资源供给，造成生态环境恶化和经济贫困之间的恶性循环。同时，土地沙化引起的沙尘灾害等气象灾害严重影响首都圈地区社会经济生活，并严重损坏了北京的国际形象，制约北京建设世界城市。

第三，大城市问题突出。由于城市人口规模不断膨胀、城市工业规模不断扩大，城市建成区规模不断扩张，一方面，导致城市污染越来越严重，城市生态环境不断恶化；另一方面，使各大城市"城市病"越来越严重。特别是随着北京近些年的高速发展，城市环境容量已经出现超负荷现象，出现的严重的交通、住房等问题与北京建设世界城市、实现宜居之城的目标存在严重的冲突。

（三）区域合作机制有待健全

北京与周边地区的合作，基本上经历了四个阶段（表2-6）。期间，在许多方面取得了很大进展。近年来，北京不断寻求与周边地区的一体化合作，交流日益频繁，并围绕"十二五"时期双边合作展开磋商，形成了多个双边区域合作框架协议。

表2-6 首都圈区域合作的四个阶段

阶段	机构与活动	重点工作
20世纪80年代	华北地区经济技术协作协会于1981~1990年共举行七次会议 1982~1984年，国家计划委员会、中国科学院地理研究所开展京津唐国土规划研究 1985年8月成立天津环渤海经济研究会 1986年，河北省委、省政府在廊坊召开的环京津经济协作座谈会上提出了"依托京津、服务京津、共同发展"的思想 1986年5月在天津召开了环渤海地区经济联合首届市长（专员）联席会议 1987年7月在青岛召开了环渤海地区经济联合市长（专员）第二次联席会议，成立了环渤海地区经济研究会	1. 物资协作 2. 以行业联合为突破口（企业间产业扩散），建立各种市场与网络 3. 成立了日常工作机构
20世纪90年代前期	京津冀城市科学研究会在1991~1995年举行了五次京津冀城市发展协调研究会，出版了论文集 1993年，冀京、冀津形成了新的共识，即"依托京津、利用京津、服务京津、优势互补、共同发展" 1994年，经过反复调研与论证，河北省提出了"外向带动、两环结合、内联入手、外引突破"的对外开放的工作方针 1995年，河北省正式提出了"两环开放带动"战略，并提出纳入《河北省国民经济和社会发展"九五"计划和2010年远景目标纲要》	1. 区域合作研究不断深入 2. 河北依托京津发展的区域合作战略逐步形成

续表

阶段	机构与活动	重点工作
20世纪90年代中期至21世纪初期	1996年，北京市科委制定的《北京市经济发展战略研究报告》提出建设以京津为核心，包括河北省的唐山、秦皇岛、承德、张家口、保定、廊坊、沧州7个市，面积共16.67万千米^{2}的"首都经济圈" 1997年11月召开了环渤海地区经济联合市长（专员）第八次会议，一致同意正式建立"环渤海地区经济联合市长（专员、盟长）联席会联合办事处"作为办事机构 2002年10月，在济南召开了环渤海地区经济联合市长第十次联席会议，29个成员城市讨论共同开展环保、边境经贸、卫生医疗合作 2000~2001年，吴良镛院士主持了京津冀北地区城乡空间发展规划研究	合作范围涉及基础设施（高速公路）、生态环境治理（水源、风沙）、产业结构调整（产业转移）、副食品市场等领域
21世纪初期以来	2004年2月，在国家发展和改革委员会组织协调下，京津冀三省市就推进区域合作和发展达成了四点"廊坊共识" 2004年5月，京津冀三省市共同召开了京津冀区域发展研讨会，商讨京津冀区域和首都经济圈的发展大计 2004年11月，国家发展和改革委员会正式启动京津冀都市圈区域规划的编制工作 2005年，国务院相继批准了包括曹妃甸矿石码头、原油码头在内的《渤海湾区域沿海港口建设规划》和首钢搬迁曹妃甸实施方案。首钢压产搬迁、结构调整和环境治理的系统工程——曹妃甸钢铁项目建设进入实质性阶段。这一项目是京冀跨区域合作的重要实践 2006年，北京市与河北省正式签署《北京市人民政府、河北省人民政府关于加强经济与社会发展合作备忘录》，双方将在交通基础设施建设、水资源和生态环境保护、能源开发、旅游、农业等九个方面展开合作，以期促进两地经济、社会可持续协调发展。这标志着京冀两省市进入了深化合作、共同谋求区域协调发展的新阶段 2007年，京津冀旅游合作会议在天津召开，三地旅游部门共同签署《京、津、冀旅游合作协议》，建立京津冀区域旅游协作会议制度 2008年，京津冀发改委共同签署《北京市天津市河北省发改委建立"促进京津冀都市圈发展协调沟通机制"的意见》 2010年6月，北京市专门成立"市对口支援和经济合作工作领导小组"，形成了高度统一的权威性决策机构，逐步建立稳定的合作机制	1. 共同构建区域统一市场体系，消除壁垒，扩大开放，创造平等有序的竞争环境，推动生产要素的自由流动，促进产业合理分工 2. 合作的内容和方式不断丰富，初步形成了多领域、多层次、多渠道、多形式的局面

资料来源：根据李国平（2009）整理

目前，北京与周边地区已经建立了双边合作机制，但区域整体合作机制仍没有建立起来。尤其是缺乏区域整体高层协调机制，缺乏企业跨地区转移的利益协调机制，缺乏完善的区域生态补偿机制，缺乏产学研合作机制等。比如，在高层协调机制方面，仅仅在高层之间进行了双边互访和多边协商，但是一直未能建立起一套正式的高层协调机制，未能就区域内产业结构调整、基础设施共建及生态环境治理等战略性的合作问题进行深入磋商并达成共识，未能在有关各方利益结合点和合作切入点上取得重大突破。在产学研方面，京津两市是知识、资本和科技资源相对密集区域，河北省与京津两市在科技资源方面的互补性十分明显。但是，由于京津冀产学研科技合作体系和机制尚未建立，京津冀区域科技和经济资源不能有效流动和实现优化配置。

此外，由于整个区域地跨三个不同的行政区，难以进行统筹规划，也缺乏区域整体发展战略。2004年2月，在国家发展和改革委员会组织协调下，京津冀三省市就推进区域合作和发展达成了"廊坊共识"，包括共同构建区域统一市场体系，消除壁垒，扩大开放，创造平等有序的竞争环境，推动生产要素的自由流动，促进产业合理分工等。但直到目前，对整个区域仍然缺少整体规划，从国家层面上也没有宏观的政策安排。由于行政区划分割，首都圈在人力、技术和资源方面拥有的互补优势没有形成区域的整体竞争优势，严重制约了区域发展，也不利于北京建设世界城市。

第三节 北京城市发展与主要世界城市的比较

一、主要世界城市的发展概况

尽管学术界对世界城市的理解和界定存在争议，但普遍认同的是，伦敦、纽约、东京是公认的三大世界城市。这与第二次世界大战后形成的以美国、欧洲和日本为三极的世界政治经济格局相吻合。无论是弗里德曼（表2-7）、萨森还是GaWC研究小组的研究结果都显示，伦敦、纽约、东京处于世界城市体系的最高层级或作为世界城市网络中整合程度最高的城市，是最具代表性的世界城市。

表2-7 弗里德曼划分的世界城市等级体系

等级	城市
全球金融连接	伦敦（也包括国内连接） 纽约 东京（也包括跨国连接：东南亚）
跨国连接	迈阿密（加勒比海、拉丁美洲） 洛杉矶（环太平洋） 法兰克福（西欧） 阿姆斯特丹 新加坡（东南亚）
重要的国家连接	巴黎、苏黎世、马德里、墨西哥城、圣保罗、汉城、悉尼
次要的国内或区域连接	大阪-神户、旧金山、西雅图、休斯敦、芝加哥、波士顿、温哥华、多伦多、蒙特利尔、香港、米兰、里昂、巴塞罗那、慕尼黑、莱茵-鲁尔

（一）伦敦城市发展概况

伦敦是英国的首都、第一大城市及第一大港口，也是欧洲最大的都市区之一。狭义上，伦敦是指伦敦城（City of London），面积仅为 2.6 千米^2，而广义上的伦敦，又称"大伦敦地区"（Greater London），包括伦敦城和 32 个伦敦自治市（London Boroughs），是包含伦敦及其周围的卫星城镇组成的都市区，面积约为 1572 千米^2。

伦敦不仅是英国的政治中心，还是许多国际组织总部的所在地，其中包括国际海事组织、国际合作社联盟、国际笔会、国际妇女同盟、社会党国际、大赦国际等。同时，伦敦是世界上最重要的经济中心之一，也是欧洲最大的经济中心。伦敦与纽约齐名，都是世界最大的国际金融中心，金融业是伦敦最重要的经济支柱。据不完全统计，伦敦城共有 500 多家银行，其中外国银行有 470 家，在伦敦拥有的资本总额达 1000 多亿英镑。

伦敦城还是世界上最大的欧洲美元市场，石油输出国的石油收入成交额巨大，占全世界欧洲美元成交额的 1/3 以上。英国中央银行——英格兰银行，以及多家国际清算银行和商业银行也均设在这里。清算银行中最有名的是巴克莱、劳埃德、米德兰和国民威斯敏斯特四大清算银行。

伦敦城还有众多的商品交易所，从事黄金、白银、有色金属、羊毛、橡胶、咖啡、可可、棉花、油料、木材、食糖、茶叶和古玩等贵重或大宗的世界性商品买卖。由此，伦敦成为世界重要的商贸中心。此外，由于伦敦港每年的货物吞吐量巨大，从而其成为了英国航运乃至世界物流的重要枢纽。伦敦正是凭借其发达的全球性生产服务产业，掌握了对全球经济的控制和管理能力，成为最具代表性的世界城市。传媒业是伦敦第二大最具竞争力的产业部门，英国广播公司（BBC）等多家广播公司总部位于伦敦。

（二）纽约城市发展概况

纽约位于美国的东海岸，是美国最大的城市。狭义上，纽约市主要包括曼哈顿、布朗克斯、布鲁克林、皇后区和斯塔滕岛五个区，面积 800 多千米^2。而广义上，纽约都市区除纽约市外，还包括纽约州、新泽西州和康涅狄格州的 26 个县，是世界最大的都市区之一，也是美国人口密度最大的地区。

纽约是一座全球化的大都市，也是最重要的世界城市。纽约是世界经济中心，也是世界上最重要的商业和金融中心，并直接影响着全球的媒体、政治、教育、娱乐以及时尚界。2010 年，纽约市的 GDP 为 15 268 亿美元，居世界城市第二，人均 GDP 为 13.88 万美元，居世界城市第一[①]。

[①] 资料来源：根据纽约市政府网站整理，http://www.nyc.gov。

纽约是国际事务协调中心，联合国总部即设于此。联合国的一些主要机构，及其常设辅助机构中也大多设在纽约，这使纽约成为拥有联合国主要机构数量最多的城市之一，其作为国际事务协调中心的地位大大提高。

纽约也是世界重要的文化中心。美国三大广播网——国家广播公司、哥伦比亚广播公司以及美国广播公司总部都设在纽约。纽约出版的书籍占美国全部出版书籍的3/4，新闻出版机构每天用67种文字出版各种报纸。有大都会歌剧院等近200家剧场，拥有大都会艺术博物馆、美国自然历史博物馆、现代艺术博物馆等多家著名博物馆。纽约还有许多知名高等学府和科学研究机构，如纽约大学、哥伦比亚大学、布鲁克海文国家实验室等。作为全球最著名的移民城市，纽约同时是一个全球文化大熔炉，拥有全球城市中最多样的民族和最多元的文化。

（三）东京城市发展概况

东京是日本的首都，位于日本列岛中部，东京湾的西北岸。狭义上，东京都是由23个特别区和一些市、町、村组成。广义上，东京都市圈是指东京都外加相邻的神奈川、千叶和埼玉县，即所谓的"一都三县"。

东京是日本的政治、经济、文化中心，是世界上人口最多、经济实力最强的国际大城市，具有综合性的城市职能。它既有经济功能，又有政治功能，还有强大的现代工业中心的功能，被认为是"纽约+华盛顿+硅谷+底特律"型的集多种功能于一身的世界城市。同时，它和伦敦、纽约一并成为全球的三大金融中心，东京都同时也是全球重要的交通与信息枢纽。

作为日本的首都，东京是日本的政治中心和国家内外政策的决策中心。国家立法机构、行政机构和司法机构均位于东京。此外，日本主要的政治党派总部、外国使领馆、地方政府办事部门以及民间企业的相应机构也均设在东京。

东京也是日本的文化中心，集中了全国一半以上的大学、图书馆、博物馆，八成以上的报社、出版社，以及全国半数以上的民间学术协会，美术、文学、艺术团体总部。东京是日本的交通中心。由千叶港、横滨港、川崎港、东京港、横须贺港、木更津港六大港口组成的东京湾港口群，是日本最大的港口群；以东京和成田两大国际机场为核心，组成了东京联系国内外的航空网络。此外，东京的陆路交通也四通八达，高速铁路、公路呈放射状向外伸展。

二、北京与主要世界城市发展的比较

纵观伦敦、纽约、东京三大世界城市的发展，可以发现一些共同特征。20世纪60年代后，三大世界城市都经历了制造业衰退和经济重组。比如，第二次世界大战后，随着殖民体系的瓦解，伦敦的国际竞争力下滑，制造业就业人数急剧下降，仅1961~1988年就减少了100万人（袁海琴，2006）。同样，20世纪70年代和80年代，纽约进入制造业衰退的高峰期，1965年纽约市制造业就业人口接近就业总人口的1/4，而到1988年时已下降到低于就业总人口的1/10。（袁海琴，2006）。70年代，由于石油危机、美日贸易摩擦和日元升值等原因，东京的制造业发展也逐渐趋缓。制造业衰退为服务业成长提供了空间，随着20世纪80年代后信息技术革命以及全球化进程加速，顺应新国际劳动分工趋势，并依托在服务业上的比较优势，三大世界城市都逐步形成了以生产者服务业为核心的新的主导产业（袁海琴，2006）。伴随经济结构与空间重组，三大世界城市的就业增长向服务业转移，服务业在经济中的比重大幅上升，尤其是金融保险业、信息服务业、广告业等生产者服务业快速集聚，并具有突出的国际导向，使三大世界城市稳固占据全球服务中心的地位。同时，生产者服务业的快速增长带动了包括社会服务业、个人服务业在内的服务业整体的迅速发展，促进产业结构的服务化转型和不断高级化，这一趋势在三大世界城市发展中得到持续强化。当然，产业结构的服务化并不意味着制造业的完全退出。例如，纽约仍保有一定份额的制造业优势，服装业就显现了纽约作为时尚之都的优势（袁海琴，2006）；而东京则发展了具有首都特色的工业，以出版印刷业为主的都市型工业和电子机械、通信机械、精密机械等技术密集型的先进制造业（沈金箴，2003）。

　　总体来讲，三大世界城市的发展表现出强劲的产业升级能力，产业结构不断高端化是共同特征。北京在20世纪90年代也经历了产业结构的快速转变，在90年代中期实现了产业结构由"二、三、一"向"三、二、一"转型，且第三产业在经济结构中的比重快速上升（图2-2）。目前，无论从增加值还是从就业上看，第三产业在北京的比重已超过70%，初步具备了世界城市经济结构特征。但未来北京市产业结构仍有优化调整的空间，尤其是第三产业内部结构，高级生产者服务业比重明显偏低，与世界城市标准仍有很大差距。图2-2比较了北京市和大伦敦地区的经济结构，不难看出，20世纪90年代以来，伦敦第一产业所占比重已可以忽略不计，第二产业的比重从1989年的19.8%下降至2007年的10.2%，第三产业的比重则由79.9%上升至89.8%。总体上，大伦敦地区产业结构已趋于稳定。而相比之下，北京则经历着剧烈的产业结构调整，第一产业比重虽然从8.5%降至1.1%，但与大伦敦地区相比仍略高；2007年第二产业比重为26.8%，第三产业比重为72.1%，落后于大伦敦地区1989年的水平。可见，未来北京第三产业发展仍有很大空间，结构调整仍将持续。

　　伦敦、纽约、东京作为顶级世界城市的最突出特征是其作为全球金融和服务中心的重要地位。作为近代工业革命的发源地，英国是19世纪世界经济中

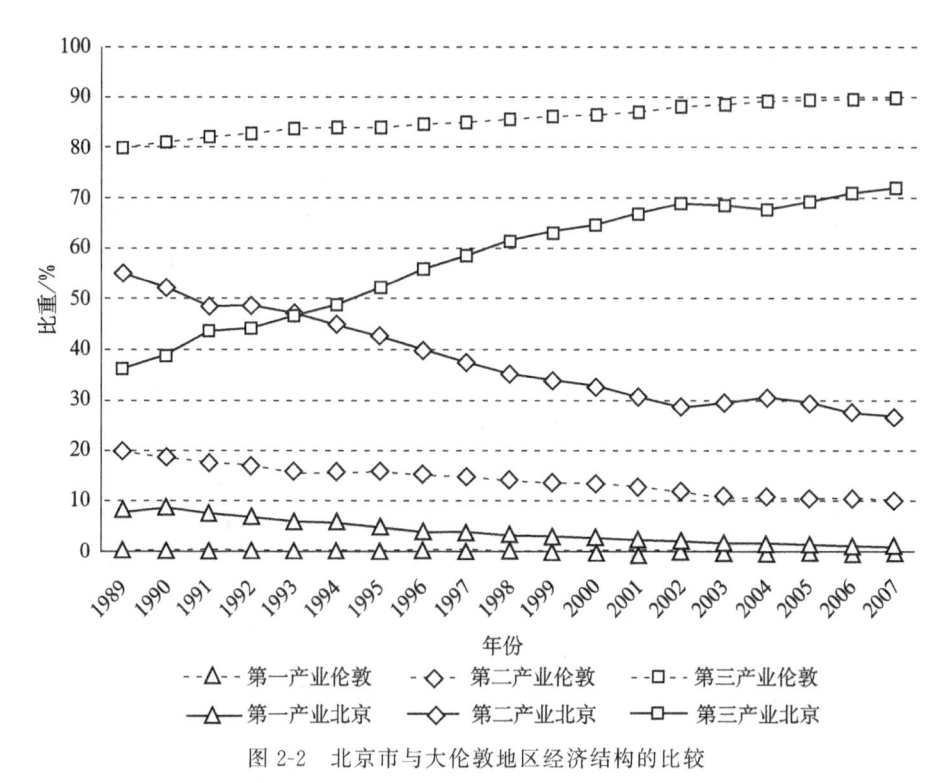

图 2-2　北京市与大伦敦地区经济结构的比较

资料来源：大伦敦地区数据来自 Office for National Statistics，http://www.ons.gov.uk/ons/publications/re-reference-tables.html?edition=tcm%3A77-53872；北京市数据来自《新中国六十年统计资料汇编》；其中，大伦敦地区采用 GVA 数据

心，依赖其庞大的殖民体系和雄厚的工业基础，其首都伦敦具有了世界金融中心的地位。尽管随着纽约、东京作为世界经济中心的相继崛起，伦敦的国际竞争力受到挑战，但顺应全球化对经济管理和控制职能集中发展的需求，伦敦通过快速产业升级和结构重组，实现工业经济向服务经济的形态转变，从而保持了其作为全球金融中心的地位（袁海琴，2006）。而在第二次世界大战后，美国经济实力迅速增长，在世界经济中占有全面优势，纽约作为世界金融、商业、贸易中心的地位得到加强，并发展成为世界最大的货币金融市场、最大的股票市场，跨国商业银行和金融机构的集中地（袁海琴，2006）。而 20 世纪 80 年代后，随着日本扩大对外直接投资，尤其是向亚洲国家投资加快，日本逐步发展了国际导向的跨国经济体系，东京作为这一体系的中心成为控制亚洲经济进而影响全球经济的重要管理中心。尤其是，许多日本企业在全球化过程中，将总部留在了东京，从而形成了东京总部集聚优势，强化了其全球经济控制和金融中心的地位（沈金箴，2003）。萨森的研究显示，生产者服务业尤其是金融业的集聚与快速增长是伦敦、纽约、东京作为全球城市的重要特征。1991 年，在全

球百家最大银行的总收入和总资产中,伦敦、纽约、东京三大世界城市所占比重分别为 49.3% 和 60.1%;在全球 25 家最大证券公司的总收入和总资产中,伦敦、纽约、东京所占比重分别为 99.3% 和 97.8%(苏雪串,2006)。正是这种对全球资本的控制能力,使三大世界城市在全球经济中具有不可替代的地位。

北京作为首都,是中国的金融管理中心,也是资金调控和清算中心,汇集了中国四大金融监管机构、四大国有商业银行总部和多数股份制商业银行总部、四大资产管理公司总部、四大全国性保险公司总部、中国金融业四大行业协会等(陶冶,2006)。北京具有发展金融业的优势条件,但目前国际化程度仍较低,未来仍需努力寻求从国家金融中心向国际金融中心的转变,在这方面北京与三大世界城市的差距是显而易见的。

三大世界城市的另一重要共性特征是,作为全球信息集散中心,都具有较高的信息化水平。杨京英等(2003)在研究国内外已有的信息化指标体系资料的基础上,制定了国际大都市信息化水平综合指数的指标体系,并选定 11 个大都市进行了信息化水平的初步测算(表 2-8)。我们选取北京、东京、纽约、伦敦的数据进行比较分析(表 2-9)。

表 2-8　1999 年和 2000 年主要大都市信息化水平综合指数与位次

位次	2000 年 城市	指数值	1999 年 城市	指数值
1	纽约	78.43	纽约	68.87
2	悉尼	54.43	多伦多	49.48
3	多伦多	53.15	悉尼	48.25
4	东京	52.56	东京	44.10
5	伦敦	48.07	伦敦	42.21
6	香港	43.89	巴黎	36.87
7	巴黎	42.43	汉城	36.64
8	新加坡	41.28	香港	36.40
9	汉城	41.19	新加坡	33.86
10	北京	33.92	北京	19.81
11	伊斯坦布尔	9.07	伊斯坦布尔	7.47
	以上平均值	45.31	以上平均值	38.54

资料来源:杨京英等(2003)

表 2-9　2000 年主要大都市信息化六要素分类指数

要素	纽约	东京	伦敦	北京
信息资源	65.99	33.74	21.09	13.99
信息基础设施	70.81	39.35	52.58	27.93
信息化人才	88.57	69.08	49.62	43.98
信息化发展环境	64.03	65.09	40.24	60
信息技术应用	99.72	57.17	54.84	26.16
信息产业发展	75.29	44.58	68.42	28.3

资料来源:杨京英等(2003)

从测算结果来看，2000年纽约信息化水平综合指数为78.43，位居选择的11个大都市首位，其信息化水平在各大都市中处于领先地位，这与美国信息化水平居世界第一位是一致的。2000年，纽约每千人拥有个人计算机达854台，可称国际大都市之最。纽约的互联网覆盖面也很广，不仅政府机构和各社区普遍建立了网站，而且与互联网联网的学校比例已高达95%，2002年则达到100%。目前纽约的星级宾馆、旅行饭店、娱乐设施以及机场的公用电话处都有上网接口，只要拥有电脑即可随时接入上网。居民在办公场所和家里上网的比例已超过70%。2000年东京信息化水平综合指数为52.56，居第四位。东京是日本人口最集中和信息化程度最高的城市，其信息服务业的产值占全国同类业务的比重已经超过52%。2000年，东京居民私人拥有的电脑数量已超过600万台，每百人拥有电脑约43台。2000年伦敦信息化水平综合指数为48.07，居第5位。伦敦的移动电话普及率已超过50%，每百人拥有电脑达37台，居民上网率为30%。

相比之下，2000年北京的信息化水平综合指数为33.92，居第10位，与三大世界城市尚有明显差距。在信息化六要素方面，比较发现，北京在信息化人才和信息化发展环境上得分较高，基本接近三大世界城市或其中之一，但在信息资源、信息基础设施、信息技术应用和信息产业发展方面仍然存在很大差距。

作为世界城市，伦敦、纽约、东京不仅是全球经济控制中心、信息交换中心，同时也是国际交流中心。三大世界城市都具有连接全球的重要国际空港和港口。纽约有3个国际机场，其中著名的肯尼迪国际机场承担着美国50%的进出口货物空运业务和35%的国际客运业务。另有纽瓦克自由机场（Newark Liberty International Airport）和拉瓜迪亚机场（LaGuardia Airport）。而伦敦的航空运输也十分发达，有希思罗和盖茨维克两大机场，希思罗机场位于伦敦西郊，是欧洲客运量最大的机场，机场内各种配套设施完善，服务水平较高。伦敦港是英国最大的港口，也是世界著名的港口之一，全港包括皇家码头区、印度和米尔沃尔码头区、蒂尔伯里码头区共三个商用码头。长期以来，伦敦一直是世界上最大的航运市场，世界上所有的主要航运、造船和租船公司，都在这里设有代表机构。相比之下，北京目前只有一个国际机场，但随着近年来的扩建，首都机场运力已接近大多数国际城市，2010年首都机场年旅客吞吐量达7390万人次，成为世界第二大机场。但北京作为内陆城市，缺乏水运港口，这是北京建设世界城市的重要约束条件。

此外，国际交流中心的地位也体现在国际交往活动上，比如承办大型国际赛事、举办国际会议，成为重要国际旅游目的地等，北京在成功举办奥运会后，国际交往活动日益频繁，国际声望和地位有较大提升。而随着中国国家经济实力增强，在世界政治舞台上也拥有了更多话语权，北京作为中国首都在国际政治中的地位也在上升。但世界城市在国际交流尤其是国际政治的影响力往往更直接反映在其拥有国际组织的数量，比如纽约是世界上最大国际组织——联合国总部的所在地，此外还是联合国开发计划署、联合国儿童基金会等国际组织的总部所在地。东京也拥有12个联合国机构，伦敦也是许多国际组织总部所在地（刘玉芳，2008）。在此方面，北京与三大世界城市的差距还很明显。

参考文献

范爱文．1999．首都圈城市协调发展问题的分析．徐州师范大学学报（自然科学版），(1)：43-46
弗里德曼J．2005．世界城市的未来亚太地区城市和区域政策的作用．陈闽齐译．国外城市规划．20(5)：11-20
卡斯特．2001．网络社会的崛起．夏铸九等译．北京：社会科学文献出版社
李国平．2009．京津冀区域合作与首都发展//中共北京市委组织部等．建设"人文北京、科技北京、绿色北京"（第十讲）．北京：北京出版社，329-371
李国平等．2004．首都圈：结构、分工与营建战略．北京：中国城市出版社
刘玉芳．2008．北京与国际城市的比较研究．城市发展研究，15(2)：104-110
陆军等．2011．世界城市研究：兼与北京比较．北京：中国社会科学出版社
沈金箴．2003．东京世界城市的形成发展及其对北京的启示．经济地理，23(4)：571-576
苏雪串．2006．北京离"世界城市"有多远．前线，(5)：40-42
泰勒P J．2005．世界城市网络的区域性．张大川译．国际社会科学杂志（中文版），22(3)：23-35
谭成文，杨开忠，谭遂．2000．中国首都圈的概念与划分．地理学与国土研究，(4)：1-7
陶冶．2006．北京发展国际金融中心战略分析．中国流通经济，(3)：58-61
汪明峰，高丰．2007．网络的空间逻辑：解释信息时代的世界城市体系变动．国际城市规划，22(2)：36-41
王玲．1986．略论北京"首都圈"的形成和作用．北京社会科学，1(1)：108-113
杨京英等．2003．国际大都市信息化水平测算与比较研究．统计研究，(7)：3-8
杨开忠等．2000．持续首都：北京新世纪发展战略．广州：广东教育出版社
袁海琴．2006．全球化背景下国际大都市的中心发展．上海：同济大学硕士学位论文
Derudder B, Taylor P J, Ni P, et al. 2000—2008. Pathways of growth and decline: connectivity changes in the world city network. GaWC Research Bulletin 310：http://www.lboro.ac.uk/gawc/rb/rb310.html
Friedmann J. 1995. Where we stand: a decade of world city research//Knox P L, Taylor P J. World Cities in a World-System. Cambridge: Cambridge University Press
Scott A J. 2001. Globalization and the rise of city-regions. European Planning Studies, 9(7)：813-826
Taylor P J. 2001. Specification of the world city network. Geographical Analysis, 33(2)：181-194

Taylor P J. 2007. World cities in globalization. GaWC Research Bulletin 263. http：//www.lboro.ac.uk/gawc/rb/rb263.html. [2011-10-20]

Taylor P J. 2008. Shanghai, Hong Kong, Taipei and Beijing within the world city network: positions, trends and prospects. GaWC Research Bulletin 204. http：//www.lboro.ac.uk/gawc/rb/rb204.html. [2011-10-20]

第三章
人口、资源、环境发展现状及趋势分析

北京社会经济发展受到人口、资源、环境的制约和各种社会矛盾的影响，从而体现出前未有过的复杂性、综合性和动态性（赵杨等，2011）。人口、资源与环境是北京建设世界城市的重要物质支撑与后备保障，而关于北京市的人口、资源与环境的研究一直与其社会经济建设密切相关。北京市的人口膨胀、交通拥堵、环境超载等矛盾都要在广阔的地域范围内寻求解决之道（胡兆量，2011）。

面临人口膨胀、各类资源紧缺、环境污染的三重压力，同时又在面临建立"生态城市"和"世界城市"的机遇与挑战的形势下，北京市生态环境建设已经成为首都经济建设的重点工程和中心工程（郭淑敏等，2004）。如何协调北京市的人口发展与水资源、环境之间的关系，促进人口、资源、环境和经济健康持续发展，成为摆在人们面前的重大问题（童玉芬，2010）。因此，分析北京市的人口、资源与环境发展现状与趋势，有利于更好地建设世界城市。

第一节 人口发展现状与趋势分析

一、人口发展现状

北京人口问题研究一直都是学者们关注的一个研究领域，早在20世纪80年代就有学者提出要关注北京人口问题（徐炳煊，1988）。首都的人口问题不仅是影响首都全面协调发展的重大问题之一，也是影响其社会经济可持续发展的关键因素（黄荣清等，2011）。当前北京市面临的各种问题都与其人口的规模、结构、分布等密切相关。

(一) 人口规模现状分析

改革开放 30 多年北京市人口的增长是我国从城镇化初期到城镇化中期在北京这座城市的具体反映，而其今后 40 年是我国从城镇化中期到城镇化后期的反映。近两年北京人口每年增加 60 万人，其中 38 万人来自流动人口，16 万人来自户口迁入，这两项机械增长占北京人口增量的九成以上，反映全国城镇化的巨大推力（胡兆量，2011）。近十几年，北京市每年新增外来人口都达到数十万人，外来人口成为北京市人口增长的主角。在未来一段时期，北京市将面临全国流动人口进一步增加且越来越集中地流向主要城市的国内背景，以及国际移民将越来越多地流向我国的国际背景（黄荣清等，2011）。因此，在北京人口的自然增长一直维持较低水平的情况下，机械增长是其人口增长的主要原因（黄荣清等，2011）。

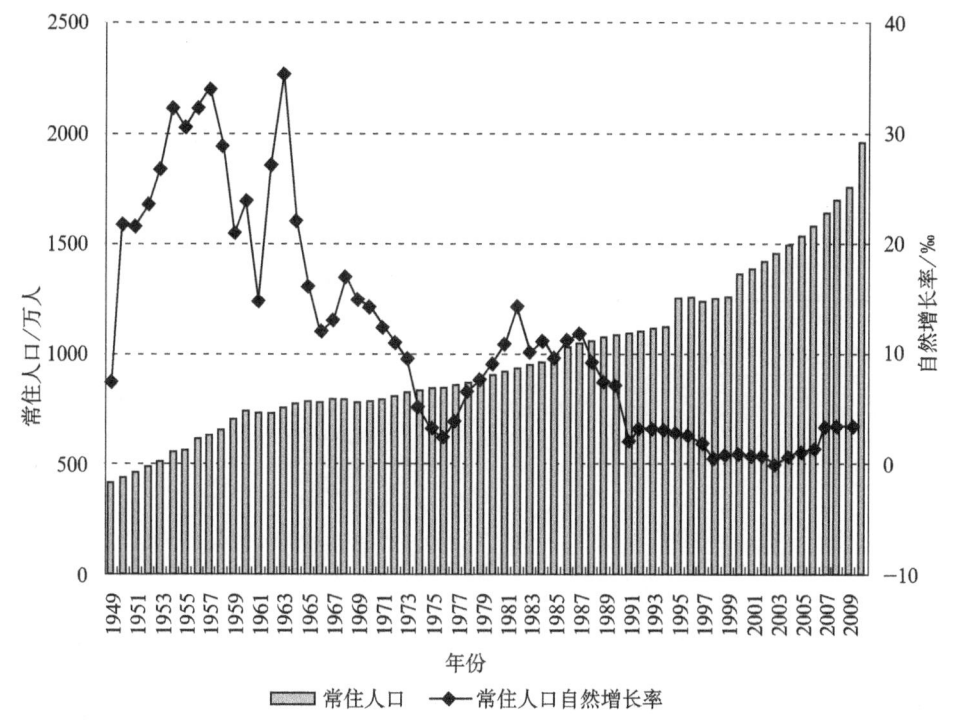

图 3-1 新中国成立以来北京市常住人口的增长情况

资料来源：《北京六十年》、《北京统计年鉴 2010》、《北京市第六次全国人口普查》

1. 常住人口规模

根据第六次全国人口普查（2010 年），2010 年 11 月 1 日零时北京市常住人口为 1961.2 万人，其中户籍人口 1356.9 万人，暂住人口 704.5 万人，男女性别比为106.8∶100。与第五次全国人口普查（2000年）相比，常住人口增加604.3万人，平均每年增加60.4万人，年均增长率为3.8%。从历次人口普查数据可以看出，2001～2010年无论是常住人口的增量还是增速，都高于20世纪80、90年代的水平。20世纪80年代常住人口年均增量为19.9万人，年均增长率为2.0%；90年代年均增量升至26.6万人，年均增长率略有提高，为2.2%。按此趋势，北京已提前10年突破《北京城市总体规划（2004—2020年）》确定的2020年人口控制目标1800万人，预计2020年，北京市总人口将突破2500万人。由此可见，北京人口增长迅猛已经远远地超出人们的预期，北京正承受着严峻的人口增长压力。

北京市的常住人口从500万人（1953年）突破到1000万人（1986年），用了33年的时间，从1000万人（1986年）突破到1500万人（2005年）则用了19年的时间，而目前常住人口已突破了1900万人（2010年）（图3-1、表3-1），按此趋势，预计突破到2500万人用不了10年的时间。北京市的常住人口自然增长率在波动中不断下降，在20世纪50～60年代增长率都在15‰以上，而20世纪90年代以后则维持在5‰以下，甚至出现负增长，其自然增长已进入减速阶段（表3-1）。北京市的常住人口密度基本上与其人口总量保持一致的变化趋势，改革开放以前，常住人口密度在500人/千米^{2}左右，而到了2008年，已经突破了1000人/千米^2，2010年年底已经达到1164人/千米^2。

表3-1　北京市常住人口数及增长率变化（1949～2010年）

年份	常住人口/万人	增长率/%	年份	常住人口/万人	增长率/%	年份	常住人口/万人	增长率/%
1949	420	—	1965	787	1.39	1981	919	1.65
1950	439	4.57	1966	782	−0.65	1982	935	1.72
1951	464	5.53	1967	796	1.84	1983	950	1.60
1952	490	5.67	1968	795	−0.21	1984	965	1.58
1953	513	4.69	1969	780	−1.90	1985	981	1.66
1954	556	8.34	1970	784	0.60	1986	1028	4.79
1955	564	1.46	1971	797	1.67	1987	1047	1.85
1956	618	9.52	1972	809	1.48	1988	1061	1.34
1957	633	2.57	1973	826	2.08	1989	1075	1.32
1958	659	4.01	1974	837	1.31	1990	1086	1.02
1959	707	7.30	1975	844	0.91	1991	1094	0.74
1960	740	4.63	1976	845	0.08	1992	1102	0.73
1961	729	−1.41	1977	861	1.82	1993	1112	0.91
1962	732	0.41	1978	872	1.28	1994	1125	1.17
1963	758	3.51	1979	897	2.94	1995	1251	11.21
1964	776	2.43	1980	904	0.80	1996	1259	0.66

续表

年份	常住人口/万人	增长率/%	年份	常住人口/万人	增长率/%	年份	常住人口/万人	增长率/%
1997	1240	-1.54	2002	1423	2.75	2007	1633	3.29
1998	1246	0.45	2003	1456	2.33	2008	1695	3.80
1999	1257	0.93	2004	1493	2.49	2009	1755	3.54
2000	1364	8.46	2005	1538	3.03	2010	1961	11.70
2001	1385	1.58	2006	1581	2.80			

注：1949~1981年为户籍统计数，含暂住人口；1982~1989年数据是根据1982年、1990年两次人口普查数据调整的；1990年以后数据为人口变动抽样调查推算数；1995年、2005年为1%人口抽样调查推算数；2000年为第五次人口普查快速汇总推算数；2010年为第六次人口普查快速汇总推算数

资料来源：《北京统计年鉴2010》

2. 城镇人口规模

根据第六次全国人口普查（2010年），北京市全市常住人口中，城镇人口达到1685.9万人，人口城镇化率达到86.0%[1]。与第五次全国人口普查（2000年）相比，人口城镇化率提高了8.5个百分点，年均增长1.03个百分点、城镇人口净增加了628.5万人，年均增长率达到6.02%，而乡村人口下降了29.4万人；与第四次全国人口普查（1990年）相比，人口城镇化率提高了12.54个百分点，年均增长0.63个百分点、城镇人口净增加了891.4万人，年均增长率达到5.61%，而乡村人口下降了12.1万人（表3-2）。

表3-2 北京六次人口普查城乡人口规模

项目	一普（1953年）	二普（1964年）	三普（1982年）	四普（1990年）	五普（2000年）	六普（2010年）
城镇人口/万人	205.80	425.80	597.00	794.50	1052.20	1685.90
乡村人口/万人	271.00	333.90	326.10	287.40	304.70	275.30
城镇化率/%	47.35	56.05	64.67	73.43	77.54	85.97

资料来源：第五次全国人普查数据及北京第六次全国人口普查数据

对比北京六次人口普查的数据，可发现：经历了新中国成立初期年均9.72%的急剧增长之后，二普（1964年）到三普（1982年）期间，北京市城镇人口规模扩张最为缓慢，年均增长率仅为2.23%，主要是当时社会大背景影响的结果，而后三普（1982年）到四普（1990年）期间城镇人口规模扩张速度开始回升，年均增长率达到4.14%，五普（2000年）到六普（2010年）期间年均增长率达到6.02%，有恢复到新中国成立初期的急剧增长势头；与此同时，北京市的乡村人口在整个六次普查期间略有波动，基本稳定在280万人左右。

---

[1] 北京市统计局. 北京市2010年第六次全国人口普查主要数据公报. 2011-05-05.

北京市城镇人口逐年增加，人口城镇化水平逐年提高（图 3-2）。北京市的人口城镇化水平在新中国成立时就达到 42.54%，这主要归因于其六朝古都的行政职能，到 1960 年达到 60.16%，达到一个历史峰值；但在 1961~1971 年，城镇化水平处于不断下降的状况，与当时的"上山下乡"等政策有着直接关系；其后北京市的人口城镇化水平开始逐步回升，并在 1986 年恢复到历史最高值，在 1990 年超过 70%，进入人口城镇化的中后期阶段；进入 21 世纪的 10 年里，人口城镇化水平的提升速度明显加快，与大量的外来人口进京有着直接关系（图 3-2）。北京市的人口城镇化水平在经历了新中国成立初期的动荡之后开始稳步提升，并且进入人口城镇化的后期阶段，即内涵式城镇化阶段。

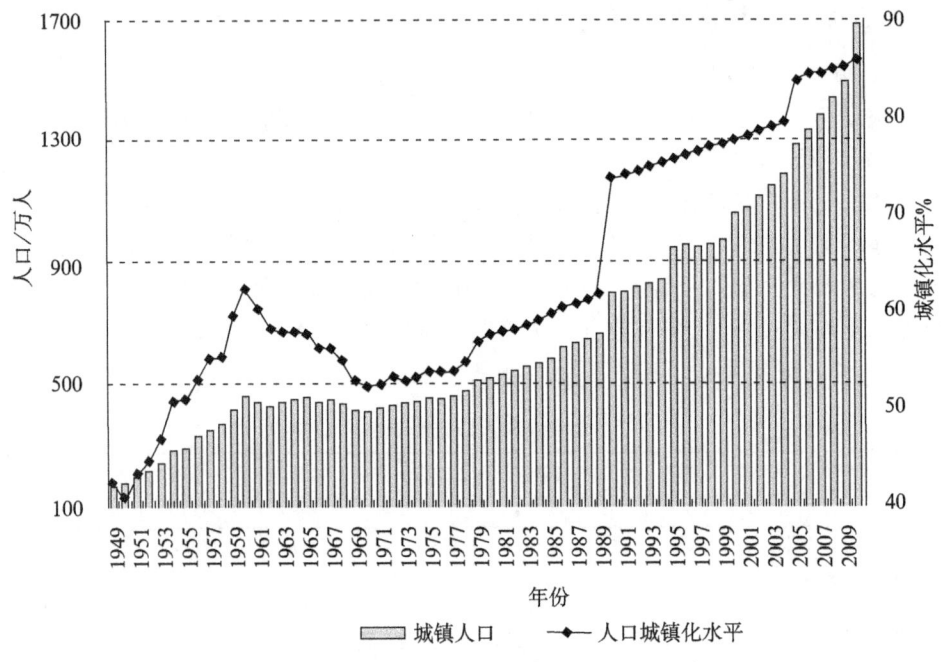

图 3-2　年北京市城镇人口规模（1949~2010 年）
资料来源：《北京市第六次全国人口普查》、《北京统计年鉴 2010》

目前，北京市的城镇人口规模已经突破了 1500 万人，成为世界上少有的人口超大城市。这为其建设世界城市、引领东亚地区的区域一体化发展，奠定了坚实的基础。

3. 外来人口规模

根据第六次全国人口普查（2010 年），北京市全市常住人口中，外省市来京人员达到 704.5 万人，占常住人口的 35.9%。与第五次全国人口普查（2000 年）相比，外省市来京人员增加 447.7 万人，平均每年增加 44.8 万人，年平均增长率达到 10.6%。外来人口在常住人口中的比重由 2000 年的 18.9% 提高到

2010 年的 35.9%，外来人口增长已经成为北京人口增长的主要因素。① "十年前，北京每 5 个人中有 1 个外地人，现在每 3 个人中就有 1 个来自外地。外来人口的大量增加，是北京人口增长最突出的特点之一。"

就年增长速度而言，北京市的外来人口（流动人口）规模在 2000 以后稳定增长，年增长速度基本上维持在 8.63% 左右，在 2000 年突破 200 万人，而到 2010 年时北京市的外来人口（流动人口）规模则接近 2000 年时的 2 倍（图 3-3）。

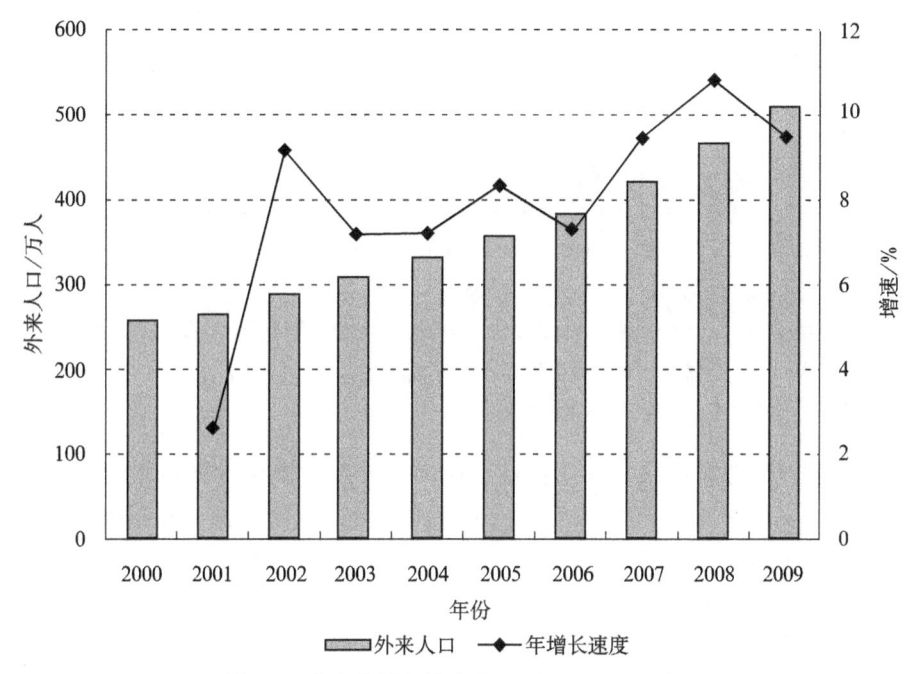

图 3-3　北京市历年外来人口（2000～2009 年）

资料来源：《北京统计年鉴 2010》

1990～2010 年，北京常住人口、城镇人口、外来人口的增长趋势基本保持一致，常住人口的年均增长率是 2.56%，城镇人口是 3.34%，外来人口是 12.5%；其中外来人口占总人口增加量的比例由 1991 年的 8.75% 增到了 2009 年的 73.5%（图 3-4），在总人口持续增长的态势下，外来人口增长速度远远大于城镇人口增长速度，外来人口的流入成为北京市人口集聚增长的主导因素。

外来人口成为北京市人口规模迅速扩张的主要因素，也成为北京市城镇人口急剧扩张的主要因素，并导致了北京市的人口城镇化水平远高于国内其他直

---

① 北京市统计局．北京市 2010 年第六次全国人口普查主要数据公报．2011-05-05。

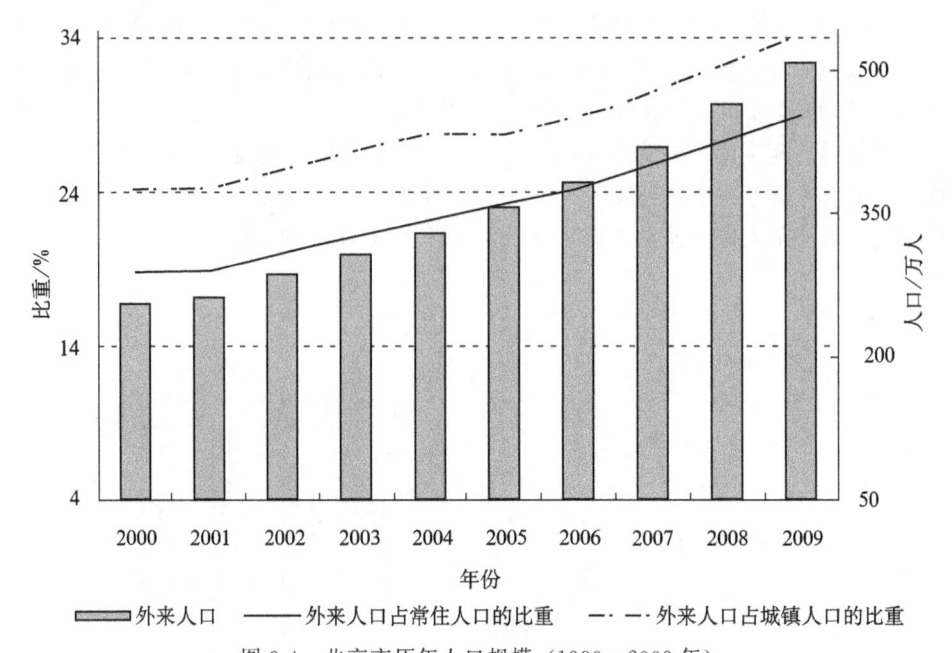

图 3-4　北京市历年人口规模（1990～2009 年）

资料来源：《北京六十年》、《北京统计年鉴 2010》

辖市。尽管"三普"以来，北京市对于中国的人口城镇化贡献率并没有明显的提高（王志宝，2011），但其实际上接纳的城镇人口数量却在不断膨胀，对全国的城镇人口吸纳能力不断加强。

4. 人口过度膨胀

北京市的人口规模总是超出同时期的规划目标，使得北京人口的过度膨胀对未来资源供给、生态环境承载力以及社会公共服务等方面都提出了巨大的挑战。人口过度膨胀问题已经成为影响北京发展、服务全国甚至建设世界城市的首要问题。

新中国成立至改革开放前，北京市实行了严格的户籍准入制度，城乡二元结构非常明显，人口规模的扩张以自然增长为主，本地新生人口一度成为北京城市人口增长的主力。改革开放以后，随着城市建设的高速发展和户籍制度等相关政策的松动，大规模的流动人口成为中国特色的"城市候鸟"群体。大量外来人口进京务工，使得北京市人口的机械增长越来越快，加之计划生育政策成效的彰显，北京市的人口自然增长趋于稳定，近十年来基本维持在 1‰ 左右，使北京市人口增长模式呈现出以机械增长为主的特点。

就人口自然增长而言，由图 3-5 可知：北京市的常住人口出生率、死亡率和自然增长率都处于一个不断下降，并最终稳定在一个相对较低的范围内波动，其中，常住人口出生率近 10 年来基本上在 6.5‰ 上下，而在此之前，曾出现过两次相对较长的人口出生集中期，即新中国成立初到"文化大革命"初和改革开放后的十几年，这与当时国内的社会背景有着直接的联系；常住人口死亡率基本上稳步下降，目前已经低于5‰，还不到新中国成立初期的1/3，充分体现了北京市良好的社会医疗条件，使得常住人口平均年龄不断延长；除2003年外，出生率都要高于死亡率，只是二者的差距越来越小，因而常住人口自然增长率与出生率呈现出基本上一致的变动规律，常住人口自然增长率在2003年达到历史最低值后开始逐年回升，目前维持在3‰上下。因此，北京良好的社会经济条件保障了现有人口的健康状况，进而导致了人均寿命的延长，使得北京市人口规模得以膨胀。

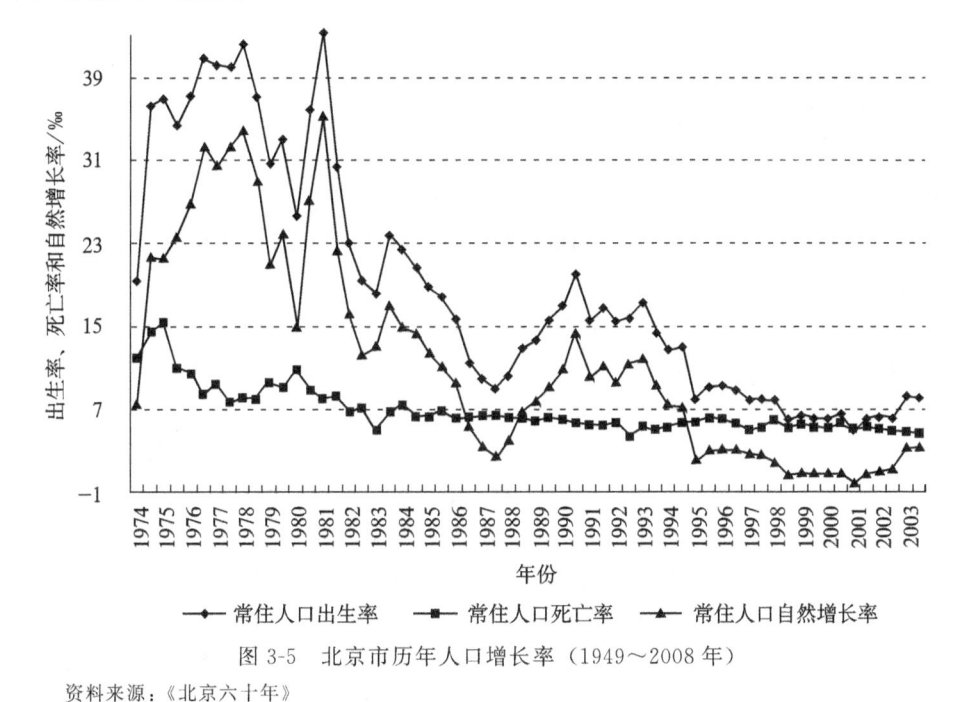

图 3-5 北京市历年人口增长率（1949~2008 年）

资料来源：《北京六十年》

就人口机械增长而言，外来人口占常住人口的比重从1990年的不到5%，提高到2009年的29.01%，翻了近4倍，逐年提高，但1997~1998年由于亚洲金融危机而有所降低，1999~2009年年均提高1.20个百分点；外来人口占城镇人口的比重从1990年的不到7%，提高到2009年的34.13%，翻了4倍多，近20年来年均提高1.37个百分点；外来人口规模从1990年的50多万人，增加到2009年的500多万人，翻了近9倍，2008~2009年，全市人口总量增加了60万人，其中外来人口增加44.1万人，占总增加量的73.5%（图3-4）。

近10年来，北京外来人口增长主要有三个原因：一是本地经济的快速发展和首都建设的需要，为外来人口提供了大量适宜的就业岗位；二是城市功能的多元化、高级化和城市定位转型吸引了各地的多类人才，北京市的产业政策吸引大量高校毕业生滞留北京和普通劳务输入人口进京；三是北京众多的高校和户籍政策的调整为全国各地来京人员提供了定居的机会，高校扩招导致北京城区人口膨胀，是中国的特有情况。2000~2009年，平均每年增加的常住人口中，外来人口比重降至73.5%，户籍人口比重升至26.5%。

北京市人口的过度膨胀对于社会经济的影响是非常深远的，尤其是资源和环境。人口的过度膨胀对北京市建设世界城市既有压力也有机遇，压力主要是目前现有的资源环境条件还无法满足与支撑其庞大的社会人口发展的需要，而机遇则主要是为其打造世界城市提供了充足的人力资源和智力支持。

（二）人口结构现状分析

人口的社会经济结构是按一定的社会标准和经济标准将人口划分为各个组成部分而形成的人口结构，主要包括人口的年龄结构、性别结构、民族结构、婚姻家庭结构、教育程度结构、城镇单位从业人员的行业结构和职业结构等（刘峥，1985）。在控制人口数量的同时，也要注重人口结构的调整，尤其是人口的地区结构和职业结构（胡伟略，1985）。城市人口结构调整是人口规模调控的着力点（周立云，2002）与重要手段，而人口结构又与产业结构有着密切的对应关系，因为人口依赖于产业，有什么样的产业结构，就有什么样的人口规模（马仲良等，2007）与人口结构。因此，人口调控战略必须向依靠经济调控转变（侯东民，2007），通过产业结构的调整来实现人口结构的改善（蒋春芹，2003）。借鉴其他国家城镇化的经验与教训，要合理调控北京人口，就必须适当控制其传统第三产业的过度膨胀（张惟英，2006）并大力发展高新技术产业，以避免"大城市病"的激化。北京大量的低端劳动密集型服务业吸引了大量人口（首都社会经济发展研究所课题组，2011）。近年来，尽管北京产业结构发生了重大转型，但其产业结构和产业布局问题仍很突出，尤其是其第三产业内部的高端人才密集型与低端劳动密集型行业结构不合理。现有研究认为，实现北京人口的地区结构合理化，包括三个方面的政策建议：首先，调整城市功能是实现北京城市人口规模调控目标的重要措施，而分散中心城区的城市功能，引导相应的服务人口向郊区分流（叶立梅，2001），是实现人口合理布局的重要措施；其次，加大远郊小城镇建设的力度，以缓解中心城区的人口压力（蒋春芹，2003）。最后，加强区域合作，推进京津冀经济圈在基础设施、产业发展和环境保护等方面的协作，从区域协调发展的角度平衡资源与产业配置，带动周边区域发展，引导人口在大区域空间上的合理流动（谌利民，2009）。

在我国，城市中的外来人口聚集区出现较晚，约在20世纪80年代北京市出现了一个"浙江村"（翟振武等，2010）。外来人口通常集中在城市近郊区

(李银华等，1996；刘梦琴，2000；翟振武等，2010)。截至 2009 年年底，北京市实际常住人口已达 1972 万人，而居住半年以上的流动人口达到 726 万人[①]。2006~2009 年这 4 年间，北京市人口年均增长达到 54.3 万人，其中 70% 是流动人口（杨莉，2011）。目前北京市举家迁移的流动人口比例高达 41.2%，其中流动人口的子女为 40 多万人，表明"举家迁移"日益成为加剧人口向北京聚集的重要因素（首都社会经济发展研究所课题组，2011）。北京市外来人口聚集区的现象不会在短期消失，它是北京市人口机械增长的重要表现，将伴随北京城市化进程的全过程，并随着北京城的外扩，可能会在周边出现（翟振武等，2010）。根据聚集区存在的行业依托情况将其分为三种类型：完全依托型、半依托型和无依托型，而完全依托型内部又可细分为依托工地型和依托市场型两种（翟振武等，2010）。外来人口大致可以分为三类：拥有一定的人力资本期望在京转化为金融资本的人口、拥有少量金融资本期望转化为下一代的人力资本的人口和一无所有靠出卖廉价劳动力赚钱的人口。第一类多居住在无依托型聚集区中，后两类往往居住在依托型聚集区中（翟振武、侯佳伟，2010）。

2010 年，北京全市人口密度达到 1164 人/千米^2，其中：首都功能核心区人口密度超过 2.2 万人/千米^2，城市功能拓展区人口密度超过 6500 人/千米^2；合计中心城地区人口密度超过 7600 人/千米^2，占全市面积 8.4% 的中心城地区聚集 62% 以上的常住人口，而远郊平原地区人口密度不足 1000 人/千米^2，重点镇中心区人口密度也不足 2400 人/千米^2（胡兆量，2011）。近 20 年来，北京人口增长的空间格局发生了方向性的变化，主要表现为：人口郊区化仍以"近郊区化"为主、都市区内部人口增长点差异性日益明显、人口增长的空间格局表现出多核心增长趋势（冯健等，2003）。北京新城和卫星城的建设就是人口分布向城市功能拓展区转移，引导支持中心城功能向城市发展新区转移（杨莉，2011）。

1. 人口民族结构

根据第六次全国人口普查（2010 年），北京市全市常住人口中共有家庭户 668.1 万户，平均每个家庭户的人口为 2.45 人，汉族人口占常住人口的 95.9%，各少数民族人口仅占 4.1%。比第五次全国人口普查（2000 年）减少了 0.46 人/户，汉族人口增加了 582.7 万人，各少数民族人口增加了 21.6 万人，但占总人口的比重下降了 0.2 个百分点。在各少数民族人口中排在前五位的依次是满族、回族、蒙古族、朝鲜族和土家族，占少数民族人口的 90.2%，与第五次全国人口普查（2000 年）相比，排在前五位的民族顺序没有变化，但比重有所变动（图 3-6）。

---

① http://news.sina.com.cn/c/2010-07-17/231920701343.shtml.［2011-10-02］。

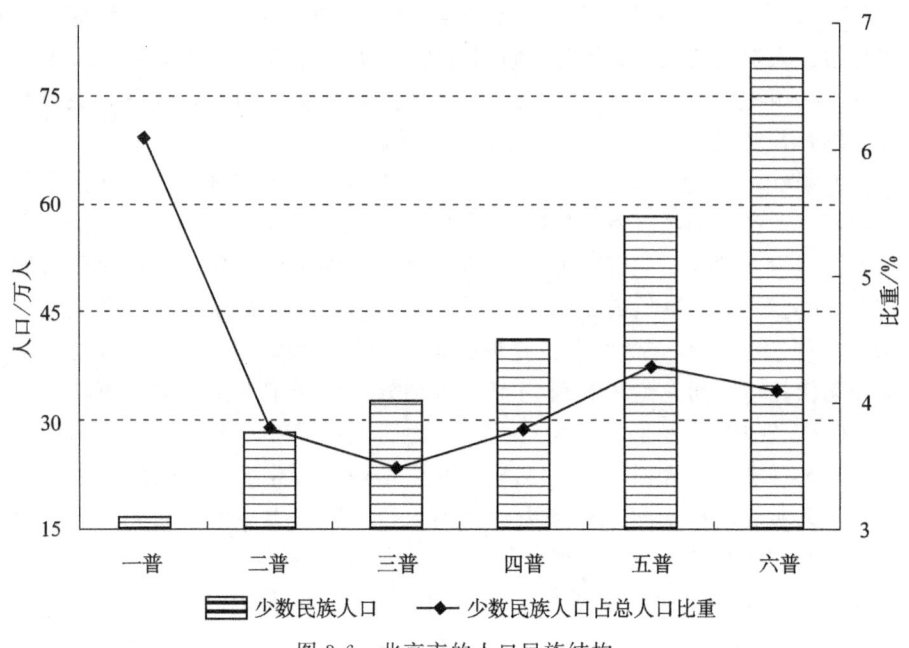

图 3-6 北京市的人口民族结构

对比北京六次人口普查，发现：北京市的少数民族人口持续增加，从一普（1953 年）时的 16.8 万人增加到六普（2010 年）时的 80.1 万人；少数民族占北京市常住人口的比重在二普（1964 年）以后一直低于 5%。

2. 人口年龄结构

根据第六次全国人口普查（2010 年），北京市全市常住人口中，0～14 岁人口达到 168.7 万人，占 8.6%；15～64 岁人口达到 1621.6 万人，占 82.7%；65 岁及以上人口达到 170.9 万人，占 8.7%。另外，60 岁及以上人口达到 246 万人，占常住人口的 12.5%。与第五次全国人口普查（2000 年）相比，0～14 岁人口减少了 15.7 万人，比重下降了 5 个百分点；15～64 岁人口增加了 563.4 万人，比重上升了 4.7 个百分点；65 岁及以上人口增加了 56.6 万人，比重提升了 0.3 个百分点。60 岁及以上人口增加了 75.9 万人，但其比重基本没变[①]。由此可见，北京市的人口"少子化、老龄化"正在加剧，而且被赡养人口绝对量的急剧膨胀，使得北京市的社会负担加重。

北京市常住人口中，20～24 岁和 25～29 岁年龄段的人口占总人口的比重最大，均超过了 10%，分别达到 11.6% 和 10.7%；35～39 岁年龄段的人口比重也超过了 9%，80 岁以上人口的人口比重约为 1.7%；20～59 岁年龄段人口的比重

---

① 北京市统计局．北京市 2010 年第六次全国人口普查主要数据公报．2011-05-05．

很高,约为 70.9%,60 岁以上人口的比重为 14.1%(图 3-7)。

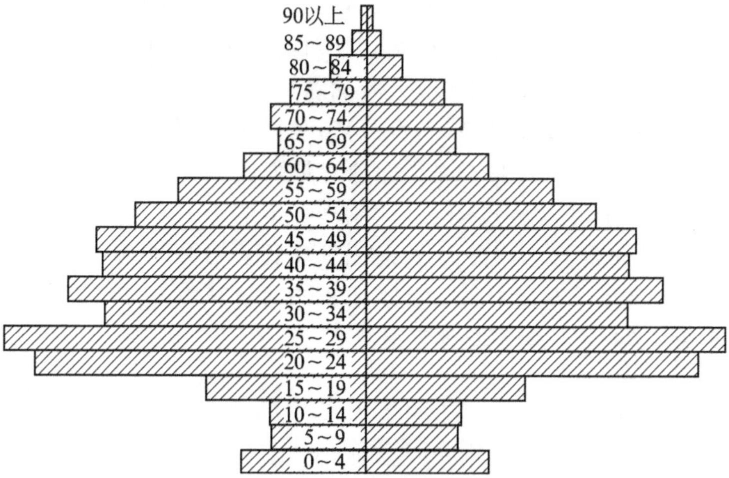

图 3-7 北京市人口年龄结构(2009)

资料来源:《北京统计年鉴 2010》

进入 21 世纪以来,北京市人口年龄结构发生如下变化:0~14 岁年龄组的人口占总人口的比重处于不断下降的状态,10 年的时间里比重降低了 5 个百分点,人口金字塔的底座处于萎缩状态;15~64 岁年龄组的人口占总人口的比重则稳健上升,已经超过 80%,而且还有不断提高的趋势;65 岁以上年龄组的人口总人口的比重处于先上升后下降的变动趋势中,未来很可能进入上升时期(表 3-3)。

表 3-3 北京市 2000~2010 年人口年龄结构　　　　　　　单位:%

年龄组	2000 年	2005 年	2006 年	2007 年	2008 年	2009 年	2010 年
0~14 岁	13.6	10.2	9.9	9.7	9.7	10.1	8.6
15~64 岁	78.0	79.0	78.9	80.2	80.2	79.9	82.7
65 岁以上	8.42	10.8	11.2	10.1	10.3	10.2	8.7

资料来源:第五次全国人口普查数据及第六次北京人口普查

总之,北京市常住人口的年龄结构具有明显的"纺锤形"结构特征,而且这种结构特征将会保持一段时间不变。

3. 人口文化结构

对比第六次全国人口普查(2010 年)与第五次全国人口普查(2000 年)数据,可发现:北京市全市常住人口的文化素质有了明显提高,平均受教育年限由 2000 年的 10 年提高到 2010 年的 11.5 年;全市文盲人口(15 岁及以上不识字的人)为 33.3 万人,文盲率(常住人口中 15 岁及以上不识字的人口所占比重）为 1.7％，文盲人口减少 24.5 万人，文盲率下降 2.6 个百分点。[①]

北京市每 10 万人中具有大学程度的人口由 2000 年的 16 839 人增加到 2010 年的 31 499 人，绝对量增加了 87.06％，相对比重提高了 15.05 个百分点；具有高中程度的人口由 2000 年的 23 165 人减少到 2010 年的 21 220 人，绝对量降低了 8.40％，相对比重降低了 2.80 个百分点；具有初中程度的人口由 2000 年的 34 380 人减少到 2010 年的 31 396 人，绝对量降低了 8.68％，相对比重降低了 4.26 个百分点；具有小学程度的人口由 2000 年的 16 963 人减少到 2010 年的 9 956 人，绝对量降低了 41.31％，相对比重降低了 7.99 个百分点（图 3-8）。由此可见，大学专科及以上人口比重呈现增长态势，高中及以下人口比重呈现减少趋势，其中小学学历比例下降程度最大。

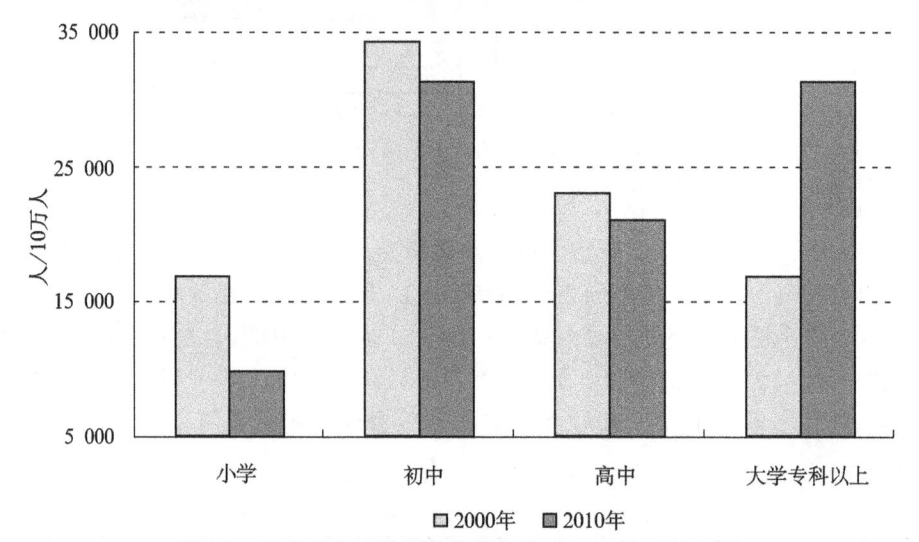

图 3-8 北京市人口受教育程度比较（2000 年、2010 年）
资料来源：《北京市第五次全国人口普查》、《北京市第六次全国人口普查》

整体来看，北京市的文化程度相对较高，高素质人口成为北京市人口的主要组成部分，为北京建设世界城市提供了充足的智力支持，有利于其发展高新技术产业、现代金融、现代服务业等。

4. 人口就业结构

从北京市城镇单位从业人员规模的历年（1978～2009 年）变化（图 3-9）来看：改革开放至今，北京市的城镇单位从业人员规模翻了一倍多，接近 1000 万人，整体上呈逐年上升趋势，但是占总人口的比重提高不大，仅提高了不到 6 个百分点，尽管存在着波动，但一直维持在 54.51％上下；带眷系数基本维持在

[①] 北京市统计局. 北京市 2010 年第六次全国人口普查主要数据公报. 2011-05-05.

1 左右，明显低于国内其他城市，而且有进一步降低的趋势，这主要归因于北京市外来人口所占比重大这一特点。

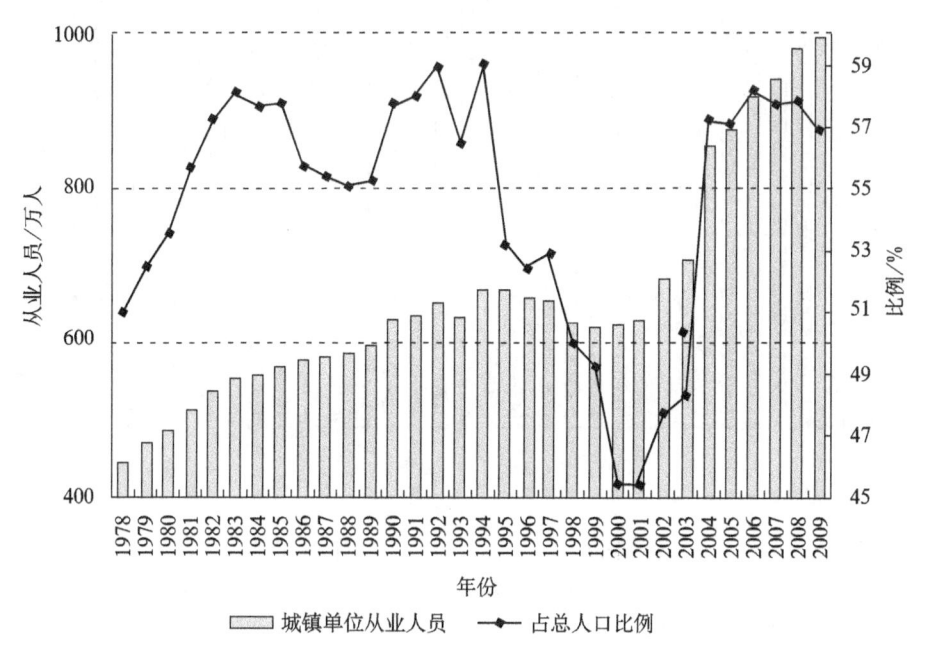

图 3-9　北京市历年城镇单位从业人员规模（1978～2009 年）
资料来源：《北京六十年》、《北京统计年鉴 2010》

改革开放以来，北京市的城镇单位从业人员规模，不论是人口规模，还是占总人口的比重都有明显的降少，但在金融危机之后又有明显的回升。这种现象在 1998 年金融危机前后表现得尤为突出。

从北京市三次产业就业人员结构的变化（图 3-10）来看：第一产业就业人员比例一直下降，由 1978 年的 28.3% 下降到 2009 年的 6.2%，还不到改革开放初期的 1/4；第二产业从业人数比例略有反复，但整体上还是由 1978 年的 40.1% 下降到 2009 年的 20%，仅为改革开放初期的一半；第三产业从业人数比例一直上升，由 1978 年的 31.6% 上升到 2009 年的 73.8%，提高了 42.2 个百分点；2009 年年底，第一、二产业城镇单位从业人员比例仅为 26.2%，而第三产业的城镇单位从业人员比例高达 73.8%，第三产业成为就业的主体。

北京市城镇单位从业人员结构变化情况如表 3-4 所示。北京市第一产业城镇单位从业人员规模基本上处于不断萎缩的状态，由 1978 年的 125.9 万人，减少到 2009 年的 62.2 万人，年均减少率为 2.02%，1993 年下降最多，比 1992 年减少了 22.96%；第二产业城镇单位从业人员规模先增加后减少，年均增长率不到 0.5%，在 1990 年达到历史最高值，而后开始降低，1998 年下降最多，比 1997

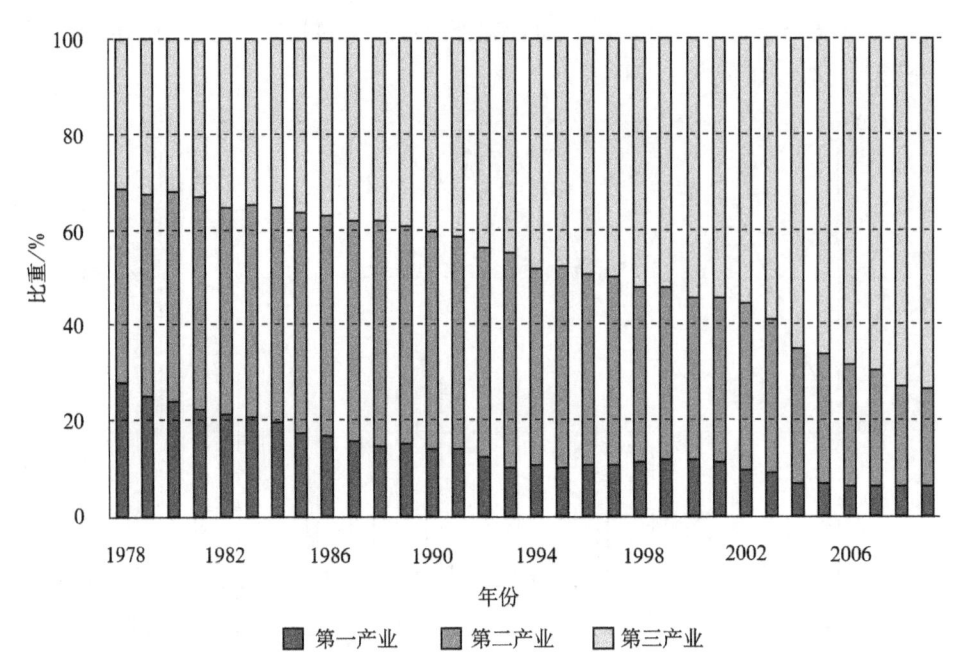

图 3-10　北京市三次产业城镇单位从业人员及构成（1978～2009年）

资料来源：《北京统计年鉴2010》、《北京六十年》

年减少了12.27%，到2009年时，还不到200万，比之最高值降低了28.57%；第三产业城镇单位从业人员规模基本上呈不断扩张的状态，由1978年的不到150万人，增加到2009年的700多万人，增加了3倍多，但逐年增长的情况差异很大，其中，2004年增长最为明显，比2003年增长了34.96%。

表 3-4　北京市城镇单位从业人员结构（1978～2009年）

年份	城镇单位从业人员/万人 第一产业	第二产业	第三产业	占总城镇单位从业人员比例/% 第一产业	第二产业	第三产业	年份	城镇单位从业人员/万人 第一产业	第二产业	第三产业	占总城镇单位从业人员比例/% 第一产业	第二产业	第三产业
1978	125.9	177.9	140.3	28.3	40.1	31.6	1988	88.4	267.6	228.1	15.1	45.8	39.1
1979	121.4	195.2	153.9	25.8	41.5	32.7	1989	91.0	266.3	236.6	15.3	44.9	39.8
1980	118.0	207.3	158.9	24.4	42.8	32.8	1990	90.7	281.6	254.8	14.5	44.9	40.6
1981	117.2	220.4	174.1	22.9	43.1	34.0	1991	90.8	279.7	263.5	14.3	44.1	41.6
1982	115.1	228.6	191.5	21.5	42.7	35.8	1992	84.5	281.6	283.2	13.0	43.4	43.6
1983	117.1	240.2	194.7	21.2	43.5	35.3	1993	65.1	279.4	283.3	10.4	44.5	45.1
1984	111.3	247.9	197.0	20.0	44.6	35.4	1994	73.2	272.2	318.9	11.0	41.0	48.0
1985	100.6	260.4	205.5	17.7	46.0	36.3	1995	70.6	271.0	323.7	10.6	40.7	48.7
1986	96.1	262.7	213.9	16.8	45.9	37.3	1996	72.5	260.1	327.6	11.0	39.4	49.6
1987	92.3	264.1	223.8	15.9	45.5	38.6	1997	71.0	257.6	327.2	10.8	39.2	50.0

续表

年份	城镇单位从业人员/万人			占总城镇单位从业人员比例/%			年份	城镇单位从业人员/万人			占总城镇单位从业人员比例/%		
	第一产业	第二产业	第三产业	第一产业	第二产业	第三产业		第一产业	第二产业	第三产业	第一产业	第二产业	第三产业
1998	71.5	226.0	324.7	11.5	36.3	52.2	2004	61.5	232.8	559.8	7.2	27.3	65.5
1999	74.5	216.2	327.9	12.1	34.9	53.0	2005	62.2	231.1	584.7	7.1	26.3	66.6
2000	72.9	208.2	338.2	11.8	33.6	54.6	2006	60.3	225.4	634.0	6.6	24.5	68.9
2001	71.2	215.9	341.8	11.3	34.3	54.4	2007	60.9	228.1	653.7	6.5	24.2	69.3
2002	67.6	235.3	376.3	10.0	34.6	55.4	2008	63.0	207.4	710.2	6.4	21.2	72.4
2003	62.7	225.8	414.8	8.9	32.1	59.0	2009	62.2	199.6	736.5	6.2	20.0	73.8

资料来源:《北京统计年鉴2010》、《北京六十年》。

北京市的人口就业结构与其在不同时期的城市功能定位、区域中心地位有着直接的关联,尤其是与产业发展方面的"退二进三"等政策关系明显。

二、人口变动趋势分析

(一) 人口规模趋势分析

作为一个超大城市,北京市在其快速城镇化和工业化的过程中,面临着诸多"大城市病"的难题,尤其是人口问题。首都人口调控,尤其是"加强对人口总量的调控"和"人口结构调控"是北京市"十二五"时期经济社会发展的重要任务。目前北京市面临的交通拥堵、就业紧张、房价高涨、环境恶化、资源紧张等重大问题,其根本原因就是人口问题,主要包括:人口在中心城区过度聚集(首都社会经济发展研究所课题组,2011)导致人口膨胀过快、人口结构不合理导致人口红利逐渐消减等。

常见的人口规模预测计量模型主要有:总量趋势外推模型、增长率预测模型、离散预测模型、指数增长模型、阻滞增长模型、职工带眷系数法等。根据实际掌握的数据情况,可以选择相应的一种或两种计量模型进行人口规模预测。总量趋势外推模型和增长率预测模型,因所需数据较为简单,而最常用;离散预测模型则需要非常详细的人口年龄结构数据、生育数据和迁移数据等,不容易获得,没有被广泛采用;指数增长模型由于其预测的年限越长,其人口增长率就越大,预测值与实际值的差距就越大,只适合短期预测;阻滞增长模型考虑到人口容量,并自行给定最大人口容量,主观性过强,但利用得当时可以较好地预测人口规模,适合中长期预测;职工带眷系数法需要掌握整个地区的就业人数,而由于就业隐性化和统计不合理等导致预测结果失真。因此,本部分主要采用总量趋势外推模型、增长率预测模型和阻滞增长模型这三个计量模型来预测北京市的各类人口规模。其中，总量趋势外推模型和增长率预测模型可以简单的表示为 $p=p_0(1+k)^n$，式中，p 表示预测期总人口（万人），p_0 表示规划基期总人口（万人），k 表示年均增长率（％），n 表示预测年限；阻滞增长模型表示为 $x_t = \dfrac{x_m}{1+(\dfrac{x_m}{x_0}-1)e^{-rt}}$，式中，$x_m$ 为最大人口容量（万人），x_0 为基期人口数（万人），r 为回归系数，t 为预测年限。

1. 常住人口规模趋势分析

1) 北京市常住人口历年实际规模变动分析

新中国成立 60 多年来，去掉几个异常年份，北京市常住人口的年均扩张速度可以大致分成三个阶段，即 20 世纪 50 年代的高速增长阶段，年算数平均增长率为 5.30％，年几何平均增长率为 4.83％；20 世纪 60 年代到 90 年代初期的低速增长阶段，年算数平均增长率为 1.59％，年几何平均增长率为 1.53％；20 世纪 90 年代中期到现在的中速增长阶段，年算数平均增长率为 2.95％，年几何平均增长率为 2.71％（图 3-11）。

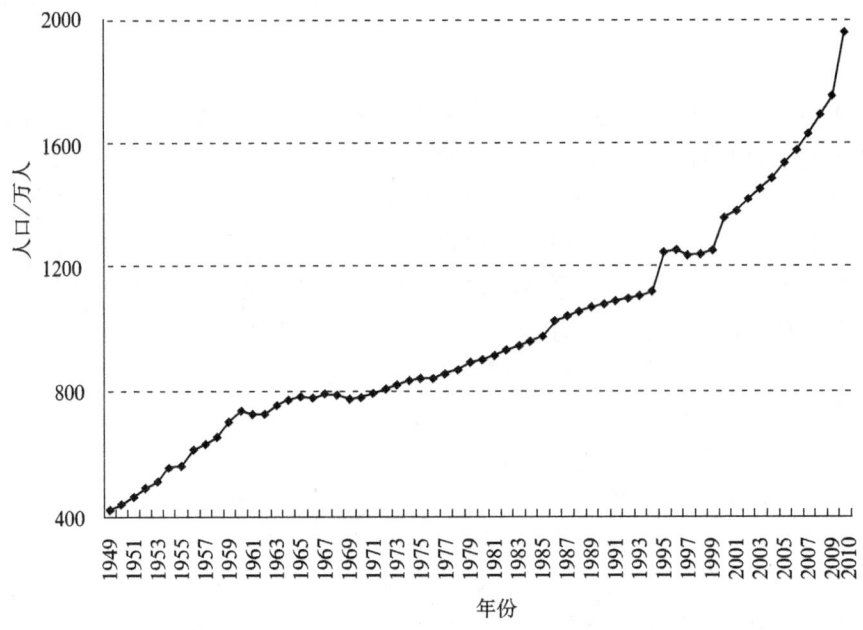

图 3-11　北京市历年常住人口规模（1949～2010 年）
资料来源：《北京六十年》、《北京统计年鉴 2010》、《北京市第六次人口普查公报》

2) 北京市常住人口规模预测分析过程

（1）利用趋势外推法和增长率预测。北京过去 60 年间的常住人口规模变动不能用一个简单的函数来表示，而需要根据实际情况，用三个函数来分别表示三个阶段的人口变动规律。要预测北京市在 2030 年左右的常住人口规模，不能简单的利用第三个阶段的函数，需要同时考虑到政府会采取的相关政策。研究认为：北京市今后常住人口规模的变动接近但会高于第二个阶段的变动速度，很可能低于第三阶段的变动速度，即年算数平均增长率为 2.00% 左右，年几何平均增长率为 2.00% 左右。

以 2010 年的北京市常住人口规模为基数，利用趋势外推法和增长率预测法北京市常住人口规模在 2015 年，将达到 2200 万人左右，在 2030 年，将达到 2900 万人左右。

（2）利用阻滞增长模型预测。利用阻滞增长模型来预测北京市常住人口规模，需要先确定回归系数 r 和最大人口容量 x_m（万人）。考虑到北京地区的环境承载能力、未来科技发展、北京建设世界城市的需要以及中国特殊国情，估计北京市整个区域的最大人口容量 $x_m = 4000$ 万人。利用一普（1953 年）的北京市常住人口数和刚才确定的最大人口容量来确定回归系数 $r = -\dfrac{1}{t}\ln\left(\dfrac{\frac{x_m}{x_t}-1}{\frac{x_m}{x_0}-1}\right)$（表 3-5），回归系数 r 的确定与基期的选择有很大关系，分别取不同基期的回归系数 r 的平均值 $\bar{r}$。

表 3-5　常住人口阻滞增长模型回归系数 r 的确定

年份	x_t/万人	t	r	t	r	t	r	t	r	t	r
1953	512.9	0	—								
1964	776.3	11	0.045	0	—						
1982	935.0	29	0.025	18	0.013	0	—				
1990	1086.0	37	0.025	26	0.017	8	0.025	0	—		
2000	1363.6	47	0.027	36	0.021	18	0.029	10	0.033	0	—
2010	1961.0	57	0.033	46	0.030	28	0.041	20	0.047	10	0.062

由回归系数 $\bar{r}$ 和最大人口容量 x_m 万人，利用公式 $x_t = \dfrac{x_m}{1+\left(\dfrac{x_m}{x_0}-1\right)e^{-\bar{r}t}}$ 来预测北京市在 2015 年和 2030 年的常住人口规模。以一普（1953 年）为基期的预测北京市的常住人口（表 3-6）。

表 3-6　北京市常住人口规模预测结果

回归系数平均值	$\bar{r}$	0.031
基期常住人口规模/万人	x_0	512.9
预测期限/年	t_1	62
	t_2	77
常住人口规模预测/万人	2015 年	2190
	2030 年	2768

以一普为基期，利用阻滞增长模型，预测：北京市常住人口规模在 2015 年，将达到 2200 万人左右，在 2030 年，将达到 2800 万人左右。

3）北京市常住人口规模预测结果

结合以上三种预测方法，综合考虑其他社会资源环境等限制条件，研究认为：到 2015 年北京市常住人口规模达到 2200 万人左右，到 2030 年北京市常住人口规模达到 2800 万人左右。

2. 城镇人口规模预测

1）北京市城镇人口历年实际规模变动分析

新中国成立 60 多年来，北京市城镇人口的年均扩张速度可以大致分成五个阶段，即 20 世纪 50 年代的高速增长阶段，年算数平均增长率为 9.10%，年几何平均增长率为 8.98%；20 世纪 60 年代负增长阶段，年算数平均增长率为 －0.81%，年几何平均增长率为 －0.83%；20 世纪 70 年代到 80 年代的低速增长阶段，年算数平均增长率为 2.60%，年几何平均增长率为 2.44%；20 世纪 90 年代的中速增长阶段，年算数平均增长率为 4.06%，年几何平均增长率为 3.88%；21 世纪前 10 年的高速增长阶段，年算数平均增长率为 5.18%，年几何平均增长率为 5.14%（图 3-12）。

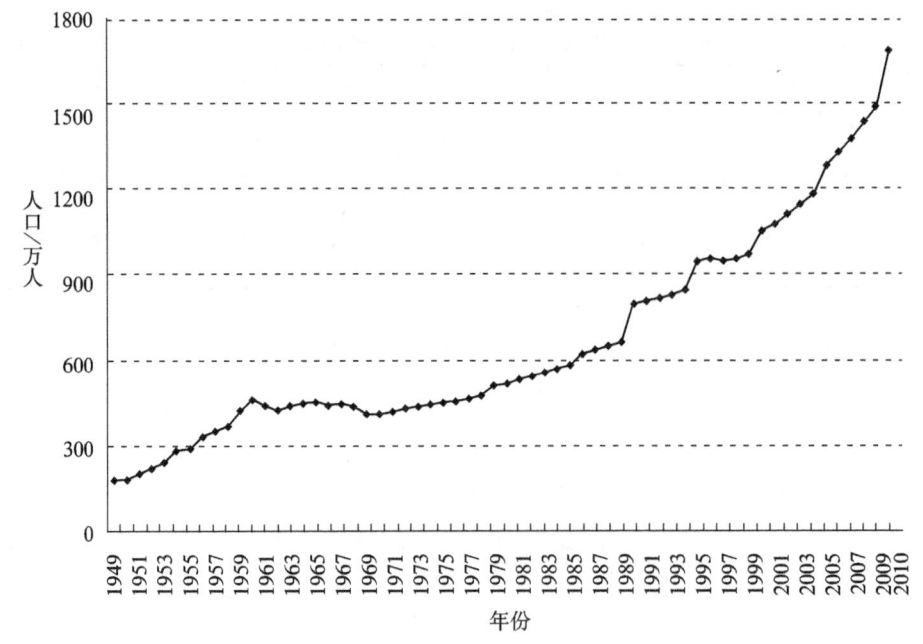

图 3-12　北京市历年城镇人口规模（1949～2010 年）

资料来源：《北京六十年》、《北京统计年鉴 2010》、《北京市第六次人口普查公报》

2) 北京市城镇人口规模预测分析过程

(1) 利用趋势外推法和增长率预测。

新中国成立 60 多年来的城镇人口规模变动可以用一个简单的指数函数形式：$p=228.83e^{0.0291t}$（$R^2=0.9366$）来表示，但要预测北京市在 2030 年左右的城镇人口规模，则不能用指数模型。因为指数增长模型不适合中长期（2030 年）预测，但适合短期（2015 年）预测。

利用指数增长模型 $p=228.83e^{0.0291t}$ 预测，2015 年北京市城镇人口达到 2130 万人左右。北京市今后城镇人口规模的变动接近但会高于第三个阶段的变动速度，很可能低于第四阶段的变动速度，即年算数平均增长率为 2.50% 左右，年几何平均增长率为 2.50% 左右。由此，以 2010 年的北京市城镇人口规模为基数，利用趋势外推法和增长率预测法北京市城镇人口规模在 2030 年，将达到 2700 万人左右。此时，北京市的人口城镇化水平将达到 96% 左右。

(2) 利用阻滞增长模型预测。

利用阻滞增长模型来预测北京市城镇人口规模，需要先确定回归系数 r 和最大人口容量 x_m（万人）。参考前面的内容，估计北京市整个区域城镇人口的最大人口容量 $x_m=3800$ 万人。利用一普（1953 年）、二普（1964 年）、三普（1982 年）、四普（1990 年）和五普（2000 年）的北京市城镇人口数和刚才确定的最大人口容量来确定回归系数 $r=-\dfrac{1}{t}\ln\left(\dfrac{\dfrac{x_m}{x_t}-1}{\dfrac{x_m}{x_0}-1}\right)$，由表 3-7 可知：回归系数 r 的确定与基期的选择有很大关系，分别取不同基期的回归系数 r 的平均值 $\bar{r}$。

表 3-7　城镇人口阻滞增长模型回归系数 r 的确定

年份	x_t/万人	t	r	t	r	t	r	t	r	t	r
1953	241.3	0	—								
1964	449.1	11	0.062	0	—						
1982	544.0	29	0.031	18	0.012	0	—				
1990	798.0	37	0.037	26	0.026	8	0.058	0	—		
2000	1057.4	47	0.037	36	0.029	18	0.046	10	0.037	0	—
2010	1685.9	57	0.043	46	0.039	28	0.056	20	0.055	10	0.073

由回归系数 $\bar{r}$ 和最大人口容量 x_m（万人），利用公式 $x_t=\dfrac{x_m}{1+\left(\dfrac{x_m}{x_0}-1\right)e^{-\bar{r}t}}$

来预测北京市在 2015 年和 2030 年的城镇人口规模。以一普（1953 年）为基期的预测北京市的常住人口（表 3-8）。

表 3-8　北京市城镇人口规模预测结果

回归系数平均值	$\bar{r}$	0.042
基期城镇人口规模/万人	x_0	241.3
预测期限/年	t_1	62
	t_2	77
城镇人口规模预测/万人	2015 年	2036
	2030 年	2817

以一普为基期，利用阻滞增长模型，预测：北京市城镇人口规模在 2015 年，将达到 2000 万人左右，在 2030 年，将达到 2800 万人左右。

3）北京市城镇人口规模预测结果

结合以上预测方法，结合考虑常住人口的规模预测结果，研究认为：到 2015 年北京市城镇人口规模达到 2000 万人左右，此时，人口城镇化水平达到 90％左右，到 2030 年北京市城镇人口规模达到 2700 万人左右，此时，人口城镇化水平达到 96％左右。

（二）人口结构变动趋势

人口结构变动趋势分析主要是为了了解一个地区人口的内部组成比重的变动情况，以应对将来可能出现的问题，并从根本上寻求解决之道。鉴于所掌握的数据资料情况，本部分主要分析北京市常住人口的年龄结构和就业结构的变动趋势。

1. 北京市常住人口年龄结构变动趋势

1）北京市常住人口年龄变动分析

由表 3-9 可知：0～4 岁、5～9 岁、10～14 岁、15～19 岁和 20～24 岁这五个年龄段的人占比重基本上处于不断下降的状态中，其中 0～4 岁和 5～9 岁这两个年龄段的人占比重下降了 2/3，而 10～14 岁和 15～19 岁这两个年龄段的人占比重下降了一半；其他年龄段的人占比重基本上处于不断上升的状态中，其中 45～49 岁、50～54 岁和 55～59 岁这三个年龄段的人占比重翻了一倍，成为"潜在老龄人口"。

表 3-9　北京市历年常住人口的年龄结构　　　　　　　　　单位：％

年岁段	1953 年	1964 年	1982 年	1990 年	2000 年	2009 年
0～4 岁	14.4	15.3	7.2	7.5	3.3	4.0
5～9 岁	8.9	14.5	6.0	7.5	3.9	3.0
10～14 岁	6.8	11.7	9.2	5.2	6.5	3.1
15～19 岁	11.5	7.5	11.4	7.4	9.1	5.1
20～24 岁	12.3	6.6	10.9	9.8	9.3	10.7
25～29 岁	10.0	8.8	11.6	11.6	9.4	11.6
30～34 岁	7.6	7.7	7.5	10.8	9.7	8.4

续表

年岁段	1953年	1964年	1982年	1990年	2000年	2009年
35～39岁	6.5	5.9	5.6	9.1	10.4	9.5
40～44岁	5.6	4.8	6.0	5.9	9.1	8.5
45～49岁	4.5	3.8	6.8	4.6	8.1	8.7
50～54岁	3.5	3.7	5.3	5.4	5.1	7.4
55～59岁	2.8	3.1	3.9	5.1	3.7	6.0
60～64岁	2.3	2.6	2.9	3.8	4.1	3.9
65～69岁	1.7	1.8	2.3	2.7	3.7	2.8
70～74岁	1.0	1.3	1.7	1.7	2.4	3.1
75～79岁	0.4	0.7	1.0	1.1	1.4	2.5
80岁及以上	0.2	0.3	0.6	0.9	1.0	1.7

资料来源：《北京六十年》、《北京统计年鉴2010》

目前，北京市常住人口的年龄结构有着明显的"少子化"、"老龄化"特点。在考虑到大量中青年外来人口的进入、"潜在老龄人口"的存在和新生儿的"后继乏力"，未来北京市常住人口的年龄结构将会呈现出重心上移的"纺锤形"结构。

2）北京市常住人口年龄变动趋势分析

人口老龄化已经成为全球发展的一个重要社会背景。联合国《世界人口老龄化1950—2050》报告指出：人口老龄化是普遍性的，是影响每个人的一种全球现象；人口老龄化是深刻的，对人类生活的所有方面都有重大影响。"继发达国家人口普遍老龄化之后，发展中国家老年人口正在大量增长，且人口年龄结构转变的速度大大快于发达国家。目前，全球62%的老年人居住在发展中国家，到2025年发展中国家的老年人将超过全球老年人口的70%。"（全国老龄工作委员会办公室，2006）中国人口老龄化是在经济还不发达的情况下提前到来的，人口老龄化程度接近发达国家的程度，已经成为世界老年人最多的国家。

北京人口高龄化也在不断加剧。北京市80岁及以上的高龄老年人占总人口的比重从1990年的0.85%上升到2005年的1.4%，再上升到2009年的1.7%，达到30万人，由此可见，80岁及以上的高龄老年人在总人口的比重将伴随着老龄化程度的加速呈不断上升趋势。北京市在中国人口老龄化的大背景下，同样正处于人口老龄化快速发展的时期，如何应对人口老龄化带来的挑战，将成为北京市今后长时期内的一项重大战略任务（林宝，2011）。

新中国成立60多年来，北京市的60岁及以上人口占总人口的比重呈现出稳步提高的趋势，由新中国成立初期的7%左右提高到2009年的14%，翻了一倍，尽管过程略有波动，但增加势头明显；15～59岁人口占总人口的比重一直高于50%，其中，新中国成立初期到"文化大革命"前期不断下降，而后开始迅速恢复，并在改革开放初期达到69.10%，此后开始进入波动式增长阶段，在2007年达到历史最高值（76.10%）；14岁及以下人口占总人口的比重整体上处于不断降低的状态中,从 20 世纪 60 年代初的 40% 左右下降到 21 世纪初期的 10% 左右,仅相当于新中国成立初期的 1/3 左右,"少子化"现象非常明显(图 3-13)。

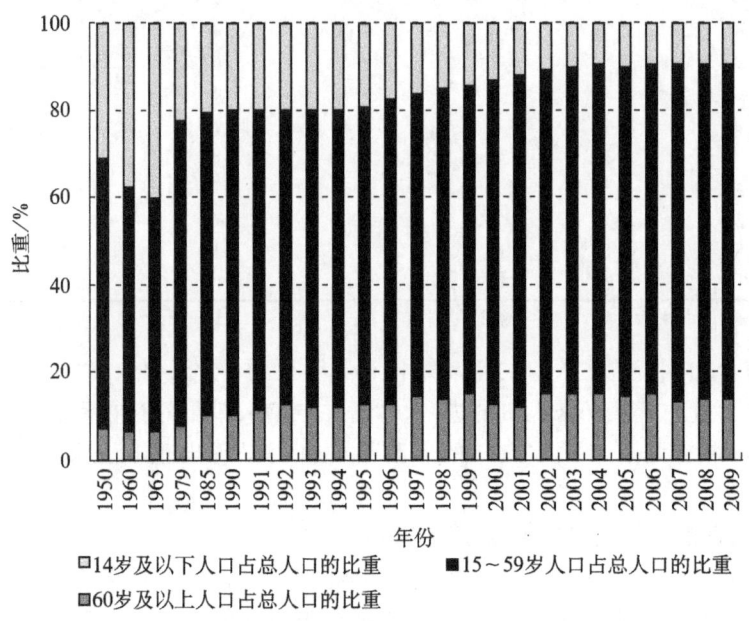

图 3-13 北京市历年人口年龄结构(1950~2009 年)

资料来源:《北京六十年》、《北京统计年鉴 2010》

从 20 世纪 90 年代后半期开始,北京市常住人口的年龄结构呈现出"两头小、中间大"的特点,在今后短时期内,还有较庞大的劳动力资源可以利用,但是老龄人口的规模也会不断膨胀,而少年人口则不会明显增加,甚至会进一步萎缩。在无外界干扰的情况下,北京建设世界城市将无"人口红利"优势,反而需要赡养大量的老龄人口,并且面临家庭结构的过度简单化、单一化和少子化乃至无子化状态。

北京市人口年龄结构的变动受外来人口流入影响较大,常住外来人口的年龄集中在 20~39 岁,这部分人口占外来人口的 62.8%,其中 25~29 岁组占 19.1%。2010 年全市常住人口的年龄中位数为 35.7 岁,常住户籍人口的年龄中位数为 41.5 岁,常住外来人口的年龄中位数为 29.6 岁。可见外来人口的大量流入是北京常住人口年龄结构变动的重要原因。伴随外来人口的不断流入,这种结构仍将继续持续一段时期。

一方面,考虑到我国计划生育政策的深远影响、"新新人类"和"丁克家庭"对于生儿育女的另类理解、普通白领工作生活的压力等,将来,北京市的新生婴儿出生率不会提高,甚至会进一步下降;另一方面,随着社会经济实力的强大、生态环境的改善、医疗技术的提高、"潜在老龄人口"的壮大和人们养生意识的强化等,将来,北京市的老龄人口会不断增加。与此同时,由于户籍制度改革的成功、人口流动性的加大、年轻人进京创业机会的增加、北京建设世界城市带来的机遇等使得每年会有一大批青壮劳动人口成为北京外来人口的主力军,也就使得北京市的中青年人口比重不会下降,反而会维持一个相对较高的水平。

因此,整个北京市常住人口的年龄变动趋势很有可能呈现出重心上移的"纺锤形"结构。

2. 北京市常住人口的城镇单位就业结构变动趋势

1) 北京市常住人口的城镇单位就业结构变动分析

分析北京市常住人口的城镇单位就业结构变动,可以从两个方面着手:

一方面,改革开放以来,北京市就业人口占常住人口的比重波动很大,最大值与最小值相差近20个百分点,从亚洲金融危机前期开始不断下降,并达到历史最低(45.40%),而后开始快速恢复(图3-14)。

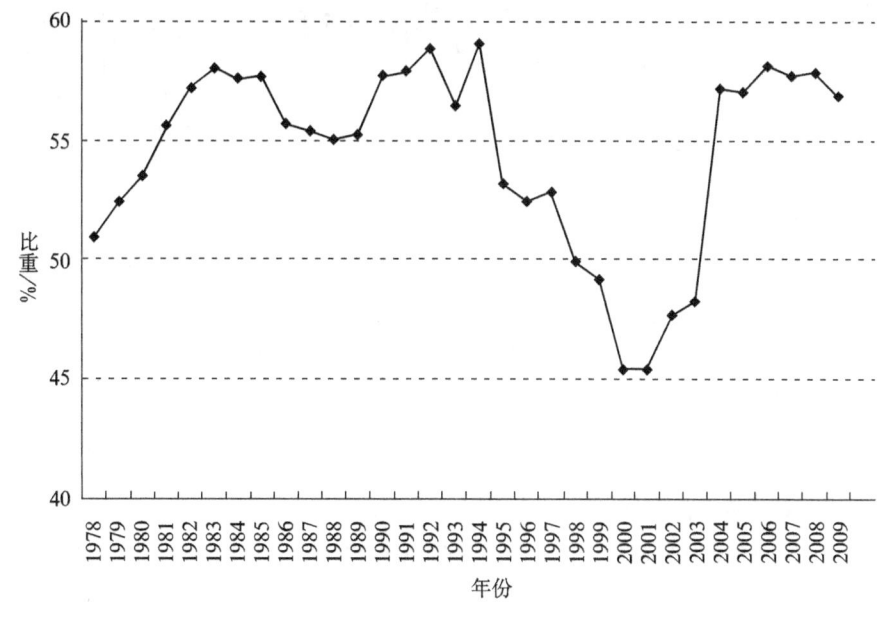

图 3-14 北京市历年城镇单位从业人员比重(1978～2009年)

资料来源:《北京六十年》

另一方面,就业人口内部结构的变动而言,北京市三次产业城镇单位从业人员结构的变动差异很大,第一产业城镇单位从业人员的比重基本上处于不断下降的状态中,只是下降的幅度正在逐渐缩小,这与都市发展对于农产品的依赖有着很大关系，因而，北京郊区的都市农业、观光农业等在取代原有传统农业的基础上得以保存，并发展起来，但随着科技进步，使得投入其中的人力越来越少，导致第一产业城镇单位从业人员的比重下降速度变缓；第二产业城镇单位从业人员的比重在改革开放初期略有提升，而后开始下降，而且下降的幅度快于第一产业，但整体比重还是很高，但是近十年下降幅度明显加快，这与北京市的城市功能转型有着直接的联系；第三产业城镇单位从业人员的比重则是处于不断提升的状态中，其比重在20世纪90年代中期超过了第二产业的城镇单位从业人员比重，此后，第三产业成为劳动就业的主体（图3-15）。

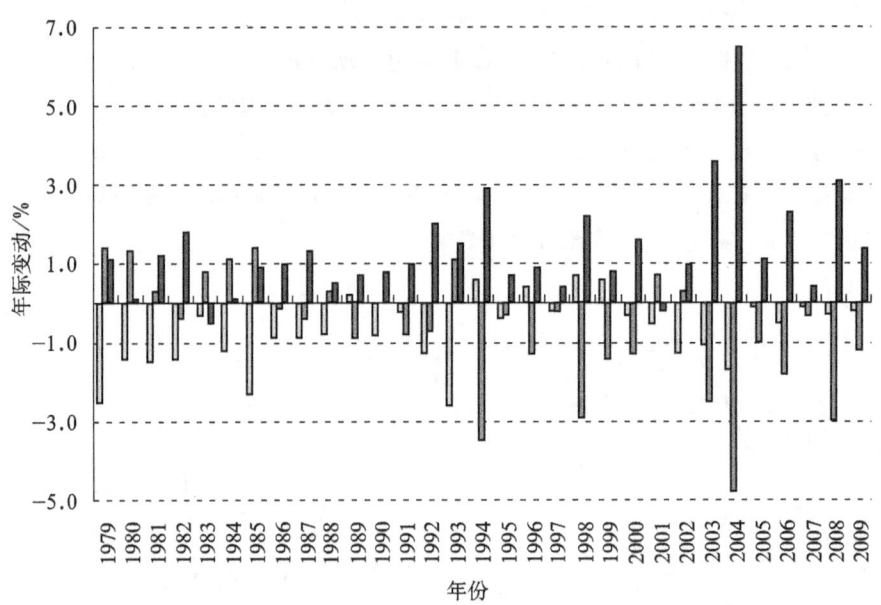

图3-15 北京市历年城镇单位从业人员三次产业比重变动（1979～2009年）
资料来源：《北京六十年》

2）北京市常住人口的就业结构变动趋势分析

结合北京建设世界城市的要求，参照世界城市的人口就业结构及北京市的现实和未来发展目标，研究认为，北京市常住人口的就业结构变动方向为：第一产业城镇单位从业人员的比重将会进一步萎缩，但是下降的空间不大，而第二产业城镇单位从业人员的比重将会加快降低，但是还会保持较高的份额；第三产业城镇单位从业人员的比重将会进一步提升，并出现内部产业的升级换代。到2030年，北京市常住人口的就业结构（第一产业：第二产业：第三产业）大致为3：17：80。

第二节 资源供给与利用的现状及趋势分析

北京市社会经济快速发展，城市化进程加快，建筑规模持续扩大、交通总量保持高增长势头，全社会资源刚性需求大幅增加。

一、资源供给与利用现状

为研究北京市各类资源的利用状况与趋势，下面分别就能源、土地资源和水资源三个方面进行供给需求分析，并结合定量数据进行现状的刻画。

（一）能源来源与消耗

北京市能源系统的显著特征可以概括为以下几点：首先，作为一个资源稀缺型城市和能源外部依赖性城市，急剧膨胀的人口给北京资源环境带来巨大压力，目前其98%的能源靠外地调入（杨莉，2011），约70%的电力、94%的煤炭、100%的天然气、100%的石油、60%的成品油需从外地外部调入（谭忠富等，2008）。其次，作为一个能源消费水平很高的城市，按常住人口计算，北京市的年人均能耗达到3.44吨标准煤，约为全国平均水平的2.4倍（马卫华等，2007）。最后，在北京市的能源消费结构中，煤炭消费量在终端用能中所占比例较大，能源消费的季节性突出，第三产业和生活用能的比例不断增加，从2001年的39.4%增至2009年的49%（牛彦涛，2010）。

北京的能源供应对外依存度较高，且供给体系存在先天不足。北京的煤炭供应受外地煤矿产量影响和运输条件限制，在2003年就发生过"煤荒"事件；电力供应则主要依靠"西电东送"工程，其输送线路较长且集中在几个狭窄断面，受外界干扰可能性较大；北京的天然气供应来源是陕北长庆气田，输管线长达860千米（马华卫等，2007）。随着能源输送的规模越发增加，能源供应安全的问题逐渐受到重视（潘一玲等，2005）。

1. 能源供给与需求

1）北京能源自然禀赋

北京地区属于能源资源短缺的地区。北京地区的一次能源主要来源是储量较少的煤炭和少量的水电及地热等能源，而石油和天然气在北京尚未发现足够的储量以供开采。

北京煤炭资源主要分布在北京西山，自万寿山以西，八宝山逆断层经北，斋堂桑峪北山至妙峰山以南地方，称为京西矿区。部分在城东顺义区至河北省三河市一带燕山南麓前平原，以及城东南大兴区牛房凤河管一带，称为京东矿区。两矿区面积约达1500千米²。

北京市最大煤炭年产量曾经达到1000万吨，其中97%为无烟煤。因热稳定性差、灰分高等原因，只有少量用于烧结、炼焦配煤、高炉喷吹等工业生产。全市的一次能源资源极为有限，但拥有一定规模的能源加工转换工业，能源加工转换种类主要有火力发电、供热、炼焦以及炼油。

2）能源生产与能源需求

就能源生产来看，2009年北京市能源生产总量（包括一次能源和二次能源）为3822.31万吨标准煤，比1998年的2921.3万吨增长了30.84%，11年间能源生产总量年均增长率仅有2.47%；2009年北京一次能源生产量为475.66万吨标准煤，比1998年的738万吨降低了35.55%，11年间一次能源产量年均下降3.9%；2009年北京市二次能源生产量为3346.65万吨标准煤，比1998年的2183.3万吨增长了53.28%，11年间二次能源产量年均增长率仅为3.96%（表3-10）。

表3-10　北京一、二次能源生产量　　　　　　　　　　单位：万吨标准煤

年份	能源生产总量	一次能源	二次能源
1998	2921.3	738.0	2183.3
1999	2752.4	595.6	2156.8
2000	2985.3	523.7	2461.6
2001	2958.4	596.4	2362.0
2002	3020.2	632.1	2388.1
2003	3156.8	686.3	2470.5
2004	3615.8	765.0	2850.8
2005	3511.6	679.5	2832.1
2006	3175.0	460.6	2714.4
2007	3361.3	466.1	2895.2
2008	3627.5	414.2	3213.3
2009	3822.3	475.7	3346.7

资料来源：《北京统计年鉴》（1999～2010年）

北京市由于受到能源资源制约和限制，能源生产总体上呈低速增长的态势。北京一次能源生产量呈现出明显下降趋势，二次能源生产量呈现平稳上升趋势，同时，北京能源生产总量缓慢上升，2004年后呈现下降趋势，2007年有所回升。

由于北京市自身的能源供给量满足不了北京的能源消费需求，历年来的需求缺口则主要由外省调入进行填补。由表3-11可以看出：北京市能源实物调入中，天然气和电力的调入一直呈上升趋势，其中电力的调入从2002年的257.66亿千瓦时上升到2008年的461.76亿千瓦时，总共上升79.2%，年均增长率10.2%；天然气的调入从2002年的20.48亿米³，达到2008年的60.64亿米³，

增幅达到 196.1%，年平均增长率为 19.8%。煤、焦炭和油品的调入，在 2005～2007 年达到顶峰，其后开始下降，年平均增长率分别为 3.3%、-2.6% 和 3.7%，增速远低于天然气和电力。这是受到了产业政策和产业结构调整以及高耗能企业逐渐向外市转移的影响。

表 3-11 历年北京市外省调入能源实物表

年份	煤合计/万吨	焦炭/万吨	油品合计/万吨	天然气/亿米^3	电力/亿千瓦时
2002	2133.86	95.81	930.52	20.48	257.66
2003	2167.11	127.15	1073.60	23.85	275.32
2004	2353.54	178.62	1156.33	27.02	309.56
2005	2801.84	125.65	1242.78	31.74	357.69
2006	2690.13	165.88	1935.16	40.57	409.50
2007	2599.24	213.29	1466.55	46.64	448.82
2008	2587.81	81.80	1159.50	60.64	461.76

资料来源：《中国能源统计年鉴》（2003～2009 年）

北京市的能源生产能力远远无法满足其需求，主要依靠外省能源的调入，而且其传统能源生产能力的待开发空间不大，对外部需求量将越来越大。

2. 能源消费特征

1）能源需求随经济规模增长，能源利用效率有所提高

近年来随着经济规模总量的不断增大，北京能源消费总量也不断走高。北京 1995 年的 GDP 为 1507.7 亿元（以当年价格计），2009 年 GDP 达到 12 153 亿元（以当年价格计），北京经济高速增长的同时也拉动了对能源需求规模的增长，而能源消耗的增长速度远远低于经济增长的速度。1995 年北京能源消耗总量为 3533.3 万吨标准煤，而 2008 年达到了 6343 万吨标准煤，年均增长 4.6%。虽然能源消耗总量增长较快，但只相当于同期国内生产总值增长速度的 40.5% 左右。特别是近年来，能源消耗增长速度明显下降，2008 年仅比 2007 年增长 0.934%，增幅下降 5.516%，可见北京市能源利用效率在不断提高（表 3-12）。

表 3-12 历年北京能源消费总量及构成

年 份	能源消费总量/万吨标煤	占能源消费总量的比重/%			
		煤 炭	石 油	天然气	水 电
1980	1907.7	65.3	33.5	0	1.2
1981	1902.6	64.9	34.5	0	0.6
1982	1920.4	65.9	33.6	0	0.5
1983	1984.7	67.6	31.8	0	0.6
1984	2144.1	68.0	31.6	0	0.4
1985	2211.4	68.7	31.0	0	0.3
1986	2400.0	68.2	31.4	0.1	0.3
1987	2475.8	69.3	30.3	0.1	0.3
1988	2612.6	69.9	29.8	0.1	0.2
1989	2653.2	69.5	29.8	0.4	0.3

续表

年 份	能源消费总量/万吨标煤	占能源消费总量的比重/%			
		煤 炭	石 油	天然气	水 电
1990	2709.7	70.7	28.7	0.4	0.2
1991	2872.0	71.1	28.2	0.4	0.3
1992	2987.5	70.9	28.4	0.4	0.3
1993	3264.6	72.4	27.0	0.4	0.2
1994	3385.9	75.6	23.8	0.4	0.2
1995	3533.3	74.2	25.1	0.4	0.3
1996	3734.5	72.0	26.9	0.5	0.6
1997	3719.2	72.8	25.8	0.6	0.8
1998	3808.1	73.5	24.4	1.3	0.8
1999	3906.6	71.6	25.2	2.5	0.7
2000	4144.0	72.1	24.1	3.1	0.7
2001	4229.2	71.3	23.9	4.7	0.1
2002	4436.1	67.1	27.2	5.6	0.1
2003	4648.2	69.0	25.4	5.5	0.1
2004	5139.6	65.8	27.8	6.4	0.0
2005	5521.9	64.0	28.9	7.0	0.1
2006	5904.1	61.6	30.0	8.4	…
2007	6285.0	60.2	30.8	9.0	…
2008	6343.7				

资料来源：《北京六十年》

2) 煤炭比重一直远高于其他能源，天然气比重近年明显增加

从能源消费结构来看：北京市能源主要来源于煤炭，2007年占比例为60.2%，其次是石油，2007年占比例为30.8%，最后是天然气，2007年占比例为9.0%。历年来，煤炭占北京能源消费比例都在60%以上，石油占比为24%~35%。从1995年开始，天然气占能源消费比例逐年升高，而水电所占比例则一直在1.2%以下（图3-16）。

目前，北京市能源消费规模是改革开放初期的3倍多，而煤炭和石油占能源消费总量的比重则下降不多，天然气占能源消费总量的比重正在逐步提高，但是整体的能源消费结构并没有多大改变。

3) 煤电供给的缺口远高于其他能源，而天然气的供给相对充足

北京市能源供需缺口一直存在，且随着经济规模的增加而扩大。煤、石油、天然气和电力等主要能源都存在供需缺口，可供北京市消费的能源量与消费量之间的平衡差额均为负值（除2007年天然气外）。其中，煤的供给缺口最大，平衡差额由-233.9变为-348.44，增加了近50%；其次是电力缺口，平衡差额由-209.66扩大到-225.63，增加了7.6%；而石油和天然气的供需缺口虽然存在，但平衡差额有所缩小：石油的平衡差额由-31.95变为-4.53，减少了85.8%（表3-13）。

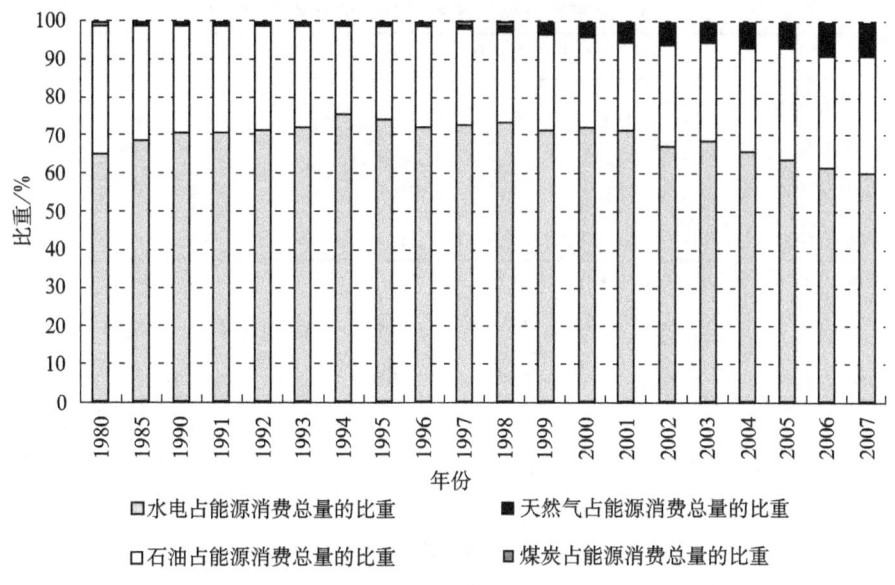

图 3-16 北京市能源消费结构图

资料来源:《北京六十年》

表 3-13　2006 和 2007 年北京市主要能源品种供给消费平衡差额

项目	煤/万吨 2006 年	煤/万吨 2007 年	石油/万吨 2006 年	石油/万吨 2007 年	天然气/亿米³ 2006 年	天然气/亿米³ 2007 年	电力/亿千瓦时 2006 年	电力/亿千瓦时 2007 年
可供本地区消费的能源量	2821.77	2636.23	1173.39	1321.92	40.57	46.64	409.33	449.46
消费量合计	3055.67	2984.67	1205.34	1326.45	40.65	46.64	618.99	675.09
平衡差额	−233.90	−348.44	−31.95	−4.53	−0.08	0	−209.66	−225.63

资料来源:《北京市能源发展报告》(2007 年、2008 年)

总之,北京市的能源系统具有非常明显的外部依赖性,而且其传统能源消费的比例很大。随着外部可供给能源能力的限制和内部能源需求的扩大,北京市的能源生产和供给系统需要进行深度的改革,而改革的方向则是推进新能源的开发利用和能源节约高效利用。

3. 能源利用效率

2002~2009 年七年中北京的能源利用效率提升了 90.7%(表 3-14)。2002 年北京万元地区生产总值消耗 1.03 吨标准煤,其中煤炭 0.60 吨、电力 1011.12 千瓦时、石油 0.22 吨;到 2009 年北京万元地区生产总值消耗 0.54 吨标准煤,其中煤炭 0.22 吨、电力 624.41 千瓦时、石油 0.11 吨。各能源相互比较来看,煤炭所占比例下降了 30.06%,电力所占比例上升了 17.79%,石油所占比例上升了 4.85%。总体而言,北京市的能源消费日趋合理,煤炭等高污染资源的消耗降低。

表 3-14　北京市万元地区生产总值历年能源消费量

项目	2002 年	2003 年	2004 年	2005 年	2006 年	2007 年	2008 年	2009 年
能源消费量/吨标准煤	1.03	0.93	0.85	0.79	0.73	0.64	0.57	0.54
煤炭/吨	0.60	0.55	0.49	0.44	0.38	0.30	0.25	0.22
电力/千瓦时	1011.1	921.1	845.5	813.6	762.5	685.6	637.1	624.4
石油/吨	0.22	0.19	0.17	0.16	0.15	0.13	0.12	0.11

资料来源：《北京统计年鉴》（2003～2010 年）

北京市能源加工转换环节和终端利用环节的浪费现象依然存在，主要表现在产业结构处于转型期、燃煤热效率较低、建筑采暖热能浪费严重、照明用电浪费比较普遍等方面。2009 年，北京市万元 GDP 综合能耗为 0.54 吨标煤，已经低于全国平均万元 GDP 综合能耗 0.92 吨标准煤，但与国际先进水平相比还有一些差距，单位 GDP 能耗是日本的 1.3 倍、新加坡的 2 倍左右[①]。

尽管北京市的节能减排与资源利用效率状况在 21 世纪的前 10 年里得到了一定的改善，但还需要加大力度，以适应未来人口膨胀和建设世界城市的需要。

（二）土地资源结构与利用状况

近年来由于城镇化和工业化的快速推进，北京郊区土地资源日趋减少（van Diepen et al., 2003）。随着今后北京市的快速发展和人口规模的迅猛扩张，人均耕地减少的速率还将加快，优等耕地在总耕地中的比例进一步缩小，并导致耕地总体质量在下降（郭淑敏等，2004）。

北京市的人均和后备土地资源均不足。到 2009 年，北京的未利用地占全市市域面积的 11%，为 311.04 万亩。2008 年内，北京市未利用土地减少了 1.95 万亩，约减少了 6.3‰。北京市人口密集，常住人口在 2009 年已经达到 1755 万人，人均市域面积仅为 934.5 米^2，约合 1.4 亩左右，大约是全国人均国土面积的 12% 左右[②]。

1. 土地资源利用现状

截至 2008 年 12 月 31 日，北京市全市农用地共有 1643.97 万亩、建设用地共有 506.57 万亩、未利用地共有 311.04 万亩，分别占全市土地总面积的 66.8%、20.6%、12.6%（表 3-15）。

---

① 世界各国 GDP 能耗数据引用自世界银行网站《各国 GDP 单位能源消耗表》，北京 GDP 能耗与全国 GDP 能耗数据分别引自《北京统计年鉴 2010》以及《中国统计年鉴 2010》。

② 土地数据来自《北京市 2008 年度土地利用变化情况分析报告》，人口数据来自《北京统计年鉴 2010》。

表 3-15　2008 年北京市土地利用结构现状与年变化量

地类		面积/万亩	占地类比例/%	占全市比例/%	年变化量/万亩
农业用地	耕地	348	21	14	−0.74
	园地	1809	11	7	−2.00
	林地	1031	63	42	−2.89
	牧草地	3	0	0	0.00
	其他农用地	83	5	3	−0.15
	合计	1644	100	67	−5.78
建设用地	居民点及工矿用地	418	83	17	5.48
	交通用地	49	10	2	2.26
	水利设施用地	40	8	2	−0.01
	合计	507	100	21	7.73
未利用地	未利用土地	262	84	11	−1.57
	其他土地	49	16	2	−0.38
	合计	311	100	12	−1.95
总计		2462	—	—	—

资料来源：《北京市 2008 年度土地利用变化情况分析报告》

2008 年全年北京市农用地减少了 5.78 万亩，建设用地增加了 7.73 万亩，其中居民点和工矿用地增加 5.48 万亩，未利用土地减少 1.95 万亩（图 3-15）。北京的土地资源总量有限，供求关系随着北京市自身的需求增加而越发紧张。

2. 土地资源结构特征

北京市土地资源结构特征是经过自然和人文因素的综合作用而形成的，具有如下特点。

1）土地资源类型多样，以山地和平原为主

根据北京市土地资源的详查结果，北京市市域面积为 1.64 万千米^2，主要地貌分为山地、丘陵和平原。其中山地和平原为主，总计占到了 95% 以上；其他地形包括丘陵和水域（表 3-16）。

表 3-16　北京市地貌类型面积统计表

一级类别	二级类别	面积/千米^2	一级类别合计/千米^2	占全市面积/%	一级类别占比/%
侵蚀构造地貌——山地	中山带	2289		13.94	
	低山带	5704	9071	34.72	55.22
	山间沟谷	1078		6.56	
剥蚀构造地貌——丘陵	丘陵	280	409	1.70	2.48
	台地	1290		0.78	
堆积构造地貌——平原	洪积扇	1444		8.79	
	洪冲积平原	5400		26.17	
	洼地	240	6809	7.46	41.45
	决口扇及砂丘	272		1.66	
	平原河道	553		3.37	
水域	官厅密云水库	138	138	0.84	0.84

资料来源：根据北京市第一次土地详查数据整理

北京市的自然地理、地貌特征有利于因地制宜进行多样化的生产生活活动，但也限制了城市土地扩张的方向和速度。

2）人均土地资源较少，后备土地资源相对不足

北京市全市市域面积为1.64万千米^2，2009年的常住人口已经达到1755万人，人均土地面积为934.5米^2/人，约合0.9345公顷/人，低于全国和世界平均水平。由于发展历史悠久，北京市绝大部分土地已经被开发利用。到2009年，北京的未利用地为311.04万亩，仅占全市的11%左右，相比2008年减少了1.95万亩；如果按照这种速度开发，北京的未利用地将在150年左右耗尽。北京的人均和后备土地资源均不足，需要加强对土地资源的高效和可持续利用[①]。

3）各类用地分布不均衡，中心城区可利用地过少

北京市市域土地利用具有圈层结构的特点。从空间布局来看，北京的农业用地主要集中在北部和西部地区，主要为延庆、怀柔、密云、房山、门头沟和昌平等区县境内；建设用地则主要分布于昌平、房山、密云、朝阳、大兴、顺义、通州等区县内；未利用土地主要集中于房山、怀柔、密云和门头沟等区县。

4）土地利用结构不尽合理，部分用地超标严重

1991年，建设部颁布了《城市用地分类与规划建设用地标准》，对城市土地的使用制定了规范化的标准，其中关于用地结构的规定如表3-17所示。

表3-17　城市规划建设用地结构　　　　　　　　　　　　单位：%

用地类型	占建设用地比例
居住用地	20～32
工业用地	15～25
道路广场用地	8～15
绿地	8～15

资料来源：建设部《城市用地分类与规划建设用地标准》

土地利用结构的不合理主要是其中某类用地所占比重远高于以上规范。近10年来，北京房地产价格快速上涨；受到房地产收益增加的影响，北京市土地利用结构逐渐变化。北京商品房等住宅用地在近十年保持了高速增长的态势。根据《2008年北京市土地利用变更报告》显示，北京的"居民点与工矿用地"比例占所有建设用地的82%左右，交通设施用地仅占约10%，水利设施占约8%。从建设用地结构来看，居住用地的比例过高、道路广场用地和绿地所占比例过低，是北京现在面临的用地结构问题。

---

① 人口数据来自《北京统计年鉴2010》，土地数据来自《北京市2008年度土地利用变化情况分析报告》，其他数据由计算得出。

5) 土地资源质量一般，优质土地资源较少

北京的土地资源质量可分为八个等级。质量比较好的一、二、三等地分别占全市土地总面积的 10.8%、8.9%、15.6%（表 3-18），合计仅为 35.3%。因此从总体上看，北京的土地资源质量一般。

表 3-18　北京市土地资源质量等级结构

土地资源质量	一等	二等	三等	四等	五等	六等	七等、八等
土地面积/千米^2	1773	1464	2555	2886	4786	2276	286
所占比例/%	10.8	8.9	15.6	17.5	29.1	13.9	1.8

资料来源：北京市人民政府，北京市土地利用总体规划专题报告（1997—2010 年），2000 年 1 月，第 17～18 页

（三）水资源供给与消费现状

北京市隶属于海河流域，在其五大河流之中，只有温榆河是从本市境内发源的，曾经污染严重，成为一条排污河道，虽经治理初见成效，但水量仍严重不足（魏博辉，2010）。蓟运河和潮白河为饮用水和市政用水服务，永定河和大清河为工业用水服务，北运河为排放污水服务（周文华，2006）。北京属于重度缺水城市，也属于资源性缺水城市（沈映春等，2010），人均拥有水量不足 300 米^3，比贫水的天津少 70 米^3，是上海的 1/5（陈晓华，2001），只有全国平均量的 1/8，世界平均量的 1/32，远远低于国际公认的人均水量 1000 米^3 的下限，是世界人口规模前 15 位城市中唯一处于年降水量不足 600 毫米的半干旱地区城市，其现状人均水资源占有量远低于联合国极度缺水城市人均年水资源占有量 1000 米^3 的标准。北京的城市水资源呈现组合 S 形曲线的发展模式，北京市多年平均的水生态足迹为1.42，即维持北京城市生态健康的用水量是其承载能力的 1.42 倍，反映了北京市人类用水与生态用水的分配失衡，人类用水占用了本属于自然的生态用水，主要是由于人口过于密集及水资源缺乏造成的（周文华等，2006）。北京市水资源数量的短缺导致过量开采地下水，抽提量呈快速增加的趋势，地下水位明显下降（van Diepen et al.，2003）。北京市地下水的份额占总水量的 70%，且 80% 以上的农业灌溉水来自于地下水（郭淑敏，2004）。北京居民用水量的 60% 来自于河北省（魏博辉，2010）。新中国成立以来，北京市先后发生过三次大的水危机，分别出现在 20 世纪的 60 年代、70 年代和 80 年代（高媛媛，2010）。北京市年均用水量的近 1/3 靠消耗水库库容、超采地下水以及应急水源常态化维持（中国新闻网，2010）。由于人口快速增长，生活用水已占用水总量的 44%，如果人口持续膨胀，南水北调的水量将被快速增长的人口所吞噬（杨莉，2011）。

1. 水资源总量及分布

目前北京水资源储量为 18.27 亿米^3，外地入境水资源 19.15 亿米^3，合计北京

水资源总量为年 37.42 亿米^3，人均拥有 366.8 米^3/年，仅占全国平均值的 13.8%，在世界 120 个国家的首都中居百位之后，是一座水资源严重短缺的城市。

北京市水资源由入境地表水、境内地表水和地下水组成，地表水和地下水主要靠降雨补给。北京市境内多年平均降水 585 毫米，年均降水总量 98 亿米^3，形成地表水资源 14 亿米^3，地下水资源 24 亿米^3，水资源总量约 38 亿 m^3，一般干旱年景的降水量在 500 毫米以下，特别干旱的年份在 300 毫米以下。北京的湖泊都很小，水量有限；所以地表水主要来自河水和人工修建的水库。北京境内有大小河流 100 多条，分属永定河、北运河、潮白河、大清河和蓟运河五大河系，总长 2700 千米，同属海河水系。北京在平水年可利用的水资源为 47.6 亿米^3。

北京水力资源主要分布在永定河、白河和潮白河干流，约占可开发资源的 70% 左右。已开发水电装机容量约 25.8 万千瓦（不包括十三陵抽水蓄能电站，装机 80 万千瓦）。

北京市区的自来水供应量为 245 万米^3/天，其中有 7 座自来水厂利用地下水作为水源，有 2 座利用地表水作为水源，其供水能力约各占 50%。密云、怀柔水库是供应城市生活用水的主要来源。密云水库是一座特大型水库，上游流域面积为 1.58 万千米^2，库区总面积 224 千米^2，总库容 43.75 亿米^3，相应水面面积约 188 千米^2。由于北京城市建设快速发展，人口迅速增加，而作为主要饮用水源的地下水因过量开采，水位逐年下降，供水量无法满足北京市生活用水和工农业用水的需求。此外，因受气候干旱和工业污染的影响，北京市大部分河流水源干枯、水质较差，是一个水资源极为有限的城市。

2. 水资源供给和消费状况

过去 60 年来北京经历了数次"水危机"，水资源短缺以及过度开发造成的环境问题，已成为制约北京市社会、经济与环境协调发展的主要因素之一（赵杨等，2011），成为影响首都可持续发展的突出问题（21 世纪初期北京水资源可持续利用规划领导小组，2001），而且将长期存在（邵秦，2006）。

由于北京常年开采地下水，北京的地下水资源逐渐减少；地表径流受到季节影响较大，且北京处在半干旱、半湿润季风气候区，降雨时空分布不均。从 2009 年开始，北京市开始通过"南水北调"工程进行城市供水，对外依存度大、供水成本高。

在自然资源条件比较缺乏的情况下，北京市水资源的供给主要来源于地表水和地下水，其中地下水占总用水量的比重历年都在 40% 以上，2009 年更是占到了北京市供水总量的 61%。可以看出，北京市供水对地下水的依赖程度较高。

2008 年以前人均水资源量呈上升趋势，2008 年达到最大值 205.5 米^3/人，但在 2009 年急剧下降到 126.6 米^3/人。在水资源减少的情况下，为保障城市供水，2009 年北京从南水北调工程以及应急供水渠道供应了 5.5 亿米^3 水，保证了全市 2009 年 35.5 亿米³ 的供水量。北京 2009 年的水资源供给状况相比以往更加紧张（表 3-19）。

表 3-19　北京市历年水资源情况

项目	2001年	2002年	2003年	2004年	2005年	2006年	2007年	2008年	2009年
全年水资源总量/亿米³	19.2	16.1	18.4	21.4	23.2	24.5	23.8	34.2	21.8
地表水资源量/亿米³	7.8	5.3	6.1	8.2	7.6	6.0	7.6	12.8	6.8
地下水资源量/亿米³	15.7	14.7	14.8	16.5	18.5	18.5	16.2	21.4	15.1
人均水资源/米³	139.7	114.7	127.8	145.1	153.1	157.1	148.1	205.5	126.6
全年供水（用水）总量/亿米³	38.9	34.6	35.8	34.6	34.5	34.3	34.8	35.1	35.5
按来源分：									
地表水/亿米³	11.7	10.4	8.3	5.7	7.0	6.4	5.7	6.2	3.8
地下水/亿米³	27.2	24.2	25.4	26.8	24.9	24.3	24.2	22.9	19.7
再生水/亿米³	0	0	2.1	2.0	2.6	3.6	5.0	6.0	6.5
南水北调/亿米³	0	0	0	0	0	0	0	0	2.6
应急供水/亿米³	0	0	0	0	0	0	0	0	2.9
按用途分：									
农业用水/亿米³	17.4	15.5	13.8	13.5	13.2	12.8	12.4	12.0	12.0
工业用水/亿米³	9.2	7.5	8.4	7.7	6.8	6.2	5.8	5.2	5.2
生活用水/亿米³	12.0	10.8	13.0	12.8	13.4	13.7	13.9	14.7	14.7
环境用水/亿米³	0.3	0.8	0.6	0.6	1.1	1.6	2.7	3.2	3.6

注：数据来源于北京市水务局公布的北京市历年水资源公报；万元地区生产总值水耗按现价计算，下降率按可比价计算

2002 年以前，北京的供水主要依赖于地下水和地表水，2002 年以后增加了再生水，2009 年北京市用水紧缺，国家进行了南水北调和应急供水保障首都供水来源（图 3-17）。从供给来看，自然供给量（地表水和地下水）越来越不能满足城市供水需求，北京市需要对水资源进行循环利用和额外补充。

从消费上看，北京 2001~2009 年的水资源消费总量变动不大，结构上则有所变动。工业用水和农业用水在 8 年间分别减少了 43% 和 31%，生活用水则增加了 22.5%，环境用水增加了 3.3 亿米³，8 年间增加了 10 倍。北京水资源的消费结构变化，反映了城市产业结构的变化和资源利用效率的提高（图 3-18）。

综合来看，北京市水资源供给主要依赖地下水，近年来，借助外部调水，其地下水的开采压力有所减缓，但是原来超采造成的地质隐患还需要采取一系列的补救措施以保证公共安全；而其消费主要是生活用水和农业用水，而且生活用水量不断增加，但农业用水量正在逐步减少。

北京市水资源分配不均的问题主要体现在农业用水的减少和城市分配上。从北京市水资源消费结构来看，总体趋势上生活和环境用水逐年增加，工业与农业用水逐年减少，其中农业用水的减少幅度尤为明显。2001~2009 年，北京市农业用水量从 17.4 亿米³ 减少到 12.0 亿米³，用水量减少了 31%。

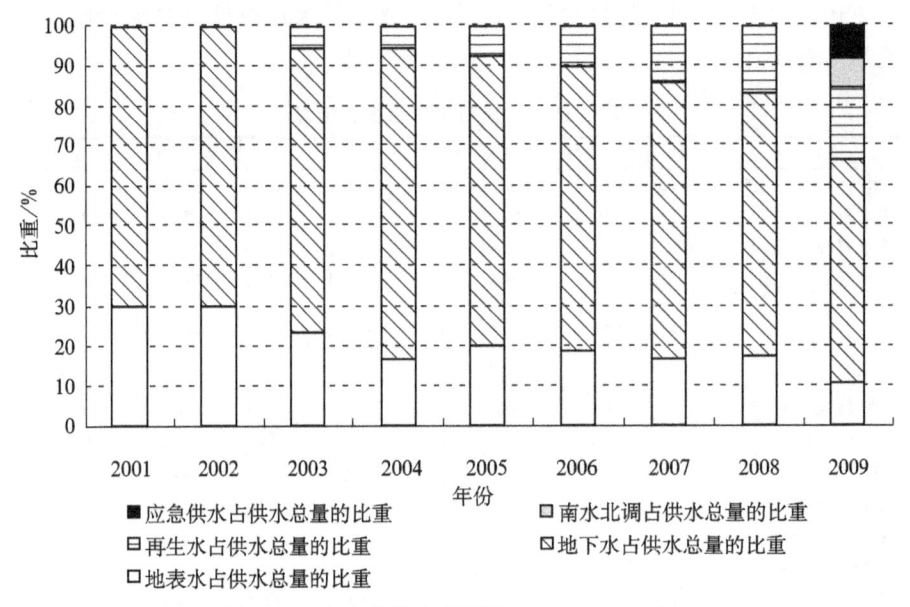

图 3-17　北京市供水来源图（2001～2009 年）

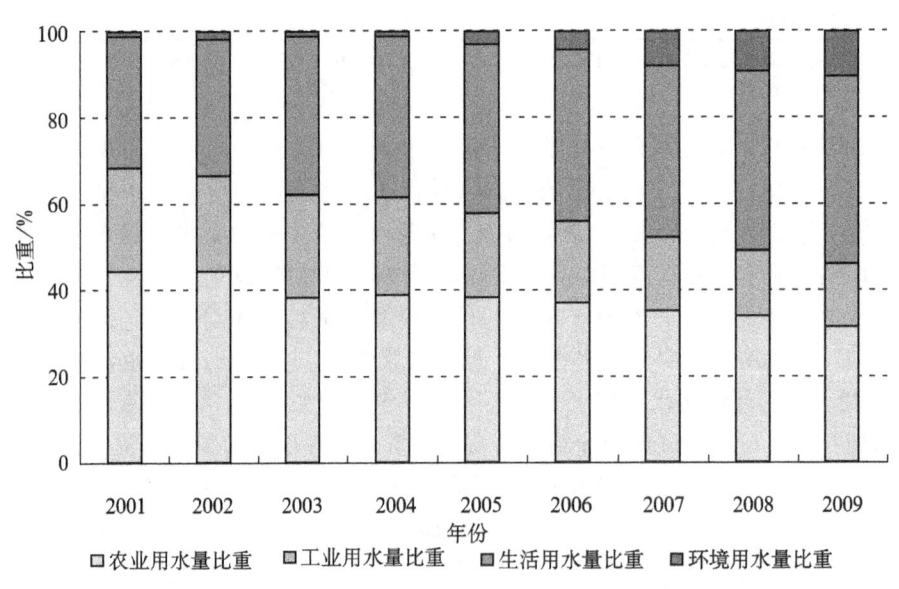

图 3-18　北京市水资源消费图（2001～2009 年）

北京市水资源的"农转非"现象也逐渐显现。20 世纪 50、60 年代，为了保证城市生活和工业用水，北京市在城郊建立了一些自来水厂并大规模开采地下水。70 年代以来，北京陆续在顺义、昌平、大兴、怀柔、通州、密云等区县建立了自来水公司，开采农村地区的地下水输往城市。

3. 水资源利用效率

北京市水资源利用效率逐年提高（表 3-20）。2001～2009 年，北京人均年生活用水量基本保持不变，为 85～90 米³；万元地区生产总值水耗从 2001 年的 104.91 米³ 下降到 2009 年 29.92 米³，下降幅度达到 72.5%。按上年为标准，每万元地区生产总值水耗 8 年来平均每年下降 14.5%。在水资源方面，北京的资源利用效率在 2001～2009 年有大幅度的提高。

表 3-20 历年北京水资源利用效率表

项目	2001 年	2002 年	2003 年	2004 年	2005 年	2006 年	2007 年	2008 年	2009 年
人均年生活用水量/米³	88.0	76.9	90.3	87.0	88.4	87.8	86.4	88.3	85.2
万元地区生产总值水耗/米³	104.91	80.19	71.50	57.35	49.50	42.25	35.34	31.58	29.92
万元 GDP 水耗下降率/%	13.79	23.56	10.84	19.79	13.69	14.65	16.36	10.64	5.26

注：数据来源于《北京统计年鉴》（2002～2010 年）；年鉴的万元 GDP 耗水量下降率有误，本文根据万元 GDP 水耗重新计算得出

二、资源利用趋势分析

（一）能源资源利用趋势分析

运用 ARIMA 模型对北京能源资源利用进行趋势外推，得出能源消费总量和各类能源消费量[①]的未来预测。

1. 能源消费总量

1) ARIMA 模型短期预测

在对能源消费总量进行 ARIMA 分析时，对能源消费总量取自然对数和 2 次差分，通过自相关图和偏自相关图，自回归系数（p）为 1，差分次数（d）为 2，移动平均（q）11 步，得出模型参数是 ARIMA（1，2，11），对 2010～2014 年数据进行预测（表 3-21）。

表 3-21 北京市 2010～2014 年能源消费总量预测　　单位：万吨标准煤

项目	2010 年	2011 年	2012 年	2013 年	2014 年
目前约束增长	6858.5	7274.5	7473.6	7830.2	8180.2
中等约束增长	6745.4	7175.1	7303.4	7406.8	7486.2

---

① 此处将消费总量时间序列与能源所占比例相乘，得出各类能源消费量的时间序列作为原始数据，进行 ARIMA 分析。

将观测值与预测值绘制在图 3-19 中。从图 3-19 来看，北京市能源消费总量从 2001 年至今增加迅速。在节能减排政策下，北京将提高能源效率、降低能源消费总量。因此，考虑到现有政策，给出图 3-19 的能源消费总量的中等约束增长曲线，作为本研究对北京未来几年能源消费的预测。

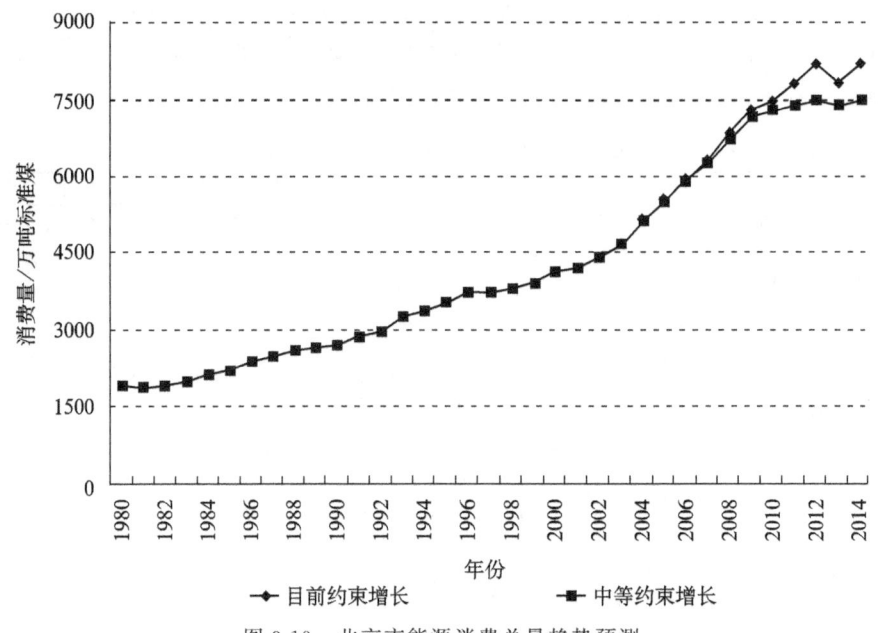

图 3-19 北京市能源消费总量趋势预测

2) GDP 万元能耗中长期预测

根据《北京市"十二五"时期应对气候变化及节能减排规划》可知：北京市的万元 GDP 能耗由 2005 年的 0.792 吨标准煤下降到 2010 年的 0.582 吨标准煤（按 2005 年可比价格），年均下降 5.99%，累计下降 26.59%，2015 年万元地区生产总值能耗比 2010 年下降 17%，即达到 0.483 吨标准煤，平均每年下降 3.66%。

2010 年，北京市真实 GDP（按照 2005 年可比价格计算）达到 11 958.2 亿元，今后北京市的 GDP 年增长速度将会保持在 8% 左右，预期到 2015 年，北京市真实 GDP 达到 17 500 亿元左右，到 2020 年，北京市真实 GDP（按照 2005 年可比价格计算）达到 25 800 亿元左右，到 2030 年，北京市真实 GDP（按照 2005 年可比价格计算）达到 55 700 亿元左右。

因此，借助 GDP 和万元 GDP 能耗可以预测：到 2015 年，北京市能源消费总量将在 8500 万吨标准煤左右，到 2020 年，北京市能源消费总量将在 10 300 万吨标准煤左右，到 2030 年，北京市能源消费总量将在 15 400 万吨标准煤左右。

考虑到全球生态减排压力、节能科技的发展和今后的能源政策以及能源市场变化，北京市能源消费总量不会一直增加，将会在一定时期内达到稳定甚至下降。因此，大致估计：到2015年，北京市能源消费总量可能达到8000万吨标准煤左右，到2020年，北京市能源消费总量可能达到10 000万吨标准煤左右，到2030年，北京市能源消费总量可能达到11 000万吨标准煤左右。

2. 能源消费结构

在分别对各类能源消费量进行ARIMA分析时，根据差分、自然对数、自相关和偏自相关图，对煤炭能源消费量的ARIMA模型为ARIMA（2，2，2），对石油能源消费量模型为ARIMA（2，2，2）；但是无法找到合适的ARIMA模型对天然气消费进行预测。下面分别给出对煤炭和石油能源消费的预测状况（表3-22）。

表3-22　北京市2008~2014年煤炭能源消费量预测　　单位：万吨标准煤

年份	2008	2009	2010	2011	2012	2013	2014
目前增长趋势	3845.5	3885.5	3897.2	3891.6	3857.5	3803.2	3720.6
强约束增长	3576.2	3458.3	3357.1	3252.5	3141.6	3019.9	2888.0

现今北京的能源政策对煤炭的利用比例是逐渐下降，不论从目前增长趋势以及强约束增长趋势都可以看出这一特点。根据节能减排的宏观政策，本研究认为北京未来几年煤炭消费量的走势比较可能倾向于目前的增长趋势，即图3-20中的点线。

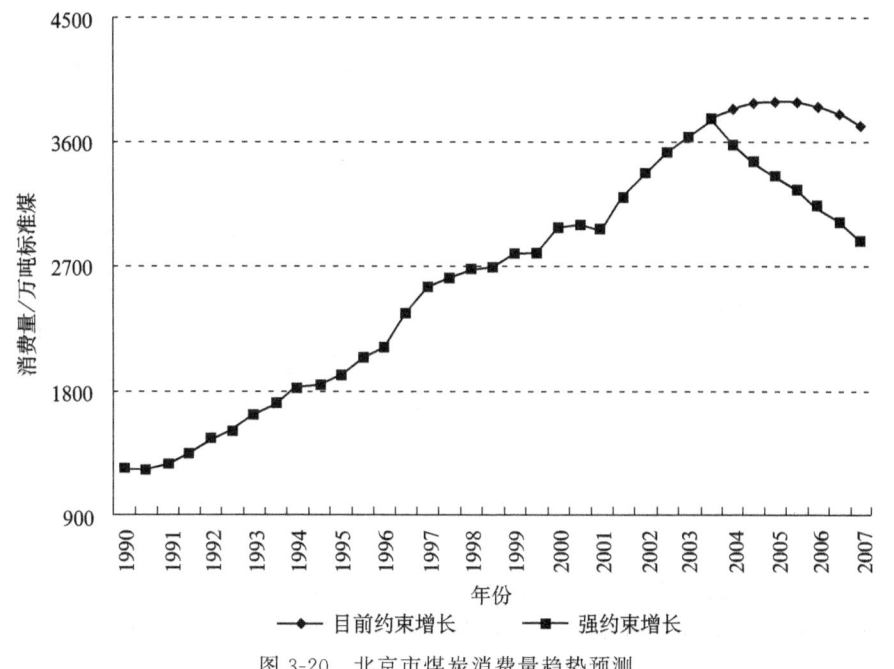

图3-20　北京市煤炭消费量趋势预测

考虑到煤炭资源的不可再生性和新能源、替代能源的开发利用以及今后能源开发利用政策的调整等，估计到 2015 年，北京市的煤炭消费量将会降低到 2500 万吨标准煤左右，与《北京市国民经济和社会发展第十二个五年规划纲要》提出的"到 2015 年，煤炭消费总量力争控制在 2000 万吨以内"相比，今后节能压力很大；到 2020 年，北京市的煤炭消费量将会降低到 2000 万吨标准煤左右，到 2030 年，北京市的煤炭消费量将会降低到 1500 万吨标准煤左右。

表 3-23　北京市 2008～2014 年石油能源消费预测　　单位：万吨标准煤

年份	2008	2009	2010	2011	2012	2013	2014
目前增长趋势	2160.1	2438.2	2756.5	3156.2	3640.2	4237.3	4980.7
中等约束增长	2082.3	2203.2	2303.2	2386.0	2454.5	2510.2	2557.4

表 3-23 给出了北京市 2008～2014 年石油能源消费预测结果。在石油消费上，近几年石油消费增加非常快，石油消费量的目前增长趋势的外推也是大幅上升的；但是可以预期，由于车辆管制、产业转移等约束原因，石油消费量在经过几年的快速增长后将进入平缓增长或者保持不变的状态。因此，对于未来几年北京市石油消费量的预测，我们给出中等约束的预测趋势（图 3-21）。

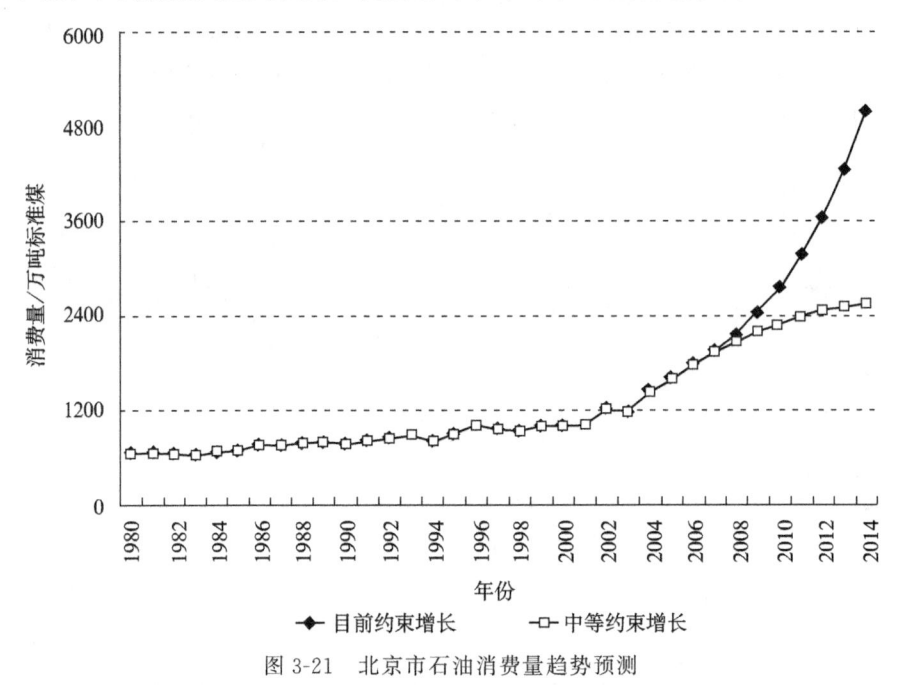

图 3-21　北京市石油消费量趋势预测

考虑到海洋石油资源的开发和新能源、替代能源的开发利用，将来石油资源将会在相当长的一段时间内成为主要的战略资源，因此估计：到 2015 年，北京市的石油消费量将会增加到 2500 万吨标准煤左右，到 2020 年，北京市的石油消费量将会增加到 3000 万吨标准煤左右，到 2030 年，北京市的石油消费量将会增加到 3500 万吨标准煤左右。

在 1998 年以前，天然气的消费总量一直较低，但以后呈现出随时间而高速增长模式。以时间为自变量，天然气消费量为因变量建立线性回归模型，其解释力达到 0.972，较好地符合了数据的特点。在此我们采取线性回归模型对天然气消费量进行预测给出表 3-24。

表 3-24　北京市 2008～2014 年天然气能源消费预测　　单位：万吨标准煤

年份	2008	2009	2010	2011	2012	2013	2014
预测值	570.4	623.3	676.3	729.3	782.2	835.2	888.2

鉴于天然气的相对清洁、便捷优势和煤炭石油的储量限制，估计到 2015 年，北京市的天然气消费量将会增加到 1000 万吨标准煤左右，到 2020 年北京市的天然气消费量将会增加到 2000 万吨标准煤左右，到 2030 年，北京市的石油消费量将会增加到 3500 万吨标准煤左右。

《北京市国民经济和社会发展第十二个五年规划纲要》指出"北京市 2015 年能源消费总量到 9000 万吨标准煤，其结构为煤炭∶天然气∶石油∶外部调入电∶其他＝16.8∶24.4∶28.3∶24.4∶6.1"。今后，北京市会"大力削减煤炭终端消费，显著提升天然气、电力、新能源和可再生能源利用水平，实现 2015 年优质能源占能源消费总量比重达到 80% 以上"。

表 3-25　北京市 2008～2014 年能源消费结构预测　　单位：万吨标准煤

能源	2015 年	2020 年	2030 年
煤炭	2 500	2 000	1 500
石油	2 500	3 000	3 500
天然气	1 000	2 000	3 500
外电	1 500	2 000	1 000
其他	500	1 000	1 500
总计	8 000	10 000	11 000

综上所述并结合《北京市国民经济和社会发展第十二个五年规划纲要》、《北京市"十二五"时期环境保护和建设规划》、《北京市"十二五"时期绿色北京发展建设规划》、《北京市"十二五"时期节能降耗及应对气候变化规划》等的规划目标，在未来的 20 年间，北京市的能源消费将会继续增加，而增加的势头将会变缓，但其不断扩大的能源需求，使得其消费量仍然十分巨大。同时内源消费结构逐步调整，自我供给能力不断强化，不再过分依赖外部能源。因此，可以给出今后北京能源消费的结构预测结果（表 3-25、表 3-26。）

表 3-26　北京市能源消费结构预测　　　　　　　　　　　　单位：%

年份	煤炭	石油	天然气	外电	其他
2015	31.25	31.25	12.50	18.75	6.25
2020	20.00	30.00	20.00	20.00	10.00
2030	13.64	31.82	31.82	9.09	13.64

(二) 土地资源开发利用趋势分析

土地利用结构在各大区域存在显著差别，四个中心城区均为城市建设用地；近郊区也是以建设用地为主，占总面积的59%以上，仅居民点及独立工矿用地就占到52.6%；远郊区县则以农用地为主，占总土地面积的70.5%，仅林地就占到44.4%。进一步看远郊区县，北部和西部的区县由于以山地为主，相应的土地利用以林地为主，未利用土地也占有相当的比例；南部区域和顺义由于以平原为主，相应的土地利用以耕地为主，居民点及独立工矿用地也占有相当大的比重（表3-27、图3-22）。

表 3-27　北京市土地利用结构分区域现状（2004年）　　　　　单位：%

地类	城区	近郊区	远郊区县
耕地	0	10.0	14.9
园地	0	4.4	7.9
林地	0	17.2	44.4
牧草地	0	1.0	0.1
其他农用地	0	5.7	3.2
农用地小计	0	37.3	70.5
居民点及独立工矿	100	52.6	12.7
交通运输用地	0	6.2	1.3
水利设施用地	0	0.4	1.7
建设用地小计	100	59.3	15.6
未利用地	0	3.4	13.9

资料来源：《北京市土地利用变更调查报告2004》

从土地利用类型空间分布来看（表3-27），农业用地高度集中在延庆、怀柔、密云、房山、门头沟、昌平等区县境内；建设用地主要集中在昌平、房山、密云、朝阳、大兴、顺义、通州等区县境内；未利用地高度集中在房山、怀柔、密云和门头沟等区县境内。可见，土地利用类型空间分布具有明显的圈层结构特点。

2008年，北京市农用地变为10 960千米^2，比2004年减少了119千米^2，占土地总面积的66.79%，比2004年减少了0.29个百分点；建设用地为3377千米^2，比2004年增加了180千米^2，占土地总面积的20.58%，比2004年增加了1.10个百分点；未利用土地为2074千米^2，比2004年减少了61千米^2，占土地总面积的12.64%，比2004年减少了0.37个百分点（表3-28、图3-22）。

表 3-28 北京市土地利用结构变化状况

地类		2004 年			2008 年			占全市土地比例变化/%
		面积/千米²	占一级地类的比例/%	占全市土地的比例/%	面积/千米²	占一级地类的比例/%	占全市土地的比例/%	
农用地	耕地	2 364.37	21.34	14.41	2 316.87	21.14	14.12	−0.29
	园地	1 239.38	11.19	7.55	1 199.27	10.94	7.31	−0.24
	林地	6 903.20	62.31	42.07	6 870.80	62.69	41.87	−0.20
	牧草地	20.43	0.18	0.12	20.47	0.19	0.12	0.00
	其他农用地	551.05	4.97	3.36	552.40	5.04	3.37	0.01
	小计	11 078.44	100.00	67.51	10 959.80	100.00	66.79	−0.72
建设用地	居民点及独立工矿	2 666.85	83.41	16.25	2 788.20	82.56	16.99	0.74
	交通运输用地	268.05	8.38	1.63	325.87	9.65	1.99	0.36
	水利设施用地	262.32	8.20	1.60	263.07	7.79	1.60	0.00
	小计	3 197.22	100.00	19.48	3 377.13	100.00	20.58	1.10
未利用地	未利用土地	1 800.73	84.35	10.97	1 747.73	84.28	10.65	−0.32
	其他土地	334.13	15.65	2.04	325.87	15.72	1.99	−0.05
	小计	2 134.86	100.00	13.01	2 073.60	100.00	12.64	−0.37

资料来源：《北京市土地利用变更调查报告 2004》、《北京市 2008 年度土地利用变化情况分析报告》

综合以上分析，北京市的土地资源利用趋势主要集中于以下几点：

（1）周边远郊区县的农业用地会进一步减少，且主要集中于城市发展新区，其主要转为城市建设用地，但是密云县的农用地减少不多；

（2）北京市的建设用地将会出现大幅度的变动，既有总量规模的增加，也有内部结构的调整，其土地利用效率将会进一步提升，其中，新城建设用地和建制镇及城镇组团建设用地增加最为明显，而市域交通用地的集约利用趋势更加明显；

（3）水域等生态涵养用地略有增加，主要是为了改善城市生态环境，打造宜居城市、生态城市。

（三）水资源利用趋势分析

1. 水资源消费短期预测分析

利用 SPSS 软件中的曲线拟合，预测对北京市未来几年的水资源。对于农业用水，利用 Compound 模型进行拟合，并根据现有的水资源利用形势和产业调整的方向，得出未来农业用水状况如表 3-29。

表 3-29 北京市 2009～2014 年农业用水量预测　　　　单位：亿米³

年份	2009	2010	2011	2012	2013	2014
农业用水量	11.1	10.4	9.7	9.2	9.0	8.9

对于工业用水，同样采取 Compound 模型拟合，并结合现有的水资源利用

形势和产业调整的方向，得出表 3-30。

表 3-30　北京市 2009~2014 年工业用水量预测　　　　单位：亿米³

年份	2009	2010	2011	2012	2013	2014
工业用水量	5.0	4.8	4.7	4.6	4.6	4.5

对于生活用水，考虑到北京未来人口的增长以及对水资源的硬性需求，采用 Compound 模型进行拟合，得出如下预测表 3-31。

表 3-31　北京市 2009~2014 年生活用水量预测　　　　单位：亿米³

年份	2009	2010	2011	2012	2013	2014
生活用水量	15.2	15.7	16.3	16.7	17.0	17.3

对于环境用水，采取 Power 模型拟合并考虑水资源的供给情况，得出如下预测表 3-32。

表 3-32　北京市 2009~2014 年环境用水量预测　　　　单位：亿米³

年份	2009	2010	2011	2012	2013	2014
环境用水量	3.8	4.3	4.5	4.6	4.8	4.8

综合以上数据整理绘制得出图 3-22，其中 2009 年及以后年份为预测数据。

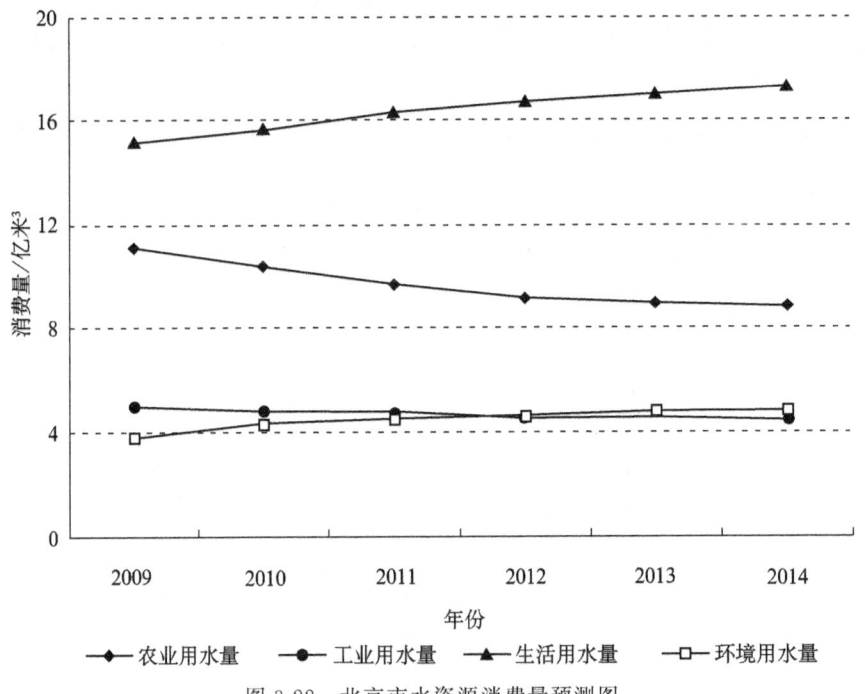

图 3-22　北京市水资源消费量预测图

从图 3-22 可知：从整体趋势来看，北京市农业用水与工业用水量基本上呈下降趋势，生活用水量和环境用水量则呈现上升趋势。究其原因，可以归结为：北京市的城市功能转型与其内部产业结构调整。

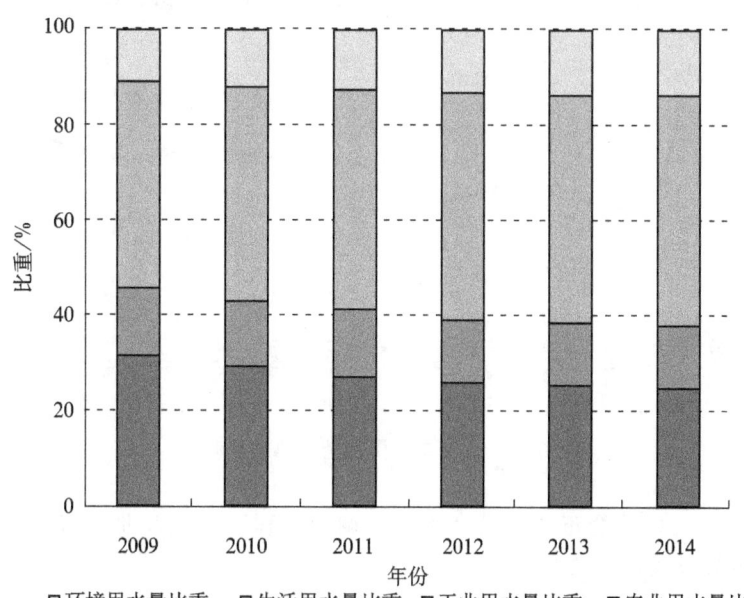

图 3-23 北京市水资源消费结构预测堆积图

北京市的环境和生活用水在 2014 年将占到全市用水量的 60% 左右，工业和农业用水仅占 40%，至此，北京市的水资源消费结构大致调整为环境用水：生活用水：工业用水：农业用水的比例为 12：43：11：22（图 3-23）。

根据本节前半部分的内容，我们将各类用水量加总，得到水资源消费总量的预测情况（表 3-33）。

表 3-33 北京市 2009～2014 年水资源消费总量预测　　单位：亿米^3

年份	2009	2010	2011	2012	2013	2014
用水总量	35.1	35.2	35.2	35.1	35.4	35.5

根据表 3-33 内容做出趋势图（图 3-24）。

根据预测，2009～2014 年北京用水总量增长速度平缓，且在 2013 年前后增长速度放缓。考虑政策因素、水资源供给的限制以及北京近年来提高资源利用效率的努力，北京市未来水资源使用量的变化趋势应当大致符合预测结果。

2. 水资源消费长期趋势分析

鉴于北京市的水资源消费是一个开放系统，其对外来资源依赖性正在逐步

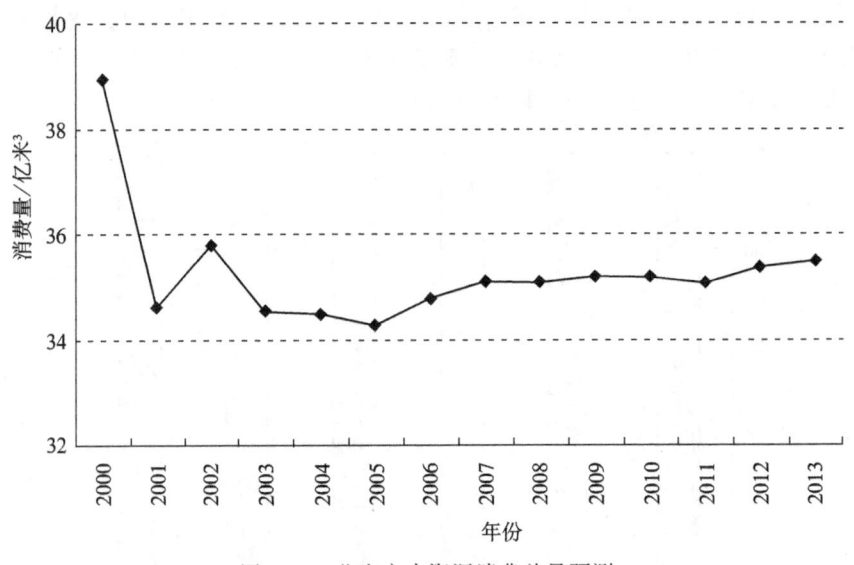

图 3-24　北京市水资源消费总量预测

加大，2014年开始将会正式启动"南水北调"工程，因此，北京市水资源消费的长期趋势只能依赖经验判断。

考虑到北京市将来的人口规模、经济规模，同时考虑到节水技术的发展，预计：到2020年，北京市的水资源消费量将会达到40亿米³左右；到2030年，北京市的水资源消费量将会达到45亿米³左右。

考虑到北京市将来的人口规模、经济规模，环境用水和生活用水量还会增加，而工业用水则会减少。因此，大致估计到2020年，北京市的水资源消费结构大致调整为环境用水∶生活用水∶工业用水∶农业用水的比例为15∶55∶10∶20；到2030年，北京市的水资源消费结构大致调整为环境用水∶生活用水∶工业用水∶农业用水的比例为30∶55∶5∶10。

第三节　环境现状与趋势分析

环境保护是建设资源节约型和环境友好型社会、转变经济发展方式的重要着力点，是"绿色北京"和中国特色世界城市建设的重要内容，而北京市的环境形势呈现"环境质量整体改善、部分指标尚未达标、防治形势依然严峻、改善难度不断加大"的特点（北京市环境保护局等，2011）。

一、环境发展现状

（一）水环境

良好的水环境不仅可以为北京市增添优美的景观，而且是奥运会成功举办的重要条件，更是北京市居民用水安全的保证（张京成等，2008）。北京市水环境的污染主要来源于污水及废水的直接排放（李其军等，2006）。自1998年提出申办2008年奥运会以来，北京市采取了一系列措施不断加大治理水污染和加强水资源保护的力度，使水环境质量有了明显的改善（张京成等，2008）。北京市工业生活污水总量2008年达到12.98亿米^3，水环境的污染比较严重（沈映春等，2010）。

《2010年北京市环境状况公报》显示：2010年，北京市化学需氧量排放量为9.20万吨，比上年削减0.68万吨，同比下降6.88%；全市工业废水排放达标率为98.8%，城镇污水处理厂排放达标率为92.9%，远高于全国平均水平（全国城市污水处理率为77.4%）；市区和郊区污水处理率分别由2009年的94%和51%提高到95%和53%，而再生水利用率由2009年的59%提高到65%。

目前，北京市的中心城区污水处理厂均在升级改造，提高污水的深度处理能力。"十二五"期间，北京规划建设多个污水处理厂，目前部分已开始进行前期调研工作。2011年还将新建排水管网20千米，更新改造10千米，新建再生水管线20千米。

北京市的污水处理能力与纽约市等其他世界城市还有较大差距。因此，北京市需要采取措施进一步提高污水处理率，加大污水收集的力度，全面升级改造污水处理厂，提高污水处理率；加强管理，加大监督力度，制定严格的奖惩制度，提高保护水资源，爱护水资源，珍爱水资源意识。

进入21世纪以来，北京市的水环境得到不断的改善，使得人们能够享受到亲水之乐。但同时，近年雨水的增加，也使得雨水处理、实现雨污分开处理利用成为今后北京市水环境治理的一个重点内容。

（二）大气环境

北京的环境空气质量不仅远远差于欧洲及北美城市，即使与国内大城市相比也相对较差（黄成等，2003）。北京周边地形导致的局地环流作用，以及城市热岛效应等均可影响北京与周边地区污染扩散过程（徐祥德等，2004）。北京的大气环境质量主要取决于北京及周边地区的大气边界层的环境质量（任阵海等，2004），在治理北京大气污染的同时，必须对北京周边地区污染源，例如，山西、河北，进行适当治理（孟伟等，2006），认识和追踪周边地区污染源及其影响范围，划出汇聚带（任阵海等，2004），对控制城市大气污染具有重要科学指导意义与实际应用价值，是北京环境污染治理决策亟待解决的关键环节之一（徐祥德等，2004），也是北京市可持续发展过程中亟待解决的问题之一（孟伟等，2006）。北京市的秋冬季节"积累型"空气污染出现频次高、对健康影响大、公众反映强烈、治理难度大（李金香等，2007）。通过分析北京及周边地区TOMS与MODIS卫星遥感气溶胶区域性特征，发现：北京的大气重污染过程与南部周边城市群落污染源显著相关，其"马蹄型"地形导致周边地区污染物的中远距离输送产生"滞留"（朱江等，2002；Oke，1982）。对此，可利用数值预报模式进行大气污染最优控制设计，并设计以控制污染源排放量为手段的大气污染最优控制思路（朱江等，2002）。在1990~2008年18年的发展中，北京市大气污染经历了由轻到重再到轻的过程，类似于环境库兹涅兹曲线（王祎俊，2010）。北京环境空气污染变化趋势分为2个阶段：1983~1998年总体环境空气质量下降；1998~2003年环境空气质量有所改善。空气污染源增加的压力与环境保护措施的相互作用是驱动北京市环境空气质量近20年变化的主要因素（张菊等，2006）。

2010年，北京全市空气质量持续改善，二级和好于二级天数达到286天，占全年总天数的78.4%，全市空气中SO_2、NO_2的年均浓度值分别为0.032毫克/米^3、0.057毫克/米^3，均达到国家二级标准，SO_2浓度创近12年来新低；而可吸入颗粒物问题仍较为突出，可吸入颗粒物PM10年均浓度值达到0.121毫克/米^3，超过国家二级标准21%，仅达到国家三级标准；CO年均浓度值为1.5毫克/米^3，达到国家一级标准，氟化物年均浓度值为0.71微克/米^3，大气颗粒物中铅、苯并（a）芘含量分别为0.25微克/米^3、0.0036微克/米^3，均达到国家标准（表3-34）。

表3-34 北京市主要空气污染物的年均浓度值

项目		SO_2	NO_2	PM10	CO
年均浓度/（毫克/米^3）	2010年	0.032	0.057	0.121	1.5
	2009年	0.034	0.053	0.121	1.6
达到国家标准		二级	二级	三级	一级
年变化率/%		−5.9	+7.5	持平	−6.3

资料来源：《2010年北京市环境状况公报》。

《2010年北京市环境状况公报》显示，各区县的空气质量二级和好于二级的天数比例为68.8%~83.3%，区域差异明显，由北向南呈下降趋势，其中怀柔区、延庆县、密云县二级和好于二级天数比例超过80%；各区县SO_2年均浓度值范围为0.016~0.051毫克/米^3，NO_2年均浓度值范围为0.028~0.078毫克/米^3，均达到国家二级标准；各区县可吸入颗粒物年均浓度值范围为0.096~

0.143毫克/米³，其中，怀柔区、延庆县和密云县达到国家二级标准；各区县年均降尘量的范围落在5.3～14.2吨/千米²·月。2010年，北京全市全年空气中O_3存在局部地区超标现象，各个监测点O_3小时浓度值超标现象明显；全市大气降水平均pH为5.08，酸雨频率为25.5%；全市SO_2排放量为11.51万吨，比上年削减0.37万吨，同比下降3.07%；烟、粉尘排放量为4.88万吨和1.65万吨，分别比上年增加9.9%和减少5.2%；全市主要燃煤锅炉、窑炉的SO_2排放达标率为96.6%。

近20年来，北京市的大气主要污染物年日均值都有所下降，都下降了近一半，三者下降趋势整体一致，以1998年为分水岭，可以大致将三者的变化分成两个阶段，即1991～1998年的不稳定下降阶段和1999～2008年的较稳定下降阶段。在第一阶段当中，SO_2和NO_x年日均含量都出现了明显的波峰，变动剧烈而不稳定，总悬浮颗粒物的年际变动也很不稳定。在第二阶段当中，三种污染物的年日均值都平稳下降了（图3-25）。

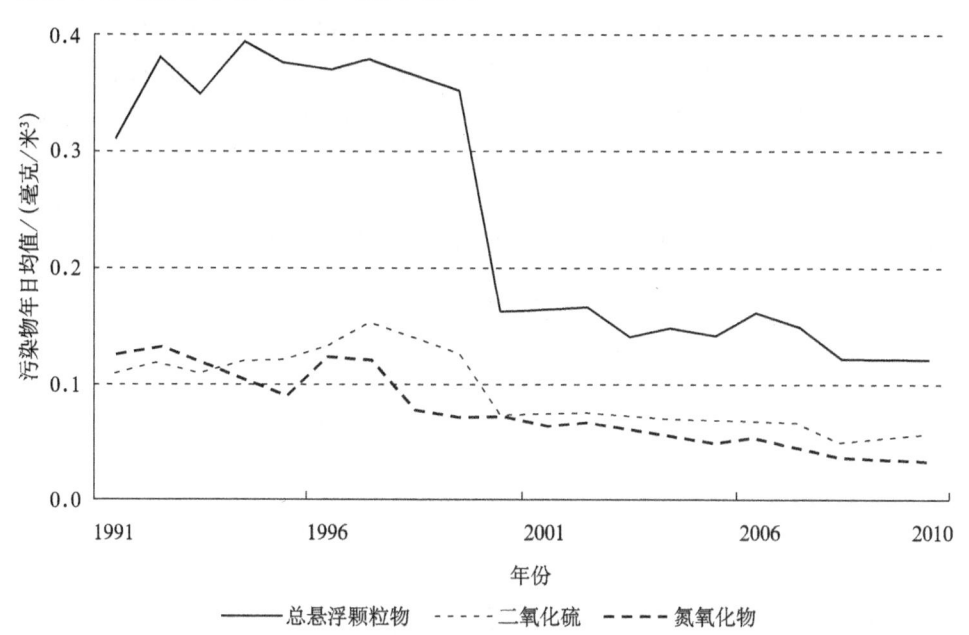

图3-25 北京市大气中主要污染物年日均值变化示意图（1991～2010）
资料来源：北京市环境保护局

近年来，大气环境趋于稳定，污染物的排放量得到了较好控制，尤其受到了北京奥运筹备的影响，除严重风沙天气外，大气环境的达标情况良好，总悬浮颗粒物PM10年日均值在20世纪末急剧下降，SO_2和NO_x的年日均值也在逐年下降（图3-25），由此可见北京的大气污染得到了较大改善。但也应认识到北京的大气环境的治理任重道远。

（三）生态环境

北京市位于华北平原的西北端，北与燕山山地与内蒙古高原接壤，西与太行山与山西黄土高原毗连，北部和西部属山区；东北与松辽平原相通，往南与黄淮海平原连片，隶属暖温带半湿润气候区，境内地形复杂，生态环境多样化，植被种类组成丰富，植被类型多样，并且有明显垂直分布规律（郑西平、张启翔，2011）。据《北京植物志》记载，北京地区有维管植物169科869属2056种及177个变种以及亚种和变型（包满珠，2008；郑西平等，2011）。据中国科学院地学部对北京地区沙尘暴的专题研究，京郊裸露农田是首都冬春季节发生沙尘的主要来源之一（郭淑敏等，2004）。

伴随着城市化进程的加快和建设世界城市的需求，北京资源环境压力日益增大，绿化需求也不断提高，需要从城市园林绿化建设的多方面进行努力，包括城市绿化覆盖率、人均公共绿地面积、绿地结构以及分布均衡性等（郑西平等，2011）。自2010年3月1日开始执行的《北京市绿化条例》，其初衷是加强本市绿化建设和管理，改善和保护生态环境，建设宜居城市，促进生态文明建设。2010年年底，北京市绿地面积达到62 672.38公顷，绿化覆盖面积达到65 348.61公顷，绿地率为43%，绿化覆盖率达到45%（表3-35）。近年来，北京城市园林绿化建设实现了新的突破，基本建成了点、线、面、环、带相结合的城市绿地系统，部分地区形成了乔灌结合、花草并举、景观优美的城市绿景（郑西平等，2011）。

表 3-35 2010 年城市绿化资源情况

指标名称	年末实际	指标名称	年末实际
绿地面积		4. 其他附属绿地/公顷	—
（一）公园绿地/公顷	19 020.19	（五）其他绿地/公顷	—
1. 公园/公顷	9 959.89	绿地面积计总/公顷	62 672.38
2. 社区公园/公顷	707.04	绿化覆盖面积/公顷	65 348.61
3. 街旁绿地/公顷	2 212.24	绿地植物	
4. 其他公园绿地/公顷	6 141.02	（一）实有树木/万株	11 395.29
（二）生产绿地/公顷	1 222.92	（二）实有草坪/万米^2	9 694.91
（三）防护绿地/公顷	14 722.87	绿化水平	
（四）附属绿地/公顷	27 706.40	（一）绿地率/%	43
1. 居住绿地/公顷	7 460.17	（二）绿化覆盖率/%	45
2. 道路绿地/公顷	12 208.34	（三）人均绿地/(米^2/人)	50
3. 单位附属绿地/公顷	8 037.89	（四）人均公园绿地/(米^2/人)	15

资料来源：北京市园林绿化统计，http：//www.bjyl.gov.cn/zwgk/tjxx/201104/t20110402_90675.html.［2011-10-20］

北京的绿化覆盖率已从改革开放之初的22.3%提升至目前的45.0%，而且还有继续小幅增加的趋势，而绿地面积和全市林木绿化率等多项指标都达到了较高的水平。

从城市绿化覆盖率上看，改革开放之初，北京的绿化覆盖率在20%左右，截至1984年没有变化，但从1984年起，绿化覆盖率稳步增加，达到时至今日的40%以上。从全市林木绿化率上看，林木绿化率总体增长，从增长特点上可以分为两个阶段：第一阶段，1980～2000年，这一时期，以1990年、1995年为节点，呈现出三级阶梯式增长，即在节点上出现突然增长之后趋于平稳的增长特点，分别从16%上升到1990年的26%、1995年的35%，这可能与当年重点部署实施的林木种植政策相关；第二阶段，2000～2008年，全市林木绿化率呈现出持续增长，但增长率逐渐放缓，到2008年达到50%左右（图3-26）。这两项指标的增长表征着整个北京市绿化工作的改善，北京的城市绿化覆盖率基本呈现出了稳定上升的趋势，进入到了一个稳定发展的轨道上。

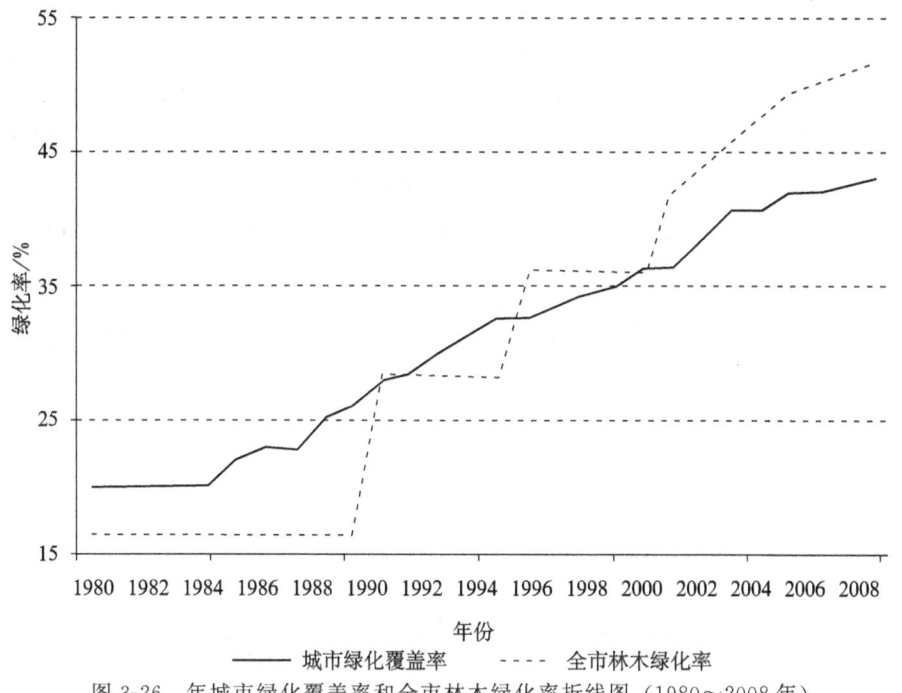

图3-26　年城市绿化覆盖率和全市林木绿化率折线图（1980～2008年）
资料来源：《北京六十年》

从整体来看，北京市的生态环境，尤其是城市绿化保持着较高的水平，有利于今后北京建设宜居城市、生态城市乃至世界城市，但与国外其他世界城市相比，还有着很大的差距。北京市的生态环境得益于其六朝古都地位和皇家园林的不断修建，尤其是2008年北京奥运会的成功举办。

（四）声环境

北京市的声环境可以分成道路交通噪声和区域环境噪声两个方面来分析：

在道路交通噪声情况方面,从噪声平均值上看,北京市的声环境呈现出两阶段变化特征:第一阶段为 2000~2006 年,噪声平均值稳步下降且只有小幅度波动;第二阶段为 2007~2010 年,噪声平均值起初大幅下降之后便保持在 64~73 分贝(表 3-38)。

对比北京市城区与郊区的道路交通噪声情况可发现:①城区噪声值以 2005 年为分界,也呈现出两阶段变化:第一阶段为 2000~2004 年,城区交通噪声基本没有变化,只在 68.1 分贝上下小幅波动;第二阶段为 2005~2010 年,城区交通噪声明显提升,跃升至 69.5 分贝后逐年小幅增加,到 2010 年已达到 70.0 分贝。②近郊噪声值也呈现出较明显的两阶段变化特征:以 2005 年作为分水岭,第一阶段为 2000~2004 年,近郊交通噪声从 72.6 分贝急剧下降,之后稳定在 70.3 分贝;第二阶段为 2005~2010 年,近郊交通噪声急剧下降到 68.4 分贝,在 2006 年出现小波峰 69.0 分贝,之后开始稳步下降,在 2010 年降至 68.0 分贝(表 3-36)。从整体上看,北京市的道路交通噪声问题有所缓解,而城区与郊区呈现出截然相反的变化趋势,即近郊交通噪声在不断下降,但城区道路交通噪声问题在加剧,因此需要根据不同地区的具体情况采取不同的措施来治理和控制交通噪声。

表 3-36　2000 年~2010 年北京市建成区噪声均值统计　　　　单位:分贝

年份	道路交通噪声			区域环境噪声			
	平均值	城区	近郊	平均值	城区	近郊	远郊
2000	71.0	68.1	72.6	53.9	55.5	53.6	
2001	69.6	67.9	70.5	53.9	54.5	53.7	
2002	69.5	68.1	70.1	53.5	54.1	53.8	
2003	69.7	68.2	70.3	53.6	54.1	53.5	54.0
2004	69.6	68.1	70.3	53.8	54.2	53.7	54.4
2005	69.4~72.7	69.5	68.4	51.9~56.8	53.2		53.7
2006	69.4~73.0	69.7	69.0	50.8~57.7	53.9		53.9
2007	62.3~74.0	69.9	68.9	51.0~55.5	54.0		53.7
2008	65.2~74.4	69.6	68.9	50.9~55.7	53.6		53.7
2009	63.6~73.2	69.7	68.4	51.1~55.7	54.1		53.6
2010	65.9~74.2	70.0	68.0	51.2~55.7	54.1		53.5

资料来源:北京市环境保护局 http://www.bjepb.gov.cn/bjhb/publish/portal0/tab379/.[2011-10-20]

在区域环境噪声方面,北京市的噪声平均值在近 10 年基本维持在 53.8 分贝上下波动,没有过大变化。对比北京市城区与郊区的区域环境噪声情况,可发现:城区除 2001 年有明显的环境噪声下降外,基本稳定波动,始终高于整个区域环境平均值,而郊区环境噪声基本维持在 53.7 分贝上下波动,基本低于整个区域环境平均值(表 3-38)。整体来看,北京市城区与郊区的区域环境噪声呈现出大致相同的下降趋势,而城区的区域环境噪声值一直高于郊区的区域环境噪声值。

总之,北京市声环境总体上得到了明显的改善,但就道路交通噪声情况来说,还需要加强对于道路交通的管治和机动车辆的管理。将来,北京市声环境进一步改善的突破口主要在道路交通噪声方面。

（五）固体废弃物处理

随着北京市国民经济的快速发展和人民生活水平的不断提高，其生产和生活过程中产生的各种固体废物日益增多[①]。《2010年北京市环境状况公报》显示：2010年，北京市工业固体废物产生量为1 268.92万吨，比上年增加2.1%；工业固体废物综合利用量为835.19万吨，处置量为780.25万吨（含处置往年量），储存量39.89万吨，排放量0.06万吨；工业固体废物处置利用率为97.59%。全市工业危险废物产生量为11.45万吨，其中综合利用量为4.97万吨，处置量为6.47万吨，储存量为7吨；工业危险废物无害化处置率达到99.99%，市区生活垃圾无害化处理率为100%，郊区生活垃圾无害化处理率为90%；医疗废物产生量1.88万吨，城镇医疗废物全部得到无害化处置。北京危险废物处置中心等项目建成投运，提高了危险废物的无害化处置利用能力。

对比2000年和2010年的数据可发现：北京市的工业固体废物产生量年均增长率达到1.14%，而工业固体废物处置利用率年均提高2.69个百分点；全市工业危险废物产生量减少了一半多，工业危险废物无害化处置率提高了近2个百分点；生活垃圾无害化处理率提高了10多个百分点，但是城区与郊区的处理能力还存在着明显的差距。

在固体废弃物处理方面，北京市面临的主要问题包括：①处理数量很大。尽管处理率有所提高，但固体废物产生量逐年增加很大，且处理周期较长，导致环境压力加重，尤其是对地下水、大气产生严重污染。②处理能力较低。固体废弃物的回收体系不够完善，回收率较低，资源流失严重，而且回收对象比较单一，相关单位的组织力度不够。③处理方式不得当。固体废物的资源化水平很低，二次污染仍然严重，生活垃圾的综合利用率很低，处理方式仍以填埋、焚烧为主，浪费了大量的土地资源，并间接造成地下水污染，存在严重的公共安全隐患。④固体废弃物的处理没有形成相对完善的"资源—产品—废弃物—再生资源"循环经济模式产业链条，主要依赖政府财政支持，还不能实现企业化经营和产业化发展，资源节约与环境友好还仅仅停留在宣传方面，没有真正落实到实际的企业生产中（北京市环保局，2011）。

污染减排是保持社区卫生环境不受侵害的重要手段。《2010年北京市环境状况公报》显示，2010年，围绕"调结构、转方式"的大局，北京市采取了调整产业结构、建设治污工程、严格环境监管等措施，推进污染减排：①在结构调整方面，首钢石景山厂区冶炼、热轧工艺停产，43家"三高"企业退出本市，

---

① 《北京市"十一五"固体废物处理规划》，2006. http://www.beijing.gov.cn/zfzx/ghxx/sywgh/t705871.html. [2011-10-20].

关停了京丰热电公司两台燃煤机组、11家水泥厂和66座石灰窑等落后产能，淘汰更新了50 372辆黄标车，示范应用了727辆国Ⅴ柴油公交车。②在治污工程方面，全市1050蒸吨的燃煤锅炉和中心城区1.3万户居民采暖改用了清洁能源，远郊区县建成了3座集中供热设施，定福庄向高碑店调水工程、通惠河北岸截污工程以及门头沟卧龙岗再生水厂等建成投运。③在监督管理方面，加强污染源在线监测系统运行管理，启动了重点污染源自动监控能力建设（一期）项目，完成了污染减排统计、监测、考核"三大体系"建设，制定实施了《北京市污染减排奖励暂行办法》。

对比2000年和2010年的污染减排可发现：北京市的污染减排措施从2000年的以"改并迁停"、"监控管理"等手段来完成国家规定的工业污染源达标排放任务，转变为2010年的以"产业升级"、"退二进三"、"循环经济"等方式来实现本地区发展的可持续化与环境友好化。这一转变体现了北京市发展理念、发展方式的转变，为建设世界城市奠定了基础。

二、环境综合趋势分析

目前，环境变化预测的专用方法主要是针对单一环境的，而且差异很大。例如，大气环境变化预测主要采用高架连续点源扩散模式——高斯模式、地面连续点源扩散模式、熏烟型扩散模式、颗粒物扩散模式等；水环境变化预测主要采用完全混合模型、零维模型、一维水质模型、BOD-DO耦合模型等；声环境变化预测主要采用倍频带声压级法等；环境变化预测主要采用土壤污染物累积预测、土壤退化预测等。

环境库兹涅茨曲线（EKC）（Grossman et al.，1991）是研究社会经济发展与生态环境质量变化之间相互关系的比较成熟的理论模型，在相关的环境经济研究中应用较广。EKC理论假说提出后，实证研究不断，结论呈多样化，不再是单一的倒U形曲线。

本研究对于北京环境变化趋势分析的主要目的不是为了具体确定三大类环境的影响预测因素分析、相关分析和专业的定点预测，而是为了简短的判断其将来的变动趋势，以便于确定基本的发展策略。因此，本文仅采用环境库兹涅茨曲线来大致模拟北京市三大类环境的变动趋势与发展阶段，以期获得相对量化的分析数值，同时，根据北京市的发展基础和发展目标，对前面确定的量化结果进行校正。

（一）大气环境变化趋势分析

1. 环境库兹涅茨曲线的定量分析

大气环境兹涅茨曲线预测，选取人均GDP作为经济变量来综合反映城市的经济增长，而选取的环境变量则包括了固体废弃物排放等几个流量指标和SO_2、悬浮颗粒物 TSP 年平均浓度等存量指标（表 3-37）。

表 3-37 选取的环境变量及其相关属性

变量名称	单位	指标属性
全市烟、粉尘排放量	万吨	流量
全市 SO_2 排放量	万吨	流量
全市化学需氧量排放量	万吨	流量
全市工业固体废物排放量	万吨	流量
大气 SO_2 年日均值	毫克/米^3	存量
氮氧化物年日均值	毫克/米^3	存量
总悬浮颗粒物年日均值	毫克/米^3	存量

引入"EKC 曲线簇"，以污染物的排放量为纵坐标，人均 GDP 为横坐标，从而反映不同阶段下，某一城市或地区经济规模或某一经济阶段下各个因素影响后的环境状态。

1）存量 EKC 曲线簇

（1）大气 SO_2 及氮氧化物年日均值 EKC 曲线簇。

如上所述，EKC 曲线簇横坐标对应的是 1991~2009 年的人均 GDP（单位为美元），纵坐标对应的是污染物含量（单位为毫克/米^3）。1991 年以来，北京的 SO_2 和氮氧化物年日均含量逐年递减并趋于平稳，但氮氧化物稍有上升趋势。整体而言，由这两类污染物造成的污染在稳步减轻，在 20 世纪后 10 年下降最为明显（图 3-27）。

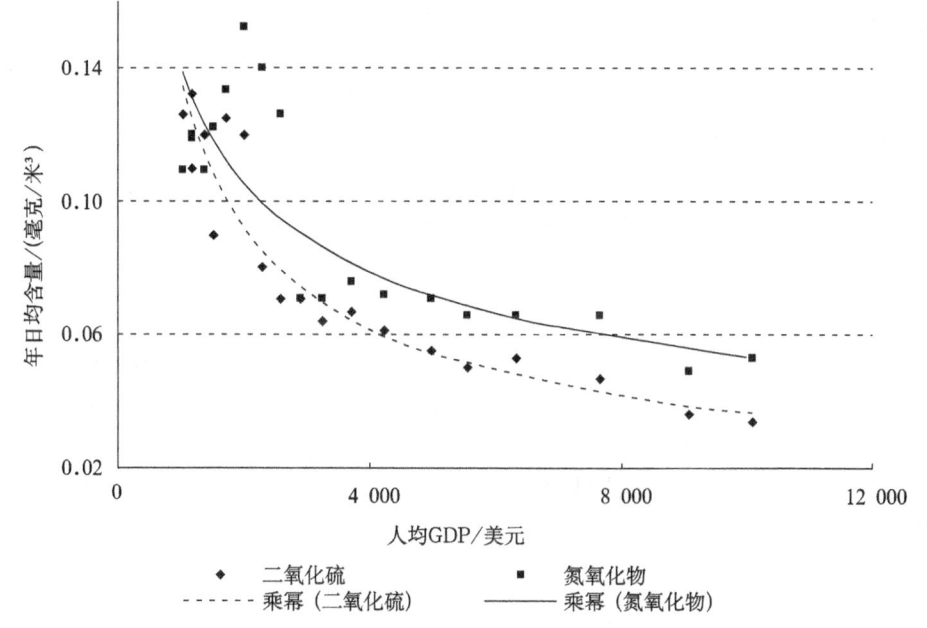

图 3-27 大气中 SO_2 及氮氧化物年日均含量的 EKC 曲线（1991~2009 年）
资料来源：《北京六十年》

针对未来20年预测，首先对人均GDP预测作了相应函数处理。即人均GDP的年均增长率为r，则第n年同第1年的人均GDP有如下关系，即$A_n = A_1(1+r)^{n-1}$，由此可以推导出r的计算方法，即$r = \sqrt[n-1]{\frac{A_n}{A_1}} - 1$。由此，根据1991～2009年的人均GDP数据，推测出到2030年整个时间序列上的人均GDP数据。针对SO_2年日均含量和氮氧化物年日均含量，通过对于1991～2009年的趋势线得出其回归函数，即

$$y_{SO_2} = 7.0961 x^{-0.572}, R^2 = 0.9295$$

$$y_{NO_x} = 2.5543 x^{-0.419}, R^2 = 0.739$$

其中，自变量x指代人均GDP，通过将之前预测的人均GDP带入上面两个函数，即得到相应预测年份的SO_2和氮氧化物年日均含量。由此，可作出由1991～2030年的预测EKC曲线簇（图3-28）。

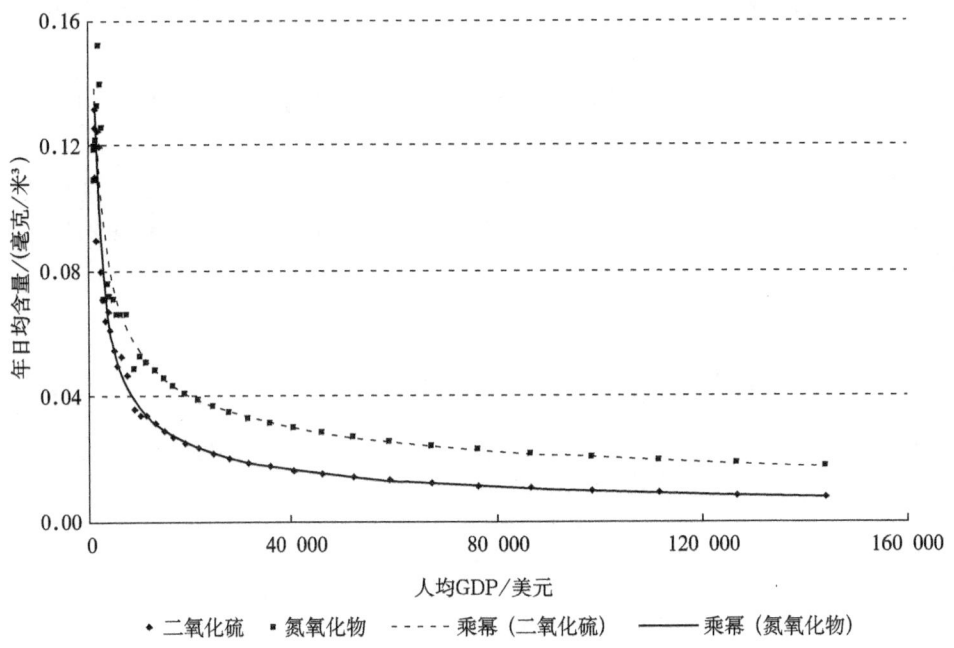

图3-28　大气中SO_2及氮氧化物年日均含量的EKC曲线（1991～2030年预测）

图3-28显示两条EKC曲线都呈现下降趋势，从目前来看，SO_2和氮氧化物大气中年日均含量应该是趋于稳定的，并且将随着整个经济的增长继续下降，下降幅度越来越小，趋于平稳。

（2）大气中总悬浮颗粒物年日均值EKC曲线簇。

方法跟前面相同，先利用1991～2009年人均GDP和总悬浮颗粒物年日均量数据，拟合得到图3-29的EKC曲线。

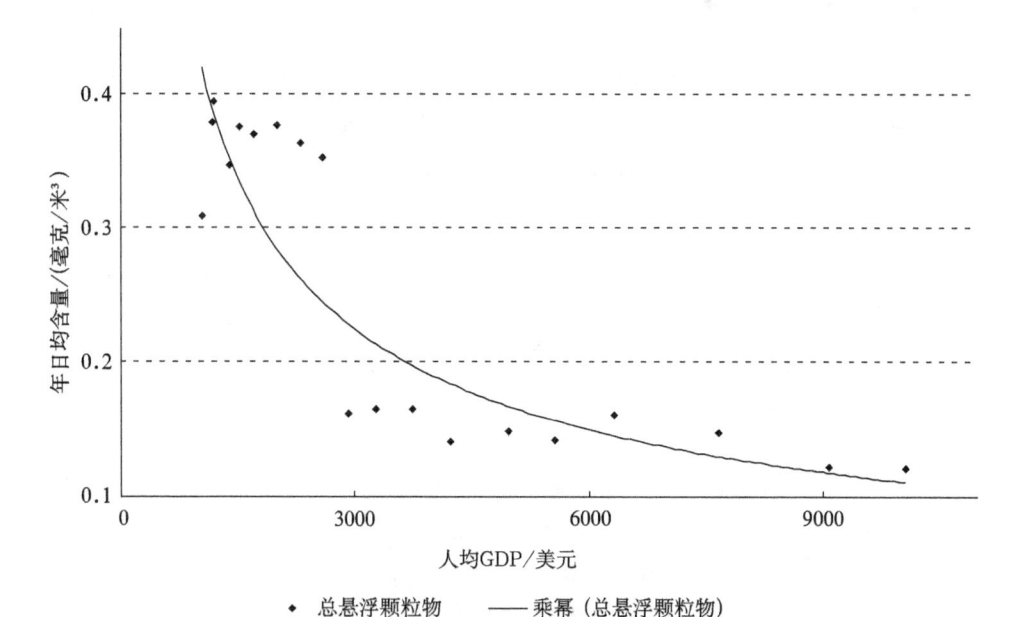

图 3-29 大气中总悬浮颗粒物年日均含量 EKC 曲线（1991~2009 年）

资料来源：《北京六十年》

图 3-29 呈现出明显下降趋势，值得注意的是人均 GDP 在 2600 美元处出现了总悬浮颗粒物年日均含量的骤降，查证数据发现发生在 20 世纪最后的两年，是申奥成功对北京市环境做出承诺并进行具体治理的结果。整体而言，逐步下降并趋于平稳状态。

运用之前同样的方法，可从趋势线中推得回归曲线的公式为

$$y_{总悬浮颗粒物} = 24.591 x^{-0.586}, \quad R^2 = 0.8005$$

从式中得到 1991~2030 年的总悬浮颗粒物年日均含量的预测数据，得到图 3-30 的 EKC 曲线簇。

总悬浮颗粒物年日均含量的 EKC 曲线呈现出明显下降趋势，以人均 GDP 为 12 000 美元为节点，之前的总悬浮颗粒物年日均含量下降速度比较快，之后的年日均含量下降放缓而趋于稳定（图 3-30）。北京目前人均 GDP 大约为 1 万美元，故其总悬浮颗粒物年日均含量仍处于急速下降阶段，之后会进入稳态，稳定到 0.04 毫克/米³ 上，整体情况应该是乐观的。

2）流量 EKC 曲线簇

运用上面的方法，对全市年烟粉尘排放量、SO_2 排放量、化学需氧量排放量以及工业固体废物排放量进行 EKC 曲线的确定，如图 3-31 所示。

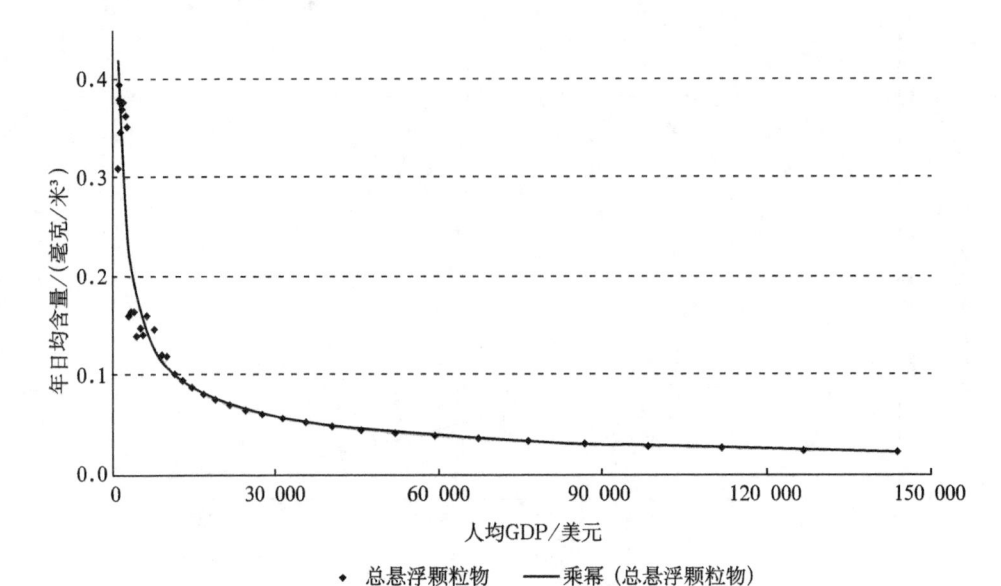

图 3-30　大气中总悬浮颗粒物年日均含量 EKC 曲线

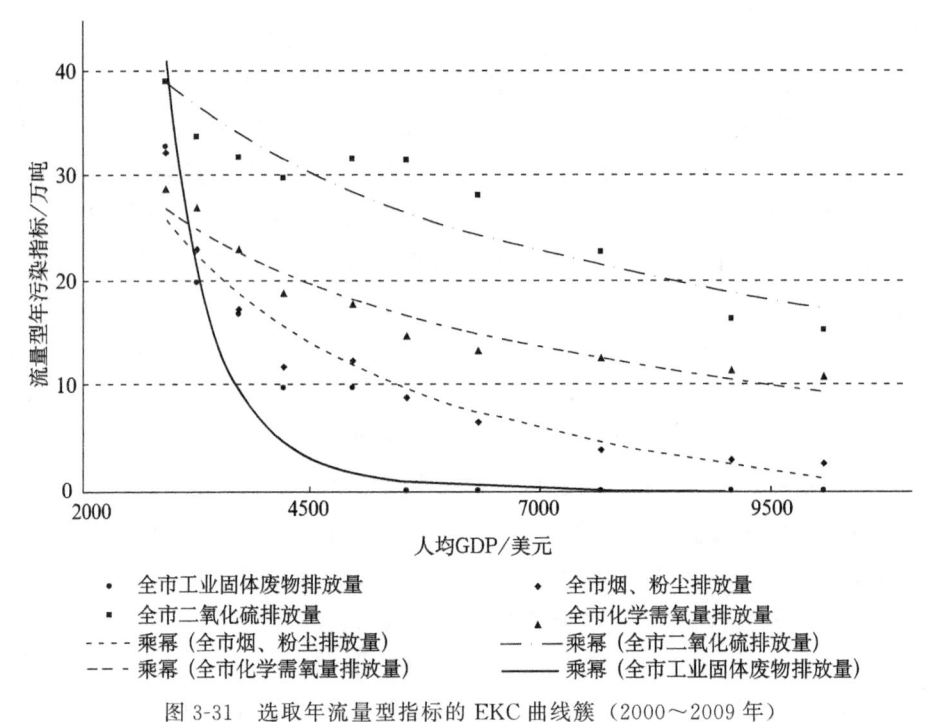

图 3-31　选取年流量型指标的 EKC 曲线簇 (2000~2009 年)

资料来源：北京市环境保护局.《2000~2009 年北京环境公报》；《北京六十年》

从散点分布上看,全市烟粉尘排放量、化学需氧量排放量两种流量型指标的污染随着人均 GDP 的增长都平稳下降并趋于平缓,而 SO_2 排放量出现明显的下降趋势。全市工业固体废物排放量在人均 GDP 达到 5000 美元之前在急剧下降,之后下降和缓(图 3-32)。值得注意的是,从散点上看,工业固体废物排放量在人均 GDP 5000 美元处有明显的下滑,推测可能同 2004 年 2 月 20 日零时首钢第一炼钢厂等重型污染企业的全面停产并准备搬迁有关。同样借助 EKC 线找到回归方程式(表 3-38)。

表 3-38 选取的流量型污染指标回归方程公式及 R^2 值

选取的流量型污染指标	公式	R^2 值
全市烟煤尘排放量	$y=17529x^{-0.874}$	0.947 5
全市 SO_2 排放量	$y=848.52x^{-0.455}$	0.858 9
全市化学需氧排放量	$y=836.14x^{-0.433}$	0.945 7
全市工业固体废物排放量	$y=5\times10^{22}x^{-0.732}$	0.831 7

利用公式计算做出预测 EKC 曲线。这里给出全市烟煤尘排放量、SO_2 排放量和全市工业固体废物排放量的 EKC 线,其拟合度更好,如图 3-32 所示。上述几种污染物的全市年排放逐年呈递减趋势,大概以人均 GDP 20 000 美元为节点,在人均 GDP 未达到该值之前,几种污染物年排放量下降是比较快的;超过该值之后,几种污染物年排放量下降速度放慢并趋于稳定。目前,北京市的几种污染物年排放量还在快速下降,表明其低污染低排放的经济发展能力在提升,而随着经济继续发展,可以预计,几种污染物年排放量会稳定在一个较小值上,SO_2、化学需氧量、烟粉尘的年排放量将分别趋于 4.5 万吨、3 万吨、1 万吨(图 3-33)。

2. Daniel 趋势检验方法的定量结果

通过公式 $r_s=1-[6\sum_{i=1}^{n}(x_i-y_i)^2]/(n^3-n)$ 对七种污染指标的计算,可以得到相应的自相关系数,通过正负号确定来判断污染的增降,通过秩相关系数绝对值同 Spearman 秩相关系数统计表中临界值比较来确定变化趋势的显著性。通过计算,可以得到表 3-41 的结果。表 3-41 显示各项考察指标都有显著下降,说明对环境的控制在近 10~20 年是有明显效果的。从目前的显著性上看,各项考察指标的数值还会持续下降,并延续较显著的下降幅度。

从表 3-39 的结果上看:各项污染指标的秩相关系数 r 的计算结果≤-0.767,说明各污染指标在过去的多年当中都呈现下降趋势,而秩相关系数 r 的绝对值都大于 n 对应的 Spearman 统计临界值(显著性水平=0.05),表明整个下降的趋势是相当显著的。据过去年份的发展推断,各项考察指标数值下降的趋势还将显著保持。

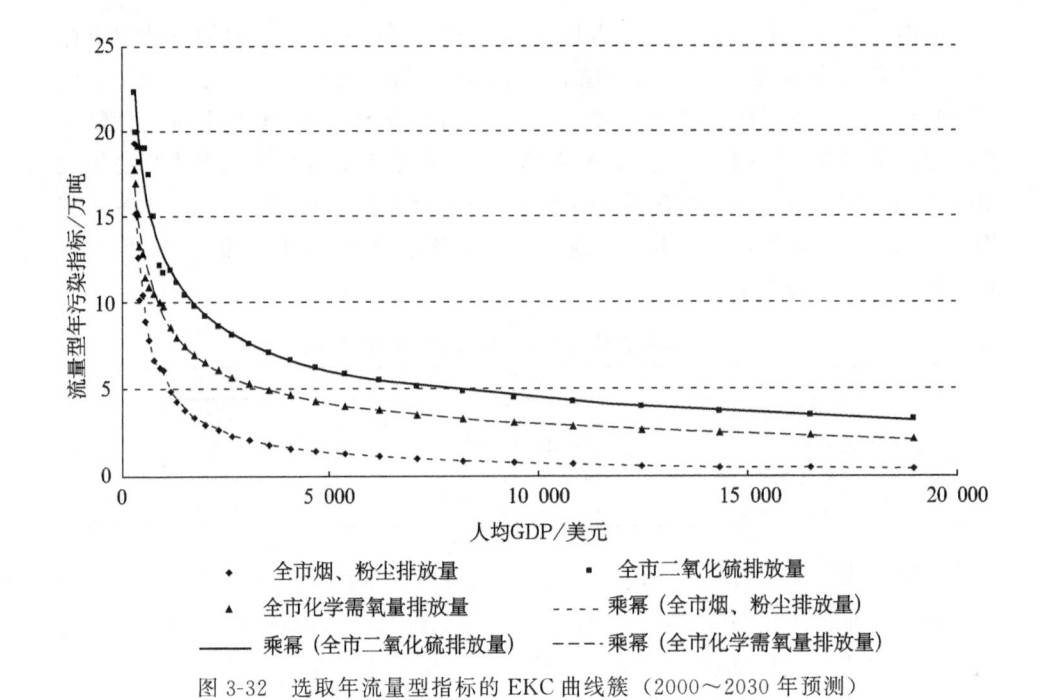

图 3-32　选取年流量型指标的 EKC 曲线簇（2000~2030 年预测）

表 3-39　对部分污染指标进行 Daniel 趋势检验方法的定量结果

考察指标	数据年份	时间周期数 n 值	n 对应的 Spearman 统计临界值（显著性水平=0.05）	秩相关系数 r_s 计算结果	趋势判断	显著性判断
SO_2 年日均含量	1991~2009	19	0.414	−0.967	下降	显著
氮氧化物年日均含量	1991~2009	19	0.414	−0.767	下降	显著
总悬浮颗粒物年日均含量	1991~2009	19	0.414	−0.858	下降	显著
全市烟粉尘年排放量	2000~2009	10	0.564	−0.988	下降	显著
全市 SO_2 年排放量	2000~2009	10	0.564	−0.964	下降	显著
全市化学需氧量年排放量	2000~2009	10	0.564	−1	下降	显著
全市工业固体废物年排放量	2000~2009	10	0.564	−0.988	下降	显著

3. 对大气环境的定性判断

无论是 EKC 预测方法还是通过 Daniel 趋势检验方法对过去数据的处理，都反映了过去 10 年或几十年的大气环境改善的情况，并且整体上看，这种大气质量的改善还会持续，但是质量上升的速度会趋于缓和，并且，北京市目前仍处于污染物数量下降较快的阶段,即还有较多问题需要处理,因而要达到较好的大气环境仍需要进一步的努力。

(二) 声环境变化趋势分析

1. 库兹涅茨曲线的定量预测

通过对 1994~2010 年北京市的平均等效声级进行 EKC 处理,可以看到这一阶段平均等效声级的变化趋势 (图 3-33)。

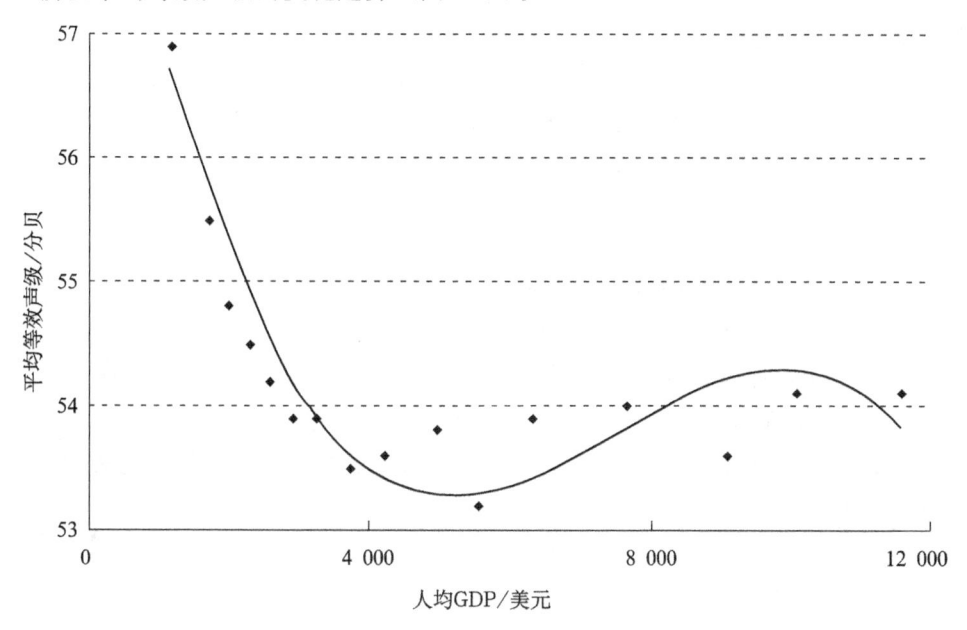

图 3-33 平均等效声级的 EKC 曲线

资料来源:《北京统计年鉴》、《北京市环境监测公报》、北京市环境保护局

图 3-33 显示出平均等效声级的变化会有阶段性变化,在人均 GDP 1000~5000 美元处,平均等效声级在不断下降,达到波谷,达到 53.3 分贝的低值,且下降幅度比较大,从人均 GDP5000 美元开始,平均等效声级又有所回升,进入峰值,达到 54.3 分贝,但在人均 GDP10 000 美元处平均等效声级变稳定并有下降趋势。由此预测,在未来可能出现平均声效等级随着人均 GDP 增加而发生周期性升降波动的情况,处于摆动性稳定的状态,基本在 53.5~54.3 分贝范围内摆动,需要得到适时的管理与监测。

2. Daniel 趋势检验方法的定量分析

利用 Daniel 趋势检验方法公式 $r_s = 1 - [6\sum_{i=1}^{n}(x_i - y_i)^2]/(n^3 - n)$,将 1994~2010 年的平均声效等级数据代入进行计算,得到 $r_s = -0.586$,说明整体

上声污染是下降的。$n=17$ 时，Spearman 相关系数临界值（显著性水平为 0.05）为 0.414，由于 $|r_s|>0.414$，故整个平均声效等级近年来的下降是明显的。

3. 对声环境的定性判断

通过上面的结果，可以确定的是，近十几年来北京市的平均声效等级在总体下降，声环境有了明显的改善，但是在近几年也出现了回升波动，据此判断，未来声环境会有周期波动，但总体下降的趋势不会变化，即波动的趋近值会不断下降，但下降速度有限。

综合以上分析，北京市将来的声环境，尤其是中心城区的声环境将会得到进一步的优化，使得本地居民、外来人口以及旅客能够享受到一个宜人的声环境。

（三）污水排放及处理趋势分析

1. 库兹涅茨曲线的定量预测结果

1) 平均日污水排放量的 EKC 曲线

平均日污水排放量随着人均 GDP 的增长，呈周期性波动，波动范围在 250 万～350 万吨，但波动的中心值有上升的趋势，且波动周期在逐渐变长，说明污水排放问题在不断加重，值得注意。估计未来年份当中，仍会保持这种趋势，中心波动值在 310 万吨左右（图 3-34）。

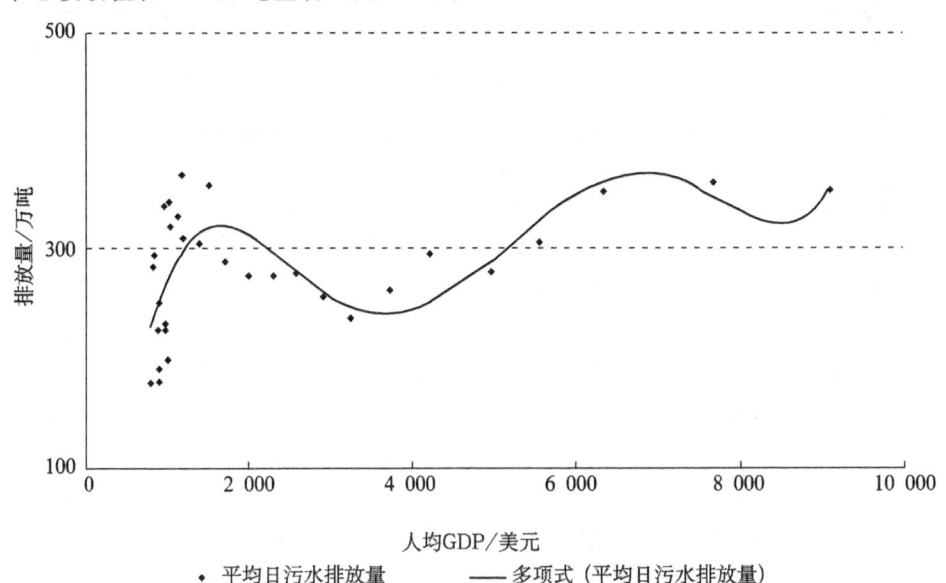

图 3-34　平均日污水排放量 EKC 曲线（1978～2008 年）

资料来源：《北京六十年》

2）污水处理率的 EKC 曲线

图 3-35 显示污水的处理率整体呈对数函数上升，在人均 GDP 3000 美元之前，污水处理率的增长速度较快，而人均 GDP 达到 3000 美元之后，污水处理率继续增长，但增长速度逐渐放慢，目前北京正处于这个时期。总体而言，目前污水处理率的情况是良好的。

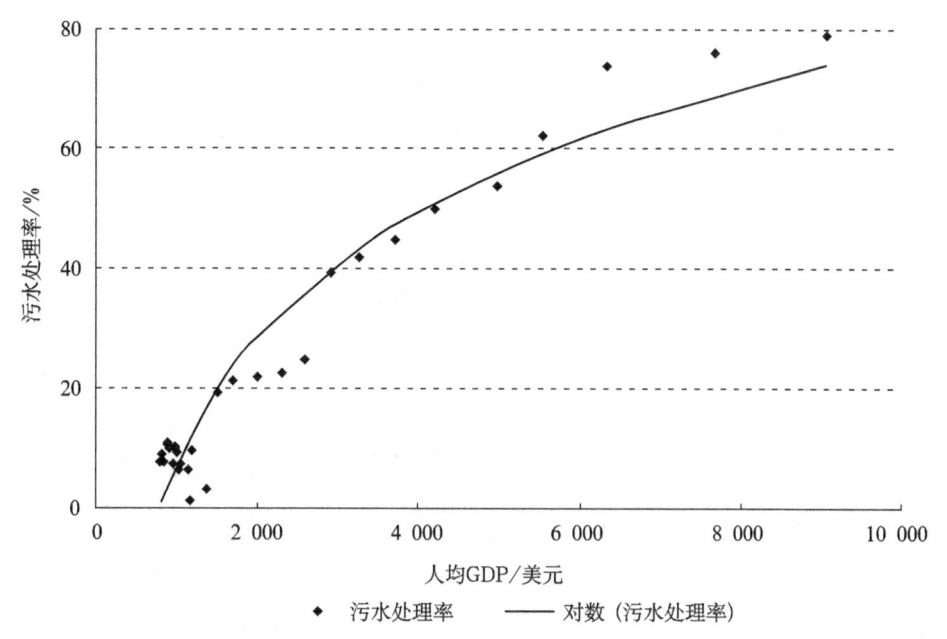

图 3-35　污水处理率的 EKC 曲线（1978～2008 年）

资料来源：《北京六十年》

由图 3-35 得到污水处理率的回归方程式为

$y = 30.099\ln(x) - 200.2$，$R^2 = 0.9301$

利用该公式和原始数据处理，得到预测的 EKC 曲线。污水处理率在未来仍将小幅上升，并趋于平稳，在人均 GDP 达到 20 000 美元处，污水处理率达到 98% 以上，故未来污水处理率会继续提高，处理能力得到提升（图 3-36）。

2. Daniel 趋势检验方法的定量结果

用 Daniel 趋势检验方法，得到如表 3-40 所示的计算和判断结果。社区排污量上，1978～2008 年，平均日污水排放量成明显上升趋势，显著性很强，未来很可能延续这种趋势，表明经济增长带来的社区卫生副产品增多。从排污处理上看，1978～2008 年的污水处理率有了显著提高，由此推断，污水处理能力会延续这种上升趋势（图 3-36）。

图 3-36　污水处理率的 EKC 曲线

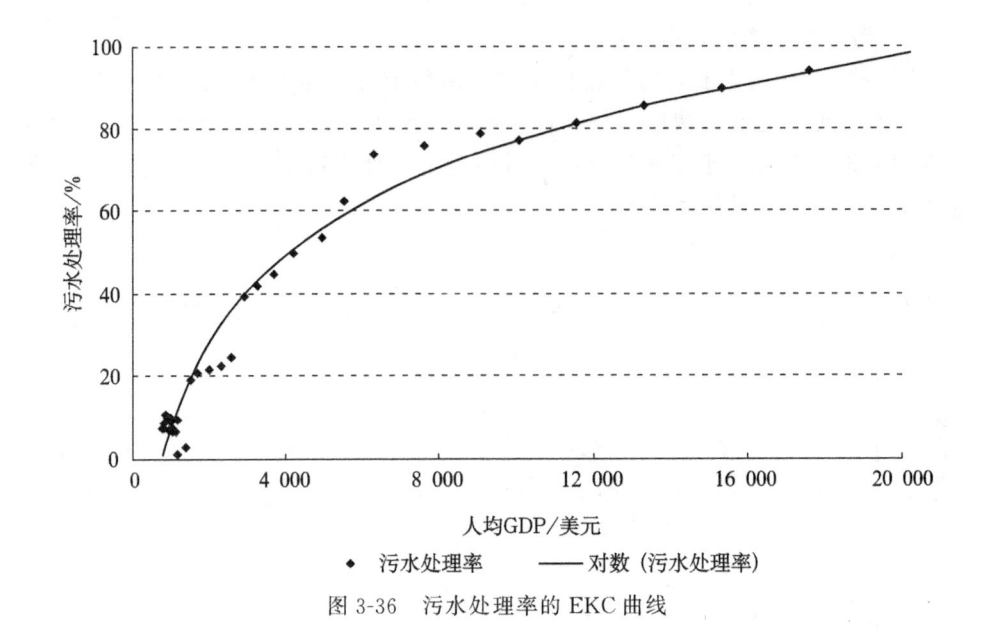

表 3-40　对污水排放量和处理能力指标进行 Daniel 趋势检验方法的定量结果

考察指标	数据年份	时间周期数 n 值	n 对应的 Spearman 统计临界值（显著性水平=0.05）	秩相关系数 r_s 计算结果	趋势判断	显著性判断
平均日污水排放量/万吨	1978～2008	31	0.301	0.560	上升	显著
污水处理率/%	1978～2008	31	0.301	0.728	上升	显著

资料来源：《北京六十年》

3. 对污水排放及处理趋势的定性判断

从上面两种方法的定量结果上看，污水的排放对社区卫生的压力很大，而且这种压力随着经济的进一步增长还会持续下去。与之相应地，水处理能力在进一步提高，以适应日益严峻的排污压力，未来排污处理能力可能进一步提高。总体而言，未来的排污压力和处理能力可能相互适应共同提高，但对排污的降低是未来发展的中心任务，因为这不符合经济发展节能减排的要求。

（四）生活垃圾及无害化处理趋势分析

1. 库兹涅茨曲线的定量预测结果

1）生活垃圾清运量的 EKC 曲线

生活垃圾清运量反映出的是生活垃圾的排放，其变化基本分为三个阶段：第一阶段，人均 GDP 800～3000 美元，生活垃圾清运量在不断上升，增长初期比较缓慢，但人均 GDP 达到 2000 美元后，增加速度一度加剧使生活垃圾清运量达到 580 万吨左右；第二阶段，人均 GDP 3000~3800 美元，生活垃圾清运量剧烈下降，可能同这一期的 2001 年申奥成功相关，生活垃圾清运量下降到 420 万吨左右；第三阶段，人均 GDP 4000~9000 美元，生活垃圾清运量又稳步上升，在近年已逼向 700 万吨。可能未来随着人均 GDP 的增加，生活垃圾清运量会延续上升趋势，需要加强生活垃圾的管理（图 3-37）。

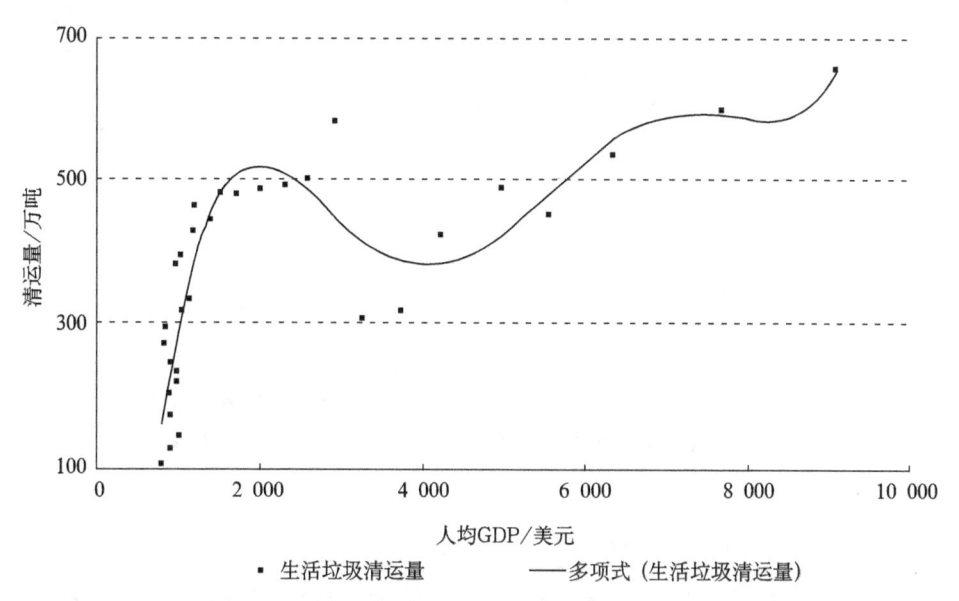

图 3-37 生活垃圾清运量 EKC 曲线（1978~2008 年）

资料来源：《北京六十年》

2）生活垃圾无害化处理能力 EKC 曲线

生活垃圾无害化处理能力 EKC 曲线如图 3-38 所示。

生活垃圾无害化处理能力变化基本出现三个阶段：第一阶段，人均 GDP 2800~5000 美元，生活无害化处理能力上升速度很快，到人均 5000 美元处比起始点的处理能力翻了一番；第二阶段，人均 GDP 5000~7800 美元，处理能力基本稳定维持在 10 000 吨/天左右；第三阶段，人均 GDP 8000~9000 美元，处理能力快速上升，达到 12 000 吨/天以上。随着人均 GDP 的增长，生活垃圾排放压力的增大，对生活垃圾无害化处理能力的要求可能进一步提高，所以预计这种上升趋势会保持下去（图 3-38）。

2. Daniel 趋势检验方法的定量分析结果

通过 Daniel 趋势检验方法，得到如表 3-40 所示的计算和判断结果。1978~2008 年，生活垃圾清运量成明显上升趋势，显著性很强，在可短期内这种上升趋势可能保持下去，说明生活垃圾的排放绝对数量大，给垃圾处理带来较大压力。从生活垃圾无害化处理能力上看，2000~2008 年的无害化处理能力也在显

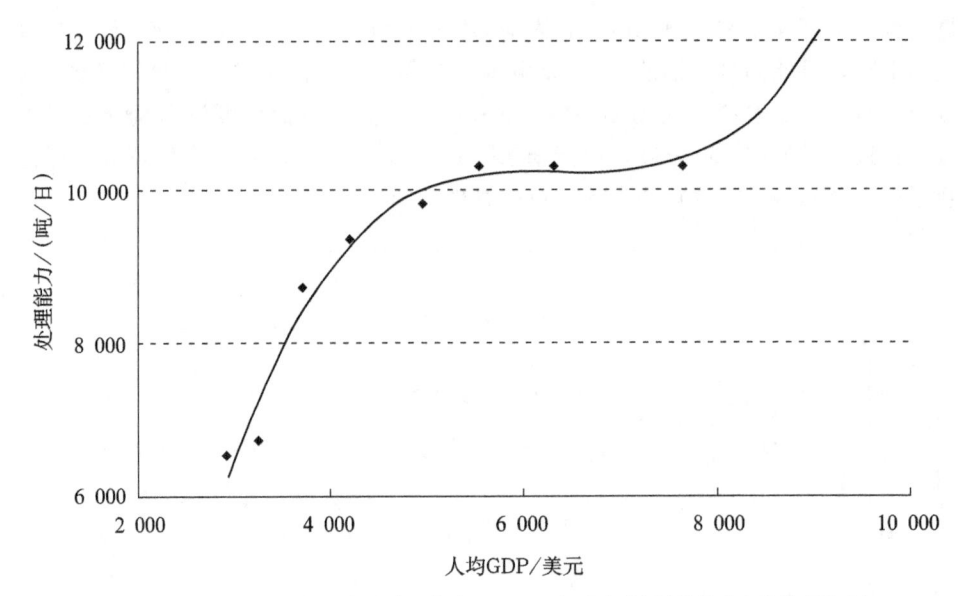

图 3-38　生活垃圾无害化处理能力 EKC 曲线（2000～2008 年）

资料来源：《北京六十年》

著增强，在未来这种能力可能会延续上升趋势（表3-41）。

表 3-41　对生活垃圾清运量和无害化处理能力指标进行 Daniel 趋势检验方法的定量结果

考察指标	数据年份	时间周期数 n 值	n 对应的 Spearman 统计临界值（显著性水平=0.05）	秩相关系数 r_s 计算结果	趋势判断	显著性判断
生活垃圾清运量/万吨	1978～2008	31	0.301	0.870	上升	显著
生活垃圾无害化处理能力/(吨/天)	2000～2008	9	0.600	1	上升	显著

资料来源：《北京六十年》

3. 对生活垃圾及无害化处理的定性判断

从以上两种方法的定量结果上看，生活垃圾排放的绝对数量随着经济增长还会持续下去。与之相应地，生活垃圾无害化处理能力再进一步提升，以缓解生活垃圾排放带来的生活压力。总体上看，无害化处理能力可能会进一步提升以应对生活垃圾排放的增长趋势，但减少排放量仍应作为未来的重点，以从源头上减少污染的可能性。

（五）北京市城市环境的综合趋势分析

综合以上的定量预测结果与定性判断以及《北京市"十二五"时期环境保护和建设规划》，可以预测北京市的城市环境变化趋势，北京市的城市环境建设目标将可以量化成几个具体的主要方面（表3-42）。北京市的城市环境将会进一步改善，向已有的世界城市看齐，预计：到2020年，北京市的环境质量将在各个方面达到国际一流标准，到2030年，将处于全球领先地位。

表 3-42 北京市城市环境建设目标

指标	2010 年	2020 年	2030 年
绿化覆盖率/%	44.4	50	60
大气质量	国家一级标准	国际一级标准	全球领先
SO_2 年平均浓度/(毫克/米^3)	0.03	0.02	0.01
水质	良	优	优
城市污水处理率/%	95	100	100
区域环境噪声平均值/分贝	54	50	45
环保投入占 GDP 比重/%	2.72	4	6

参考文献

21 世纪初期北京水资源可持续利用规划领导小组. 2001. 21 世纪初期首都水资源可持续利用专题报告汇编. 北京：中国水利水电出版社

包满珠. 2008. 我国城市植物多样性及园林植物规划构想. 中国园林, 24 (7)：1-3

北京决策研究基地课题组. 2007. 调控北京人口规模的有效途径. 前线, (2)：40-42

北京市环境保护局, 北京市发展和改革委员会. 2011. 北京市"十二五"时期环境保护和建设规划

北京市统计局. 2011. 北京市 2010 年第六次全国人口普查主要数据公报

陈晓华. 2001. 中国农业统计资料 2000. 北京：中国农业出版社

谌利民. 2009. 关于北京市人口问题的几点思考. 城市问题, (1)：90-92

冯健, 周一星. 2003. 近 20 年来北京都市区人口增长与分布. 地理学报, (6)：1886-1892

高媛媛等. 2010. 北京市水危机意识与水资源管理机制创新. 资源科学, (2)：274-281

郭淑敏, 程序, 史亚军. 2004. 北京的资源环境约束与生态型都市农业发展对策. 农业现代化研究, (3)：194-197

侯东民. 2007. 北京人口规模调控应从源头做起. 北京观察, (1)：32-33

胡伟略. 1985. 北京人口发展战略管见. 学习与研究, (10)：21-23

胡兆量. 2011. 北京人口规模的回顾与展望. 城市发展研究, (4)：8-10

黄成等. 2003. 上海市大气质量与国内外城市的比较研究. 能源研究与信息, 19 (3)：165-171

黄荣清等. 2011. 北京人口规模控制. 人口与经济, (3)：24-36

蒋春芹. 2003. 关于北京市人口规模的调整. 城市问题, (6)：38-40

李金香等. 2007. 北京秋冬季空气严重污染的特征及成因分析. 中国环境监测, (2)：89-94

李其军, 马东春. 2006. 北京城市水环境问题与治理思路探讨. 北京水务, (1)：52-54

李银华, 张成格. 1996. 对北京市外来流动人口聚居地成因及问题的调查与分析. 北京警院学报, (2)：29-31

林宝.2011.北京市人口老龄化问题与战略选择.北京社会科学,(1):9-13

刘梦琴.2000.石牌流动人口聚集地研究——兼与北京"浙江村"比较.市场与人口分析,(5):41-46

刘铮.1985.人口理论教程.北京:中国人民大学出版社

马卫华,胡彦霞.2007.北京能源发展研究的战略思考.华北电力大学学报（社会科学版）,(1):43-47

孟伟等.2006.北京及周边地区大气污染数值模拟研究.环境科学研究,(5):13-18

牛彦涛等.2010.基于不确定性优化模型的北京市能源系统规划研究.华东电力,(7):1012-1018

潘一玲等.2005.北京能源规划的若干思考.北京规划建设,(1):55-57

任阵海等.2003.北京大气环境的区域特征与沙尘影响.中国工程科学,5(2):49-56

任阵海等.2004.不同尺度大气系统对污染边界层的影响及其水平流畅输送.环境科学研究,17(1):7-13

邵秦.2006.把北京建成"人水共存共荣"的城市-关于人与水资源关系的探讨.市场与人口分析,(12):52-57

沈映春,杨皓臣.2010.可持续发展视角下的北京水资源承载力研究.北京社会科学,(6):20-23

首都社会经济发展研究所课题组.2011.怎样破解北京城市人口过度聚集压力难题.前线,(2):51-53

谭忠富,陈广娟.2008.北京能源可持续发展的战略途径分析.能源与环境,(1):2-3

童玉芬.2010.北京市水资源人口承载力的动态模拟与分析.中国人口.资源与环境,(9):42-47

王祎俊.2010.北京市空气污染与经济发展关系研究.人口与经济,(S1):180-181

王志宝.2011.中国人口城镇化省级行政单元差异分析.城市发展研究,(1)90-96

魏博辉.2010.北京水资源视阈中的整体性.北京社会科学,(6):24-27

徐炳煊.1988.北京人口迁移特点与控制对策.人口研究,(2):28-32

徐祥德等.2004.城市环境大气重污染过程周边源影响域.中国科学（D辑）,34(10):958-966

杨莉.2011.北京人口与资源协调发展模式探讨.改革与战略,(4):55-57

叶立梅.2001.北京城市人口规模及其调控思路.前线,(10):40-42

翟振武,侯佳伟.2010.北京市外来人口聚集区:模式和发展趋势.人口研究,(1):30-42

张京成,刘利永.2008.绿色奥运:一个碧水蓝天的承诺.北京:科学出版社

张菊等.2006.近20年北京市城近郊区环境空气质量变化及其影响因素分析.环境科学学报,(11):1886-1892

张惟英.2006.拉美过度城市化的教训与北京人口调控.人口研究,(4):84-89

赵杨,赵丽芬.2011.首都经济社会发展中的水资源约束问题研究.中央财经大学学报,(1):86-91

郑西平,张启翔.2011.北京城市园林绿化植物应用现状与展望.中国园林,(5):81-85

周立云. 2002. 关于北京城市人口规模调控的思考. 首都经济, (2): 21-23

周文华, 张克锋, 王如松. 2006. 城市水生态足迹研究——以北京市为例. 环境科学学报, (9): 1524-1531

朱江, 曾庆存. 2002. 控制大气污染的一个数学框架. 中国科学 (D 辑), 32 (10): 864-870

van Diepen C A et al. 2003. Urban and peri-urban agricultural production in Beijing municipality and its impact on water quality. Environment & Urbanization, 15 (2): 141-156

Grossman G M, Krueger A B. 1997. Economic growth and the environmental. Quarterly Journal of Economics, 110 (2): 353-377

Oke T R. 1982. The energetic basis of the urban heat island. Quart J Roy Meteor Soc, (108): 1-24

第四章
经济发展现状及趋势分析

改革开放以来,北京市经济一直保持高速增长,经济结构调整的幅度也不断加大,截至 2010 年,北京 GDP(地区生产总值)已达到 1 4113.6 亿元,而北京的服务业占 GDP 的比重达到了 75.1%。面向 2030 年,作为国家首都和政治经济中心的北京,北京的经济发展又将进入一个新的时期。

第一节 经济发展历程与总体趋势分析

新中国成立以来的 60 多年来,北京市经济发展历程先后经历了四个阶段,历经了以服务经济到工业经济再到服务经济的结构转变。

一、经济发展历程及特点

1. 第 I 阶段(1949~1978 年):消费型城市向重化工业城市转型

历史时期,北京作为国家首都,是全国财富和资源的聚集地;由于其特殊的政治地位,城市经济一直处于"大消费、小生产"的经济状态。新中国成立后尤其是"一五"之后,北京实行了优先发展重化工业的发展战略。新中国成立后的 30 年间,北京实现了"变消费型城市为生产型城市"的目标,建成了一批如燕山石化等大型生产企业,工业尤其是重工业成为北京重要的经济基础。三产比例由 1949 年的 23.10:36.82:40.07,转变为 1978 年的 5.15:71.14:23.71,北京成为继沈阳之后全国第二大重化工业生产基地(史利国,2007)。

2. 第 II 阶段(1978~20 世纪 90 年代初):"退二进三"的结构调整

随着北京经济社会的发展,高耗水、耗能的重化工业体系与北京城市性质和功能之间的矛盾日益突出,资源短缺、空气污染、交通拥堵等现象日益严重,产业发展既不符合北京的首都城市功能定位,又没有充分利用北京的资源优势。

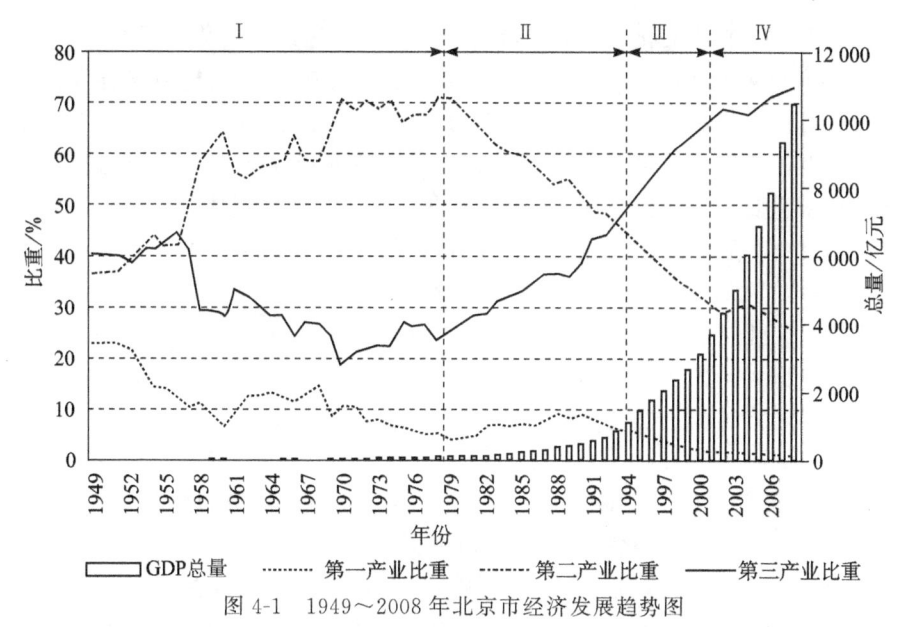

图 4-1　1949～2008 年北京市经济发展趋势图

资料来源：《新中国六十年统计资料汇编》

从 20 世纪 80 年代初期开始北京对发展重工业为主经济发展战略开始调整，探索发展"适合首都特点的经济"。1983 年国务院在关于《北京城市建设总体规划方案》的批复中，重新明确了北京市作为首都的城市性质，即是全国的政治、文化中心，并要求北京城市建设和各项事业发展都必须服从和体现这一城市性质（葛本中，1996）。因此，20 世纪 80 年代后，北京市经济建设结束了长期以来片面发展工业的局面，第二产业比重明显下降的同时，第三产业比重迅速增加，1994 年成为三产结构的转折之年，即 20 世纪 60 年代以来第三产业比重首次超过第二产业，三产结构由 1978 年的 5.15∶71.14∶23.71 调整为 5.89∶45.19∶48.92，经济结构调整取得了明显进展。伴随着经济结构调整，北京市总体经济在这一阶段进入了平稳、高速发展期，至 1994 年 GDP 总量已超过 1000 亿元。这一阶段是"退二进三"结构的调整阶段，是北京市全面经济结构调整的开篇，因而尽管重工业外迁与服务业快速发展并行的经济格局促进了经济结构的快速调整，第二产业尤其是工业对北京市经济发展仍然起着重要的决定性作用。

3. 第Ⅲ阶段（20 世纪 90 年代中后期）：服务业主导的经济格局基本形成

20 世纪 90 年代中后期，随着改革开放的不断深化和北京经济发展思路的全面调整，工业结构和布局调整进一步加大，北京城市经济结构发生了巨大变化，截至 2000 年，北京市 GDP 超过 3000 亿元，第三产业比例提高到 64.81%，三产比例调整为 2.51∶32.68∶64.81，"三、二、一"的经济结构已经初步确立。在 1993 年国务院批复的《北京城市总体规划（1991—2010 年）》中，进一步明确了首都政治中心和文化中心的城市性质,并提出建设现代化国际城市的目标。同时,提出发展适合首都特点的经济,即促使北京市经济结构战略性重组,冶金、化工等重化工业部门产值在北京市经济结构中的比重大幅下降,以电子信息、生物医药等为主的高新技术产业、先进制造业以及第三产业成为推动北京经济发展的重要力量。到 20 世纪 90 年代末,北京市已经基本从第二产业主导的工业城市转型为服务业主导的服务型城市。然而新中国成立以来重工业的发展痕迹在这一阶段仍然比较明显,化工、冶金、建材、重型机械等"三高"工业行业占全市工业增加值的比重仍然较高,而由于工业污染的严重影响,1998 年北京被列为世界十大污染最严重的城市之一。而这也进一步强化了北京市进一步优化调整经济结构、推进总体经济高端化的发展思路,为 21 世纪以来的快速发展奠定了基础。

4. 第Ⅳ阶段（2000 年以后）：内部结构优化与总体经济的高端化

进入 21 世纪以来,北京城市发展迎来了重要机遇期。伴随着筹备及举办 29 届夏季奥运会,城市建设进入高速发展阶段,城市面貌日新月异。通过对历史的反思,以及借鉴国际大都市发展的经验、教训,在《北京城市总体规划（2004—2020 年）》中,进一步明确了北京市的城市性质,即"北京市中华人民共和国的首都,是全国的政治中心、文化中心,是世界著名古都和现代国际城市",北京市经济发展的调整思路也不再是局限在进一步加快三次产业结构的调整,而更将目光投向了三次产业内部结构的优化。北京的工厂搬迁进入了有计划、大规模的调整阶段,政府开始注意搬迁工作与企业产品结构调整、技术改造的结合;依据《北京市三、四环路内工业企业搬迁实施方案》及《北京奥运行动规划》,一批高污染、高能耗、高水耗的制造业企业,如北京焦化厂、首钢等的整体搬迁,城市经济结构和布局得到不断优化。

新时期的发展战略强调,在加大制造业结构优化调整力度的同时,也致力于推进制造业产业集群的培育,《北京市"十一五"时期产业发展与空间布局调整规划》提出,应充分发挥产业的聚集效应,加快产业集群的培育,重点发展高端、高效、高辐射力的产业（李晓春,2007）,适度发展现代制造业,大力发展以电子信息制造业、生物产业为主的高新技术制造业。至 2009 年现代制造业占工业增加值比重达到 38.87%,孙铁山等（2008）研究认为,截至 2004 年北京市已形成三个规模较大并具有区域专业化优势的现代制造业集群：电子及通信设备制造、汽车及装备制造和电子元器件制造业集群。此外,2009 年第三产业在地区生产总值中的比重已达到 74.6%,在第三产业总体快速发展的基础上,从其内部结构来看,现代服务业已经逐步取代了传统服务业的主导地位（景体华,2009）,2009 年现代服务业占第三产业比重已达到 68.25%,自主创新和文化软实力在经济增长方式中的作用不断提升,创意文化产业、科技研发服务业、信息服务业等新兴产业发展迅速，服务业结构高级化水平不断提高。

二、经济总量的发展趋势

根据表 4-1 和图 4-2、图 4-3，从北京市经济的总体发展趋势来看，20 世纪 70 年代以前，北京市的经济发展表现出较大的波动态势，20 世纪 60 年代受三年自然灾害和"文化大革命"的影响，在多个年份出现过经济总量下滑；20 世纪 70 年代经济发展速度的波动逐步缩小，尤其是 1990 年以后增长速度趋于平稳。20 世纪 80 年代以来，北京处在快速结构转型中，但经济总体表现出高速、平稳发展，尤其是进入 21 世纪后，北京经济总量迅速增长，北京市经济总量规模已超过 1 万亿元，人均 GDP 超过 1 万美元；2000 年以来 GDP 年均增长速度仍然保持在 10% 以上，尽管在 2008 年以后受到金融危机的影响，北京地区生产总值平均增长率仍然达到 9%，人均 GDP 增速达到 8% 左右，体现了首都经济持续增长的强劲力量。

表 4-1　1949～2008 年北京市地区生产总值（GDP）及增速

年份	现价 GDP /亿元	可比价 GDP /亿元	增速/%	年份	现价 GDP /亿元	可比价 GDP /亿元	增速/%	年份	现价 GDP /亿元	可比价 GDP /亿元	增速/%
1949	2.77	—	—	1969	50.63	54.84	37.9	1989	455.96	340.16	4.4
1950	4.63	—	—	1970	63.37	79.14	44.3	1990	500.82	357.84	5.2
1951	7.66	—	—	1971	61.14	88.24	11.5	1991	598.89	393.27	9.9
1952	7.88	7.88	—	1972	67.19	76.59	−13.2	1992	709.1	437.70	11.3
1953	19.28	18.70	137.3	1973	73.03	82.87	8.2	1993	886.21	491.55	12.3
1954	21.13	20.44	9.3	1974	80.19	90.82	9.6	1994	1 145.31	558.89	13.7
1955	23.88	23.10	13.0	1975	91.25	102.82	13.2	1995	1 507.69	625.95	12.0
1956	26.83	26.97	16.8	1976	93.84	106.21	3.3	1996	1 789.2	682.29	9.0
1957	32.81	33.83	25.4	1977	99.09	113.43	6.8	1997	2 075.63	751.20	10.1
1958	34.52	36.40	7.6	1978	108.84	125.35	10.5	1998	2 375.97	822.56	9.5
1959	46.28	50.49	38.7	1979	120.11	137.51	9.7	1999	2 677.59	912.22	10.9
1960	57.47	62.45	23.7	1980	139.07	153.73	11.8	2000	3 161	1 019.86	11.8
1961	36.55	37.09	−40.6	1981	139.15	152.96	−0.5	2001	3 710.52	1 139.19	11.7
1962	29.59	28.97	−21.9	1982	154.94	164.27	7.4	2002	4 330.4	1 270.19	11.5
1963	31.72	30.68	5.9	1983	183.13	191.22	16.4	2003	5 023.77	1 409.91	11.0
1964	35.99	35.22	14.8	1984	216.61	224.49	17.4	2004	6 060.28	1 608.71	14.1
1965	39.79	41.00	16.4	1985	257.12	244.02	8.7	2005	6 886.31	1 798.54	11.8
1966	44.41	45.51	11.0	1986	284.86	263.55	8.0	2006	7 861.04	2 028.75	12.8
1967	37.86	40.09	−11.9	1987	326.82	288.84	9.6	2007	9 353.32	2 298.58	13.3
1968	37.82	39.77	−0.8	1988	410.22	325.81	12.8	2008	1 0488.03	2 505.45	9.0

注：可比价 GDP 测算采用 1952 年为基准年，增速按照可比价计算

资料来源：《新中国六十年统计资料汇编》

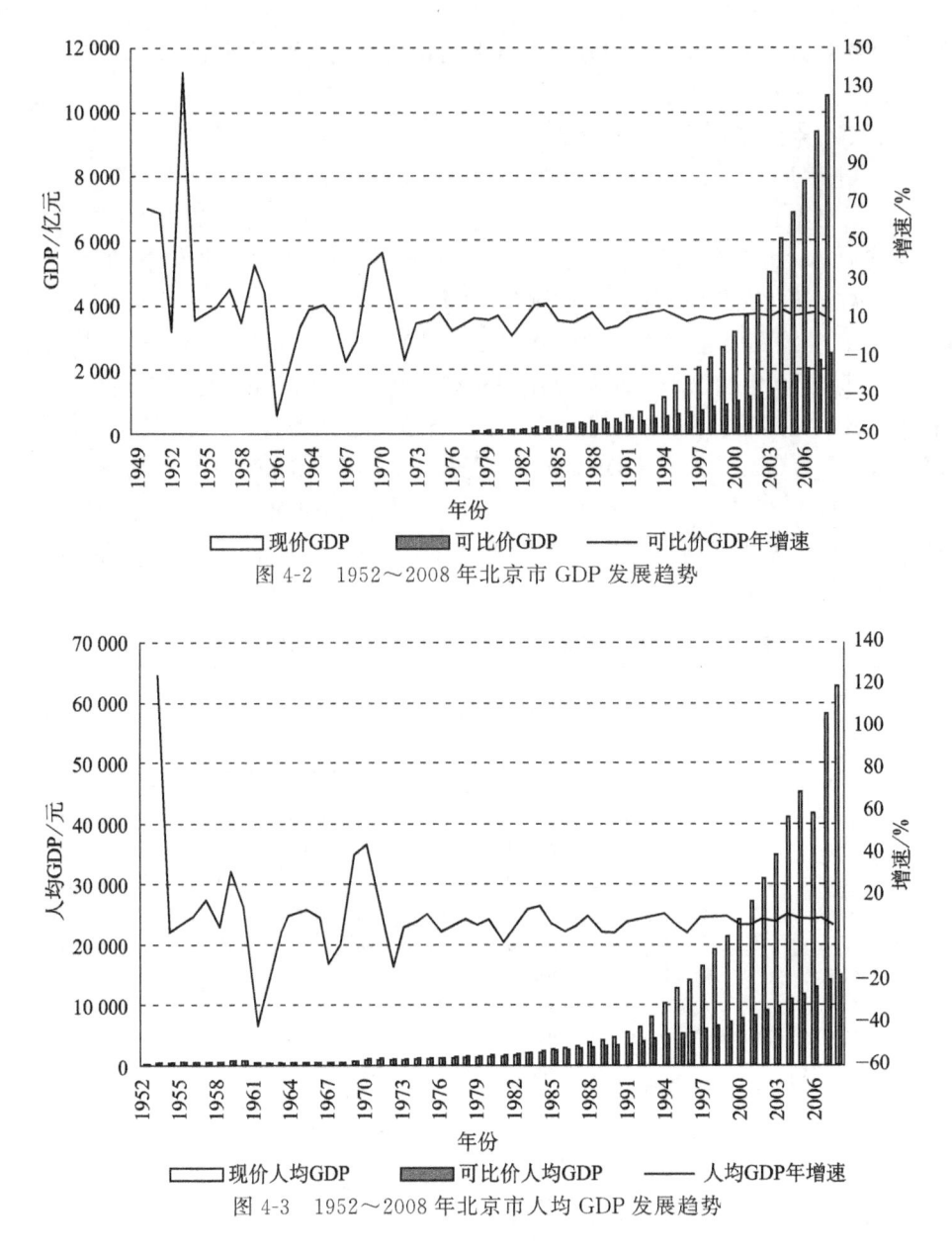

图 4-2　1952～2008 年北京市 GDP 发展趋势

图 4-3　1952～2008 年北京市人均 GDP 发展趋势

从北京市经济总量的发展来看，伴随着近年来的产业结构调整和人均消费能力的提升，北京市经济发展已呈现出消费拉动和投资拉动双轮驱动的总体特点（崔述强，2009）；此外，2008 年北京市科技活动经费支出达到 1122.27 亿元，R&D 经费支出达到 670.56 亿元，占同年 GDP 比重超过 6%，科学技术进步对经济增长的贡献率已超过 50%（汪先永等，2006），标志着北京市经济已经初步进入了集约型发展阶段，经济增长方式已经发生重大转变，创新驱动成为新时期经济发展的主要动力,经济增长的整体品质将持续优化。因而总体来看,北京市经济将加快向高端化和服务化方向发展,经济增长的动力进一步增强,经济增长速度和水平都会继续保持较高水平。

从北京经济的总体特点来看,经过多年来的发展,北京市经济体现出显著的首都经济特点,2008年奥运会和2009年金融危机后,北京的综合竞争力和国际影响力均得到明显提升,这为新时期的经济发展提供了良好的基础。近年来北京市经济发展的总部型和开放型特点日趋明显,集中了国资委管辖的146家大型国有企业中的100家以上企业,而众多全国性、垄断性大企业、大集团的总部均设在北京,对北京经济增长做出了重要贡献;此外世界500强企业中已经有200多家在北京投资,跨国公司地区总部超过20家,以研发功能为主的外资企业达到300多家(崔述强,2009),超过2/3外资企业从事第三产业,2009年进出口总额达到2147.91亿美元,实际利用外商投资额达到61.21亿美元。金融危机后,中国成为许多西方国家的金融避风港,外商投资总量和水平都会进一步提升,北京突出的总部经济特点则会进一步增强其对外资的引力,同时从其投资结构来看,第三产业、科研、总部机构将成为北京投资的主要选择,这一趋势不仅会进一步促进北京市经济总量的快速增长,也会对北京市优化调整产业结构、提升创新能力起到重要的推动作用。尽管北京市"十二五"规划中提出地区生产总值年均增长8%,根据多年来的发展趋势,经济增长速度基本都高于规划水平,而考虑到总体经济环境良好和经济发展惯性的影响,未来5～10年,北京市经济总量增长速度仍然有可能保持在8%～10%,2015年GDP可达到20 000亿元左右。

此外,从世界城市的总体发展趋势来看,北京经济总量增长的空间仍然很大。根据表4-2和图4-4,与纽约都市圈、大伦敦、东京都市圈[①]等相比,北京在经济规模上还存在较大的差距,其中大伦敦的经济总量大约是北京的四倍,而纽约都市圈、东京都市圈的经济总量大约是北京的10倍以上;从经济增长速度上看(图4-5),纽约都市圈、大伦敦、东京都市圈三大世界城市的经济增长速度均低于10%,其中纽约都市圈年均增速4.91%,大伦敦年均增速6.3%,东京都市圈年均增速则仅为0.3%,而北京则达到12.31%。从经济发展趋势来看,北京市经济发展还有较大的发展空间,意味着未来一段较长时间内,北京还会保持较高的发展速度,但是根据三大世界城市的发展经验,当经济总量达

---

① 与北京相比,纽约、伦敦、东京的面积较小,仅相当于或小于北京城市中心区的范围,因而考虑到区域可比性,本研究选取纽约大都市圈区域,大伦敦区域,东京都市圈区域作为与北京进行对比分析的研究空间单元。其中从面积来看,纽约都市圈、东京都市圈的面积与北京相当,但是大伦敦也仅相当于北京城八区的范围。

到一定水平后,经济增长速度会有所下降,但经济发展的品质仍会不断提高。

表 4-2 2001～2007 年纽约都市圈、大伦敦、东京都市圈和北京经济总量

年份	纽约/百万美元	伦敦(GVA)/百万英镑	东京/十亿日元	北京/亿元
2001	914 660	174 952	158 769.1	3 710.52
2002	927 087	187 169	156 671.1	4 330.4
2003	948 402	199 757	158 159.5	5 023.77
2004	1 001 736	212 094	159 380.5	6 060.28
2005	1 074 737	222 535	162 354	6 886.31
2006	1 154 765	237 950	163 836.2	7 861.04
2007	1 217 430	254 621	165 019.8	9 353.32

注:伦敦都市圈无 GDP 数据,使用 GVA 代替,GVA＝GDP－taxes on products＋subsidies on products

资料来源:美国商务部经济分析局网站(纽约都市圈)[①];英国国家统计局网站(大伦敦)[②];日本官方统计网(东京都市圈)[③];《新中国六十年统计资料汇编》(北京)现价 GDP

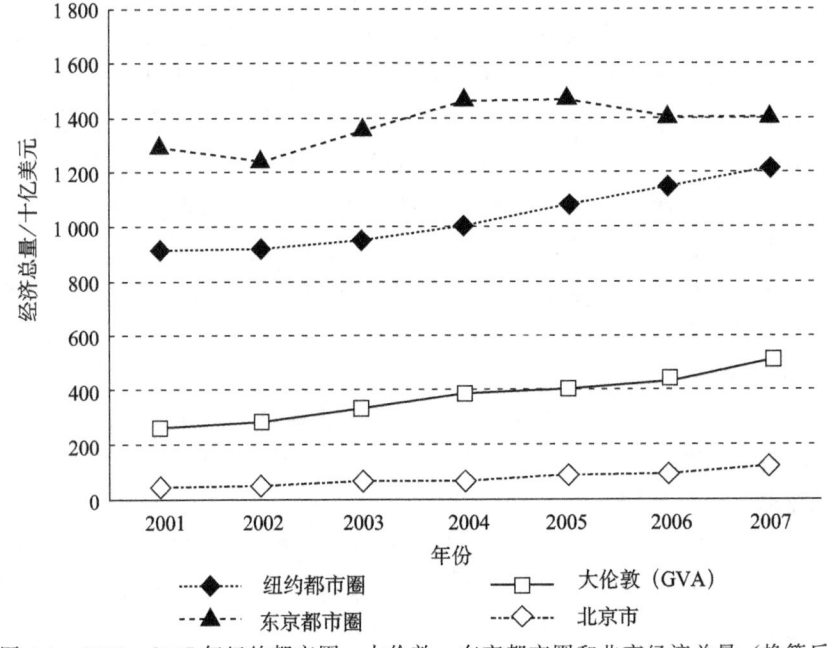

图 4-4 2001～2007 年纽约都市圈、大伦敦、东京都市圈和北京经济总量(换算后)

注:为使各城市或都市圈数据具有可比性,通过历年平均汇率将各城市经济总量换算为十亿美元;其中北京市数据采用现价数据;伦敦无 GDP 数据,采用 GVA 数据

---

① http：//www.bea.gov/iTable/iTable.cfm? reqid＝70&step＝1&isuri＝1&acrdn＝2.［2011-10-05］。

② http：//www.ons.gov.uk/ons/publications/re-reference-tables.html? edition＝tcm％3A77-53872.［2011-10-05］。

③ http：//www.e-stat.go.jp/SG1/chiiki/CommunityProfileTopDispatchAction.do? code＝2.［2011-10-05］。

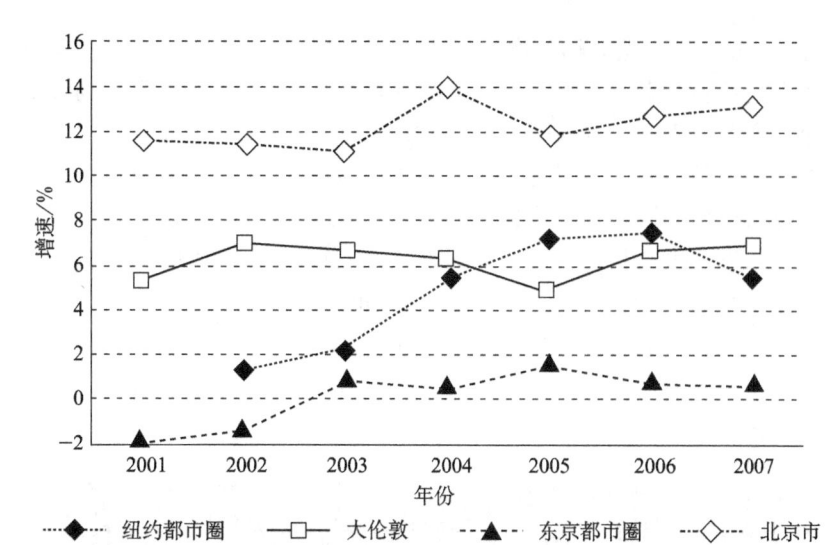

图 4-5　2001~2007 年纽约都市圈、大伦敦、东京都市圈和北京经济总量增长速度
注：为避免汇率造成的影响，增速计算使用各区域原始值；北京市增速计算使用以 1952 年为基期的可比价计算；伦敦无 GDP 数据，采用 GVA 数据

三、经济结构的发展趋势

1949 年以来，北京市产业结构表现出持续的调整变化状态（图 4-6）。从北京市第一产业的发展来看，尽管在 1990 年前后经历了小幅上升，第一产业在北京市经济中的份额越来越小。因而第二产业和第三产业是北京市产业的主体。1949~1978 年，由于北京市的快速工业化进程，产业结构主要表现为第二产业比重的不断增大和第三产业比重的降低，1978 年第二产业比重达到历史最高值 71.14%；而 1978 年以后，产业结构的变动调整出现相反的趋势，北京市进入了产业结构调整的重要时期，第二产业比重明显下降，而第三产业则迅速上升。1994 年，第三产业首次超过第二产业，截至 2009 年，第二产业和第三产业比例分别由 1978 年的 71.1% 和 23.7% 调整为 23.5% 和 75.5%。

经过多年的发展，北京在 20 世纪 90 年代经历了产业结构的快速转变，实现了产业结构由"二、三、一"向"三、二、一"的转型，与西方国家许多发达城市在发展上的差距在不断缩小。但由表 4-3 和图 4-7 可以看到，与大伦敦、东京都市圈两大世界城市相比，三次产业结构还存在较大的差距。如图 4-7 所示，大伦敦和东京都市圈已基本完成从工业经济向知识经济转型的产业结构调整，两大世界城市的第一产业比重均稳定在 0.05%；第二产业的比重则仍在不断下降，2007 年大伦敦第二产业比重伦敦自 1996 年起，第一产业所占比重已可以忽略不计；第二产业比重则仍表现为持续下降，其中 2007 年东京都市圈第二产业比重下降到16.56，大伦敦第二产业比重则下降到仅10.15%；相对的，第三产业比重仍保持缓慢增长，其中2007年东京都市圈第三产业比重达到83.53%，大伦敦第三产业比重则达到89.80%，已接近90%。总体来看，两大世界城市的产业结构已趋于稳定，但仍然进行缓慢调整。而相比之下，北京则仍然经历着快速的产业结构调整，第一产业比重经过近20年的持续减少已降至1.08%，但与大伦敦、东京都市圈相比仍略高；而第二产业比重相对两大世界城市仍较高；第三产业比重则仍然较低，仍落后于大伦敦和东京都市圈地区。从北京市的总体结构来看，尽管产业结构已经向世界城市的方向发展，但仍存在较大的发展和调整空间，仍需要重点发展和优化第三产业，并促进传统产业升级，实现产业结构的优化升级。

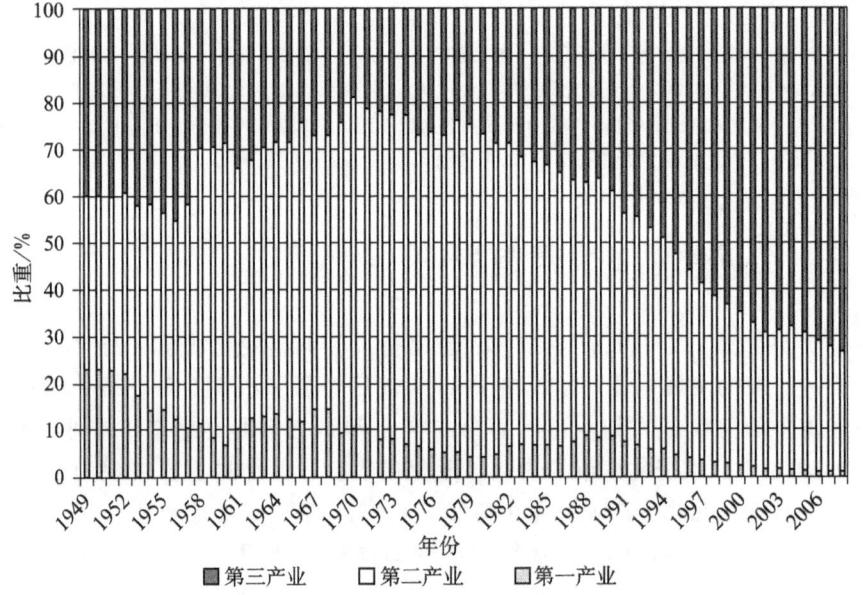

图 4-6 1949~2009 年北京市三次产业结构变化

资料来源：《新中国六十年统计资料汇编》

表 4-3 1996~2007 年大伦敦、东京都市圈及北京市的三产结构

年份	第一产业			第二产业			第三产业		
	大伦敦	东京都市圈	北京市	大伦敦	东京都市圈	北京市	大伦敦	东京都市圈	北京市
1996	0.11	—	4.19	15.39	—	39.94	84.50	—	55.87
1997	0.09	—	3.65	14.91	—	37.67	85.00	—	58.68
1998	0.08	—	3.23	14.30	—	35.38	85.62	—	61.40
1999	0.08	—	2.88	13.77	—	33.89	86.15	—	63.23
2000	0.08	—	2.49	13.45	—	32.69	86.47	—	64.83
2001	0.07	—	2.18	12.89	—	30.79	87.04	—	67.04
2002	0.06	—	1.94	11.88	—	28.87	88.06	—	69.19

续表

年份	第一产业 大伦敦	第一产业 东京都市圈	第一产业 北京市	第二产业 大伦敦	第二产业 东京都市圈	第二产业 北京市	第三产业 大伦敦	第三产业 东京都市圈	第三产业 北京市
2003	0.05	0.31	1.79	11.14	19.56	29.60	88.81	80.13	68.61
2004	0.05	—	1.58	10.81	—	30.59	89.13	—	67.84
2005	0.05	0.29	1.42	10.61	18.69	29.43	89.34	81.02	69.15
2006	0.05	0.28	1.13	10.47	18.45	27.88	89.48	81.28	70.99
2007	0.05	0.27	1.08	10.15	18.25	26.83	89.80	81.48	72.09

注：其中伦敦无 GDP 数据，采用 GVA 数据

资料来源：英国国家统计局网站（大伦敦）；《日本统计年鉴》（2007～2010）（东京都市圈）；《新中国六十年统计资料汇编》（北京）

图 4-7　2007 年大伦敦、东京都市圈和北京三次产业结构

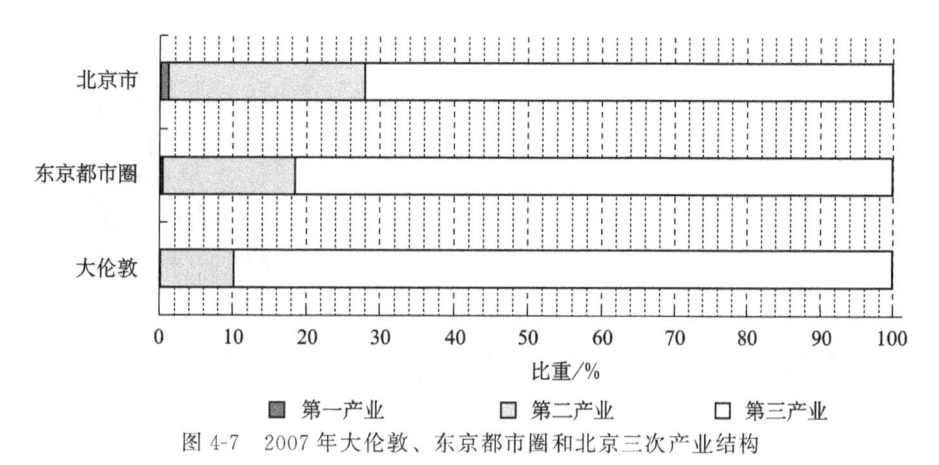

1. 第二产业的发展趋势

第二产业是地方经济发展和城市化过程中的重要推动力，在北京的经济发展中发挥了巨大的作用。自新中国成立以来，北京市第二产业取得了大幅度增长，增加值由 1949 年的 1.02 亿元，增长到 2009 年的 2855.5 亿元，从总体增速来看（图 4-9），1972 年以前平均增速达到年均 20% 以上，但各年间的变动较大，1972 年以后增速明显降低，年均约 12%，逐年变化也相对平稳。就第二产业占经济总量的比例来看（图 4-8），1978 年是一个明显的转折点，新中国成立以后随着第二产业的快速增长，二产占比不断提高，1978 年达到最高值 71.14%，此后尽管二产增加值持续增长，但是占比则不断下降，至 2009 年仅为 GDP 的 23.5%。从第二产业的总量趋势来看，未来 20～30 年是北京建设世界城市的关键时期，北京市的第二产业占经济的比重自 20 世纪 80 年代以来已呈现明显的衰退趋势。根据 2004 年和 2008 年两次经济普查数据，制造业从业人员从 2004 年的 147.55 万人下降到 2008 年的 138.29 万人，占全部从业人员比例也由 2004 年的 17.28% 下降到 2008 年的 14.10%。然而如图 4-7 所示，与大伦敦、东京都市圈相比，北京市的第二产业在经济总量中仍然占据较重要的地位，占比较伦敦高出一倍以上，经济结构调

整的步伐还将继续加大,二产占比将经历进一步的下降。此外,就第二产业的内部结构来看(图4-10),现代制造业和高技术产业近年来占第二产业比重分别维持在30%和15%的水平,在第二产业中的比重仍然偏低;从2004~2009年的发展变化来看,现代制造业比重小幅上升,而高技术产业的比重2007年之前上升趋势较为明显,2007年之后则有所下降,则可以看到高端产业在北京市第二产业中不仅所占份额仍然较小,增长的趋势也并不是非常明显,未来还有较大的优化调整空间。

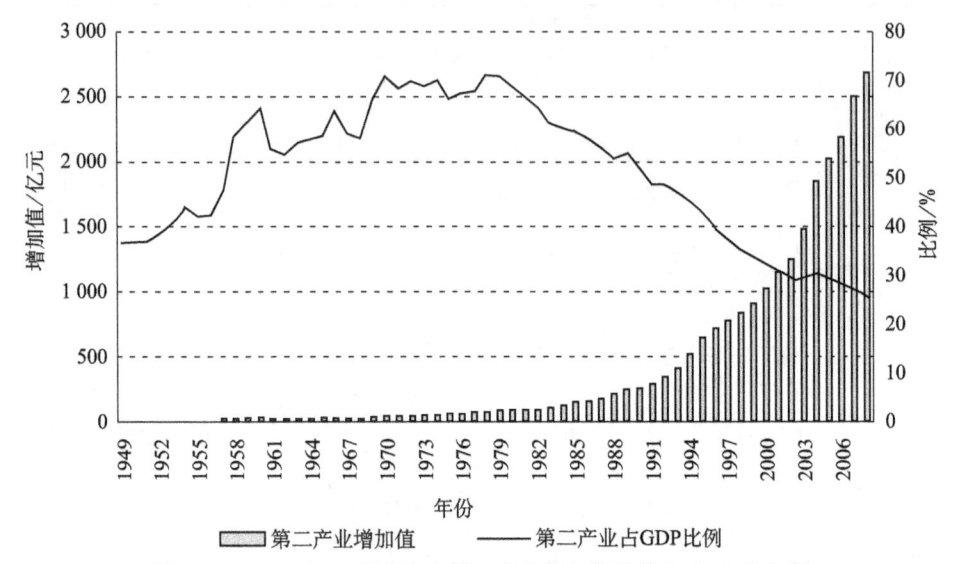

图 4-8　1949~2009 年北京市第二产业增加值及其占 GDP 的比例

资料来源:《新中国六十年统计资料汇编》

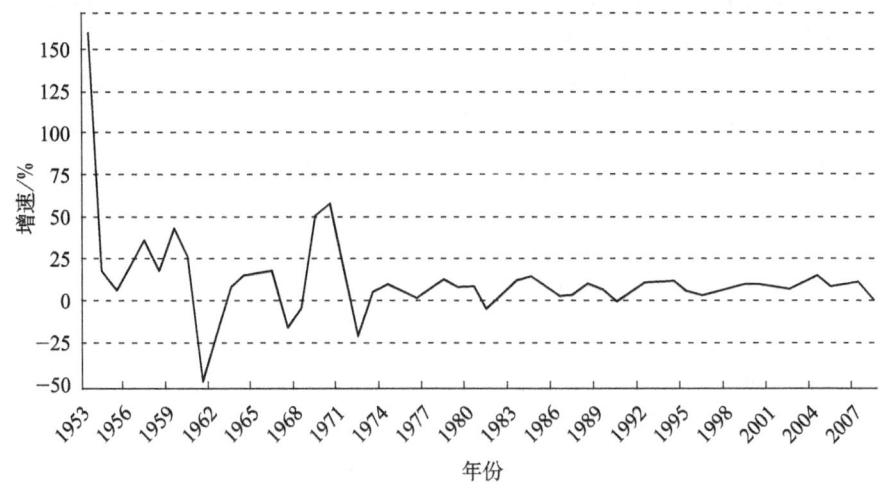

图 4-9　1950~2009 年北京市第二产业增加值历年增速

资料来源:《新中国六十年统计资料汇编》

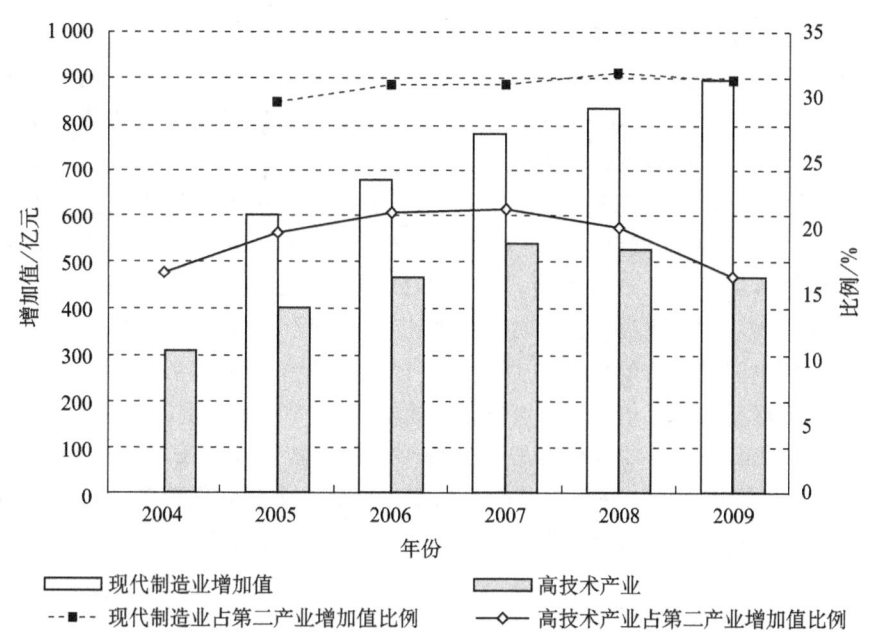

图 4-10 2004～2009 年北京市现代制造业及高技术产业增加值及其占第二产业的比例

注：其中高技术产业去除公共软件服务业，包括核燃料加工，信息化学品制造，医药制造业，航空航天器制造，电子及通信设备制造业，电子计算机及办公设备制造业，医疗设备及仪器仪表制造业

资料来源：《北京统计年鉴 2010》

纵观大伦敦、纽约都市圈、东京都市圈的发展，在城市化和经济发展达到一定水平以后，都经历了第二产业衰退和经济重组。20 世纪 60 年代以后，三大世界城市陆续经历了制造业衰退的高峰期，同时则为服务业成长提供了空间；伴随着 20 世纪 80 年代后信息技术革命以及全球化进程加速，顺应新国际劳动分工趋势，依托在服务业上的比较优势，三大世界城市都逐步形成了以生产者服务业为核心的新的主导产业（袁海琴，2006）。然而，产业结构的服务化并不意味着制造业的完全退出，例如，纽约仍保有以服装业为代表的一定份额的制造业优势（沈金箴，2003），而东京则发展了以出版印刷业为主的都市型工业和电子机械、通信机械、精密机械等技术密集型的先进制造业。总体来讲，三大世界城市的发展表现出强劲的产业升级能力，而产业结构的高端化是共同的特征。目前，制造业正经历着全球范围内的转移和重新布局，研发、设计、营销、咨询和物流等全球制造业产业链的高端环节（李晓春，2007），继低端环节之后开始逐步向以中国为代表的新兴经济体转移，会为北京制造业的高端化发展提供了良好的契机。因而在这一大环境下，北京市第二产业未来将向着总量缓慢上升，占比持续下降，但内部结构高端化的方向发展。

2. 第三产业的发展趋势

新中国成立后到 21 世纪以来，北京的服务业发展呈现 U 形变化趋势（朱晓青，2005）（图 4-11）。新中国成立初期，北京的工业基础薄弱，消费型城市仍然是北京主要的城市特点，因而该时期的服务业比重达到 40% 左右，并且由于结束长期战乱的影响出现过短期的高速增长。但是这一趋势迅速发生改变，伴随着 1953 年以后北京城市功能定位的确定[①]，北京服务业的发展开始受到严重制约并明显落后于第二产业发展，如图 4-11、图 4-12 所示，20 世纪 50～60 年代北京第三产业增速明显下降，并在一些年份出现负增长，1970 年第三产业比重下降到新中国成立后的最低点 18.7%。1978 年改革开放以后，北京市的城市功能定位调整后，第三产业逐步恢复了快速增长，占 GDP 比重迅速提高，尤其是近年来，北京市在推进经济结构战略性调整、加快转变经济发展方式的过程中，大力发展生产性服务业、高新技术产业和文化创意产业等，第三产业的比重逐年上升。2000 年以后尽管第三产业增长速度有一定放缓，但是仍然保持在 12% 左右，

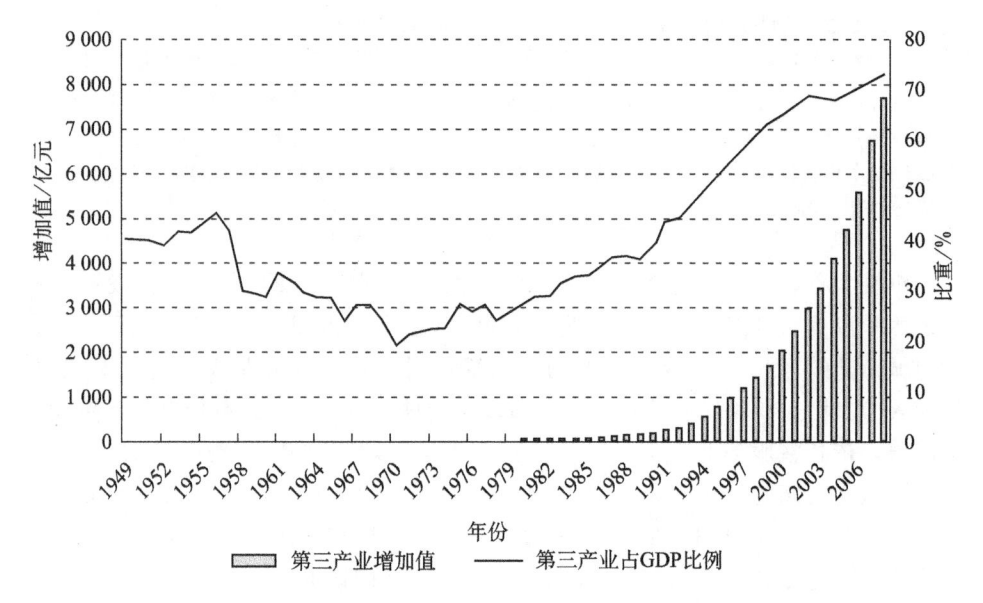

图 4-11 1949～2008 年北京第三产业增加值及占 GDP 比重
资料来源：《新中国六十年统计资料汇编》

[①] 新中国成立后至改革开放前，北京市城市规划中重点强调发展工业，建设生产型城市。1953 年《改建与扩建北京市规划草案要点》提出将北京建设成为我国政治、经济和文化的中心，尤其是要建设成为我国强大的工业基地和科学技术中心；1958 年《北京城市规划初步方案》规定将北京建设成为一个现代化的工业基地和科学技术中心，始终站在我国科学革命和文化革命的前列；1973 年《北京城市建设总体规划方案》提出多快好省地将北京建设成为一个具有现代工业、现代农业、现代科学文化和现代城市设施的清洁的社会主义首都。

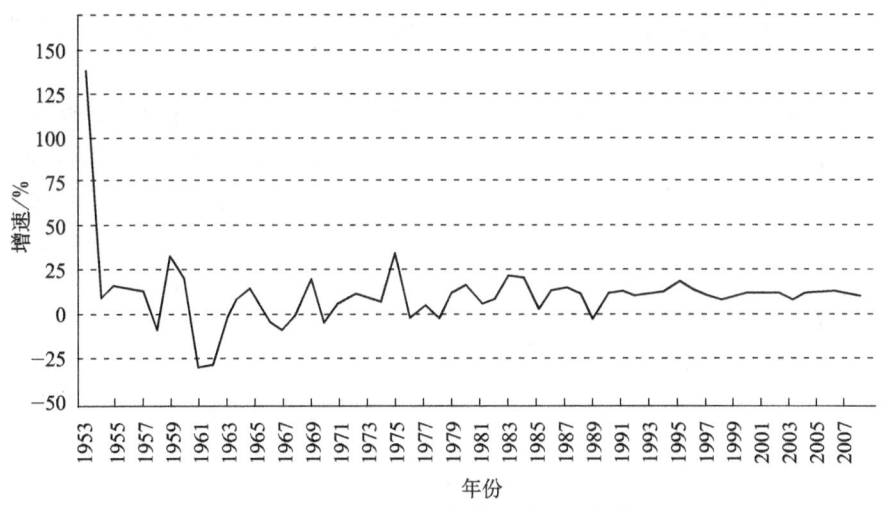

图 4-12　1949~2008 年第三产业历年增速

资料来源:《新中国六十年统计资料汇编》

从世界城市的第三产业发展趋势来看,第三产业的发展空间仍然较大,未来几年内在大环境不发生改变的情况下,第三产业很可能继续保持较高的增长速度。

此外,从第三产业的内部结构来看,现代服务业已经在北京市第三产业中占据较大比重。北京市现代服务业主要形成于 20 世纪 80 年代,进入 20 世纪 90 年代以后,北京现代服务业获得了快速发展,2009 年现代服务业占 GDP 比重已经超过 50%,占第三产业比重达到 68.25%,可见现代服务业在北京市第三产业的主导作用已经日趋明显,CBD、金融街、中关村等已成为现代服务业的聚集区,"十二五"时期还将着力打造通州高端商务服务区、丽泽金融商务区、新首钢高端产业综合服务区、怀柔文化科技高端产业新区。但与世界城市标准相比仍有很大差距(李国平等,2010),未来北京市产业结构优化调整和现代服务业比重增加仍有较大的空间。

3. 三产结构的发展趋势

在服务业主导的首都经济格局已经确立的现状条件下,随着金融危机后中国竞争力和影响力的提升,"十二五"时期将是北京市经济发展方式深度转变的新时期,北京市经济发展面临着发展动力转换、产业结构深度调整和升级的任务,根据北京市"十二五"规划,北京市将更加注重提升创新能力、发展高技术产业和推动绿色经济发展。因而在未来一段时间经济平稳较快发展的基础上,产业结构调整的步伐会进一步加快,服务业占比会进一步提高,同时产业内部结构也会进一步调整。从伦敦、东京等世界城市的发展经验来看,第三产业比重的持续提升和第二产业、第一产业比重的进一步下降,是北京产业结构的总体发展趋势。从目前各产业的发展速度来看,第一产业占比会进一步下降至

0.5%左右，而第三产业占比会进一步上升至80%左右，第二产业占比则下降至近20%。

2009年哥本哈根全球气候会议之上我国承诺到2020年单位GDP碳排放比2005年降低40%~45%，北京作为国家首都和世界城市，更要引领绿色发展，全面推进发展方式转型，"十二五"规划中北京提出万元地区生产总值能耗较低17%、水耗降低15%以及二氧化碳排放降低18%的目标，以及高端引领、创新驱动、绿色发展的经济发展轨道，从北京的总体规划来看，未来北京三次产业结构的调整步伐也会进一步加快，除第三产业比重进一步加快以外，第二产业和第三产业内部结构也会进一步优化，其中高技术产业、现代制造业和现代服务业占GDP比重会进一步加大，产业高端化的趋势会进一步增强。

第二节 工业发展现状与趋势分析

工业是北京市第二产业的主体，本节将通过对北京市工业发展历程的回顾以及对制造业集群发展现状的分析，详细探讨北京市工业的总体发展趋势。

一、工业发展历程及现状特征

（一）工业发展历程

1. 1949~20世纪80年代初：重化工业阶段

新中国成立前，北京是一个以消费为主体的城市，制造业基础薄弱。新中国成立后为了尽快恢复和发展生产，北京实施了重点发展重化工业的发展战略，1953年制订的北京市第一个城市总体规划方案指出，北京市作为首都不仅是国家的政治、文化和科技中心，更应成为一个大工业中心。在新中国成立后30余年的发展中，北京市从消费型城市向以重化工业主导的工业型城市转变，开始了快速工业化进程，工业尤其是重工业成为北京重要的经济基础。全市工业占GDP比重由1952年的34.1%上升到1980年的62.5%，重工业产值占工业产值比重，由新中国成立初的40%上升到20世纪70~80年代的70%左右（史利国，2007）。

2. 20世纪80年代至2000年初：调整搬迁阶段

1983年国务院在关于《北京城市建设总体规划方案》的批复中，重新明确了北京市作为首都的城市性质，即是全国的政治、文化中心，并要求北京城市建设和各项事业发展都必须服从和体现这一城市性质。因此，20世纪80年代后，北京市经济建设结束了长期以来片面发展工业的局面，经济结构逐步"退二进三"，从 1978 年开始，北京市工业产值在全市 GDP 中所占比重逐年下降，到 20 世纪 90 年代初期所占比重已下降到 40% 左右。

20 世纪 90 年代中后期，随着改革开放不断深化，社会主义市场经济体制的确立，北京城市经济结构发生了巨大变化。在 1993 年国务院批复的《北京城市总体规划（1991—2010 年）》中，北京市进一步明确了首都政治中心和文化中心的城市性质，并提出建设现代化国际城市的目标。同时，提出发展适合首都特点的经济，即促使北京市经济结构战略性重组，工业占 GDP 比重进一步下降，冶金、化工等重化工业部门产值在北京市经济结构中的比重大幅下降，以电子信息、生物医药等为主的高新技术产业、先进制造业以及第三产业成为推动北京经济发展的重要力量。

3. 2000 年以后：集群初现阶段

自 20 世纪 90 年代以来，经过近 10 年的工业结构调整，北京市的工业结构得到了明显优化。进入 21 世纪以来，北京城市发展迎来了重要机遇期，随着城市经济快速发展，产业结构加速升级，一批高污染、高能耗、高水耗的制造业企业，如北京焦化厂、首钢等都实行了整体搬迁，促进城市经济结构和布局不断优化。通过对历史的反思，以及借鉴国际大都市发展的经验、教训，在《北京城市总体规划（2004—2020 年）》中，重新明确了北京市的城市性质；新时期的发展战略强调，在加大制造业结构优化调整力度的同时，也致力于推进制造

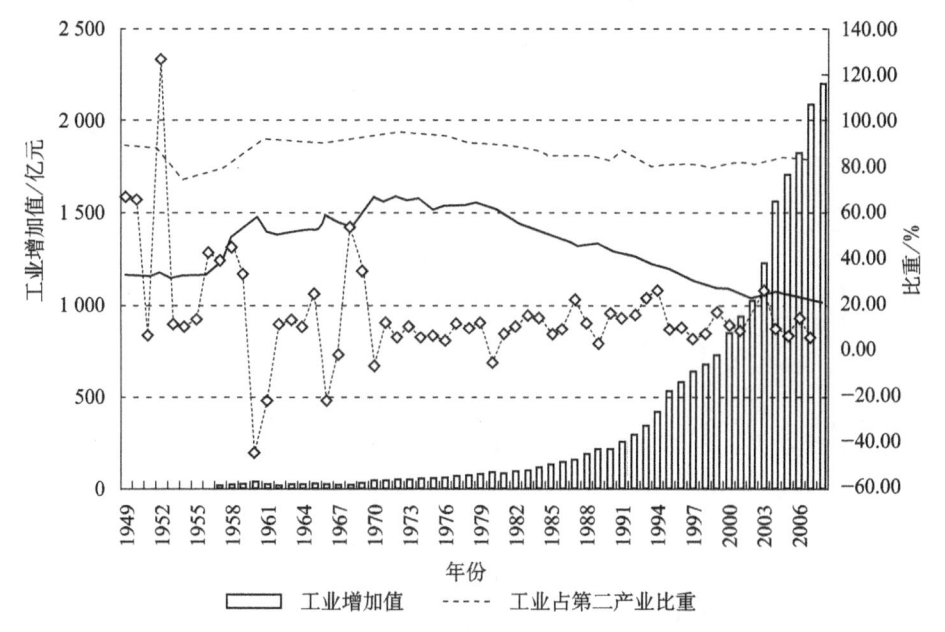

图 4-13 1949~2008 年北京市工业发展历程

资料来源：《新中国六十年统计资料汇编》

业产业集群的培育,《北京市"十一五"时期产业发展与空间布局调整规划》提出,应充分发挥产业的聚集效应,加快产业集群的培育,重点发展高端、高效、高辐射力的产业,适度发展现代制造业,大力发展以电子信息制造业、生物产业为主的高新技术制造业。孙铁山等(2008)研究认为,截至 2004 年北京市已形成三个规模较大并具有区域专业化优势的制造业集群:电子及通信设备制造、汽车及装备制造和电子元器件制造业集群。

(二)工业发展现状

近年来,从北京市工业的总体发展趋势来看,尽管历年增速波动较大,工业增加值始终保持持续上升的态势,如图 4-14 和表 4-4 所示,2000 年以来北京市工业占第二产业的比重基本保持在 80% 左右,仍然是第二产业的主体;而工业占 GDP 的比重则持续下降,2008 年下降为 20.96%。

表 4-4 1949~2008 年北京市工业发展数据

年份	工业增加值/亿元	占第二产业比重/%	占 GDP 比重/%	年增速/%	年份	工业增加值/亿元	占第二产业比重/%	占 GDP 比重/%	年增速/%
1949	0.91	89.22	32.85		1975	56.09	92.71	61.47	5.93
1950	1.52	88.89	32.83	67.03	1976	59.85	94.12	63.78	6.70
1951	2.52	89.05	32.90	65.79	1977	62.55	93.00	63.12	4.51
1952	2.69	88.20	34.14	6.75	1978	70.22	90.69	64.52	12.26
1953	6.12	77.96	31.74	127.51	1979	77.37	90.83	64.42	10.18
1954	6.85	73.58	32.42	11.93	1980	86.94	90.76	62.52	12.37
1955	7.6	75.47	31.83	10.95	1981	82.71	89.40	59.44	−4.87
1956	8.67	76.12	32.31	14.08	1982	89.3	89.49	57.64	7.97
1957	12.4	79.08	37.79	43.02	1983	98.76	87.67	53.93	10.59
1958	17.32	85.11	50.17	39.68	1984	113.99	87.23	52.62	15.42
1959	25.13	87.59	54.30	45.09	1985	130.65	85.03	50.81	14.62
1960	33.57	90.66	58.41	33.59	1986	141.17	85.17	49.56	8.05
1961	18.8	92.07	51.44	−44.00	1987	154.54	84.64	47.29	9.47
1962	14.83	90.98	50.12	−21.12	1988	189.48	85.63	46.19	22.61
1963	16.6	91.06	52.33	11.94	1989	212.83	84.38	46.68	12.32
1964	18.95	90.41	52.65	14.16	1990	219.27	83.57	43.78	3.03
1965	21	89.36	52.78	10.82	1991	255.59	87.67	42.68	16.56
1966	26.31	92.61	59.24	25.29	1992	292.97	84.70	41.32	14.62
1967	20.73	92.67	54.75	−21.21	1993	339.23	80.85	38.28	15.79
1968	20.49	92.59	54.18	−1.16	1994	417.9	80.75	36.49	23.19
1969	31.53	93.84	62.28	53.88	1995	527.76	81.72	35.00	26.29
1970	42.61	94.56	67.24	35.14	1996	576.14	80.62	32.20	9.17
1971	39.75	94.85	65.01	−6.71	1997	635.91	81.33	30.64	10.37
1972	44.8	95.30	66.68	12.70	1998	670.36	79.75	28.21	5.42
1973	47.59	94.33	65.17	6.23	1999	723.98	79.79	27.04	8.00
1974	52.95	93.92	66.03	11.26	2000	844.01	81.68	26.70	16.58

续表

年份	工业增加值/亿元	占第二产业比重/%	占GDP比重/%	年增速/%	年份	工业增加值/亿元	占第二产业比重/%	占GDP比重/%	年增速/%
2001	938.81	82.18	25.30	11.23	2005	1707.04	84.24	24.79	9.80
2002	1021.16	81.69	23.58	8.77	2006	1821.86	83.14	23.18	6.73
2003	1224.48	82.34	24.37	19.91	2007	2082.76	83.00	22.27	14.32
2004	1554.73	83.88	25.65	26.97	2008	2198.49	81.63	20.96	5.56

注：高技术产业去除公共软件服务业，包括核燃料加工，信息化学品制造，医药制造业，航空航天器制造，电子及通信设备制造业，电子计算机及办公设备制造业，医疗设备及仪器仪表制造业

资料来源：《北京统计年鉴2010》

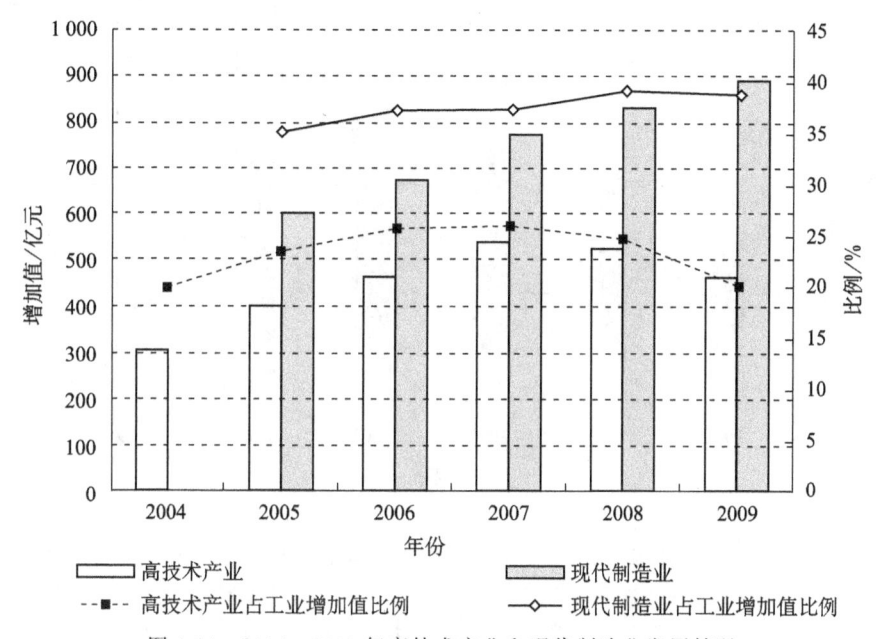

图 4-14　2004～2009年高技术产业和现代制造业发展情况

资料来源：《北京统计年鉴2010》，其中高技术产业去除公共软件服务业，包括核燃料加工，信息化学品制造，医药制造业，航空航天器制造，电子及通信设备制造业，电子计算机及办公设备制造业，医疗设备及仪器仪表制造业

就工业的内部结构来看，高技术产业和现代制造业已经占据一定的比重，如图4-14，现代制造业和高技术产业的发展趋势有所不同，其中现代制造业的增加值逐年上升，在工业中的占比也缓慢增加；相对的高技术产业增加值和比重2004～2007年快速上升，2008年、2009年又明显下降。总体来看，北京市工业结构已经有高级化的趋势，现代制造业已经占有较高比例，但是高技术产业的比重仍然偏低，并在近年来出现了下降的趋势。如图4-15所示，从高技术产业的内部结构来看，核燃料加工业和信息化学品制造业比重很低，几乎可以忽略不计，而占比最高的是电子及通信设备制造业，其次是医药制造业；从

2004～2009年的变化趋势来看，2008年以前各产业产值都呈现不断上升的态势，但是2008年以后发展趋势出现差异，其中医药制造业、医疗设备及仪器仪表制造业、航空航天器制造业的增加值和比重保持上升趋势，而电子及通信设备制造业、电子计算机及办公设备制造业则逐步下降，也成为高技术产业总量和占比下降的主要原因。

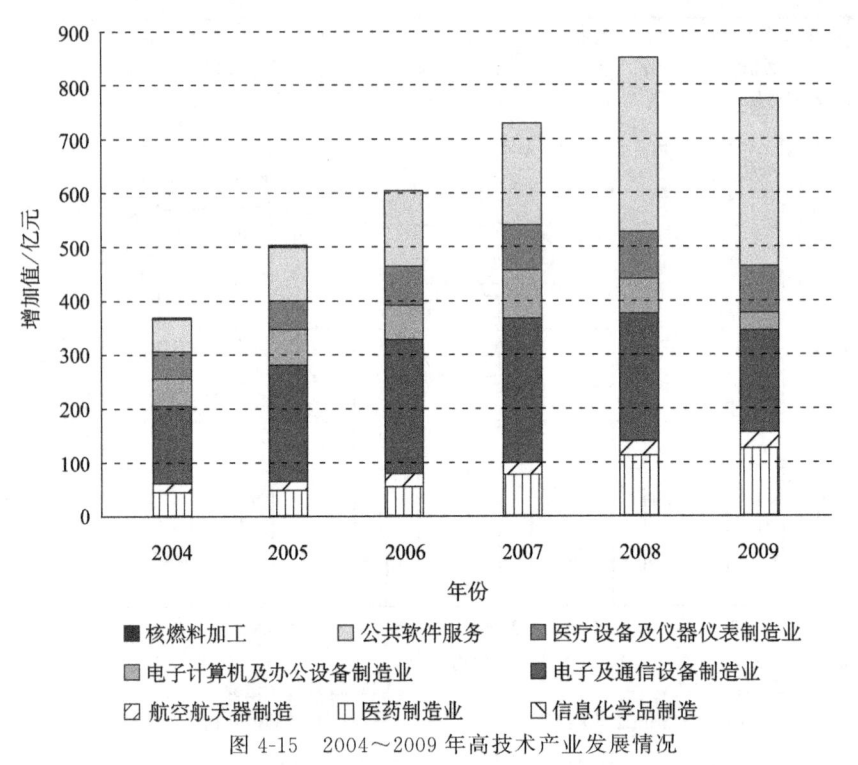

图4-15　2004～2009年高技术产业发展情况

资料来源：《北京统计年鉴2010》，其中高技术产业去除公共软件服务业，包括核燃料加工，信息化学品制造，医药制造业，航空航天器制造，电子及通信设备制造业，电子计算机及办公设备制造业，医疗设备及仪器仪表制造业

手机制造是北京市电子及通信设备制造业的主体，2008年以后以索爱为代表的市场份额的下降，明显影响了北京市电子及通信设备制造业的发展，因而从总体趋势来看，2008年以后高技术产业的发展出现了短期的下滑。但是与此同时我们也应该看到，医药制造业近年来发展速度不断提高，逐步成为高技术产业中的核心产业，此外"十二五"规划中提出加快发展航空航天等新兴产业，也会进一步加快高技术产业的发展，因而从发展趋势来看，高技术产业的下滑态势不会持续太久，高技术产业的总量和占比会进一步上升，从而促进北京市产业的高端化发展。

二、制造业集群发展现状与特征

制造业北京市工业的主要组成部分。2000年以来制造业集群的发展速度很快，是影响北京市工业发展的主体力量。根据波特的定义，产业集群一般是指一组处于特定产业领域，由于具有相似性或互补性而彼此关联并在地理上相互接近的企业及相关机构（Porter，1990，1998，2000）。近年来，在市场作用下我国许多区域的产业集群呈现出快速成长的趋势（王缉慈，2003），北京市制造业集群的发展也是其中一例。本部分将利用2004年和2008年《北京市经济普查年鉴》及《全国经济普查年鉴》，分析北京市制造业集群的发展现状和基本趋势。

（一）制造业集群的类型特征

受到资源、区位条件和历史因素的影响，不同区域的产业发展往往具有自身的特点。产业集群的识别方法很多，可以分为定性和定量两类（李春娟等，2008；王今，2005），其中定性方法中最常用的是区位商法，而定量方法大多是以投入产出分析为基础，包括主成分因子分析法、多元聚类分析法、图论法等。在产业集群识别的方法上，一般的集群识别研究大多是基于研究区域的投入产出数据进行识别分析，投入产出表是根据国民经济各部门间产品交易数量编制的，可以反映产业间投入产出的数量依存关系（李晓春，2007）。尽管产品交易不能代表产业间的全部联系，尤其是非正式的产业联系，但已能够在一定程度上反映产业间的分工合作程度，并且投入产出表是能够反映产业技术经济联系特征最为易得的数据，通过I/O矩阵提取产业联系信息，能够识别集群内产业的数目及其关联等，因此常被用于产业集群的识别。

区域投入产出表可以反映区域内现有产业部门间的联系特征，但并不能反映跨区域的产业关联，因而一些跨区域的产业联系或者一些发育中的产业集群往往不能够被识别。而如果以全国投入产出数据识别全国层面的产业集群，利用全国产业集群模板作为统一的识别平台，可以识别不同省份地区的产业集群，并通过对比地区和全国产业集群结构，分析和对比地区经济的优劣势和产业集群的特点，能够更有效地分析地方经济和产业集群（Feser et al.，2000）。因而全国产业集群模板一经识别，即可广泛应用于识别区域产业集群。孙铁山等（2008）曾使用2002年全国投入产出表，利用多元聚类分析方法识别了全国集群模板，考虑到区域内的产业经济联系在短时间内变化不大，因而该模板可作为识别区域产业集群的统一平台，本文即使用孙铁山等（2008）识别的全国集群模板，利用2004年和2008年经济普查数据，对北京市制造业集群进行识别并分析其特点和发展趋势。

全国集群模板的识别方法此处仅做简单介绍。全国产业集群模板的识别时，首先构建产业关联系数以反映产业间联系强度，并以其为基础采用多变量聚类分析方法对产业集群进行识别，根据其结果则可得到具有互斥性的产业集群。聚类分析识别的集群在产业数量的构成上相对平均（Feser，1997），也具有较强的内在产业关联，结果合理且比较易于解释（李春娟、尤振来，2008），因而多元聚类分析方法在集群识别上有明显的优势，但也存在不足，即识别结果具有互斥性，与实际不符，因而考虑到互斥性与实际的差距，在分析产业集群组成时将聚类结果作为产业集群的核心产业，并进一步计算产业 i 与集群 k 的 n 个核心产业 j 之间的平均联系强度，并以此为标准设定阈值，为集群添加次核心产业，最终形成产业门类重叠、不具互斥性的产业集群。通过统一的算法，该模板共识别了22个基准产业集群，其中包括14个制造业集群。由于投入产出表中的产业分类方法与本研究使用的经济统计产业体系分类方法有一定的差别，于是在实际使用中，本研究根据数据的情况对产业组成进行了一定的调整，具体的调整结果见表4-5。

表 4-5 全国基准制造业集群分类及组成（调整后）

产业集群	核心产业	次核心产业
食品饮料及医药业集群	其他农副食品加工、其他食品制造、酒制造、酒的制造、软饮料制造、精制茶加工、医药制造业	印刷业和记录媒介的复制、造纸及纸品业、塑料制品业
烟草业集群	烟草制品业、丝绢纺织及精加工、麻纺织	针织品、编织品及其制品制造、纺织服装、鞋、帽制造业、棉、化纤纺织及印染精加工，毛纺织和染整精加工，纺织制成品制造、化学纤维制造业
纺织服装业集群	棉、化纤纺织及印染精加工，毛纺织和染整精加工，纺织制成品制造，针织品、编织品及其制品制造，纺织服装、鞋、帽制造业、皮革、毛皮、羽毛（绒）及其制品业	丝绢纺织及精加工、麻纺织、塑料制品业
造纸及印刷包装业集群	木材加工及木、竹、藤、棕、草制品业、造纸及纸制品业，印刷业和记录媒介的复制、塑料制品业	文化用品制造、玻璃及玻璃制品制造、陶瓷制品制造
都市型工业集群	家具制造业、文化用品制造、玩具制造、体育用品制造、游艺器材及娱乐用品制造、工艺美术品制造	印刷业和记录媒介的复制
石化工业集群	石油加工、炼焦及核燃料加工业，合成材料制造、化学纤维制造业	肥料制造、农药制造
化学原料制造业集群	炼焦、基础化学原料制造、肥料制造	陶瓷制品制造，电力、热力的生产和供应业，常用有色金属冶炼
化学品制造业集群	农药制造、涂料、油墨、颜料及类似产品制造、专用化学产品制造、日用化学产品制造	玻璃及玻璃制品制造、塑料制品业、合成材料制造
非金属矿物制品业集群	水泥、石灰和石膏的制造、玻璃及玻璃制品制造、陶瓷制品制造、耐火材料制品制造	石墨及其他非金属矿物制品制造

续表

产业集群	核心产业	次核心产业
黑色金属冶炼及加工业集群	炼铁、炼钢、钢压延加工、铁合金冶炼	常用有色金属冶炼、黑色金属矿采选业
交通运输设备制造业集群	有色金属压延加工、船舶及浮动装置制造、交通器材及其他交通运输设备制造	电机制造,环保、社会公共安全及其他专用设备制造,锅炉及原动机制造,金属制品业
汽车及装备制造业集群	金属制品业,锅炉及原动机制造,金属加工机械制造,农、林、牧、渔专用机械制造,环保、社会公共安全及其他专用设备制造,铁路运输设备制造,汽车制造,电机制造	家用电力器具制造、非电力家用器具制造
电子元器件制造业集群	家用电力器具制造、非电力家用器具制造、其他电气机械及器材制造、电子器件制造、电子元件制造、通用仪器仪表制造、专用仪器仪表制造、钟表与计时仪器制造、光学仪器及眼镜制造、其他仪器仪表的制造及修理	电机制造,环保、社会公共安全及其他专用设备制造
电子及通讯设备制造业集群	通信设备制造、电子计算机制造、家用视听设备制造、其他电子设备制造、文化、办公用机械制造	电机制造,环保、社会公共安全及其他专用设备制造,电子器件制造,电子元件制造,通用仪器仪表制造,专用仪器仪表制造,钟表与计时仪器制造,光学仪器及眼镜制造,其他仪器仪表的制造及修理,其他电气机械及器材制造

根据调整后的制造业集群组成,识别北京市制造业集群,结果如表4-6所示。根据识别结果可以看到,2004年和2008年集群排序有较明显的区别,其中电子及通信设备制造业集群,汽车及装备制造业集群和化学原料制造业集群始终保持在前三位,而2004年排名第四的黑色金属冶炼及加工业集群,在2008年已经下滑到第七位,而电子元器件制造业集群则由2004年的第七位上升到第四位,石化工业集群则始终保持第五位。从各集群工业总产值占比来看,也有小幅度的变化,其中前五位集群中,电子及通信设备制造业集群和化学原料制造业集群占比有比较明显的提高,电子元器件制造业集群的占比有微小地提升,而石化工业集群和汽车及装备制造业集群则有一定的下降。

表 4-6 北京市制造业集群的基本情况

	产业集群	2004年 总量/亿元	2004年 比例/%	2004年 位序	2004年 区位商	2008年 总量/亿元	2008年 比例/%	2008年 位序	2008年 区位商
1	食品饮料及医药业集群	454.82	7.61	6	0.98	766.8	7.17	6	0.95
2	烟草业集群	171.26	2.87	12	0.33	217.1	2.03	13	0.29
3	纺织服装业集群	226.76	3.80	11	0.37	283.9	2.66	11	0.30

续表

产业集群		工业总产值							
		2004年				2008年			
		总量/亿元	比例/%	位序	区位商	总量/亿元	比例/%	位序	区位商
4	造纸及印刷包装业集群	247.39	4.14	10	0.69	410.6	3.84	9	0.64
5	都市型工业集群	136.54	2.29	13	1.00	251.9	2.36	12	1.09
6	石化工业集群	494.59	8.28	5	1.04	801.0	7.49	5	1.00
7	化学原料制造业集群	630.35	10.55	3	0.89	1395.8	13.06	3	1.15
8	化学品制造业集群	394.88	6.61	8	1.00	351.3	3.29	10	0.50
9	非金属矿物制品业集群	80.32	1.34	14	0.53	167.8	1.57	14	0.60
10	黑色金属冶炼及加工业集群	515.35	8.63	4	0.87	637.6	5.96	7	0.53
11	交通运输设备制造业集群	254.14	4.25	9	0.76	530.5	4.96	8	0.69
12	汽车及装备制造业集群	992.54	16.61	2	1.43	1661.5	15.54	2	1.36
13	电子元器件制造业集群	453.40	7.59	7	1.25	852.6	7.97	4	1.31
14	电子及通信设备制造业集群	1438.97	24.08	1	1.88	2814.4	26.32	1	2.50

资料来源：《北京市经济普查年鉴2004》、《北京市经济普查年鉴2008》

从区位商来看，14个制造业集群中，区位商大于等于1的集群均为6个，其中化学品制造业集群在2004年的区位商大于1，但是在2008年已明显小于1，与此同时化学原料制造业集群的区位商则由2004年0.89上升为2008年的1.15，可见化学品制造业集群的专业化优势减弱的同时，化学原料制造业集群的专业化优势则有所提升；此外的5个区位商大于1的集群分别为都市型工业集群、石化工业集群、汽车及装备制造业集群、电子元器件制造业集群以及电子及通信设备制造业集群，其中专业化优势较明显的包括汽车及装备制造业集群、电子元器件制造业集群以及电子及通信设备制造业集群等三大集群，而汽车及装备制造业集群的区位商在2004~2008年有所下降，相对的其他两大集群的区位商则明显上升。

根据14个制造业产业集群的特点，将它们分为5类，分别为电子信息类、汽车及设备制造类、化学工业类、都市型制造业类，以及矿产资源加工类。其中电子信息类包括电子元器件制造业集群、电子及通信设备制造业集群，汽车及设备制造类包括汽车及装备制造业集群、交通运输设备制造业集群，化学工业类包括石化工业集群、化学原料制造业集群、化学品制造业集群，都市型制造业类包括食品饮料及医药业集群、烟草业集群、纺织服装业集群、造纸及印刷包装业集群、都市型工业集群，矿产资源加工类包括非金属矿物制品业集群、黑色金属冶炼及加工业集群。从北京市制造业集群的特点来看（图4-16），在北京市经济中占比最大的是电子信息类产业集群，占北京市工业总产值的34.29%，而其中电子及通信设备制造业集群区位商达到2.5，具有明显的专业化优势，是北京市的优势产业集群；仅次于电子信息类产业集群的，是汽车及装备制造类集群和化学工业类集群，此外都市型工业类集群尽管各集群占比不高，但是总体上在经济中也占有一定比重，而原本具有较高比重的以黑色金属冶炼及加工业集群为代表的矿产资源加工类集群，在 2008 年占比明显下降，对北京市经济的贡献趋于下降。因此总体来看，信息类高技术集群、汽车制造为代表的现代制造业集群和北京市传统产业化学工业集群仍然是北京市经济中的核心力量，其中信息类高技术集群在占比和专业化优势方面都呈现增长的趋势，而其他两类集群总体上呈现下降的趋势；但就化学类工业集群内部来看，发展趋势也各有不同，其中石化工业集群和化学品制造业集群的占比明显下降，但化学原料制造业集群占比及专业化优势都明显上升，显示出化学类工业集群内部结构的调整趋势。

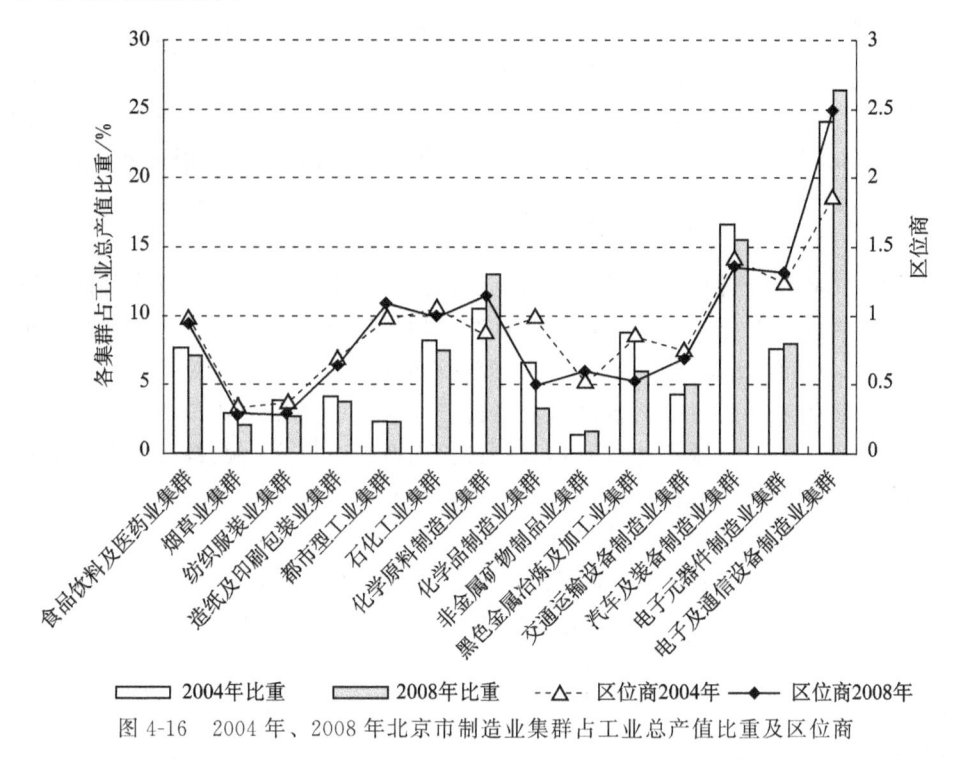

图 4-16 2004 年、2008 年北京市制造业集群占工业总产值比重及区位商

自 20 世纪 80 年代以来北京市一直着力于改造和调整传统产业的同时，提升和发展高新技术产业，从"九五"、"十五"以及"十一五"国民经济与社会发展规划中的制造业发展方针来看[1]，自 20 世纪 90 年代开始，北京市就提出了重

---

[1] "九五"计划提出，积极扶持电子信息、生物工程和新医药、光机电一体化及新材料四个新兴高新技术行业，重点发展汽车、电子、机械装备行业，改造提高冶金、化工、建材行业，并积极支持轻工、纺织、医药、食品、印刷等行业。"十五"计划则提出，大力发展高新技术产业，广泛应用高新技术和先进适用技术改造提升传统行业，积极发展都市型工业。"十一五"规划的提法则是：发展以移动通信、计算机及网络、集成电路、光电显示、生物为主的高新技术制造业，稳定提升汽车、装备制造、都市工业和石化新材料等支柱产业，加快发展生物医药、新能源及再生材料等潜力产业。

点发展电子信息等高新技术产业、汽车制造业和积极改造化工、冶金等传统产业的发展方针，从"十五"规划开始则进一步正式提出了加强都市型工业发展的战略目标。从北京市制造业集群的发展来看，传统产业改造已经取得了比较明显的发展，伴随着首钢涉钢企业的外迁，黑色金属冶炼及加工业集群占经济的比重明显下降，尽管至2008年末这一过程尚未完成，在经济份额方面的变化已经有很明显的体现，由2004年的8.63%下降到2008年的5.96%，而化学类工业集群经过改造升级，整体上占比也有所下降，由2004年的25.44%下降到2008年的23.84%。同时，北京市高新技术和现代制造业发展特色鲜明，电子信息类制造业集群和汽车及装备制造产业集群在经济中占据重要的支柱性地位，并且具有较为明显的专业化优势，其中电子信息类制造业占比进一步提高，由2004年的31.65%上升到2008年的34.29%；而都市型产业虽然在经济中占有一定比重，但基本不具有专业化优势，其对于北京市经济的作用仍十分有限。

(二) 制造业集群的结构特征

为更清晰地分析制造业集群的发展趋势，进一步探查各制造业集群的内部结构特点及发展变化。根据产业集群对经济的贡献能力，着重分析工业总产值占比超过5%的产业集群，也即主要分析对北京市经济具有较重要意义的制造业集群，分别为电子及通信设备制造业集群、汽车及装备制造业集群、化学原料制造业集群、电子元器件制造业集群、石化工业集群、食品饮料及医药业集群和黑色金属冶炼及加工业集群。

1. 电子及通信设备制造业集群

电子及通信设备制造业集群是北京市的首位产业集群，2008年工业产值占全部工业总产值的26.32%。作为一个典型的技术密集型产业，在2004～2008年该产业集群工业产值占总产值的比例增长了2.24个百分点。图4-17展现了2004年和2008年集群内部各集群占总产值的比重及各产业的区位商，对比2004～2008年的集群组成，我们可以看到北京市电子及通信设备制造业集群内部有多个产业具有明显的专业化优势，而从2004～2008年的发展趋势来看，产业结构的变化主要是多个具有专业化优势的产业比重下降的同时，核心产业通信设备制造产业比重和专业化优势的进一步提升。从该集群的内部结构来看，总产值占比最大的是通信设备制造产业，2004年占比达到39.94%，2008年则上升至54.73%，与全国产业集群相比具有明显专业化优势；而占比第二的电子计算机制造产业的总产值占比发生大幅下降，由2004年的24.17%下降到2008年的12.13%；而2004年占比排位3～5位的电子器件、电子元件和通用仪器仪表制造产业在2008年占比和区位商也均有所下降，可见产业集群的产业集中度进一步提高。从整个集群来看，除首位产业外，环保、社会公共安全及其他专用设备制造产业，其他电子设备制造产业，通用仪器仪表制造产业，其他仪器仪表的制造及修理产业也具有较高的区位商即专业化优势，但是除其他仪器仪表的制造及修理产业外，其他三个产业的区位商在 2008 年都有所下降。从产业集群发展的角度来看，尽管以索爱为代表的手机制造业市场份额有所下降，北京市的通信设备制造业仍然有大幅度增长，与全国相比优势也进一步增强，愈发体现出核心产业的优势，可见 2004～2008 年，北京市电子及通讯设备制造业集群不仅未向均衡化的方向发展，而是在专业化优势方面有了进一步的加强，以手机制造为核心的通信设备制造业始终是该集群的核心支柱产业。

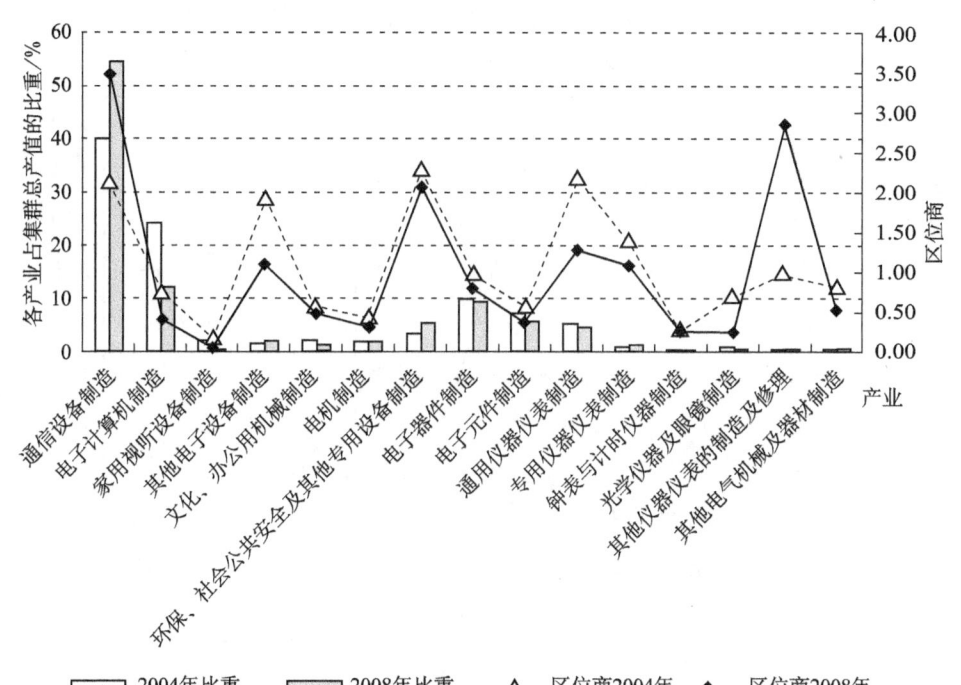

图 4-17 2004 年、2008 年北京市电子及通信设备制造业集群内部产业比重及区位商

2. 汽车及装备制造类产业集群

汽车及装备制造产业集群仅次于电子信息类产业，是北京市第二大产业集群，2004 年占北京市工业经济的 16.61%，2008 年占经济的 15.54%，是北京市工业经济的支柱产业集群。随着政府对汽车产业的大力支持，汽车产业集群得到了快速发展，然而该集群占北京市经济比重有所下降。由集群内部产业结构来看，汽车制造产业是该产业集群的核心支柱产业，2004 年占到总集群产值的 69.05%，2008 年有所下降，但占比仍然达到 62.55%。从产业的内部结构来看（图 4-18），首位产业汽车制造业在 2004～2008 年不仅占比有所下降，区位商也有小幅下滑。与此同时占比分别排位第 2 的金属制品业和第 3 的环保、社会公共

安全及其他专用设备制造业,在2004～2008年占比则有较明显的提高,其中后者的区位商也有大幅提升,则可以看到,从集群整体来看,北京市汽车及装备制造产业集群有产业链条进一步完善的趋势。其中,环保、社会公共安全及其他专用设备制造产业占比已达到9.06%,区位商则高达3.81,可见该产业的专业优势非常突出。

北京市汽车制造产业以北京汽车集团为主体,包括四个主要的整车生产企业,即北京奔驰汽车有限公司、北京现代汽车有限公司、北汽福田汽车有限公司、北京汽车制造厂有限公司,此外配套整车企业的还有几百家零配件生产企业。总体来看,从2004～2008年的结构变化来看,集群内部产业的均衡性上有了一定的改善,产业链条的完整程度有所提高。

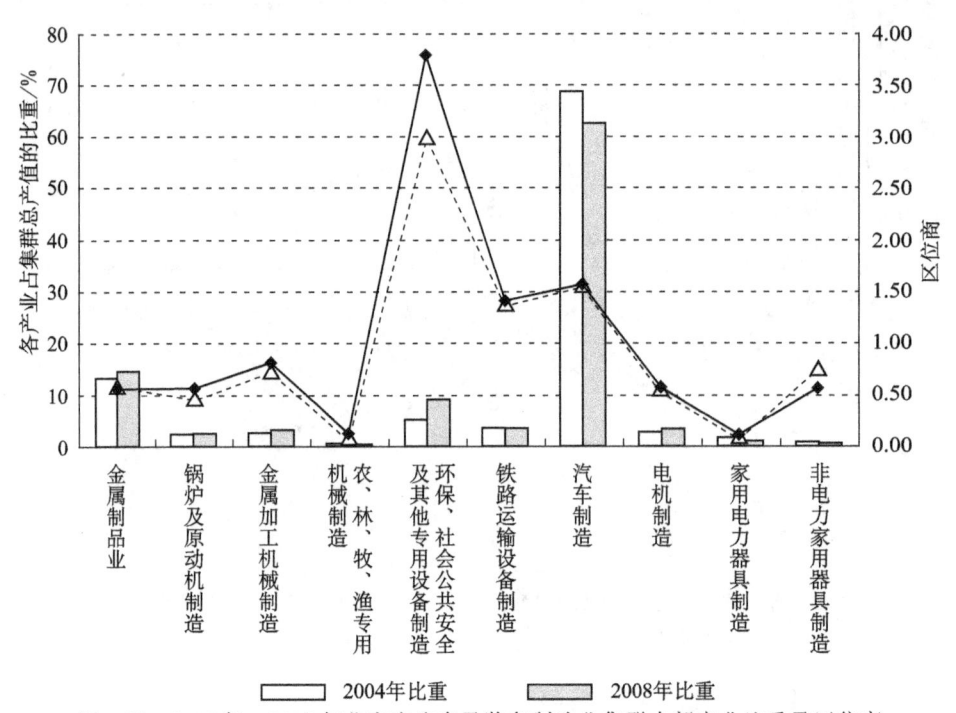

图4-18 2004年、2008年北京市汽车及装备制造业集群内部产业比重及区位商

3. 化学原料制造业集群

化学工业是北京市的传统产业,其中化学原料制造业集群是北京市的第三大产业集群,产值占比从2004年的10.55%上升到2008年的13.06%,区位商也由2004年的0.89上升到2008年的1.15,经济占比和专业化优势都有所提高。但如果观察产业集群的内部产业结构可以发现(图4-19),2004～2008年产值比例增加的主体是该集群的次核心产业电力、热力的生产和供应业,而该集群的核心产业都出现明显下降,其中炼焦业和基础化学原料制造产业在占比和

区位商方面都明显下滑，在集群总产值中占比不足10%，区位商也均小于1，不再具有专业化优势。因而从集群内部结构的变化来看，该产业集群的核心产业处于下滑趋势。

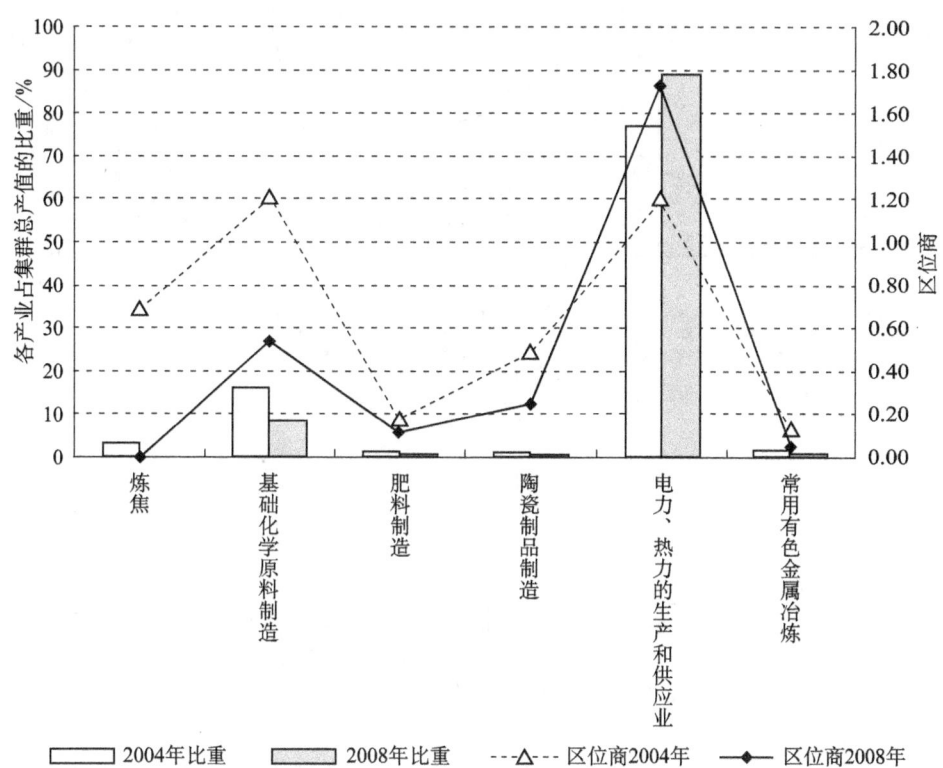

图 4-19　2004 年、2008 年北京市化学原材料制造业集群内部产业比重及区位商

4. 电子元器件制造业集群

电子元器件制造业集群，是北京市的第四大产业集群，同样属于技术密集型产业集群，2004 年和 2008 年分别占北京市工业总产值份额的 7.59% 和 7.97%，区位商分别为 1.25 和 1.31，可见集群占比和专业化优势都有所提高。如图 4-20 所示，集群内部产业中占比最高的是电子器件产业，占集群总产值比重超过 30%；此外电子元件制造产业，通用仪器仪表制造产业，环保、社会公共安全及其他专用设备制造产业的占比均高于 15%。这四大产业中，除电子元件制造产业，其他三大产业的区位商均大于 1.5，具有明显的专业化优势。总体来看，北京市电子元器件制造业集群内的优势产业比较集中。

从 2004~2008 年的发展趋势来看，除环保、社会公共安全及其他专用设备制造产业的占比和区位商有所提高外，其他占比较高的三个核心产业的占比和区位商都有所下降，可见专业化优势有一定下降，从整个集群结构来看，集群

图 4-20 2004 年、2008 年北京市电子元器件制造业集群内部产业比重及区位商

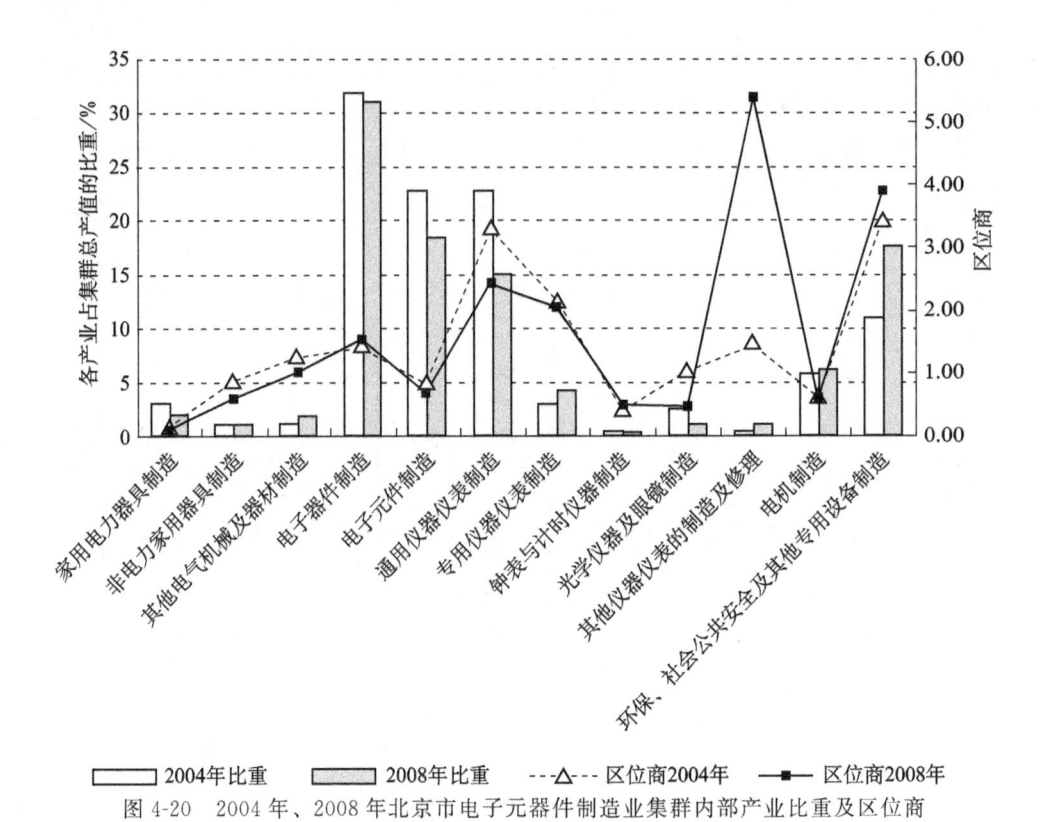

均衡程度有所提升，但是优势产业仍然比较突出。

5. 石化工业集群

化学工业类产业集群共包括三个产业集群，即石化工业集群、化学原料制造业集群、化学品制造业集群。其中，石化工业集群是北京市的第五大产业集群，自 2004～2008 年，总产值占比和区位商都有所下降。从该产业集群的内部产业结构来看，2004～2008 年有很大的变化，由图 4-21，该集群的核心产业石油加工、炼焦及核燃料加工业的比重由 2004 年的 56% 上升到 2008 年的 94.28%，专业化优势明显上升。而与此同时 2004 年的第二大产业合成材料制造产业占比由 2004 年的 41.54% 下降到 2008 年的 3.04%，可见在 2004～2008 年，合成材料制造业基本退出了北京市场，充分体现了北京市产业调整和外迁的成果。该产业集群除核心产业石油加工、炼焦及核燃料加工业外，其他环节的产业占比几乎可以忽略，集群产业链条已十分不完整。

从北京市石化产业结构调整的总体结果来看，伴随着产业的外迁，石化产业集群的部分产业环节不断退出北京市场，然而以燕山石化为代表的石化产业仍然在北京市经济中占据一定地位，基础产业部门则成为北京市集群的核心产业，可见尽管产业外迁取得了巨大的成果，石化产业集群的完整性受到

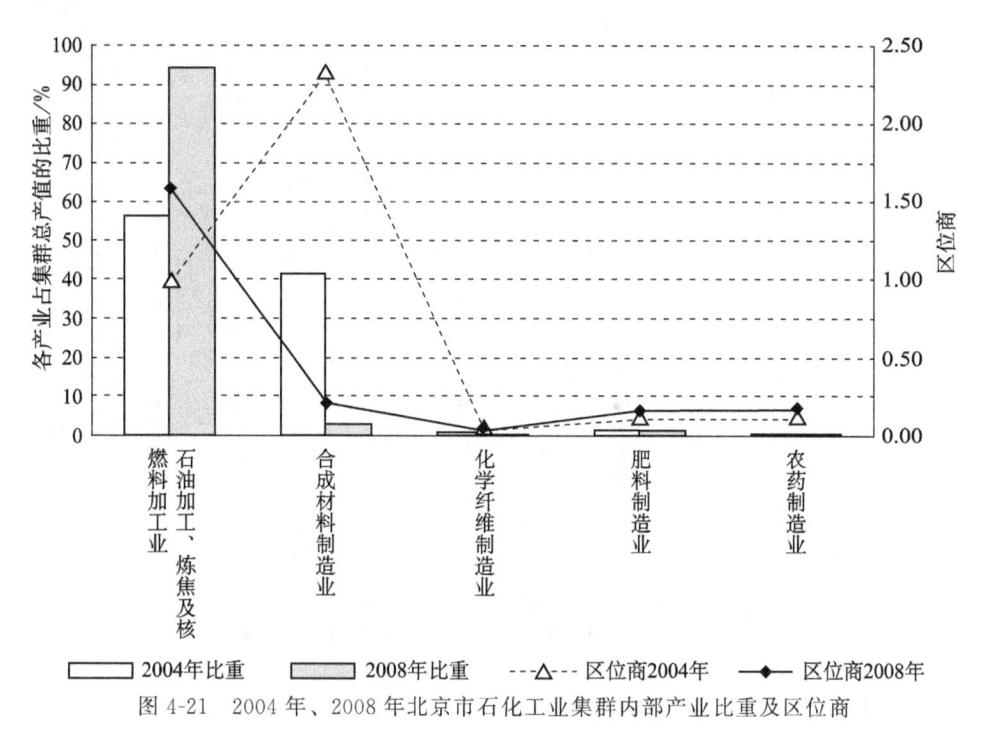

影响，但是受到历史因素的影响，北京地区的石化产业仍然保留了部分产业环节。

图 4-21　2004 年、2008 年北京市石化工业集群内部产业比重及区位商

6. 食品饮料产业集群

食品饮料产业集群是北京市重要的都市型制造业集群，占北京市工业总产值的份额超过 7%。从集群总体发展趋势来看，2004～2008 年，集群占比和区位商都有小幅的下降。但从产业集群内部结构来看，结构调整已取得一定的成果。如图 4-22，从集群的总体结构来看，产业结构的均衡性较强，这意味着集群的产业链条也相对完整。集群中的首位产业是医药制造业，其中该产业的占比由 2004 年的 27.28% 上升到 2008 年的 34.97%，区位商由 2004 年的 1.31 上升到 2008 年的 1.71，经济贡献度和专业化优势都有明显上升；而除首位产业外，集群内产业产值比重均衡度较好，占比大于 5% 的产业共有 6 个，基本都属于劳动密集型产业，在 2004～2008 年 6 大产业中有 5 大产业的比重和区位商都明显下降。因此从整个产业集群来看，优势产业更加突出，产业链条的均衡性有所下降。此外集群内部技术密集型的医药产业呈明显的上升趋势，而劳动密集型产业均呈下降趋势，意味着集群逐步由劳动密集型向技术密集型转化。与北京市逐步退出高耗水产业、提升技术密集型产业的产业发展战略基本吻合。

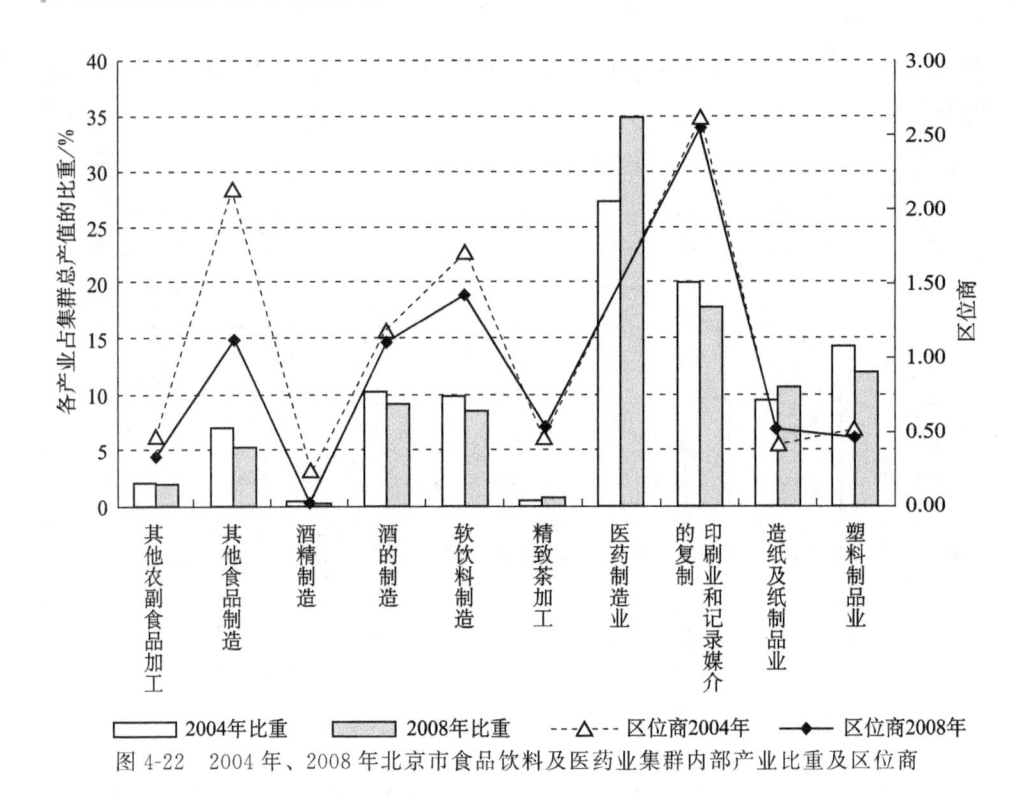

图 4-22 2004 年、2008 年北京市食品饮料及医药业集群内部产业比重及区位商

7. 黑色金属冶炼及加工业集群

2004 年黑色金属冶炼及加工业集群是北京市的第五大产业集群，但 2004～2008 年该产业集群占工业总产值的比重大幅下降，由 8.78% 下降到 5.96%，区位商也进一步由 0.87 下降到 0.53。黑色金属冶炼及加工业集群是北京市矿产品加工类集群的主体，由首钢集团所主导。首钢集团的搬迁开始于 2005 年，直到 2010 年 1 月全部涉钢企业搬出北京。因而从 2008 年数据来看，尽管仍占有一定的产业份额，但我们仍可以看到非常明显的衰退趋势。根据 2004 年和 2008 年数据，我们进一步分析黑色金属冶炼及加工业集群的内部结构（图 4-23），可以发现，产业集群内部结构在 2004 年、2008 年几乎没有变化，核心产业钢压延加工业占比超过总产值的 90%，专业化优势明显，而集群产业链条的不完整性比较突出。而随着北京市钢铁产业的外迁，未来完善产业链更无可能。

三、工业发展趋势分析

从北京市工业发展的总体趋势来看，未来一段时间内会继续保持较为稳定的增长态势，在第二产业中的比重将会维持在 80% 上下，仍然是第二产业的主要组成部分。然而伴随着第三产业的快速发展和第二产业比重的进一步下降，

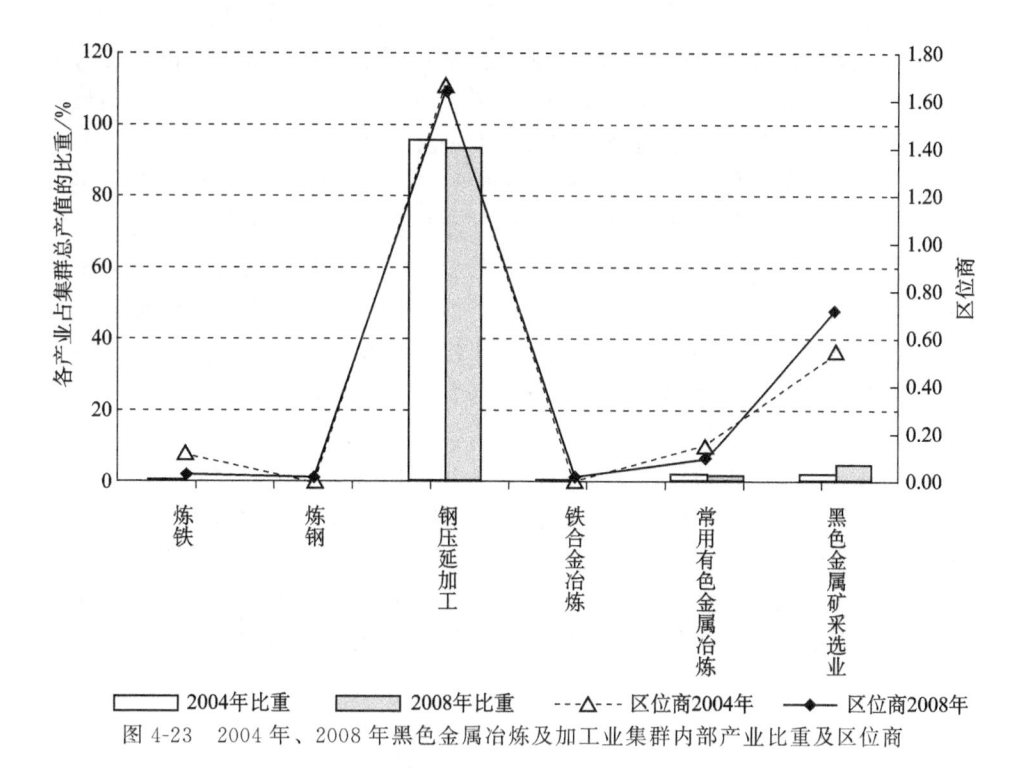

图 4-23 2004 年、2008 年黑色金属冶炼及加工业集群内部产业比重及区位商

工业在 GDP 中的比重也会进一步下滑。但从工业的内部结构来看，高端化的发展趋势将会日渐明显。从制造业的总体特点来看，北京市制造业集群发展已经具有一定基础，其中电子及通信设备制造业集群、汽车及装备制造业集群始终是产值比重最高的两大产业，与全国相比具有较为突出的专业化优势，是北京市制造业集群的优势产业集群；传统的化学类产业集群和黑色金属冶炼及加工业集群已有明显的下降，专业化优势也有显著下降，使得 2004~2008 年，北京市的产业集群位序上发生了较大变化，但是传统产业仍然在工业经济中占有一定比重；都市类产业集群在北京市制造业中虽然占比不是很突出，但总体上仍然占有一定比重。从北京市制造业集群的发展趋势来看，我们可以看到高技术类制造业集群和现代制造业集群在北京市经济中发挥的作用会进一步提升。尽管 2008 年以后电子信息产业出现了短暂地下滑，但是根据"十二五"规划，建设国家创新中心、全面提升创新能力将是下一阶段的主要任务，在未来五年将重点提升高技术和现代制造业发展水平，着力发展高端现代制造业，提升电子信息、汽车、装备制造、医药等产业发展水平。在经济结构和产业发展高端化的发展阶段下，对工业内部结构的进一步优化调整将成为新时期的主要趋势，高技术产业和高端现代制造业的总量水平和比重都会进一步提升，在工业发展中发挥更重要的作用。

此外，从北京市制造业集群的内部结构来看，尽管北京市集群链条相对完整，但是在各产业环节的发展很不均衡，在2004~2008年，大多数产业集群内部结构的不均衡性都进一步提升，核心产业的优势也进一步突出，从这一发展趋势来看，并不利于集群结构的完善。可见在2004~2008年的经济政策并不利于集群的发展，各区县的经济发展路径仍然是以壮大产业规模的模式为主，而在产业集群的打造方面没有明显的成效，甚至一些产业集群的产业链条完整性进一步下降。从未来发展趋势来看，化学、钢铁等传统产业集群由于产业外迁和结构调整，产业链条的完整性将进一步下降；而相对的，电子信息、汽车制造等优势产业集群是"十二五"时期的发展重点，产业链条则会有进一步完善的趋势。因而从制造业集群的发展特点来看，符合北京市经济发展特点的高技术和现代制造业产业集群将向进一步的完善化方向发展，而传统产业集群会随着结构调整和整体优化，出现部分环节的完全退出。"十二五"规划要求：进一步延伸制造业产业链，促进工业化与信息化融合发展，增强产业配套能力和集群发展水平。在这一总体发展指导下，伴随着产业链条的进一步优化，制造业集群的总体力量将进一步提升，而制造业集群对区域发展的重要作用也将日渐突出。

第三节　现代服务业发展现状与趋势分析

现代服务业一般指在工业化比较发达的阶段，主要依托信息技术和现代管理理念而发展起来的（李国平等，2008），在新兴产业发展中应运而生的，适应现代社会经济生活的新兴服务业形态。现代服务业与传统服务业相比，具有信息化、国际化、规模化、品牌化等优势，以及高成长、高增长、高科技和强辐射等产业特征，是衡量国家及地区核心竞争力和现代化水平的重要标志。主要包括两种类型：第一种是服务业的现代化，即为了适应当今经济国际化和信息化技术的发展，在传统服务产业中延伸出来的现代服务业，如金融、物流、教育等；第二种是服务业的创新化，即随着信息技术和国际互联网的发展而兴起的新兴服务业，如网络游戏产业、电子商务及移动商务等（陈进等，2009）。

根据北京市统计局的分类[①]，现代服务业分为信息传输、计算机服务和软件业，金融业，房地产业，租赁和商务服务业，科学研究、技术服务和地质勘察业，水利、环境和公共设施管理业，教育，卫生、社会保障和社会福利业，文

---

① 北京市统计局．北京市统计局关于印发现代制造业、现代服务业统计标准（试行）的通知，京统发〔2005〕81号。

化、体育和娱乐业九大类。对于北京市现代服务业的部门行业分类，一方面必须以国际和我国的部门行业分类标准为基础；另一方面也必须充分考虑北京不同服务行业发展的优势地位、资源丰富程度和市场需求潜力等因素[①]。本节主要考虑服务产业的现代化程度和信息化水平，参考国民经济行业分类标准（GB/T4754-2002），同时考虑到数据资料的获取性和有效性，借助北京市统计局的分类标准对北京市现代服务业的发展进行分析。由于地质勘察业指对矿产资源、工程地质、科学研究等进行的地质勘察、测试、监测和评估等活动，这在北京并不具备资源优势，因此将其剔除。本部分共分析9个现代服务业行业门类和21个现代服务业的行业大类（表4-7）。

表4-7 现代服务业分类目录

行业门类	行业分类
信息传输、计算机服务和软件业	电信和其他信息传输服务业、计算机服务业、软件业
金融业	银行业、证券业、保险业、其他金融活动
房地产业	房地产业
租赁和商务服务业	商务服务业
科学研究、技术服务和地质勘察业	研究与实验发展、专业技术服务业、科技交流和推广服务业、地质勘察业
水利、环境和公共设施管理业	环境管理业
教育	教育
卫生、社会保障和社会福利业	卫生、社会保障业
文化、体育和娱乐业	新闻出版业，广播、电视电影和音像业，文化艺术业，体育，娱乐业

资料来源：北京市统计局网站

一、现代服务业的发展历程

随着北京市经济发展水平的不断提高和改革的日益深化，现代服务业发展的作用和意义也逐渐凸显。作为首都，北京的长远发展目标是成为对全球经济有重大影响及控制能力的世界城市。现代服务业的发展，有利于为北京市营造更良好的投资环境和发展空间，促进北京市的产业结构调整和升级，增强在国际竞争中的地位，成为北京建设世界城市的重要推动力量。同时，针对北京市现存的诸多的问题和矛盾，现代服务业的发展，有利于更新资源、环境和经济发展的知识，创新服务的技术和手段，优化产业结构，促进北京市全面、协调和可持续发展。基于这些意义和作用，大力发展现代服务业成为了北京市发展的必然选择。

---

① 资料来源：http://www.bjpopss.gov.cn/bjpopss/xzlt/xzlt20050719.htm.zh.［2011-10-19］。

新中国成立后至改革开放前，北京市城市发展定位中都重点强调发展工业，建设生产型城市，导致北京服务业的发展严重落后于工业的发展，其现代化进程自然十分缓慢，现代服务业一直处于萌芽状态。

1978 年改革开放以来，北京市服务业迅速恢复和发展。1980 年，中央书记处对首都建设方针做出了四项指示①，明确指出要着力发展旅游事业、服务行业、食品工业、高精尖的轻型工业和电子业，开启了北京市现代服务业进入了正常发展阶段的历程。

北京市现代服务业正式形成于 20 世纪 80 年代，进入 20 世纪 90 年代以后，一系列鼓励政策的出台，为北京市现代服务业的迅速发展营造了良好的政策环境。1992 年，国务院做出了"关于加快发展第三产业的决定"，明确指出了逐步建立起适合我国国情的社会主义统一市场体系，城乡社会化综合服务体系和社会保障体系。根据中央指示，在《北京市国民经济和社会发展"九五"计划和2010 年远景目标纲要》中指出，要发展以高新技术产业为先导，第三产业发达，产业结构合理，高效益高素质的适合首都经济特点的经济，将第三产业作为发展重点，旨在形成开放型、多功能、多层次、高效率的第三产业体系。《纲要》中还提出了要在东城区、西城区、崇文区和宣武区 4 个城区②及城市边缘地带集中发展第三产业的政策。进入 21 世纪后的《北京城市总体规划（2004—2020年）》提出了要加快产业结构优化升级，不断扩大第三产业规模，加快服务业发展，全面提升质量和水平。在这些政策环境下，北京市服务业的现代化进程获得了快速发展。

随着北京市建设世界城市目标的提出，对现代服务业的重视程度也日益加深。北京市"十一五"规划中正式提出要大力发展现代服务业，提出北京要从提高产业层次和技术水平、提高规模和集聚效应、提高资源节约水平和利用效率，加快经济结构调整和增长方式转变，推进产业优化升级，加快发展现代服务业，"不断优化首都金融发展环境，积极支持金融机构推进产品和服务创新，着力推动产权交易和风险资本市场发展"；"强化资金扶持，重点发展六大文化创意产业"；"改造提升商业等传统服务业，加快物流业发展"；"积极发展各类社会中介服务"。北京市"十二五"规划中继续强调了要积极发展现代服务业，提出"壮大'北京服务'品牌"，"做大做强金融服务、信息服务、科技服务、

---

① 第一，要把北京建设成为中国、全世界社会秩序、社会治安、社会风气和道德风尚最好的城市；第二，要把首都变成全国环境最清洁、最卫生、最优美的第一流城市；第三，要把北京建设成为全国科学、文化、技术最发达、教育程度最高的一流城市，并且在世界上也是文化最发达的城市之一；第四，要使北京经济上不断繁荣，人民生活方便安定，要着力发展旅游事业、服务行业、食品工业、高精尖的轻型工业和电子业。

② 崇文区和宣武区现已分别并入东城区和西城区。

商务服务、流通服务等生产性服务业,大力集聚高端要素资源,有效对接国际先进经验和运营模式,增强更大范围内整合和配置资源的能力,拓展服务辐射范围,将北京打造成为服务区域、服务全国、辐射世界的生产性服务业中心城市,生产性服务业占地区生产总值的比重达到55%"。这些有利政策,使得2000年后尤其是近年来北京市现代服务业进入了快速发展阶段。

二、现代服务业的发展现状

现代服务业已经发展成为了北京市经济的重要支柱。北京市现代服务业的发展具有如下特点:

第一,现代服务业是经济增长的主导力量。

近些年来,北京市在推进经济结构战略性调整,加快转变经济发展方式的过程中,大力发展生产性服务业,高新技术产业和文化创意产业等,促进了现代服务业的迅速发展,使其占经济总量的比重不断上升,成为北京市经济增长的重要引擎(图4-24)。2004年,现代服务业的增加值仅为2669.6亿元,到2009年已经达到6264.7亿元,年均增长率达到了18.6%,发展势头强劲;现代服务业占第三产业的比重,也由2004年的65.24%增加到2009年的68.25%,

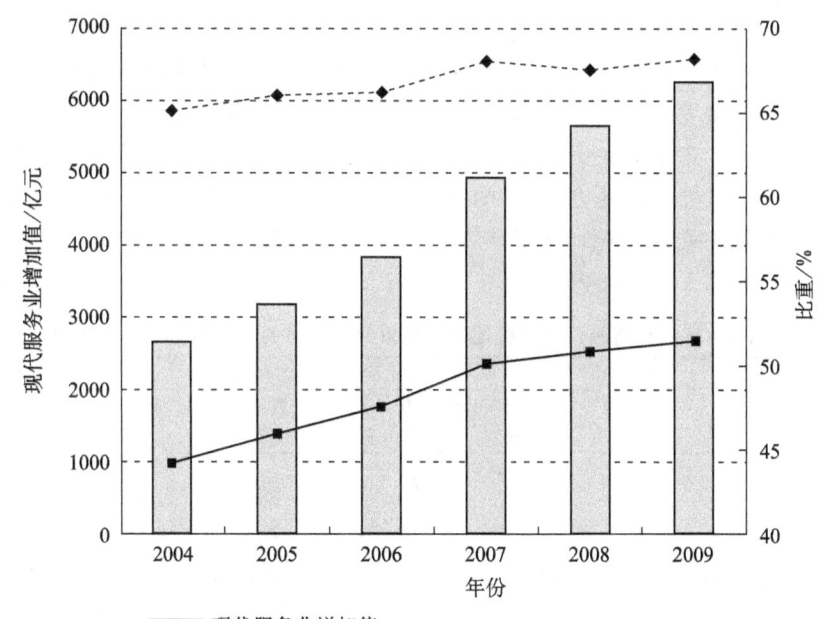

图 4-24 北京市现代服务业增加值及所占比重

资料来源:《北京统计年鉴2010》

虽然比重增速有限，但是其 3/5 以上的比重，使得现代服务业成为北京市第三产业最重要的组成部分，引领着第三产业的发展方向；现代服务业增加值占地区生产总值的比例，也由 2004 年的 44.2%，上升到 2009 年的 51.5%，使其成为北京经济中名副其实的主导产业。另外，现代服务业的发展，对北京市的就业也起到了巨大的拉动作用，2008 年，北京现代服务业从业人员为 356 万人，占服务业从业人员的比例为 57.83%，占第二、三产业从业人员总数的 43.6%。可以看出，现代服务业的发展，不仅拉动了北京经济的发展，对北京市就业等社会问题的解决，也起到了重要的作用。

第二，现代服务业的产业集聚效应日趋明显。

在市场规律作用下，政府通过规划和调控资源要素分配，促使现代服务业在特定区间集聚。传统行业和现代服务业发展齐头并进，中心城区的服务功能不断增强。CBD、金融街、中关村等成为现代服务业的聚集区，其中，北京市 80% 以上的跨国公司总部，65% 的驻中国代表处，95% 的驻北京代表处聚集在 CBD、金融街则拥有全国 60% 以上的金融资产。同时，"十二五"时期还将着力打造通州高端商务服务区、丽泽金融商务区、新首钢高端产业综合服务区和怀柔文化科技高端产业新区，积极发挥现代服务业的产业集聚效应。

第三，北京市现代服务业的整体发展水平与国际世界城市相比仍有很大差距。

虽然经过多年的发展，北京市现代服务业发展水平在国内处于领先地位，与西方国家许多发达城市在现代服务业发展上的差距在不断缩小，但依然远低于纽约、伦敦、东京三大世界城市的发展水平。如表 4-8 所示，在重要的现代服务业门类中，虽然在占地方 GDP 的比例指标上，北京市与纽约、伦敦没有太大的差距，但是在关键产业产值的绝对值上来看，依然存在较大的差距，且这种情况还将在未来一段时间内持续。

表 4-8　纽约都市圈、大伦敦地区、东京及北京市的现代服务业状况比较

项目	纽约都市圈（2009年）增加值/百万美元	占地区GDP比重/%	大伦敦 GVA（2007年）增加值/百万英镑	占地区GDP比重/%	北京市（2008年）增加值/亿元	占地区GDP比重/%
信息服务业	89 328	7.38			1 066.5	8.78
金融业	184 860	15.27	46 492	18.26	1 603.6	13.20
房地产和商务服务业	211 292	17.46	76 242	29.94	1 854.2	15.26
地区 GDP	1 210 387	100.00	254 621	100.00	12 153	100.00

注：伦敦无 GDP 数据，采用 GVA 替代
资料来源：美国商务部经济分析局网站（纽约都市圈）；英国国家统计局网站（大伦敦）；《北京统计年鉴 2010》（北京）

就跨国公司总部数量而言，纽约、伦敦、东京三大世界城市都在 100 家以上，而北京市 2009 年为 42 家（其中只有 20 家经国家商务部认证）；从外资银行

数量来看，三大世界城市都在 150 家以上，而北京仅为 29 家（朱晓青等，2011）。

北京市现代服务业自主创新能力不足，无论是金融业、信息服务业，还是近几年发展起来的文化创意产业，都存在同样问题。而三大世界城市是依靠其自主创新能力发展起来的，金融创新、文化创意创新等都形成了相对成熟的产业链，成为城市发展的重要动力之一。

三、现代服务业的结构特征

衡量现代服务业发展结构特征的主要指标有各产业门类和大类的产值，从业人员占现代服务业的比重。为了更好地考察北京市现代服务业的内部结构变化，本部分主要采用北京市 2004~2009 年关于行业门类的年度统计数据和北京市 2004 年、2008 年经济普查年鉴中现代服务业行业大类的相关数据进行分析。所用的基本方法为经典的经济基础研究方法。

（一）行业门类结构分析

从北京市现代服务业各行业门类产值占比来看，如图 4-25 所示，北京市的现代服务业产业集中度较高，主要集中于金融业，信息传输、计算机服务和软件业，房地产业，三大产业增加值比重占现代服务业增加值的一半以上。

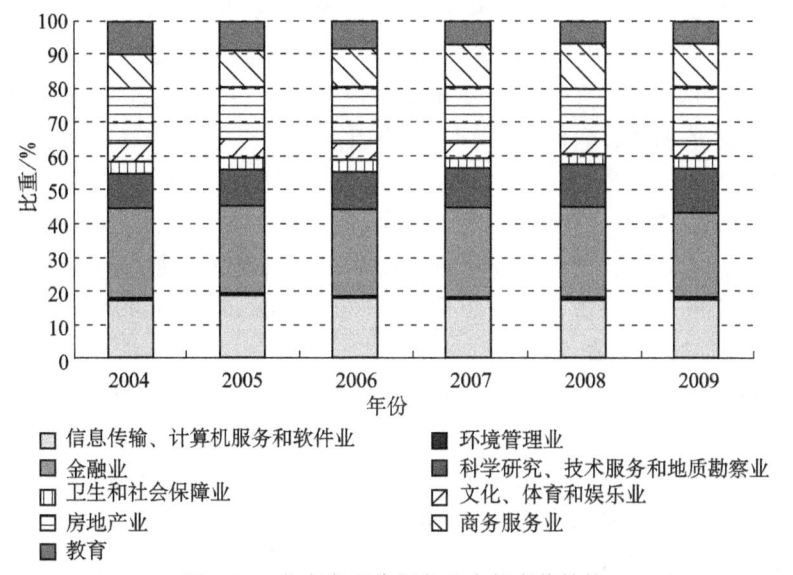

图 4-25 北京市现代服务业内部产值结构

资料来源：《北京统计年鉴 2010》

可以看出，金融业是现代服务业增加值中占比最高的行业，达到 1/4 以上，成为北京市现代服务业中第一支柱产业。北京市定位为我国金融决策中心、金融信息中心和金融服务中心，目前已形成了金融街、CBD 等金融集聚中心，北京市第二次经济普查数据显示，2008 年北京金融业企业资产总计达到 47.4 万亿元，其中银行业资产占到金融业总资产的 91.15%，内资金融机构资产占到总资产的 99% 以上。到 2009 年金融机构的各项存款余额达到 5.7 万亿元，为全国省级区域之首。从上市公司数量来看，2009 年北京市上市的公司为 126 家，股票筹资额达 1508 亿元，约占全国股票筹资总额的 30%。北京市"十二五"规划中强调继续强化总部金融、特色金融发展优势，做好金融总部和后台的配套服务，这也将有助于进一步加快北京建设国际金融中心城市的步伐。

信息传输、计算机服务和软件业，2005 年占现代服务业的 18.3%，2006 年之后则有所下降，到 2009 年占比为 17%。北京市聚集了诸如中国电信、中国移动、联想、方正等在全国具有影响力的总部企业，使得北京市信息产业在全国处于核心地位，也构成了北京市现代服务业的重要组成部分。从北京市第二次经济普查数据中可以看出，北京市 2008 年信息传输、计算机服务和软件业企业单位数为 15 775 家，其中电信和其他信息传输服务业为 2326 家，计算机服务业为 5313 家，软件业为 8316 家。

近些年来，北京市房地产业形势良好，房价不断攀升，房地产业在现代服务业中也占有重要地位。但是受到北京市房地产政策的变动和国际经济形势不稳定的影响，其占比的波动幅度相对于其他现代服务业较大，最低在 2008 年占比降至 14.9%，2009 年有所回升，达到 17%。房地产开发企业个数 1991 年仅为 40 个，到 2001 年已有 1142 个，到 2008 年已经迅速上涨到的 3433 个，但是受到国际金融危机的影响，2009 年出现小幅下降，为 3171 个；房地产开发投资额也在逐年上升，从 2001 年的 783.8 亿元增加到 2009 年的 2337.7 亿元，年均增长率达到 14.6%。

另外，科学研究、技术服务和地质勘察业以及商务服务业两大行业门类近几年在现代服务业中的重要程度也不断上升，增加值占比从 2004 年的 10% 左右上升到 2009 年的 13% 左右。

相比以上现代服务业门类相对向好的趋势而言，教育门类的增加值占比近几年却在不断下降，从 2004 年的 10% 逐年下降到 2009 年的 7.1%；环境管理业，卫生和社会保障业，文化、体育和娱乐业不仅占比低，同时近些年也呈现出了下降的趋势，在未来的发展中应该引起重视。

如表 4-9，进一步通过计算北京市现代服务业各行业门类的区位商，分析其地区专业化程度以及在全国的优势地位状况。可以看出，与全国平均水平相比，北京市现代服务业增加值的区位商总体保持在 2.4 左右，为优势明显的专业化部门。其中科学研究、技术服务和地质勘察业优势最为明显，区位商高于4，且近年来不断上升，到2008年已经达到了5.0，成为北京市具有基础地位的产业。其次是文化、体育和娱乐业，区位商保持在3.7左右；作为国内的金融中心，北京市金融业对于北京市也具有重要意义，同时这也带动了商务服务业的发展，其优势也在2004年之后日益明显。另外，随着近年来北京市对信息产业的日益重视，信息传输、计算机服务和软件业在北京市各产业中的地位迅速提高，区位商从2004年的2.8迅速增长到2008年的3.6，增长迅速。

表 4-9　北京市现代服务业区位商

行业门类	2004 年	2005 年	2006 年	2007 年	2008 年
现代服务业	2.3	2.4	2.4	2.4	2.5
信息传输、计算机服务和软件业	2.8	3.2	3.3	3.5	3.6
金融业	3.5	3.7	3.3	2.9	2.9
科学研究、技术服务和地质勘察业	4.2	4.3	4.4	4.5	5.0
卫生和社会保障业	1.0	1.0	1.1	1.1	1.1
文化、体育和娱乐业	3.6	3.8	3.7	3.7	3.7
房地产业	1.6	1.5	1.7	1.6	1.6
商务服务业	2.7	3.0	3.1	3.5	3.8
环境管理业	0.5	0.5	0.5	0.5	0.5
教育	1.4	1.3	1.3	1.3	1.3

资料来源：《北京统计年鉴2010》

但是，卫生社会保障业和教育行业却始终难以在北京市产业发展中发挥优势地位；房地产业则由于近些年来全国房市高涨的状况，区位商只略高于全国平均水平。而对于环境管理业而言，则远低于全国平均水平。

综合以上分析，可以看出，北京市现代服务业中，科技服务业、信息服务业、金融业、文体娱乐业和商务服务业是北京市具有比较优势的产业。

（二）行业的大类结构分析

根据2008年经济普查数据，对现代服务业的行业大类进行分析可以看出（图4-26），现代服务业法人单位从业人口比重最大的前三个行业为商务服务业、教育、房地产业，分别占现代服务业的27.27%、12.28%和11.87%，高于5%的其他产业还有软件业（6.95%）、专业技术服务业（5.84%）、科技交流与推广服务业（5.68%）和卫生服务业（5.43%）。营业收入贡献最大的前三个行业则为银行业、商务服务业、房地产业，分别占现代服务业总收入的19.94%、18.45%和13.67%，高于5%的其他产业还有保险业（9.61%）、专业技术服务业（6.90%）、科技交流和推广服务业（6.59%）、软件业（5.62%）和计算机服务业（5.14%）。以上状况除了与产业的性质有关外，也与北京的发展方向和产业指导政策有相关关系。同时，从经济普查数据来看，从事商务服务业的人口有26.52%从事职业中介服务，20.91%从事企业管理服务，18.83%从事其他商务服

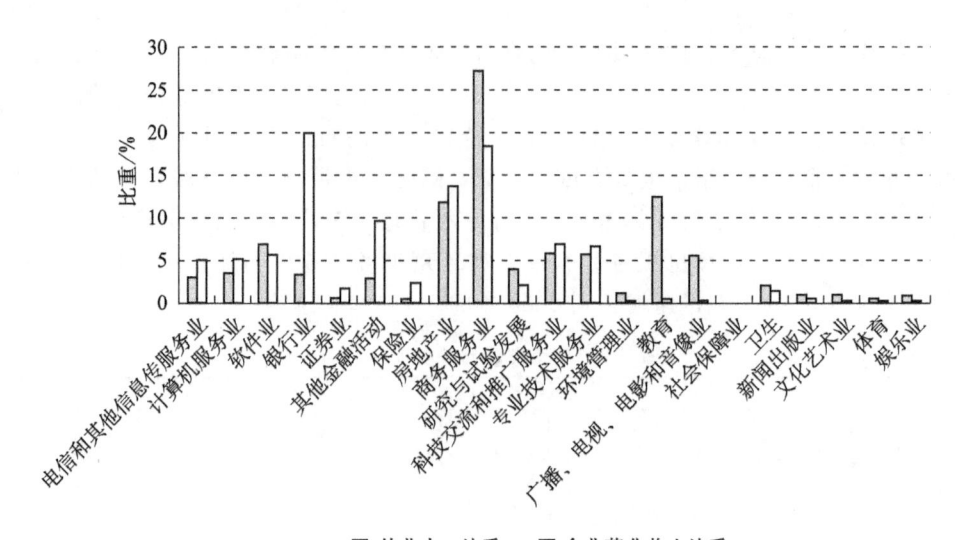

[图 4-26 2008年现代服务业各行业占现代服务业的比重]

图例：从业人口比重 / 企业营业收入比重

图 4-26　2008年现代服务业各行业占现代服务业的比重

资料来源：《北京市经济普查年鉴2008》

务（包括会议及展览服务、保安服务、办公服务等），16.80%从事咨询与调查行业，7.77%从事广告业，3.24%从事市场管理服务，2.28%从事旅行社服务。

表 4-10　2008年北京市现代服务业各行业大类的规模与基础率

项目	区位商	基础率/%	项目	区位商	基础率/%
总规模					
科技信息服务业			经济生产服务业		
电信和其他信息传输服务业	1.01	1.45	银行业	0.6	—
计算机服务业	2.4	58.31	证券业	1.94	48.47
软件业	4.02	75.17	保险业	0.81	—
研究与试验发展	2.62	61.85	其他金融活动	1.27	21.08
专业技术服务业	1.339 866	25.37	房地产业	1.117 539	10.52
科技交流和推广服务业	2.860 249	65.04	商务服务业	1.893 147	47.18
文体教育服务业			生态建设服务业		
教育	0.376 336	—	环境管理业	0.736 282	—
新闻出版业	2.915 425	65.7	社会安抚服务业		
广播、电视、电影和音像业	1.075 972	7.06	卫生	0.444 134	—
文化艺术业	1.086 645	7.97	社会保障业	0.184 295	—
体育	1.570 538	36.33			
娱乐业	1.064 019	6.02			

注："—"代表由于该行业门类的区位商小于或等于1，因此不计算基础率。

资料来源：《北京市经济普查年鉴2008》

为进一步深入分析，如表4-10计算北京市现代服务业各行业大类的基础率，进而分析各行业大类在北京市经济中的地位及其在全国的比较优势。其中，基

础率测算为

$$P_i = 1 - \frac{1}{LQ_i}, \quad (LQ_i > 1)$$

其中，P_i 为某产业的基础率，LQ_i 为某产业的区位商；当且仅当某产业区位商大于1，即北京市该产业与全国相比具有比较优势时，才计算基础率；当区位商大于2即基础率高于50%时，认为该产业是具有明显优势的产业。

由计算结果可以看出，在21个现代服务业行业中，软件业、新闻出版业、科技交流和推广服务业、研究与试验发展、计算机服务业均在全国范围内具有明显优势。就业规模最大的12个部门有：商务服务业、教育、房地产业、软件业、专业技术服务业、科技交流和推广服务业、卫生、研究与试验发展、计算机服务业、银行业、电信和其他信息传输服务业、保险业，其规模均在10万人以上；最小的5个部门为娱乐业、证券业、其他金融活动、体育和社会保障业。基础率最高的11个部门为：软件业、新闻出版业、科技交流和推广服务业、研究与试验发展、计算机服务业、证券业、商务服务业、体育、专业技术服务业、其他金融服务业和房地产业，其基础率均在10%以上。

为了清晰地说明北京各类现代服务业的基础地位和作用，本书将现代服务业的活动简单地划分为科技信息服务业、经济生产服务业、生态建设服务业、社会安抚服务业和文体教育服务业五类。可以看到，北京市是全国的创新服务中心、文化服务中心和商业服务中心。

全国的创新服务中心。软件业、科技交流和推广服务业、研究与试验发展、计算机服务业均属于具有明显优势的行业大类，基础率分别为75.17%、65.04%、61.85%和58.31%。这表明，北京在全国范围内的科学技术研究和信息服务领域具有无可争辩的地位，是重要的科技信息服务中心和全国创新服务中心。

全国重要的文化服务中心。新闻出版业是具有明显优势的行业部门，就业规模为6.90万人，基础率为65.7%。"十一五"期间，北京新闻出版业利用北京作为全国文化、出版中心的资源优势，坚持以文化创意产业为重点，不断完善产业链条，着力培育了一批国内外知名的图书、报刊、网络动漫等媒体品牌，推进高科技出版产业发展与建设。

全国重要的商业服务中心。北京市现代服务业从业人口中有27.27%从事商务服务业，营业收入占到现代服务业总营业收入的18.46%，仅次于银行业；基础率为47.18%。2008年北京市商务服务业法人单位共有4.32万个，资产总计74.51万亿元。在国家税务总局发布的2006年全国商务服务业纳税100强中，北京占据40席位，而广州只有10席位，上海5席位[1]，充分显示了北京市商务

---

[1] 资料来源：http://www.chinasmem.cn/news.php?id=1362.［2011-10-19］。

服务业在全国的领先优势和地位。

四、现代服务业的趋势分析

（一）现代服务业结构的发展趋势

表 4-11 给出了 2004～2008 年北京市现代服务业各部门基础地位的变化。由此可知，2004 年以来，北京市现代服务业的服务基础相对集中，从变化结构来看，主要有以下几个特点：

第一，除科技交流和推广服务业的相对优势大幅上升外，电信和其他信息传输服务业、银行业、保险业和环境管理业均有不同程度的提高。这在总体上与北京信息技术、知识经济的快速发展和北京对宜居城市的要求越来越高具有紧密的联系，也是适应北京建设世界城市的发展要求的。但证券业、其他金融活动、商务服务业的相对优势的下降是与北京大力发展金融经济，商务服务业的要求相背离的。

第二，计算机服务业、软件业、新闻出版业、研究与试验发展的相对优势尽管有所下降，但他们在北京市各产业大类中处于优势地位。这在一定程度上反映了北京市在信息技术、文化创意产业以及科技研发产业上的不懈努力和发展方向，总体上适应北京知识相对丰裕，人才资源充足，外部经济性相对优越的特点。

第三，专业技术服务，房地产业，娱乐业，文化艺术业，广播、电视、电影和音像业的相对优势地位有所下降，但无一例外在 2004～2008 年均为北京市基础部门。房地产业的发展在很大程度上受到经济形势，国家政策以及民众的预期等因素有密切联系。其他行业地位的微调是产业发展的正常表现。

表 4-11 现代服务业各产业大类的区位商

项目	2004 年	2008 年	变化类型	项目	2004 年	2008 年	变化类型
电信和其他信息传输服务业	0.71	1.01	↗	广播、电视、电影和音像业	1.09	1.08	↘
银行业	0.48	0.6	↗	商务服务业	2.38	1.89	↘
保险业	0.71	0.81	↗	体育	2	1.57	↘
科技交流和推广服务业	1.74	2.86	↗	专业技术服务业	1.86	1.34	↘
环境管理业	0.69	0.74	↗	房地产业	1.31	1.12	↘
计算机服务业	4.03	2.4	↘	娱乐业	1.47	1.06	↘
软件业	4.78	4.03	↘	文化艺术业	1.3	1.09	↘
新闻出版业	3.56	2.92	↘	教育	0.41	0.38	↘
研究与试验发展	2.95	2.62	↘	卫生	0.46	0.44	↘
证券业	2	1.94	↘	社会保障业	0.41	0.18	↘
其他金融活动	4.31	1.27	↘				

资料来源：《北京市经济普查年鉴 2004》、《北京市经济普查年鉴 2008》

第四，教育、卫生、社会保障业的优势地位小幅下降，但始终不是北京市的基础部门，反映出北京这三类部门的行业地位也处于弱势状态，然而行业的水平和质量却是位居全国前列的。未来北京在教育、卫生和社会保障上仍需大力加强，以满足北京建设世界城市的需要。

(二) 现代服务业的未来趋势判断

在以上分析的基础上，本研究认为，北京市现代服务业在未来的发展中，会有以下几个突出的表现：

1. 北京市现代服务业将持续快速发展

北京市现代服务业的增加值呈现出逐年上涨的趋势，2004~2009 年年平均增长率达到 18.6%。在未来一段时期内，北京市现代服务业仍将有一定的增长空间，延续这种不断上涨的趋势。其在地区生产总值中的占比也将呈现出不断上涨的趋势。在 2030 年，将与发达国家基本持平，达到 80% 以上。

近些年来，北京不断推进总部经济集聚发展政策，"十一五"规划中明确提出要提高规模和集聚效应，"十二五"规划中也明确提出了重点发展中关村国家自主创新示范区、商务中心区、金融街和通州高端商务服务区、丽泽金融商务区、怀柔文化科技高端产业新区等几大现代服务业集聚地区。可以看出，受政策推动力的影响，在未来一段时期内，现代服务业的集聚趋势将越来越明显，集聚所带来的规模效应也将不断显现，发展水平将出现显著的提升，创新能力将取得长足进步，将在未来的发展中逐渐缩小与纽约、伦敦、东京等世界城市间的差距。

2. 北京市现代服务业的内部结构不断优化

首先，现代服务业自身的现代化进程不断加快。信息技术的产业化、社会化，促使现代服务业的发展更加强化以知识密集，人才密集和网络化为特征的发展态势，同时，现代服务业向传统产业渗透，全面提高传统服务业科技含量，衍生新兴服务业领域，成为高速增长的现代经济部门。

其次，知识服务业大量兴起，包括咨询、软件、研发、设计、文化传媒、广告以及传统的教育、医疗等。知识服务业具有高聚集性，高附加值和高成长性的特点。近年来，以知识密集型为特征的研发设计，咨询，解决方案提供等知识服务业正在不断兴起，日益成为现代服务业的重要组成部分。据统计资料显示，欧盟服务业中，由知识密集型服务行业提供的就业机会将近 50%；美国和韩国知识密集型服务业对 GDP 的贡献率分别达到 50% 和 22.1%（迟福林，2011）。

3. 生产性服务业成为现代服务业的主要部分

从服务业内部结构来看，通信、金融、保险、物流、农业支撑服务，中介和专业咨询服务等生产性服务所占比重不断增加，成为服务业的主流，中高端服务在企业的销售额和利润中所占的比重越来越高。作为知识资本、人力资本密集型产业，生产性服务业尤其是高端生产性服务业具有高生产率、高附加值的特点，在北京市的发展中初步呈现出较高的生产率和较好的效益水平（邓丽姝，2007）。北京具备成为世界城市的综合环境，拥有丰富的人力资源，信息资源，优良的教育环境和商务环境，通过加强产业互动与区域互动，必将大大推动生产性服务业的快速发展。

4. 北京市现代服务贸易将得到迅猛发展

现代服务业在发达国家发展中的地位和突出作用，已经充分显示了现代服务贸易在未来国际贸易中的强劲扩张势头。目前，服务业跨国公司已经将我国的银行、电信、保险、证券、房地产和分销行业作为今后的重点领域（华德亚，2007）。据统计，自20世纪80年代以来，国际服务贸易的增长速度已经远远超过同期国际货物的增长速度。目前，北京市的服务贸易已经有了一定规模的发展。北京城市功能定位，发达的服务产业和人力资源优势为北京承接国际现代服务贸易，尤其是高端国际资源方面具有很大优势，相对廉价的人力成本，外资集聚高附加值产业，将极大优化现代服务业的内部结构，成为北京市现代服务贸易发展的重要力量（温晓红，2010）。

5. 北京市现代服务业的发展将加速产业融合进程

现代服务业的发展，将促进三次产业的联系更加紧密。由于市场的多样化和个性化需求，工、农业产品及其组织形式将变得越来越精巧化和独特化；由于资源约束的凸显，服务将越来越多地作为中间环节进入工农业生产，以及工农业部门的技术变革和产品创新，也将促使现代服务业的科技和信息支持，所有这些都将促进农业、工业的"产业服务化"发展。从制造业与服务业的发展来看，二者的融合发展促进了企业生产的无边界化进程，比如，技术、经济与文化相互融合的文化创意产业跨国公司在全球迅猛发展（冯华等，2008）。

6. 北京市现代服务业发展对人才资源的要求将进一步提高

在知识经济时代，知识作为重要的生产要素，其产生和传递主要由信息传输完成，因此，信息比较优势将成为现代服务业核心竞争力的主要构成要素，这就对人才在信息的生产、传播、反馈和使用能力上提出了更高的要求。

同时，现代服务业是新技术的重要提供者和促进者，以新技术为基础的现代服务业是国家创新能力的重要源泉。当代科学技术的发展在不断拓宽现代服务业的发展空间，特别是网络技术、智能技术和智能终端等和新的综合支撑平台对现代服务业的从业人员学习新技术的能力的需求日益强烈。

参考文献

陈进等. 2009. 北京现代服务业研究. 北京：对外经济贸易大学出版社

迟福林. 2011. 民富优先——二次转型与改革走向. 北京：中国经济出版社

邓丽姝. 2007. 北京生产性服务业发展的现状与思路. 特区经济，(7)：49-51

冯华，司光禄. 2008. 新经济条件下现代服务业的发展趋势与政策建议. 宏观经济研究，(5)：37-42

华德亚. 2007. 在华服务业跨国公司对我国服务业的影响及启示. 石家庄经济学院学报，(10)：11-14

李国平等. 2008. 京津冀区域科技发展战略研究. 北京：中国经济出版社，(4)：242-292

温晓红. 2010. 北京服务业国际化发展现状、特点及前景. 经济论坛，(4)：98-102

朱晓青，寇静. 2011. 北京现代服务业的现状与发展路经研究. 北京：经济管理出版社

崔述强. 2009. 如何看待当前北京经济形势. 数据，(1)：8-10

葛本中. 1996. 北京经济职能与经济结构的演变及其原因探讨（上）. 北京规划建设，(3)：51-52

景体华. 2009. 北京产业结构调整与经济空间布局变化. 北京规划建设，(7)：21-25

李春娟，尤振来. 2008. 产业集群识别方法综述及评价. 城市问题，(12)：29-33

李国平，孙铁山，卢明华. 2010. 世界城市及北京建设世界城市的战略定位与模式研究. 北京规划建设，(4)：21-25

李晓春. 2007. 论制造业在北京经济发展中的战略地位. 北京社会科学，(5)：16-21

沈金箴. 2003. 东京世界城市的形成发展及其对北京的启示. 经济地理，23（4）：571-576

史利国. 2007. 北京的昨天、今天和明天——北京经济形势解析. 新视野，(4)：17-20

孙铁山，卢明华，李国平. 2008. 全国基准产业集群识别及在区域经济分析中的应用——以北京市为例. 地理研究，27（4）：873-884

汪先永，刘冬，胡雪峰. 2006. 北京经济发展阶段与未来选择. 经济理论与经济管理，(1)：63-65

王缉慈. 2003. 我国制造业集群分布现状及其发展特征. 地域研究与开发，22（3）：29-33

王今. 2005. 产业集聚的识别理论与方法研究. 经济地理，25（1）：9-15

袁海琴. 2006. 全球化背景下国际大都市的中心发展. 上海：同济大学硕士学位论文

朱晓青. 2005. 加入 WTO 后北京现代服务业发展研究. 北京：华文出版社，217-222

Feser E J. 1997. An updated set of benchmark value chains for the United States. Regional Economics Applications Laboratory, University of Illinois at Urbana-Champaign (2004)：1-16

Feser E J, Bergman E M. 2000. National industry cluster templates：a framework for applied regional cluster analysis. Regional Studies，34（1）：1-19

Porter M E. 1990. The Competitive Advantage of Nations. New York：Free Press

Porter M E. 1998. Clusters and the new economics of competition. Harvard Business Review，76（6）：77-90

Porter M E. 2000. Location，competition，and economic development：local clusters in a global economy. Economic Development Quarterly，14（1）：15-34

第五章
社会发展现状及趋势分析

第一节 居民收入发展现状与趋势分析

一、居民收入发展现状

改革开放以来，随着市场经济体制的确立，资源的流动与配置效率得到充分的调动，北京市实现了以年均10.6%的经济增长。地区生产总值（GDP）从1996年的1789.2亿元增加到2009年的12 153亿元，年均增长11.3%；人均GDP从1978年的1257元增加到2009年的70 452元，年均增长13.87%，跻身世界中等富裕城市行列[①]。与此同时，北京居民的收入水平也在逐年提高，城镇居民人均可支配收入由1978年的365元增加到2009年的26 738元，30年间翻了73倍；2009年农村居民人均纯收入达到11 986元，是1978年的53倍。

（一）居民收入增长状况

根据1978年以来的统计数据显示，北京市城乡收入增长较快，如图5-1所示。在北京市以城市为中心发展战略的带动下，城镇居民收入增长速度总体快于农村居民收入的增长。1990年以来，北京市城市居民人均可支配收入的增长率一直高于农村的增长，特别是1993年，增长率差值达到12个百分点，"十一

[①] 以当年美元兑人民币汇率折算，2009年北京市人均GDP为10 314美元，按照世界银行关于人均GDP达到1万美元为中等富裕城市的划分。

五"期间城镇居民人均可支配收入年均实际增长 9.2%,农村居民人均纯收入年均实际增长 9%(图 5-2)。

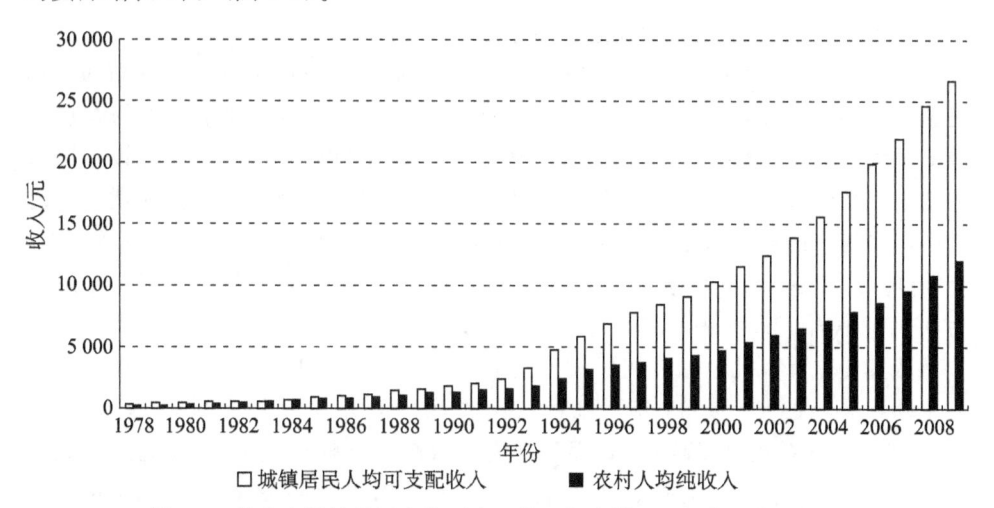

图 5-1 北京市城镇居民人均可支配收入与农村居民人均纯收入状况

资料来源:《北京统计年鉴 2010》、《北京六十年》

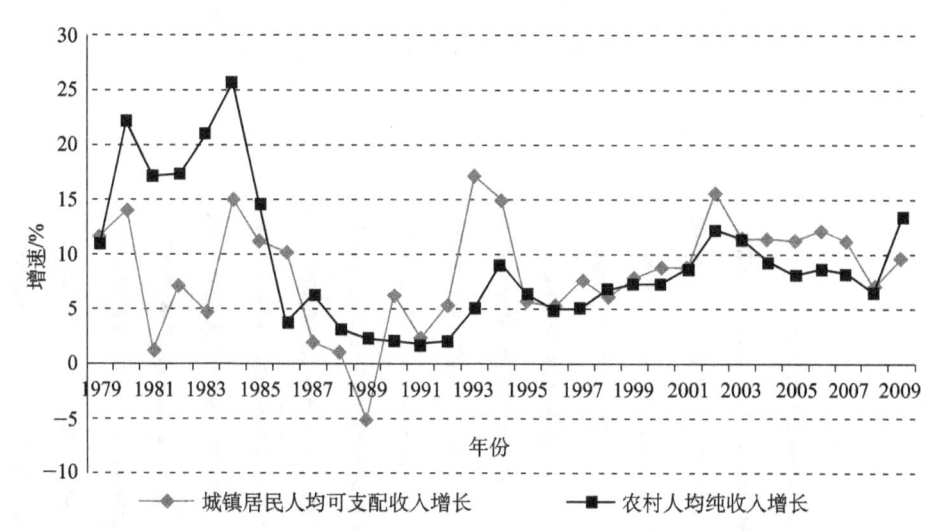

图 5-2 北京市城镇居民可支配收入增长与农村居民纯收入增长状况

资料来源:《北京统计年鉴 2010》、《北京六十年》

近几年,北京市不断加大对郊区的投资以及强农惠农等政策的支持力度,创新农业发展方式,强化农业发展基础,加快农业结构调整,农村经济的快速发展促进了广大农民增收致富,农民收入持续稳定增长,2009 年农村居民纯收入比上年增长 13.4%,创下新世纪以来的新高。

（二）居民收入差距状况分析

1. 收入水平的基尼系数及恩格尔系数

20世纪90年代后世界上绝大多数国家的基尼系数为0.3~0.5，除新西兰和美国之外的多数发达国家的基尼系数值都在0.4以下，而发展中国家的基尼系数值多大于0.4。世界银行的研究报告表明，人均GDP达到5000美元以上国家的基尼系数值多在0.4以下，平均值约为0.3。伴随着北京经济的高速增长，北京市城乡居民的收入水平不断提高的同时，居民收入的分配差距也在不断扩大。至2009年，城镇基尼系数0.29，农村基尼系数0.31；2009年，北京基尼系数为0.22（联合国人民署，2008）。

从其变化看，北京城乡居民收入差距基尼系数值在1990年以来呈现出明显的波动状态。1990~1995年，城乡居民收入分配差距基尼系数值迅速增大，1996年的基尼系数值突破0.3，而后基尼系数趋于下降，至1999年基尼系数值与1993年基本持平。但进入21世纪后，基尼系数开始持续增大，2004年后连续几年超过了0.36（图5-3）。

因此，综合来看，北京居民收入差异不大，基本上处于一般水平。从居民收入差异的城乡结构来看，北京居民收入分配的问题仍然较大，1991~2008年北京市城乡居民收入差距的基尼系数值保持在0.3左右，与发达国家水平基本持平，城乡居民收入分配差距尚处在合理区间。

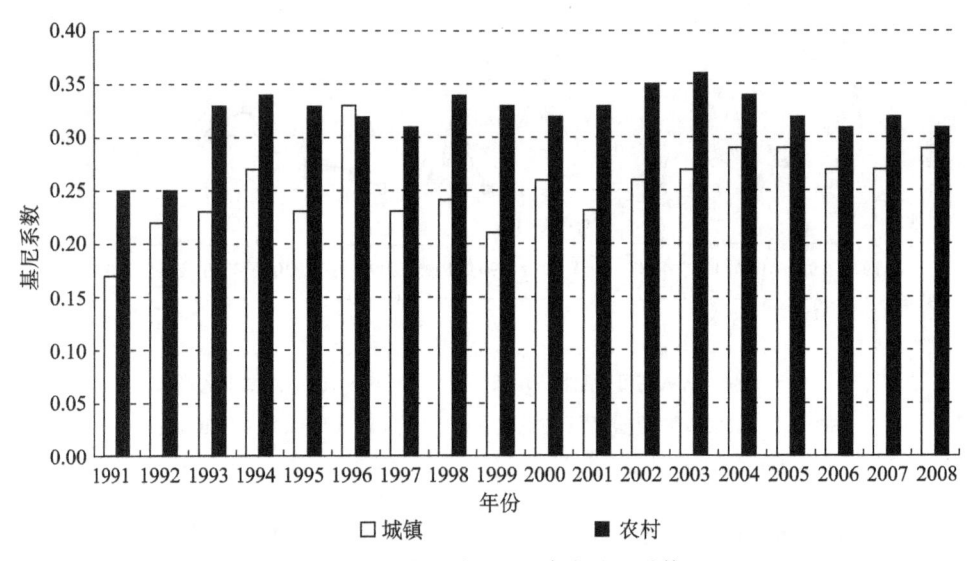

图5-3 北京市城乡居民家庭基尼系数

资料来源：《北京统计年鉴2010》、《北京六十年》

1978~1984年，北京市城镇居民的恩格尔系数为55.4%~59.4%，即食品支出占城市居民消费支出的一半以上，居民生活水平尚处于温饱阶段；1985~1995年，恩格尔系数从1985年的50.6%下降到1995年的48.5%；1996年后，北京市城市居民家庭恩格尔系数下降速度明显加快。2009年，城镇居民人均可支配收入26 738元，城镇居民家庭恩格尔系数为33.8%，与1995年相比，恩格尔系数下降了近15个百分点（图5-4）。

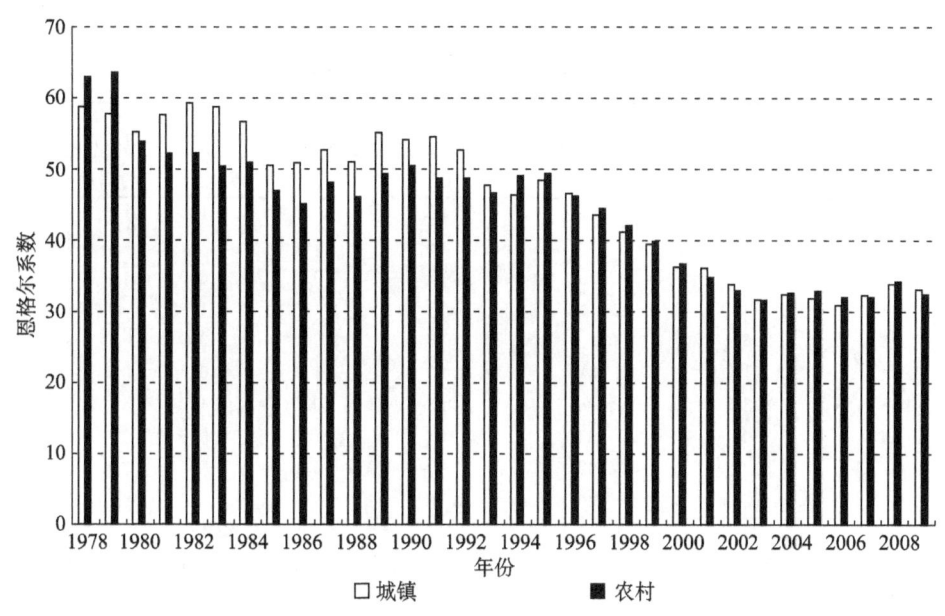

图5-4 北京市城乡居民家庭恩格尔系数
资料来源：《北京统计年鉴2010》、《北京六十年》

2. 城乡收入差距状况

在北京市城乡居民收入的各种差距中，城乡居民收入的分配差距是最具有代表性的。从城乡居民收入比率的角度来看，北京市城乡居民收入分配差距仍然较大，城镇居民的收入水平明显高于农村居民的水平。从总量上看，1978~1985年，北京市城乡居民人均可支配（纯）收入的差距由140元下降到133元，城乡居民人均收入比由1.62倍减少到1.17倍；而1992~2008年，城乡收入进一步扩大，北京市城乡居民人均可支配（纯）收入的差距由795元上升到13 978元，城乡居民人均收入比由1.51倍扩大到2.30倍（表5-1）。此外，人均消费支出方面的城乡差距也比较大，一方面由于农村商品服务等较单一，消费习惯、观念等与城市存在差异，另一方面随着城市化加速发展，房价房租等消费服务价格不断上升，导致城市生活成本大幅度提高，城镇居民消费支出水平居高不下，表现在城乡人均消费支出比上，从1992年开始，比值一直维持在

2 以上的水平，2004 年甚至达到 2.5。

北京市城乡居民收入差距的扩大趋势更多地受到体制改革、产业结构调整、劳动力供需失衡、社会保障制度不健全、再分配功能不全等众多因素的影响。特别需要注意的问题是，当前城市居民的可支配收入中还没有考虑到自有住房估算租金、实物性补贴等隐性补贴。如果把这些隐性补贴计入城市居民收入之中，那么城市居民的人均收入水平将会显著上升，城乡居民之间的收入差距也会随之进一步加大（孟素洁等，2010）。

表 5-1 北京城乡居民人均收支比较

年份	城镇居民人均可支配收入/元	农村居民人均纯收入/元	收入比（农村居民=1）	城镇居民/元	农村居民/元	支出比（农村居民=1）
1978	365	225	1.62	360	185	1.95
1980	501	308	1.63	490	257	1.91
1985	908	775	1.17	923	510	1.81
1992	2 364	1 569	1.51	2 135	1 179	1.81
1993	3 296	1 855	1.78	2 940	1 309	2.25
1994	4 731	2 422	1.95	4 134	1 676	2.47
1995	5 868	3 208	1.83	5 020	2 433	2.06
1996	6 886	3 563	1.93	5 730	2 655	2.16
1997	7 813	3 762	2.08	6 532	2 795	2.34
1998	8 472	4 029	2.10	6 971	2 945	2.37
1999	9 183	4 316	2.13	7 499	3 132	2.39
2000	10 350	4 687	2.21	8 494	3 441	2.47
2001	11 578	5 274	2.20	8 923	3 871	2.31
2002	12 464	5 880	2.12	10 286	4 206	2.45
2003	13 883	6 496	2.14	11 124	4 655	2.39
2004	15 638	7 172	2.18	12 200	4 886	2.50
2005	17 653	7 860	2.25	13 244	5 515	2.40
2006	19 978	8 620	2.32	14 825	6 061	2.45
2007	21 989	9 559	2.30	15 530	6 828	2.25
2008	24 725	10 747	2.30	16 460	7 656	2.15

资料来源：《北京统计年鉴 2010》、《北京六十年》

在收入水平不断提高的同时，城镇居民人均家庭总收入的构成也发生着快速变化，人均可支配收入占人均家庭总收入的比重逐年递减，由 2002 年的 94% 下降至 2008 年的 89.3%（根据表 5-1 和表 5-2 相关数据测算），经营性收入、财产性收入和转移性收入的比重不断提高，工资性收入比重变化不明显。随着居民收入来源的日趋多元化，财产性收入、工资性收入成为推动城镇居民收入差距的主要因素，仅这两项在城镇居民人均总收入中的比重分别就比农村居民人均收入中这两项的比重平均高出 8.72 个百分点和 13.11 个百分点；北京市农村居民人均纯收入构成中，经营纯收入的比重下降比较明显，由 1985 年的 38.06% 下降到 2008 年的

19.32%，同期城镇居民人均经营性收入的比重略有增加。

表 5-2　北京城乡居民人均家庭总收入及结构

年份	城镇居民				农村居民			
^	人均家庭总收入/元	各自所占的比重/%			人均纯收入/元	各自所占的比重/%		
^	^	工资性收入	经营性收入	财产性收入和转移性收入	^	工资性收入	经营性收入	财产性收入和转移性收入
1978	450	—	—	—	225	79.11	14.67	6.22
1980	599	—	—	—	308	73.05	15.58	11.36
1985	1 159	—	—	—	775	56.65	38.06	5.29
1992	2 813	73.41	0.11	17.35	1 569	60.29	31.36	8.35
1993	3 935	73.55	0.13	16.49	1 855	59.78	34.88	5.34
1994	5 586	72.56	0.14	18.35	2 422	61.31	32.12	6.56
1995	6 749	74.29	0.13	18.00	3 208	59.01	33.67	7.33
1996	7 946	73.99	0.06	18.31	3 563	65.06	28.29	6.65
1997	8 742	65.73	0.40	23.80	3 762	68.74	26.18	5.08
1998	10 098	59.79	0.53	24.05	4 029	68.63	25.39	5.98
1999	10 655	62.20	0.50	24.02	4 316	66.77	26.32	6.90
2000	12 560	58.73	0.53	23.68	4 687	62.68	28.59	8.73
2001	13 769	60.60	0.41	23.66	5 274	63.63	26.83	9.54
2002	13 253	67.91	2.56	29.53	5 880	62.45	24.80	12.76
2003	14 959	67.87	2.10	30.04	6 496	60.18	24.82	15.01
2004	17 117	67.71	1.04	31.25	7 172	60.76	24.86	14.38
2005	19 533	69.96	1.10	28.94	7 860	60.74	24.95	14.31
2006	22 417	72.64	1.05	26.31	8 620	60.60	23.11	16.29
2007	24 576	70.47	1.21	28.32	9 559	59.38	22.87	17.75
2008	27 678	67.70	2.81	29.49	10 747	59.12	19.32	21.56

资料来源：《北京统计年鉴 2010》、《北京六十年》

3. 城镇居民家庭组间收入差距状况

按照城镇居民家庭五等分组的数据调查，由表 5-3 和图 5-5 可以看到，无论是高收入家庭还是低收入家庭，总体上收入的绝对数和相对速度都是增长的，说明广大城镇居民从经济增长中获得了实惠。从增长幅度来看，2000～2009 年高收入家庭人均可支配收入增加幅度最大，超出平均收入增长水平，是低收入家庭人均可支配收入增加幅度的 1.4 倍；不同组群收入增加幅度与人均可支配收入数额成正相关，即收入越高，其收入增长越快。2001～2009 年占 20% 的高收入家庭人均可支配收入平均增速为 12.41%，最高年份的增速超过了 20%，而同期低收入家庭的人均可支配收入平均增速为 8.43%，与平均水平相差将近 3 个百分点。全市 60% 家庭人均可支配收入增长率未达到平均水平，造成了北京市居民家庭收入两极分化。更为堪忧的是，最高与最低收入组人均可支配收入的差距随着时间呈现逐渐扩大的趋势，2000 年时为 3.09，到了 2009 年则扩大到 4.33 倍。

表 5-3 城镇居民家庭各组人均可支配收入　　　　　　　　　　单位：元

年份	平均收入	低收入户(20%)	中低收入户(20%)	中等收入户(20%)	中高收入户(20%)	高收入户(20%)	最高最低收入组比
2000	10350	5775	7916	9624	11861	17831	3.09
2001	11578	6271	8579	10631	13237	20653	3.29
2002	12464	6058	8941	11316	14211	23349	3.85
2003	13883	7304	10344	12896	16011	24690	3.38
2004	15638	7401	10961	14245	18455	29635	4
2005	17653	8581	12485	16063	20813	32968	3.84
2006	19978	9798	14439	18369	23095	36616	3.74
2007	21989	10435	15650	19883	25353	40656	3.9
2008	24725	10681	16713	21888	28453	47110	4.41
2009	26738	11729	18501	23475	30476	50816	4.33

资料来源：《北京统计年鉴 2010》、《北京六十年》

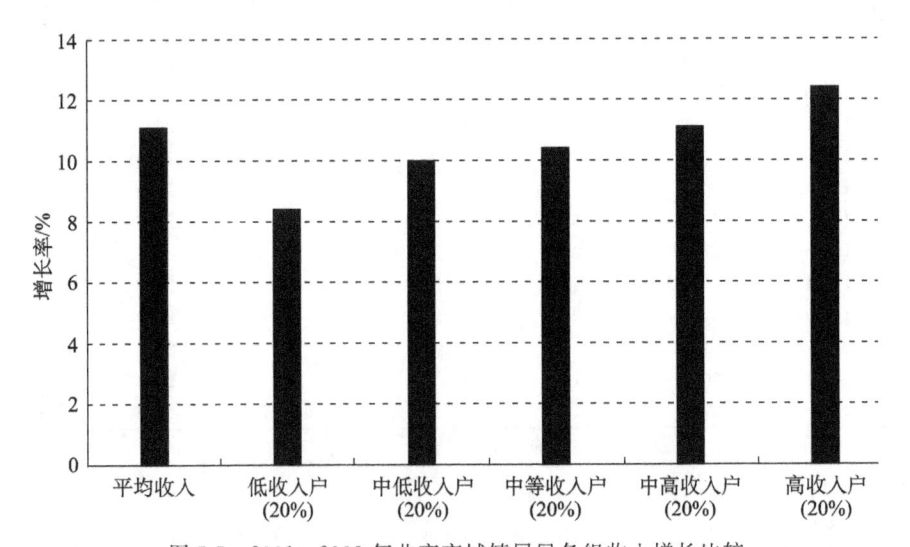

图 5-5　2001～2009 年北京市城镇居民各组收入增长比较
资料来源：根据北京市城镇居民住户调查数据整理

城镇居民家庭组间收入差距增大的原因在于：一方面，在居民收入的初次分配中，由于市场机制发挥资源配置的作用时缺乏公平，进而造成生产要素按参与分配上过于强调效率，导致北京居民收入群体差距扩大。另一方面，财政收入分配职能的弱化导致居民收入差距的扩大，集中反映在现行税收结构和制度的不合理，一些具有收入分配调节作用的财产税、社会保障税的缺乏，使得税收杠杆的调节作用非常有限；社会保障制度的不完善，社会保障覆盖的范围还不够广，保障金额相对于居民的消费支出还很低；以市场调节为主的住房改革政策没有增加中低收入家庭的福利，反而加快了居民收入差距的扩大（郭馨梅等，2006）。

（三）居民收入的空间差异

从空间分布来看，北京市各区县的经济发展水平不平衡，在城乡收入方面也存在一定差距。中心城区居民收入较高，且消费支出也比较大，说明城镇居民生活成本相对较高；近郊和远郊城区人均可支配收入水平也比较高，与中心城区的差别不大，知识和资本密集型产业聚集的城区收入增速较快；人均消费支出与人均可支配收入支出成同向变化关系（表5-4）。

表 5-4 北京城乡居民家庭人均收支情况

区（县）	城镇居民家庭人均收支						农村居民家庭人均收支					
	人均可支配收入			人均消费支出			人均纯收入			人均生活消费支出		
	2007年/元	2008年/元	增长速度/%	2007年/元	2008年/元	增长速度/%	2007年/元	2008年/元	增长速度/%	2007年/元	2008年/元	增长速度/%
全　市	21 989	24 725	12.4	15 330	16 460	7.4	9 559	10 747	12.4	6 828	7 656	12.1
东城区	23 522	26 151	11.2	18 345	18 821	2.6						
西城区	25 204	28 059	11.3	18 472	20 528	11.1						
崇文区	23 281	25 826	10.9	17 707	19 142	8.1						
宣武区	21 743	25 289	16.3	15 082	17 608	16.7						
朝阳区	22 377	25 535	14.1	16 710	18 410	10.2	13 284	15 090	13.6	9 872	11 260	14.1
丰台区	20 574	23 006	11.8	14 305	16 095	12.5	10 350	11 584	11.9	8 282	9 385	13.3
石景山区	20 745	23 805	14.8	13 526	15 370	13.6						
海淀区	25 312	28 418	12.3	16 787	16 801	0.1	12 548	14 319		9 868	11 400	15.5
门头沟区	19 466	21 613	11.0	14 118	14 881	5.4	9 198	10 282	11.8	6 888	7 444	8.1
房山区	18 713	20 329	8.6	12 734	12 664	−0.5	8 981	10 073	12.2	6 155	6 889	11.9
通州区	18 887	20 708	9.6	12 431	12 741	2.5	9 115	10 213	12.1	5 965	6 766	13.4
顺义区	19 843	21 470	8.2	11 751	12 701	8.1	9 266	10 402	12.3	6 266	6 906	10.2
昌平区	18 874	20 834	10.4	13 001	14 108	8.5	9 037	10 121	12.0	7 870	8 667	10.1
大兴区	17 899	20 707	15.7	11 113	12 872	15.8	9 040	10 103	11.8	6 086	6 541	7.5
怀柔区	18 628	20 143	8.1	11 888	12 457	4.8	8 805	9 871	12.1	5 872	6 960	18.5
平谷区	18 018	20 148	11.8	11 471	12 360	7.7	8 749	9 790	11.9	5 927	6 329	6.8
密云县	17 962	20 135	12.1	11 381	12 766	12.2	8 489	9 529	12.3	5 926	7 008	18.3
延庆县	17 955	20 120	12.1	11 084	11 296	1.9	8 311	9 385	12.9	5 003	5 536	10.7

注：城镇居民抽样调查样本量2007年为3000户，2008年为5000户，覆盖18个区县
资料来源：《北京统计年鉴2009》

二、居民收入发展趋势分析

国家和北京市近些年来不断出台一系列提高居民收入的政策，包括提高个税起征点、降低机场及其他高速路的收费标准等，不断减轻企业和个人的负担，对于提高居民收入、保障人民生活奠定了很好的基础。未来北京市居民的收入水平将得到大幅度上升，城乡间、阶层间的居民收入差距也将得到不断缩小。

（一）城乡居民的收入水平将大幅度上升

根据《2011中国城市发展报告》预测，2009年中国城市中等收入阶层的人均可支配收入为1.62万～3.73万元，家庭可支配收入为4.86万～11.19万元，因此，北京在2009年已有46%的城市居民达到中等阶层收入水平，在全国排名第一。《北京市第十二个国民经济和社会发展纲要》提出"城镇居民人均可支配收入、农村居民人均纯收入扣除价格因素年均增长8%"、"中等收入群体持续扩大"等目标和要求。2009年城镇居民人均可支配收入为26 738元，农村居民人均纯收入11 986元，假定两者均保持每年8%的年均增长率，到2030年城镇居民人均可支配收入可达到13.46万元，农村居民人均纯收入为6.03万元；即使两者在2020年以前保持8%、在2020年以后保持6%的年均增长率，到2030年两者也可以分别达到11万元和5万元左右。届时，北京市将有80%以上的城乡居民跨入中等阶层的行列。

（二）居民的收入差距将不断缩小

关于收入差距变化的规律基本上都围绕着库兹涅茨"倒U形曲线假说"展开研究和讨论（刘扬等，2007）。库兹涅茨在其1955年发表的《经济发展与收入不平衡》的论文中，提出了收入差距的"倒U形曲线假说"，即"收入分配不平等的长期趋势可以假设为：在前工业文明向工业文明过渡的经济发展早期阶段迅速扩大，而后短暂稳定，然后在发展的后期逐渐缩小"（Kuznets，1995）。当发展中国家在向发达国家过渡的长期过程中，居民收入分配差距的趋势是"先增大，后缩小"。

目前，北京市人均GDP超过了1万美元，已经开始步入了中等富裕城市行列。北京在"十二五"规划中提出要使低收入者收入明显增加，持续扩大中等收入群体，不断缩小收入差距的目标。国家也开始从工资制度进行改革，加强税收、社会保障、转移支付等再分配调节机制等方面进行了推动。2011年9月1日起，我国个税起征点已从2000元提高至3500元，通过提高低收入者收入，扩大中等收入者群体，缩小居民收入差距，提高"纺锤形"收入分配结构的形成。当前实施的"惠农"政策能够对缩小城乡收入差距提供支持（任太增，2008），北京今后的城乡收入差距将会不断缩小。

首先，表现在不同阶层之间的收入差距会逐渐缩小。这是由于通过出台最低工资法、调整优化税率结构、调节社会收入分配等政策措施，低收入者的收入将会明显增加，中等收入群体将会持续扩大，高中低收入群体的收入得以不断缩小。其次，城乡的收入差距也将在一定程度上得到缓解。随着新农村建设的深入推进、各种惠农政策的实施，以及城乡一体化的发展，农村居民的收入水平将会出现和保持比城镇收入更高的年增长水平，达到8%甚至以上，这样，城乡的收入差距将会不断缩小。同时，在下一阶段的新农村建设中，将重点推动农村的经济发展和解决农民增收问题，农民的收入水平将会有一个巨大的飞跃。最后，区域间的收入差距也将不断缩小。《北京城市总体规划（2004—2020年）》提出"逐步改变单中心的空间格局"和"加强外围新城建设"，规划的11个新城，包括通州、顺义、亦庄、大兴、房山、昌平、怀柔、密云、平谷、延庆、门头沟等已经在疏解城区人口和功能、集聚新产业方面开始发挥功能，随着北京市加大对郊区新城的开发，区域间的收入差距也将会不断缩小。

因此，总体来看，随着国民经济的快速发展和城乡均衡发展的顺利实施，居民间的收入差距将会不断缩小。

第二节 科技创新发展现状与趋势分析

许多国家都将增加科技投入与创新计划及创新政策紧密结合起来以推动创新，促进了经济增长和社会发展。美国纽约、英国伦敦、荷兰赫尔辛基、日本东京、韩国大田、新加坡等创新型城市在较好的经济基础和研发条件下，利用自身优势，不断挖掘创新点，激活创新意识，构建了高层次人才和科技创新为支撑、良好创新资源和政策环境为保障的创新体系，成为世界创新型城市的典范。

2006年4月30日中共北京市委和北京市政府联合下发了《关于增强自主创新能力建设创新型城市的意见》（京发［2006］5号），针对北京的创新型城市建设提出了两阶段目标：一是2010年将北京初步建成创新型城市，企业创新主体地位初步确立，创新体系基本形成，自主创新能力明显增强，科技支撑经济社会发展的作用明显提高；二是到2020年使首都创新体系更加完善，自主创新能力显著增强，成为推动创新型国家建设的重要力量，进入世界创新型城市的先进行列。2009年4月，北京出台"科技北京"行动计划（2009～2012年），提出到2012年，北京科技建设将实现自主创新能力显著增强、科技对经济社会发展支撑能力大幅度提高、中关村国家自主创新示范区建设取得明显成效、全社会科学素养显著提升等四项主要目标；到2012年，R&D科技投入经费占GDP的比重力争达到6%，企业R&D经费支出占全社会R&D经费支出的比重力争达到50%等。

2009年12月，北京市委书记刘淇在中共北京市委十届七次全会上明确提出，北京要瞄准建设国际城市的高端形态，从建设世界城市的高度，加快实施"人文北京、科技北京、绿色北京"发展战略。"科技北京"的提出与北京创建创新型城市主旨高度统一，科技正在成为推动北京经济社会协调发展的重要支撑力量。

一、科技创新发展现状

近年来,北京市财政科技投入逐年增长,支出结构逐步改善,为北京市科技公共服务体系的建设提供了有力的支撑。通过积极承接国家科技重大专项和重大科技基础设施建设,大力实施科技振兴产业工程等措施,北京市的科技创新取得了长足进步,创新体系基本形成,自主创新能力显著增强,科技支撑经济社会发展的作用明显提高,创新型城市已初步建成。

(一)科技资源状况

科技人力资源、活动经费、基础设施等科技资源对北京市增强自主创新能力、建设创新型城市、打造具有全球影响力的科技创新中心提供了有力的保障和支持,为创新营造了良好的环境和肥沃的土壤。

1. 人力资源优势明显

科技人力资源即实际从事或有潜力从事系统性科学和技术知识的产生、发展、传播和应用活动的人力资源,是反映科技投入和科技实力的重要指标,对区域科技发展起着决定性的作用(北京市科学技术委员会,2010)。2001年以来,科技活动人员呈现出稳步增长态势,2008年增加至45万人,约占全国科技活动人员的9%。2001~2008年,科技活动人员数年平均增长率为9.69%。科技活动人员中,科学家和工程师是开展科技创新活动的核心力量。2008年,科学家和工程师为36万人,与2001年相比,增加了16.6万人,年平均增长率为10.6%(图5-6)。

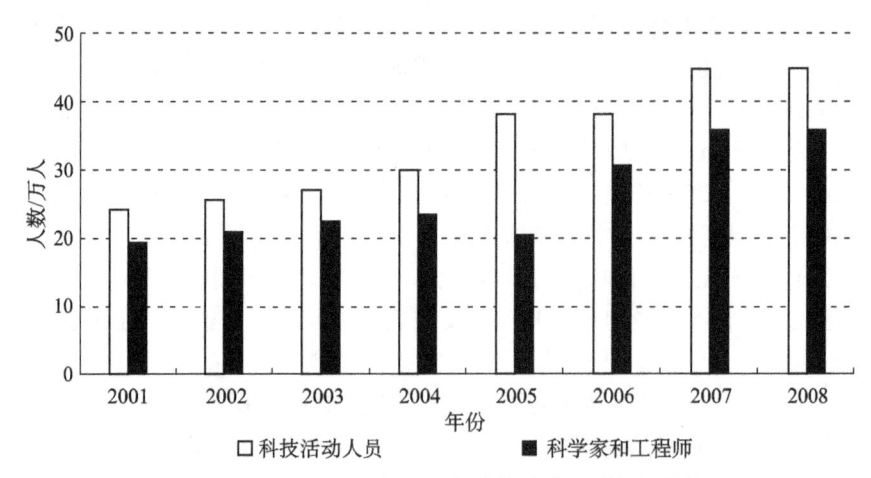

图5-6 2001~2008年北京市科技活动人员发展趋势

资料来源:《北京统计年鉴》(2003~2010年)

R&D 活动是科技活动的核心，R&D 人员是科技人力资源中至关重要的组成部分。如表 5-5 所示，北京市 R&D 人员规模不断扩大，2008 年的人员总量为 20.0 万人/年。其中科学家和工程师为 17.5 万人/年，占总量的 87.5%，表明北京市 R&D 人员具有较高的质量。研究生是科研人员的后备资源。随着高校师资、设备等方面的完善，北京市高校研究生人数明显增加。2009 年，研究生毕业人数、招生人数和在校生数量分别为 2001 年的 3.9 倍、2.4 倍和 2.6 倍，为科技创新储备了大量人才资源（图 5-7）。

表 5-5 2001～2008 年北京市 R&D 人员总量

项目	2001 年	2002 年	2003 年	2004 年	2005 年	2006 年	2007 年	2008 年
R&D 人员折合全时人员/（万人/年）	9.5	11.5	11	15.2	17.8	16.9	20.5	20.0
其中：科学家和工程师	8.2	9.9	9.6	13.2	15.3	14.8	17.9	17.5
占 R&D 人员比重/%	86.3	86.1	87.3	86.8	86.0	87.6	87.3	87.5

资料来源：《北京统计年鉴》（2003～2010 年）

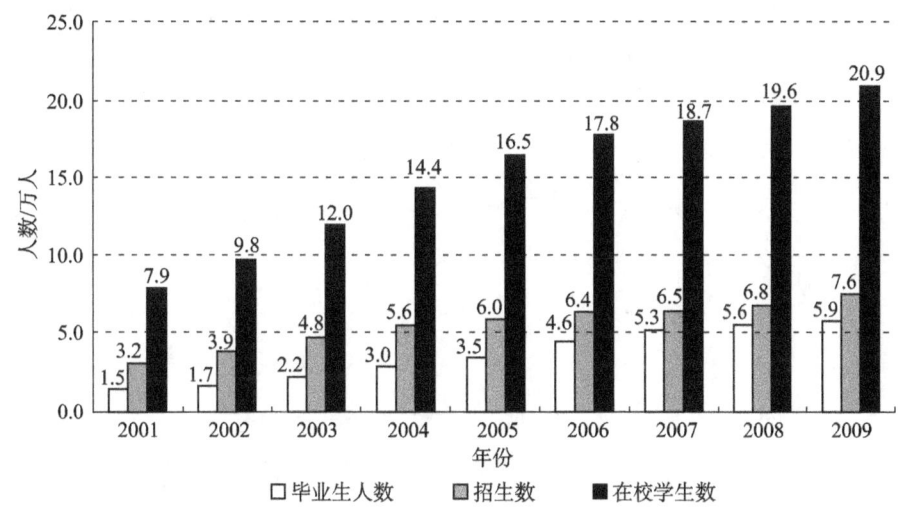

图 5-7 2001～2009 年北京市研究生毕业生人数、招生数、在校生数
资料来源：《北京统计年鉴》（2003～2010 年）

2. 科技活动投入较高

科技活动经费是开展科技活动的基本物质保障，科技经费特别是其中的 R&D 经费通常是衡量一个国家和一个地区科学技术发展水平和创新能力的重要指标。2002～2008 年，北京科技活动经费筹集额和支出额变化情况相似。如表 5-6，筹集额从 2002 年的 445.3 亿元增加至 2008 年的 1184.1 亿元，支出额从 411.2 亿元增至 1122.3 亿元。科技经费中的 R&D 经费增长幅度最大，2002 年为 219.5 亿元，2008 年增至 620 元，增幅为 182%，表明北京市对研发活动的重

视程度不断提高，体现出北京市以科技创新为主导的经济增长思路。科技活动经费中，政府部门是主要资助者，2008年政府资金占43.3%，主要投向政府研究机构和高等学校，企业资金所占比重波动较大，主要用于企业科技活动。

表5-6 2002~2008年北京科技活动经费　　　　　　　　　　　　单位：亿元

年份	科技经费筹集额	科技活动经费支出	R&D经费
2002	445.3	411.2	219.5
2003	492.4	461.1	256.3
2004	602.5	553.0	316.9
2005	751	705.6	379.5
2006	874.8	803.5	433
2007	989.7	919.5	527.1
2008	1184.1	1122.3	620

资料来源：《北京统计年鉴》（2003~2010年）

R&D经费分为基础研究、应用研究和试验发展三种支出，图5-8为三种经费占总经费比重的变化趋势图，可以看出，基础研究经费呈下降趋势，应用研究经费在2007年变化较大，由30%下降到20%左右，试验发展经费在R&D经费中比重最大，且上升趋势显著。

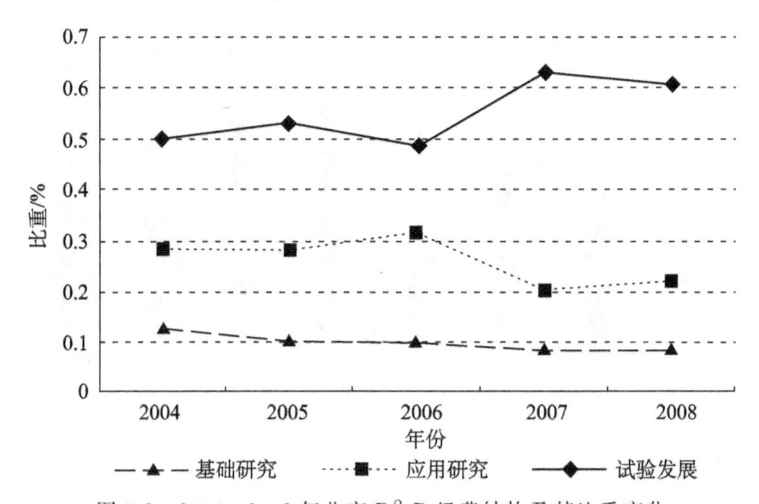

图5-8 2004~2008年北京R&D经费结构及其比重变化

资料来源：《北京统计年鉴》（2006~2010年）

3. 科技基础设施完善

科技基础设施主要包括信息网络、国家重点实验室、国家工程技术研究中心、科技企业孵化器等。北京科技基础设施发展较快，2008年国家重大科技基础设施近一半落户北京。科技基础条件资源的共享及信息的通畅是现代社会发展的迫切需求，已成为决定科技创新能力强弱的关键因素。北京市财政设立了科技基础条件平台服务首都建设专项资金，通过政府支持、市场化运作等模式，促使蕴藏在大院大所内的科技条件资源，面向企业提供便利、低廉的服务，实现资源、信息与成果共享。

北京是科技企业孵化器的试点城市。北京聚集了众多国家重点实验室，2007年，北京的国家重点实验室有70个，占全国总数的31.8%，主要立足于促进战略高技术领域的发展；共累积建立各类科技企业孵化器47家，数量占全国总数的7.7%，其中国家级科技企业孵化器16家，科技企业孵化器共有孵化面积113.7万米^2，累计总投资12.3亿元。截至2009年，北京市共有国家工程中心56个，占全国总数的23.1%[①]，分布于农业、制造业、电子与信息通信、材料等领域。

（二）中关村国家自主创新示范区建设

北京科技发展瞄准"创新型城市"的建设目标，大力实施以中关村国家自主创新示范区建设为核心的首都创新战略。中关村国家自主创新示范区起源于20世纪80年代初的"中关村电子一条街"，经过20多年的发展建设，已经聚集了以联想、百度为代表的高新技术企业近2万家，形成了以电子信息、生物医药、能源环保、新材料、先进制造、航空航天为代表，以研发和服务为主要形态的高新技术产业集群，形成了"一区多园"各具特色的发展格局，成为首都跨行政区的高端产业功能区。

中关村是我国科教智力和人才资源最为密集的区域，拥有以北京大学、清华大学为代表的高等院校近40所，以中国科学院所属院所为代表的国家（市）科研院所200多所；拥有国家级重点实验室67个，国家工程研究中心27个，国家工程技术研究中心28个；大学科技园24家，留学人员创业园29家。如表5-7所示，"十一五"期间从业人员年均增长率达10.9%，其中硕士为16.2%，博士及以上学历为5.4%，从业人员的素质不断提升，为示范区的发展提供了坚实的人力资本支撑。

表5-7　2010年及"十一五"期间示范区从业人员增长情况

项目	2010年/人	2010年增速/%	"十一五"期间年均增长率/%
期末从业人员	1 157 992	9.0	10.9
其中：留学归国人员	9 711	14.5	6.3
本科及以上学历	579 496	10.7	12.6
其中：博士及以上学历	11 915	7.7	5.4
硕士	112 887	14.3	16.2

资料来源：中关村国家自主创新示范区网站 http://www.zgc.gov.cn/tjxx/nbsj/2010nsj2/72848.htm. ［2011-7-20］.

---

① 本资料来源于 http://www.cnerc.gov.cn/document_3.aspx?name=YEAR_LECTURE&id=216. ［2011-09-28］.

中关村围绕国家战略需求和北京市社会经济发展需要，取得了大量的关键技术突破和创新成果，涌现出汉卡、汉字激光照排、超级计算机、SARS 疫苗和人用禽流感疫苗等一大批重大科技创新成果，为航天、三峡工程和青藏铁路等国家重大建设项目实施提供了强有力的支撑；中关村企业获得国家科技进步一等奖超过 50 项，承接的"863"计划项目占全国的四分之一，"973"计划项目占全国的三分之一；创制了 TD-SCDMA、McWill、闪联等 86 项重要国际标准，798 项国家、地方和行业标准；中关村技术交易额达到全国的三分之一以上，其中 80% 以上输出到北京以外地区。2010 年科技活动人员 30.7 万人，经费支出 616.9 亿元，专利申请量 14 806 件，授权量 8834 件，如表 5-8 所示，"十一五"期间各项科技创新指标都获得较快增长，取得了重要成就。

表 5-8　2010 年及"十一五"期间示范区企业自主创新能力发展情况

	项目	2010 年	2010 年增速/%	"十一五"期间年均增长率/%
创新投入	科技活动人员	30.7 万人	−4.5	6.3
	科技活动人员比重	26.50%		
	科技活动经费支出总额	616.9 亿元	8.2	14.1
	科技活动经费投入强度	3.9%		
创新产出	新产品销售收入	3 949.2 亿元	23.3	16.5
	新产品占产品销售收入比重	57.3%		
	专利申请量	14 806 件	0.9	26.3
	其中：发明专利	9 128 件	0.2	22.4
	专利授权量	8 834 件	38.9	44.4
	其中：发明专利	2 890 件	12.6	48.1

资料来源：中关村国家自主创新示范区网站 http://www.zgc.gov.cn/tjxx/nbsj/2010nsj2/72848.htm. [2011-7-20]

中关村的许多成果已经"输出"到其他地方，尤其在首都创新型城市建设中，中关村的经验正在传播与扩散，以企业为主体的"新型产学研"机制正在加速形成，已经成为解决大学和科研院所积累的原创性科研成果转化这一难题的突破口；大学院所创办企业这一创新模式，提高了原创成果的转化率和产业化，使众多科研成果在国内外市场占有一席之地。

（三）科技创新成果

2000 年以来，北京市在专利、科技论文，以及技术市场都取得了丰硕的成果，为北京建设创新型城市奠定了坚实的基础。

1. 专利

专利竞争已成为科技竞争和经济竞争的一个战略制高点，专利拥有量的多少是衡量一个城市经济竞争力的重要标志。近年来，北京市财政通过各种渠道加大了对本市知识产权保护和发展的投入力度，实施专利战略，设立北京市专利申请资助金，鼓励发明创造，支持强极，带动弱极，提高北京市专利申请的数量和质量。同时，每年安排发明专利奖专项资金500万元，用于鼓励为北京市做出重大贡献的发明专利，取得了显著成效。

北京专利申请量和授权量呈稳步增长态势。2009年，专利申请量突破5万件，达到50 236件。自2001~2009年，专利申请量年平均增长率为19.7%，2009年，专利授权量突破2万件，平均增长率为18.1%。2006年以后，专利申请和授权进入快速增长时期（图5-9）。此外，据统计，北京是全国范围内发明专利申请最多的地区，且发明专利的发展速度明显高于其他两种专利（即实用新型专利和外观设计专利），其申请量超过总申请量的半数，表明北京专利质量正快速上升。

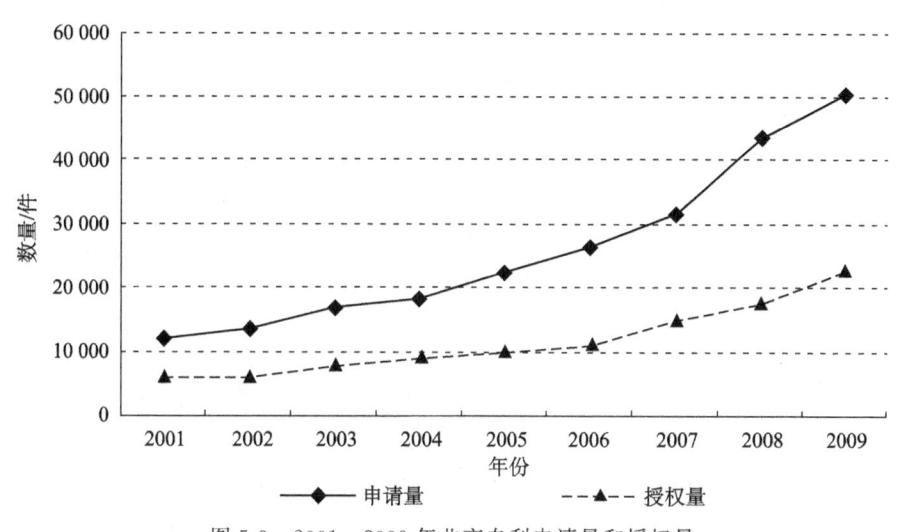

图5-9　2001~2009年北京专利申请量和授权量

资料来源：《北京统计年鉴》（2002~2010年）

与作为国家科技创新中心的地位相比，北京的专利授权总量仍然存在比较大的差距，提高科研机构的资金使用效率，进一步增加专利申请量和授权量，是未来促进北京科技创新的重要内容。

2. 科技论文

科技论文作为科技活动产出的一种重要形式，主要反映一个地区在基础研究和应用研究方面的研究成果，并在一定程度上体现了一个地区的科技水平和竞争力水平。北京发表的科技论文数量呈现出快速增长的势头，国内论文和国际论文分别由2001年的31 325篇和14 507篇，增长到2008年的61 024篇和48 076篇，年平均增长率分别为10%和19.3%（图5-10）。北京市国内和国际论文总量都处于全国领先地位，论文领域以医疗卫生和工业技术为主。2008年，北京国际合著论文3291篇，占本市论文比例的17.3%。具有高影响因子的论文，即影响超过其所在学科一般水平的论文共有2337篇，占全国总数的22.1%。

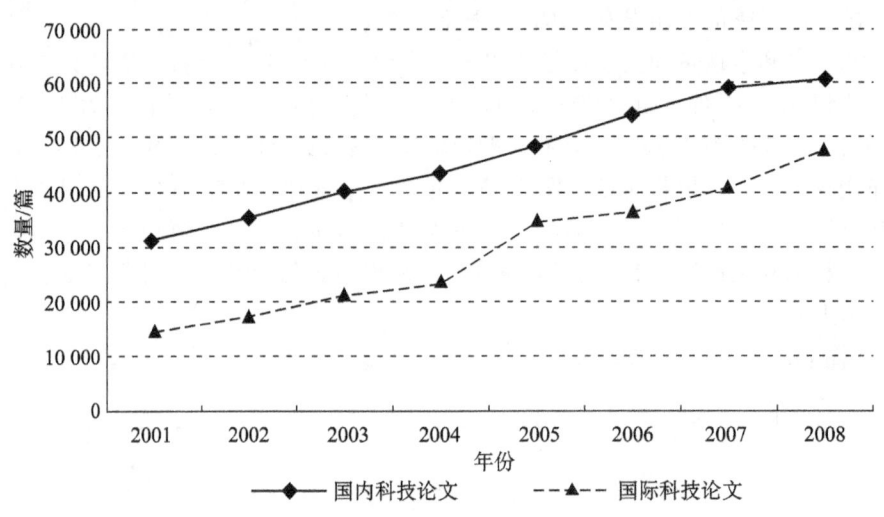

图 5-10 2001～2008年北京国内、国际科技论文情况

资料来源：《中国科技论文统计与分析年度研究报告》（2002～2009年）

3. 技术

北京是中国最大的技术集散地，目前技术交易额占全国技术交易额的40%以上。"十五"时期以来，北京技术性收入逐年提高，技术合同成交额持续稳定增长，总计突破5000亿元。技术合同成交额由2001年的191亿元增加到2009年的1236.2亿元，再创历史新高。2001～2009年，北京技术合同成交额增长5.47倍，年平均增长速度27.1%。自2006年开始，合同数稳定在50 000项左右。2009年，北京共成交技术合同49 938项，比上年同期下降5.3%（图5-11）。

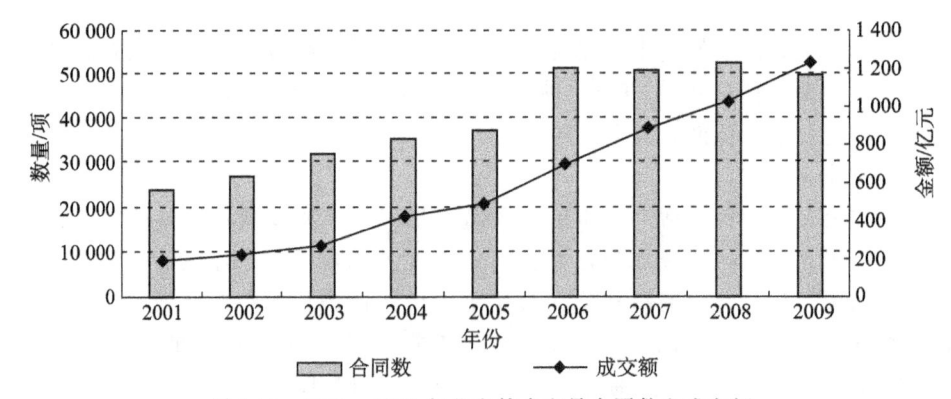

图 5-11 2001～2009年北京技术交易合同数和成交额

资料来源：《北京统计年鉴》（2002～2010年）

北京技术交易"买全国、卖全国"的格局已经形成,并初步形成全国的技术交易枢纽。"十五"时期以来,北京技术市场一直是我国技术产品最大的输出地,技术产品不仅输出到国内其他省份,同时也输出到国外。2001～2009 年,北京技术市场始终有超过一半数量的技术输出到外省和其他国家,技术交易成交额中流向本市的比例有下降的趋势。2009 年,北京技术合同数流向本市的比重为 47%,流向外省占 50.7%,技术出口占 2.3%;技术合同成交额中,三类流向分别为 29.6%、40.3%和 30.1%。因此,北京对全国其他地区的技术辐射带动作用增强,在国际技术创新中的地位也在逐步上升。

科学技术奖励是社会对重大科研成果比较公正、最具权威、影响最大的评价,是对科研人员创造性工作的承认和激励,是测度科技活动产出以及自主创新能力的重要指标(北京市科学技术委员会,2010)。近年来,北京地区获得国家科学技术奖励项目总数、占国家科技进步一等奖获奖的数量,获得国家自然科学的奖项、占国家自然科学奖的总数,获得国家技术发明奖项、占国家技术发明奖总数的比重都呈不同程度的增长。表 5-9 显示了 2001～2009 年北京科技成果及获奖情况,从 2004 年开始,科技成果登记数迅速发展,此后呈稳步上升趋势。国家技术发明奖、国家科学技术进步奖获奖数量波动增长。

表 5-9　2001～2009 年北京科技成果及获奖情况　　　单位:件

年份	科技成果登记数	国家技术发明奖	国家科学技术进步奖
2001	326	1	38
2002	275	5	48
2003	468	5	52
2004	976	6	43
2005	1018	8	52
2006	1002	12	64
2007	1010	9	44
2008	1016	13	42
2009	1023	11	54

资料来源:《北京统计年鉴 2010》

(四)区域科技合作

目前,区域科技合作尤其是京津冀区域科学合作机制已经基本建立,有利于促成区域内与创新有关的经济、科技和社会等各个部门和子系统之间相互作用、密切合作,产生一种知识创新、技术创新和服务创新为主的科技提升的整体效应,从而增强北京的科技创新实力。

京津冀区域特色产业创新链初步形成。在电子信息产业、服务业、制造业等方面,北京的战略重点正向创新链条的高端挺进,侧重总部和研究开发环节的发展，天津重点开展技术应用研究开发，尤其是工程化技术研究开发，承接北京及国内外先进技术的转移，进行集成创新和引进消化吸收再创新。

区域内科技合作交流逐步开展。从政府层面上看，三省市政府组织签订了各种经济技术合作交流协议，建立了三省市经济合作与发展高层座谈会制度；按照市场主导、开放自主、互惠共享、优势互补和循序渐进的原则，逐步建立了区域人才信息共享、结构互补、自由流动、合作培养的机制，形成了统一的人事制度框架、人才大市场和人事人才服务体系（李国平等，2008）。但是，京津冀区域科技合作也存在着亟须改进的地方，如区域创新体系不完善，科技成果转化率低，传统优势领域发展趋于缓慢，新的增长点尚未形成等。

（五）国内比较

北京市在全国区域创新能力中的排名如表 5-10 所示。北京市区域创新能力在全国综合排名第 3，知识创造位居首位，创新环境相对比较落后，仅位于第 6 位。与国内其他省（市、区）相比，北京市的优势在于丰富的科技资源带来的强大的知识创造能力，雄厚的人力资本汇集的巨大的知识获取能力，以及大量的科技型中小企业、宽松的制度环境所造就的良好的创新环境。

表 5-10 2010 年全国区域创新能力前五名排名状况

地区	综合值	知识创造	知识获取	知识创新	创新环境	创新绩效
江苏	1	4	2	1	2	2
广东	2	2	3	3	1	1
北京	3	1	4	4	6	3
上海	4	3	1	5	5	4
浙江	5	5	7	2	3	7

资料来源：《中国区域创新能力报告 2010》

在知识创造上来看，2009 年北京共有普通高等学校 88 所，在校大学生人数达到 57.72 万人，留学生 3.08 万人；有科技活动的单位 5089 个，科技活动人员 45.01 万人，其中科学家和工程师达到 36.02 万人。与此同时，北京市在每万人平均研究与试验发展全时人员当量、政府科技投入、发明专利数量、国际和国内论文数等指标上均居于全国之首，显示了北京在知识创造能力上的全国领先地位，但是投入产出比仍相当低，在国内处于中等地位。

在知识获取和知识创造方面，北京市均位居第 4 位，这与其拥有众多高水平科研院校和机构有很大的关系，但是部分指标，比如科技合作与技术转移的潜力和效率却不够高，排名比较靠后。尽管近些年北京市在企业创新方面保持了不断上升的趋势，但消化吸收经费支出仅仅是技术引进经费支出的 1/3，远远低于国际上一般的 3 倍的水平，在规模以上工业企业技术改造上的投入等方面也位于全国平均水平之下。

在创新环境上，总体来看比较好，因为已有基础较好，加上区域面积小，北京市在公路拥有量、电话用户等的增长率指标上均位居全国的较低水平。在创新绩效上，位居全国的前三强，在宏观经济、产业结构、产业国际竞争力、就业、可持续发展与环保方面均也位于全国前列，但其发展潜力仍有待于进一步挖掘。

二、科技创新发展趋势分析

借助北京市丰富且优质的科技、人才、信息资源，以及中关村国家自主创新示范区的建设，以及北京市每年对科技投入不断加大，北京的科技创新将取得突飞猛进的进步。在未来的发展中，北京市在全国科技中心的地位将被不断强化，创新绩效水平将得到不断提高，同时，基于北京建设世界城市的京津冀区域合作将全面展开。

（一）全国科技中心的地位将不断强化

北京是我国高等院校和科研机构的主要聚集地，不仅储备了大量科技人才，也为科技创新活动提供了良好的科研环境，就北京的总体趋势来看，一方面，未来的 10~20 年，是 "80 后"科技人才的黄金年龄 30~40 岁，在科技活动人员、R&D 人员、研究生等后备人力资源保持继续增长的同时，大量后备科技人才已陆续转入正式科技岗位，将成为带动未来 20 年北京市科技创新的主导力量，新时期科技活动将进入一个新的高峰期；另一方面，就北京市近年来的科研发展趋势来看，政府和企业对科技活动的重视程度都在不断提升，科技活动经费的支出及其用于试验发展的比重都在不断加大，伴随着我国经济实力的上升、发展机会的扩大，以及北京市建设创新城市步伐的加快，北京市的总体科研环境和信息网络、国家重点实验室、国家工程技术研究中心等基础设施的建立和完善，依托良好的人才政策、先发优势等，未来 20 年北京市对国内外高端人才的吸引力度将明显上升，为北京全国科技中心地位的强化起到重要的推动作用。

与此同时，中关村国家自主创新示范区在全国科技创新活动中的作用和影响力不断提升。国家"十二五"规划纲要草案明确提出，要把北京中关村逐步建设成为具有全球影响力的科技创新中心；国务院批复并公布了《中关村国家自主创新示范区发展规划纲要（2011—2020 年）》，提出到 2020 年将建设成为"具有全球影响力的科技创新中心和高技术产业基地"。其中，中关村科学城即以中关村大街、知春路和学院路为轴线以及周边的辐射区域，作为中关村国家自主创新示范区核心区的核心，是我国科技资源最为密集、科技条件最为雄厚、科技研发成果最为丰富的区域，汇集了大量的科研资源和产业。从北京市对中关村创新示范区的总体定位来看，信息网络、生命科学、新能源等战略性新兴产业将成为未来该区域发展的重点产业，重大科技成果转化和产业化项目落地的总体速度和品质会进一步提升，伴随着中关村自主创新示范区成为建设创新型国家和城市的重要载体和骨干力量，北京也必将成为国家高端人才的聚集区和全球影响力的科技创新中心。

（二）创新绩效将得到显著提高

创新绩效不高一直是北京市致力于改变的重要课题。近年来，北京市通过实施"科技奥运行动计划"，突破一批重大核心技术和新技术的应用，使得高端产业快速发展，城市管理和服务水平不断提升，创新型城市建设初现成效，创新绩效明显提高。总体上，强大的知识创造能力是提高创新绩效的重要基础。北京市具有丰厚的智力和科技资源，在许多基础研究和前沿技术研究领域具有显著优势，为创新能力和创新绩效的不断提高提供基础。同时，目前北京的发展已进入新的阶段，需要加快经济结构调整和经济发展方式转变，逐步确立创新驱动的发展模式。近年来，北京产学研用一体化的区域创新体系基本建立，知识技术化和技术产业化的两个关键环节取得显著进步，创新驱动经济社会发展的作用明显显现。知识经济时代进一步确立创新驱动的发展模式，将有利于提升北京市的创新绩效。此外，北京建设世界城市要求北京进一步集聚高端产业，提升国际竞争力，这需要北京进一步大力发展总部经济、研发产业等高端环节，因此也会促进北京创新绩效的不断提升。

（三）区域科技合作将全面展开

京津冀地区是我国最大的城市密集区和经济核心地带之一，作为北京建设世界城市的重要区域基础，加快区域合作是区域发展的必然趋势。目前京津冀三地已经通过区域规划等方式不断加强区域沟通与合作，逐步完善合作体系和优化合作机制，为未来区域合作的全面推进提供重要的支撑。在区域合作中，产业和科技合作将成为最有可能尽早实现的两大领域，一方面，伴随着首钢搬迁、曹妃甸新区及天津滨海新区建设，北京市制造企业在外迁的同时，也会带动一定的人才和技术的外迁，而企业在天津、河北地区的落地，也必然会带动本地科技活动的发展和科技人才的集聚，而由于产业链条在京津冀地区的跨区域布局，上下游企业及相关产业间的科技合作将明显增强；另一方面，近年来高校和科研机构外迁的趋势日渐明显，良乡大学城、昌平大学城等的建设和发展，以及北京联合大学等进驻河北廊坊市东方大学城，都促进了北京市区与郊区及周边地区的教育合作与发展。伴随着津、冀地区产业发展和人才需求的增强，区域科技人才布局将发生较大调整，区域人才流动将进一步加大。

完善区域内科技创新的投融资体系，实施专利、知识产权与技术标准战略等，必将提升区域整体创新实力（李国平等，2008）。京津冀三地区科技合作的快速推进，北京集中力量将进一步推进中关村逐步建设成为全球高端人才创新创业的聚集区、世界前沿技术研发和先进标准制定的引领区、国际性领军企业的发展区、具有全球影响力的高技术产业的辐射区和体制改革与机制创新的实验区，以及首都科技发展的制高点，发挥北京在京津冀区域以及全国科技合作体系中的龙头带动作用，进而成为全球科技创新的重要区域之一。

第三节 社会保障发展现状与趋势分析

社会保障是国家或社会依法建立的、具有经济福利性的、社会化的国民生活保障体系。中国的社会保障则由社会保险、社会救助、社会福利、军人福利、医疗保障、福利服务以及各种政府或企业补助、社会互助等组成（郑功成，2007）。《中共中央关于建立社会主义市场经济体制若干问题的研究》要求建立"多层次的社会保障体系"，包括"社会保险、社会救济、社会福利、优抚安置和社会互助、个人储蓄积累保障"。社会保险是社会保障体系的核心部分，包括养老保险、失业保险、医疗保险、工伤保险和生育保险。社会救助包括城市居民最低生活保障、灾害救助、流浪乞讨人员救助和社会互助。优抚安置是优待、抚恤、安置三种待遇的总称，主要针对为国家做出牺牲和贡献的特殊社会群体。

一、社会保障发展现状

尽管经过多次补充和完善，传统社会保障制度20世纪80年代以前在保障的待遇项目上没有本质的变化。90年代中期以来，我国社会保障制度进入全面改革的阶段。北京充分发挥其资源和财力优势，尤其是在21世纪以来，在社会保障各个领域及制度建设方面都走在全国前列，不断完善和发展具有首都特色的社会保障体系框架，参保人数逐年上升（表5-11）。

表5-11 北京市2000年以来社会保障情况

年份	基本养老保险人数/万人	基本医疗保险人数/万人	失业保险人数/万人	工伤保险人数/万人	生育保险人数/万人	新型合作医疗人数/万人	城市最低生活保障人数/万人	农村最低生活保障人数/万人	农村居民参加养老保险人数/万人	农民养老保险参保率/%	新型农村合作医疗参保率/%
2001	425.9	210.2	287.2	212.7	—	—	7.8	1.8	34.7	—	—
2002	436.2	353.8	299.5	221.0	—	—	12.0	5.4	32.0	—	—

续表

年份	基本养老保险人数/万人	基本医疗保险人数/万人	失业保险人数/万人	工伤保险人数/万人	生育保险人数/万人	新型合作医疗人数/万人	城市最低生活保障人数/万人	农村最低生活保障人数/万人	农村居民参加养老保险人数/万人	农民养老保险参保率/%	新型农村合作医疗参保率/%
2003	448.5	436.1	306.6	242.9	—	—	16.1	6.7	33.6	—	—
2004	460.0	484.0	308.0	259.0	—	234.0	16.1	7.5	36.8	—	71.9
2005	520.0	574.8	394.6	328.9	226.1	250.4	15.5	7.8	40.6	25.0	80.3
2006	604.1	679.5	482.2	465.3	263.3	261.0	15.2	7.1	44.8	29.3	86.9
2007	671.7	783.0	535.3	609.2	290.6	268.5	14.8	7.8	49.1	36.6	88.9
2008	758.1	871.0	614.3	666.5	324.1	272.5	14.5	7.9	127.5	85.0	92.9
2009	827.7	938.4	675.7	747.1	346.8	274.9	14.7	8.0	153.9	90.0	95.7

资料来源：《北京统计年鉴2010》

（一）社会保险

1. 养老保险

1998年以来，北京市主要是推行和发展社会统筹与个人账户相结合的城镇职工基本社会养老保险制度，探索农村居民基本养老保险制度。按照"三统一、一加强"的原则[①]，进一步完善养老保险工作（张宣，2005）。"统账结合"的养老保险制度日趋成熟，2001年，中央及北京市属科研院所等转制单位纳入了企业养老保险体系，完善了外来务工人员养老保险政策和存档人员参加养老保险的方法。2002年对机关事业单位转制或流动到企业及中断缴费人员出台了衔接办法。2006年北京市政府颁布了《北京市基本养老保险规定》，覆盖城镇职工、个体工商户和灵活就业人员。对于退休职工，2007年先后两次颁布《关于北京市2007年调整企业退休人员基本养老金的通知》和《关于北京市2008年调整企业退休人员基本养老金的通知》，调整并增加了他们的基本养老金。2008年12月北京市政府颁布了《北京市城乡居民养老保险办法》，实行个人账户与基础养老金相结合，个人缴费、集体补助与政府补助相结合的制度模式。区（县）财政部门和劳动保障部门对此基金进行管理，专款专用。之后又出台了《城镇职工基本养老保险费补缴实施细则》。北京市养老保险制度改革基本达到了原设定目标，覆盖面逐渐扩大，资金筹措额度不断增大（图5-12），制度运作稳定，但涉及政府机关、事业单位的养老金制度的改革尚未出台。

北京农村社会养老保险起始于1987年，1991年年初顺义、大兴作为工作试点，1992年在海淀、石景山、房山、顺义、通州、延庆等区县的乡镇全面展开

---

① 统一企业和职工缴纳基本养老保险费的比例和基数，统一建立11%规模的个人账户，统一基本养老金的计发办法；加强养老保险基金管理，把基本养老保险基金纳入财政专户。

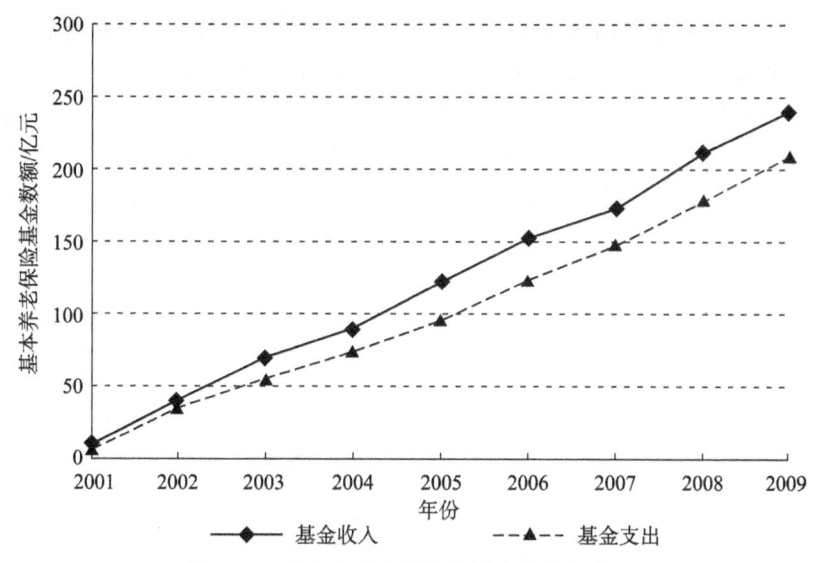

图 5-12 北京市基本养老保险基金收支情况

资料来源：《北京统计年鉴 2010》

农村社会养老保险。1995 年市政府发出《关于加快建立农村社会养老保险制度的通知》，全面推动农民自愿参加。2005 年年底北京市政府发出《北京市农村社会养老保险制度建设指导意见》，围绕探索建立新型农村社会养老保险制度进行创新，明确了农村养老保险的使用范围、资金的筹集、缴费机制、保险待遇等方面的内容。2007 年颁布《北京市新型农村社会养老保险试行办法实施细则》，对在全国推广新型农村社会养老保险制度具有重要的示范意义。2001 年北京市农村居民参加社会养老保险的人数为 34.7 万人，2009 年则为 153.9 万人；农村居民养老保险参保率由 2005 年的 25.0%增加到 2009 年的 90.0%。

为了进一步完善社会保险体系，保障农民工的合法权益，针对《农民合同制职工参加北京市养老、失业保险暂行办法》在执行中出现的一些新情况，在 2001 年 8 月制定了《北京市农民工养老保险暂行办法》，但实施效果不理想。首先，对企业来说，为农民工缴纳养老保险会增加用工成本；其次，对农民工而言，流动性强、收入低等特点限制了他们参保的积极性；最后，二元社会保障制度安排也会导致农民工的参保率不高（陆学艺，2008）。

2. 医疗保险

2001 年至今，是北京市基本医疗保险制度确立和完善阶段。2001 年，北京市医疗保险制度改革正式启动，原来实行大病统筹的企业与职工稳妥地实现了新老制度的转换，建立了企业职工补充医疗保险制度，初步形成多层次的医疗保障体系。医疗保险覆盖面迅速扩大，2001 年的参保人数为 210.2 万人，2009 年为 938.4 万人，年均增长率为 20.56%。2003 年进一步完善了医疗费用的合理分担机制，也落实了贫困群体的医疗社会救助。2004年医疗保障体系建设进一步健全，提高了基本医疗保险统筹发展基金的最高支付限额及支付比例，发布了《关于调整特困人员医疗救助政策有关问题的通知》，创立了中小学、婴幼儿住院医疗互助金制度，填补了基本医疗保障体系中0～18岁少年儿童的空白（丁向阳，2005）。北京市基本医疗保险基金收支状况如图5-13所示。

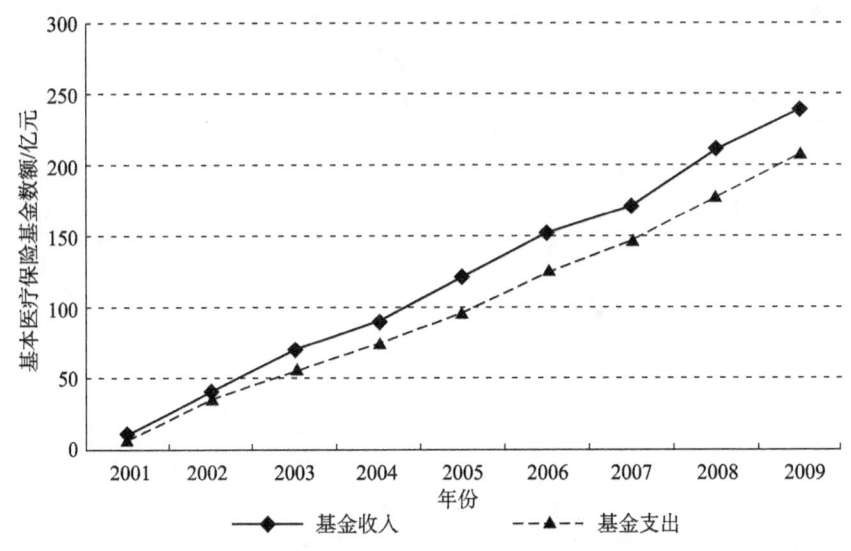

图5-13 北京市基本医疗保险基金收支情况

资料来源：《北京统计年鉴2010》

农村的医疗保险制度也在逐步走向完善。2002年10月，国务院做出《关于进一步加强农村卫生工作的通知》，明确提出逐步建立新型农村合作医疗制度，2010年基本覆盖全体农民。2003年6月，北京市出台了《北京市建立新型农村合作医疗制度》，提出了农民个人缴费、集体扶持和政府资助相结合的多方筹资机制。2004年年底，各项统筹经费全部到位，北京市13个涉农区县全部开展新农合工作，在实现以区县为单位100%覆盖的基础上，实现100%的村覆盖。2007年，开始统一各区县人均筹资标准。2008年，开始不断增加基本医疗保险定点医疗机构及药店的数量，受益人群的数量在不断增强。从2003年在大兴、通州、顺义、平谷和怀柔进行新型医疗合作制度的试点，以及在全市农村地区的全面开展，农村地区的新型合作医疗参保率由2004年的71.9%达到2009年的95.7%，实现了新农合制度的"三转变"：性质由"互助共济"逐步转变为政府主导的农村居民基本医疗保障；统筹模式由侧重大病统筹为主逐步向住院与门诊医疗费用统筹兼顾过渡；制度定位由侧重减缓"因病致贫、因病返贫"向进一步扩大参合农民医疗补偿收益面过渡。

3. 失业保险

1999年北京市政府出台了《北京市失业保险规定》，调整了单位和个人缴费比例及失业保险待遇。2000年基本实现失业保险的社会化管理和服务，在保障失业人员基本生活、促进下岗失业人员就业等方面发挥了积极的作用。2003年失业保险的参保人数达到306.6万人，支付促进就业经费2.51亿元，帮助17.92万名失业人员实现就业。2007年6月，北京市政府对1999年的《北京市失业保险规定》进行了修改，进一步明确了补贴方法和标准，保护了农民工的合法权益。

4. 工伤保险

2000年4月1日北京市正式施行《北京市企业劳动者工伤保险规定》，详细规定了工伤认定范围、劳动能力鉴定和评残，工伤保险待遇，工伤保险基金的征缴、管理，工伤预防，法律责任和争议处理，以及职业康复等方面，标志着北京市工伤保险社会统筹工作拉开序幕。2003年根据国务院《工伤保险条例》制定了北京市的《实施办法》及配套政策，实行收支两条线管理和社会统筹，2004年1月1日开始实施。2004年北京市劳动和社会保障局颁布了《北京市外地农民工参加工伤保险暂行办法》，被认定为工伤且劳动能力鉴定伤残等级达到一至四级的外地农民工，享受伤残津贴和护理费，按月支付。2008年新增小汤山医院等十家医院为北京市工伤医疗机构。2009年调整了工伤职工及工亡人员供养亲属工伤保险定期待遇，2011年将工伤保险津贴提高到人均每月2504元。

5. 生育保险

2004年12月北京市政府颁布了《北京市企业职工生育保险》，2005年7月起开始执行《北京市生育保险待遇支付管理办法（试行）》，明确待遇支付项目包括生育津贴、生育医疗费用、计划生育手术医疗费用，以及国家和北京市规定的其他费用，参保对象为市辖区内所有企事业单位有本市常住户口的职工。2007年调整了生育保险政策，同时将生育保险覆盖的范围扩大到市行政区内的城镇各类企业、民办非企业单位、实行企业化管理的事业单位和与之形成劳动关系持有《北京市居住证》的职工，是目前设计人员最多、覆盖面最广的一项险种。

由于2005年北京市政府将生育保险工作列为"折子工程"，所以，尽管北京的生育保险起步晚，但是推进速度相当快，成绩显著。2005年参加生育保险人数为226.1万人，2009年则上升为346.8万人，年均增长30.18万人。2006年共有71 896人次享受了生育保险待遇，人均费用10 281元。

（二）社会救助

在计划经济体制下，由于城乡实行低工资充分就业管理体制，真正失去生活来源的人比较少，当时"政府救济"对象主要是被城市全民所有制、集体所有制以及农村集体单位所遗漏且失去生活来源的人。1978年改革开放以来，随着城市贫困人口的增加，传统的社会救济已经无法满足现实的需求。1996年北京市政府批转了《市民政局等部门关于实施城镇居民最低生活保障制度意见的通知》，正式建立城镇居民最低生活保障制度，保证标准随着经济和社会发展不断调整，由 1996 年每人每月 170 元提高到 2009 年的 410 元（图 5-14）。社会救助的人数在 2003 年以来基本稳定在每年 23 万人左右（图 5-15），2001~2009 年累计救助达 197.3 万人次，这为社会弱势群体基本生存发展权利提供了基本保障，促进了社会团结和稳定。

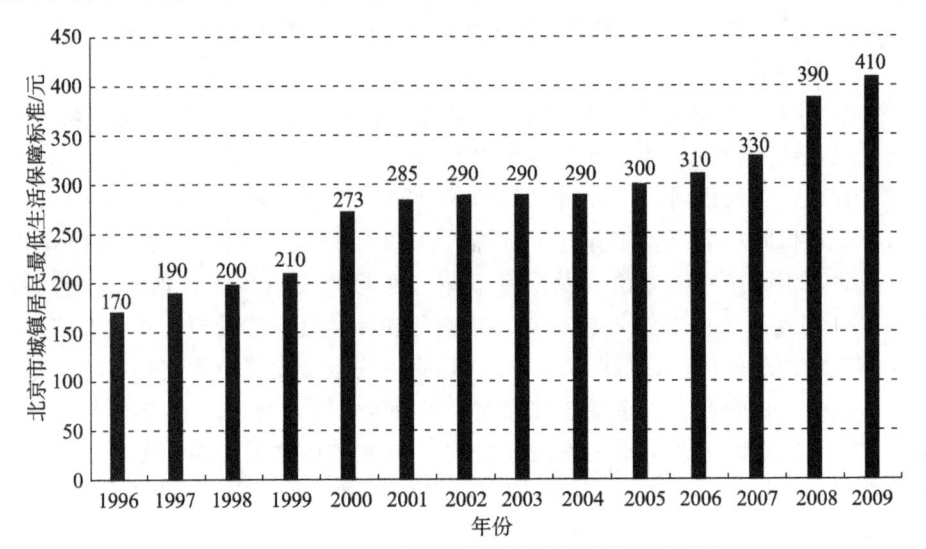

图 5-14 北京市城镇居民最低生活保障的年度调整

资料来源：《北京统计年鉴 2010》

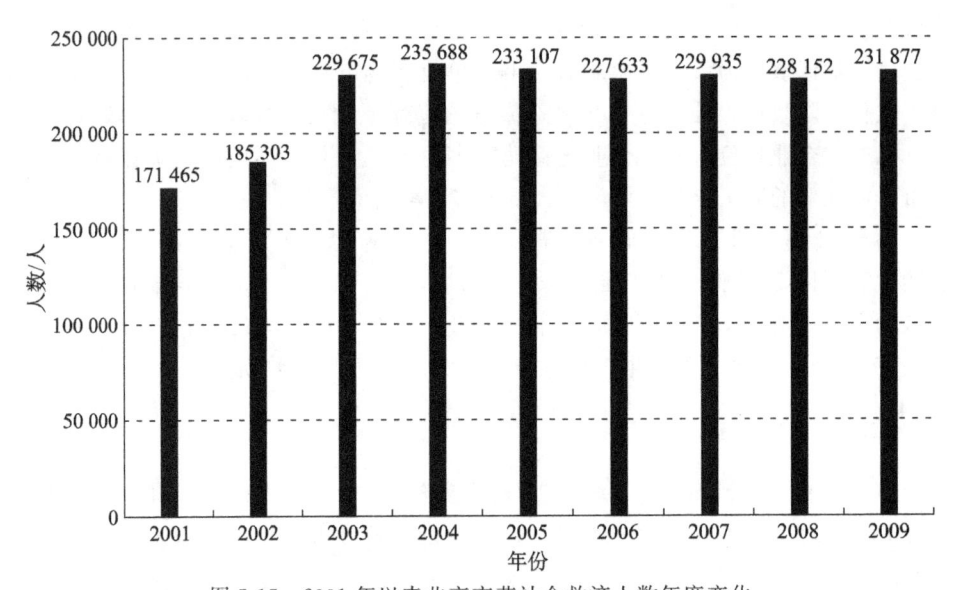

图 5-15 2001 年以来北京市获社会救济人数年度变化

资料来源：《北京统计年鉴 2010》

除社会最低生活保障外，北京市在其他社会救助政策上仍没有系统的、明确的规定，医疗救助、教育救助和临时救助等还存在许多需要完善的地方。同时，由于地区经济发展水平、地区居民收入以及劳动力市场价格的差异，以及救助对象的差异，救助标准往往难以合理设定。

自社会保障制度建立以来，社会保障仍存在以下主要问题：

第一，社会保障的城乡二元结构就一直存在。在计划经济体制下，该结构基本适应了社会发展的需要，保障了城乡居民的社会生活。但在市场经济体制下，社会保障发展与其功能目标逐步偏离（陆学艺，2008）。城市社会保障中的国家、单位和个人保障责任分担，大大降低了个人的负担；农村建立的社会保障制度却强化了个人的保障责任。随着城乡收入差距的不断扩大，现代社会保障制度对城乡居民的实际保障能力是不同的。虽然北京的社会保障在逐步覆盖城乡居民，实现了从城市到农村的发展，但是在制度与实施上却不能很好地解决市场经济发展所带来的社会问题，比如，农村居民的"因病致贫、因病返贫"的现象依然存在。

北京市社会保障的城乡一体化机制尚未健全，在农村社会保障方面的投入力度也与农村现实的经济社会发展不相适应。以养老保险为例，法律规定城镇居民必须参加养老保险，而农村居民是自愿参加；城镇的养老保险机制基本健全，但农村的养老保险仍处于探索和质量亟待提升的阶段；城镇社会保障已实现个人账户和社会统筹相结合，农村养老保险主要是在个人账户上完成积累；2008年城镇离退休人员可领取1830元/月，而农村居民仅为400元/月，差异十分显著。

第二，社会保障的公平性难以保证。公平是一个社会或组织可持续发展与稳定的重要基础保障，社会保障是社会公平得以实现的重要社会政策。在社会转轨时期，城市就业人员一直被分为城镇职工和农民工、本地工人和外来人员等不同的社会群体，劳动市场及劳动报酬相应被分割，不同群体受到的社会保障权益也是大不相同的。城镇职工与农民工所享受的社会保障力度相差甚远，本地职工与外来人员的社会保障待遇也存在天壤之别。企业职工与机关事业单位职工基本养老保险制度的一体化仍有待时日。北京市的最低社会保障仍被人为地划分为城市和农村，且保障额度差别很大。

北京要建设世界城市，必须要实现社会的公平与公正，同时，由于没有外来人口的规模与速度的合理控制，外来人员在京合理待遇的保障依旧难以全部实现。除此之外，社会保障基金的投入与管理力度不够，对弱势群体的社会保障力度也不够大，城乡社会保障一体化的实现任重道远（黄燕芬等，2006；贺晓梅，2010）。

第三，社会保障水平有待提高。北京要建设世界城市，就必须有与其目标相适应的完善的社会保障制度,以保障其经济和社会的良性运行和发展。社会保障水平指一个国家或地区的社会保障支出占当年 GDP 或地区生产总值的比重,用来说明一个国家或地区能够支出多少资金用于其社会居民的保障。如表 5-12 所示,2004 年美国、日本、法国和英国的社会保障水平分别为 14.51%、23.72%、29.30%和 29.23%(吕学静等,2011),而北京在 2009 年的社会保障占 GDP 的比重仅为 5.43%,远低于世界城市所在国家 2004 年的社会保障水平,北京市社会保障水平急需快速提高。

表 5-12　发达国家 2001～2004 年社会保障水平　　　　　　　　单位:%

国家	2001 年	2002 年	2003 年	2004 年
美国	13.63	14.41	14.61	14.51
日本	22.55	23.49	23.51	23.72
法国	30.00	28.50	29.00	29.30
英国	27.42	26.81	27.39	29.23

资料来源:吕学静等(2011)

二、社会保障发展趋势分析

今后 20 年是北京市经济社会发展的关键时期,也是北京完善社会保障的重要时期。尽管在未来,北京的社会保障事业会受到经济社会发展对社会保障提出的新要求、人口老龄化程度不断加剧等挑战(张晨光,2011),但城镇社会保障制度将得到全面完善,城乡社会保障水平将得到大幅度提高,以及为了实现世界城市的建设目标,社会保障的城乡差距将会基本消除。

(一)城镇社会保障制度将得到全面完善

北京市经过新中国成立后 60 年的发展,从没有对企业职工实行统一的社会保障制度,到已经形成了相对完善和统一的社会保障制度,逐步实现了社会化、规范化和专业化。在接下来的 20 年的时间里,通过推进行政事业单位退休金制度与城镇职工养老保险制度并轨,实现公费医疗制度进入城镇职工基本医疗保险,将行政事业单位工作人员纳入失业、工伤、生育保险范围;努力整合城乡无保障老年人补贴制度与居民养老保险制度、城镇居民大病医疗保险制度和新型农村合作医疗制度,将自主创业、灵活就业人员纳入失业、生育保险范围,形成统一的居民社会保险制度;完善覆盖居民多层次的医疗保险制度,逐步实行城乡居民养老、医疗保险市级统筹,统一缴费标准、待遇水平和基金管理;完善居民与职工养老保险衔接政策,推进医疗保险关系转移接续和异地结算,方便市民流动等措施和政策,必将使城镇社会保障制度在 2030 年得到全面的改善。

（二）城乡社会保障水平将大幅提高

北京目前的社会保障水平在全国位居前列，但与其他世界城市相比却相差甚远。北京建设世界城市，必将加大公共财政投入和社会保险基金征缴力度，提高居民缴费水平，健全社会保障待遇标准正常增长机制，稳步提高企业退休人员基本养老金、行政事业单位离退休费、居民养老保险金、失业保险金、优抚抚恤补助、最低生活保障等标准，到 2030 年达到发达国家的一般水平。通过加强社会保障公共服务网络、人才队伍和信息化建设，拓展社会保障卡功能，尽快统一社会保障业务管理和基金运作，提高社会保障管理服务水平；以《社会保障法》为根本，在法律层面理顺不同社会保障制度的关系，完善社会保障的运行机制，从而保障城乡社会保障水平的顺利提升。

（三）社会保障的城乡差距基本消除

北京市 2009 年人均 GDP 已经超过 1 万美元，具备了建立城乡一体化社会保障体系的经济基础。《中共中央关于构建社会主义和谐社会若干重大问题的决定》指出，到 2020 年，要建成覆盖城乡的社会保障体系。通过加快推进社会保障的城乡一体化进程；在不断完善城镇社会保障的同时，加大财政支出向农村地区的倾斜力度，弥补长期以来农村社会保障中的资金短缺问题，到 2030 年，社会保障的城乡差距将基本得到消除，可基本实现城乡社会保障的一体化发展。

第四节　公共服务发展现状与趋势分析

公共服务的概念在 20 世纪 80 年代被引入我国，逐步被党政部门接受（卢汉龙，2008）。公共服务指政府为满足本国民众生存权和发展权，运用法定权利和公共资源，面向全体公民或某一类社会群体，组织或直接提供的以共同享有的各种产品和服务。基本公共服务是为了维持经济社会稳定和社会公平正义，保障公民最基本的生存权和发展权所必须提供的公共服务，是经济社会发展到一定阶段，公共服务应该覆盖的最小范围和边界。在现阶段，基本公共服务主要包括教育、医疗卫生、公共文体事业、公共安全、社会福利等。

一、公共服务发展现状

2003 年，党的十六届三中全会通过的《中共中央关于完善社会主义市场经济体制若干问题的决定》首次明确提出完善公共服务是我国行政管理体制改革的重要组成部分。2005年10月北京市第九届十次全会通过的《中共北京市委关于制定北京市国民经济和社会发展第十一个五年规划的建议》，提出"积极推进覆盖城乡、功能完善、布局合理的公共服务体系建设，解决好关系人民群众切身利益的就学、就医、就业、住房、安全等现实问题"。《关于制定北京市国民经济和社会发展第十二个五年规划建议的说明》也提出要"不断提升公共服务水平，实现城乡基本公共服务全覆盖和均等化"。本节将重点分析京市在教育、医疗和文化事业上的发展状况。

（一）教育发展现状及问题分析

1. 基础教育发展现状分析

北京的基础教育起始于20世纪初的新学建立，20世纪50年代模仿苏联教育模式进行正规化建设，20世纪80年代后推动教育起点公平，普及义务教育。近些年来，强调素质教育发展，推进基础教育信息化建设和义务教育的均衡化发展。

1993年北京市普及义务教育以来，基础教育进入"巩固、充实、提高"的发展阶段。1994年，北京市制定了《北京市十大教育工程实施意见》，其中有6项是关于基础教育的。1999年12月颁布的《关于深化教育改革全面推进素质教育的意见》提出要实施首都教育先导发展战略，全面推进素质教育。2000年出台了《加强中小学校园网建设实施方案》，明确规定了校园网建设的基本内容及标准、校园网设计的技术标准和统一要求等，不断推进基础教育信息化建设。2001年以来把义务教育均衡化发展作为基础教育改革与发展的目标，2006年公布了义务教育均等化的标准。2007年8月召开义务教育均衡发展会议，提出到2010年全市义务教育学校城乡差距、校级差距显著缩小，学生德智体美等综合素质全面发展。

1) 基础教育投入

1986年，北京市人大立法规定，"市区（县）财政用于中小学教育事业费的增长比例，应当高于财政经常性收入的增长比例，并使按在校学生人数平均的教育事业费的共用部分实际上逐年增长"，同时提高教育行政费用标准。2009年北京市对幼儿园、小学、中学的教育经费总支出为233.56亿元，比2008年增长13.66%，其中基本建设支出为14.12亿元，比2008年增长127.56%。2010年北京市地方财政性教育经费513.13亿元，占全市GDP的3.72%，比上一年增长0.07个百分点；预算内教育经费505.78亿元，占财政支出的18.61%，比2008年增长0.03个百分点。随着北京市经济实力的增强，生均教育事业费和生均公用经费也在逐年增长（图5-16、图5-17）。

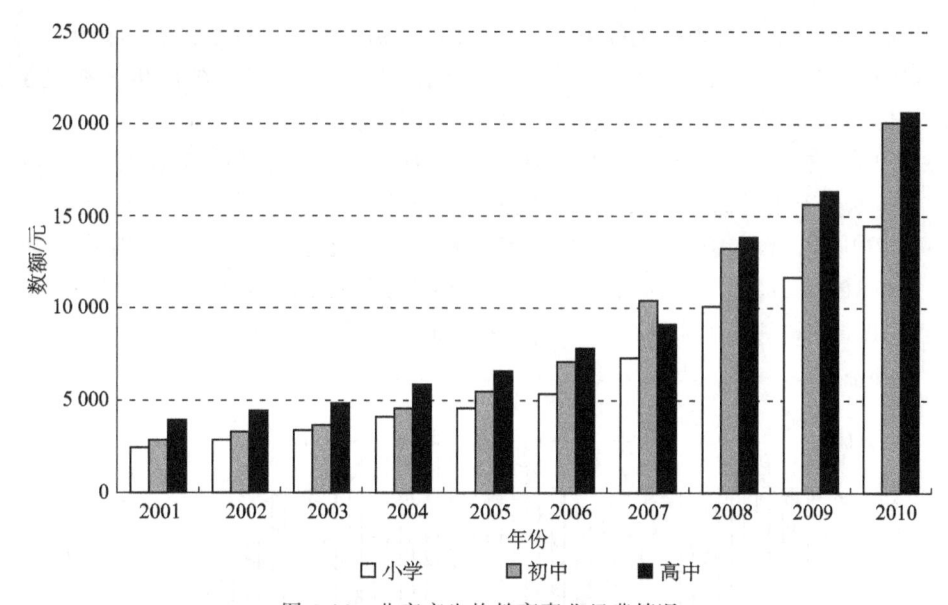

图 5-16　北京市生均教育事业经费情况

资料来源：根据 2001~2010 年北京市各年度教育经费执行情况的公告整理而得

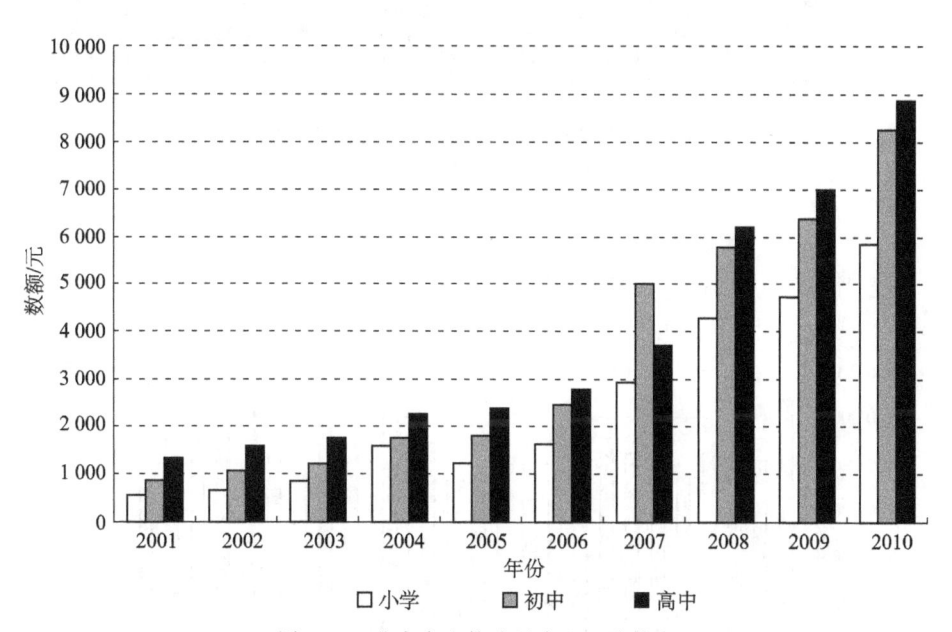

图 5-17　北京市生均公用事业经费情况

资料来源：根据 2001~2010 年北京市各年度教育经费执行情况的公告整理而得

2）基础教育结构

改革开放以来，北京市的中小学教育的招生人数和在校人数在规模上出现过几次波动。小学规模扩大的第一个高峰期在 1978 年，在校生人数和招生人数分别为 93.73 万人和 19.91 万人；第二次出现在 1994 年，在校生人数达到 102.45 万人，招生 18.63 万人。之后逐年下降，在 2007 年和 2008 年稍有上升（图 5-18）。初中在校生的最高值出现在 1978 年，规模高达 67.91 万人，总体上来看基本处于相对稳定的状态，招生人数也大致稳定在 10 万～20 万人（图 5-19）。高中的在校人数和招生人数的最高规模也是出现在 1978 年，分别为 41.56 万人和 16.13 万人；之后的 1991 年至 1995 年的在校生人数在 10 万人左右，之后在 2005 年达到一个小高潮期，之后又呈现逐年下降的趋势（图 5-20）。

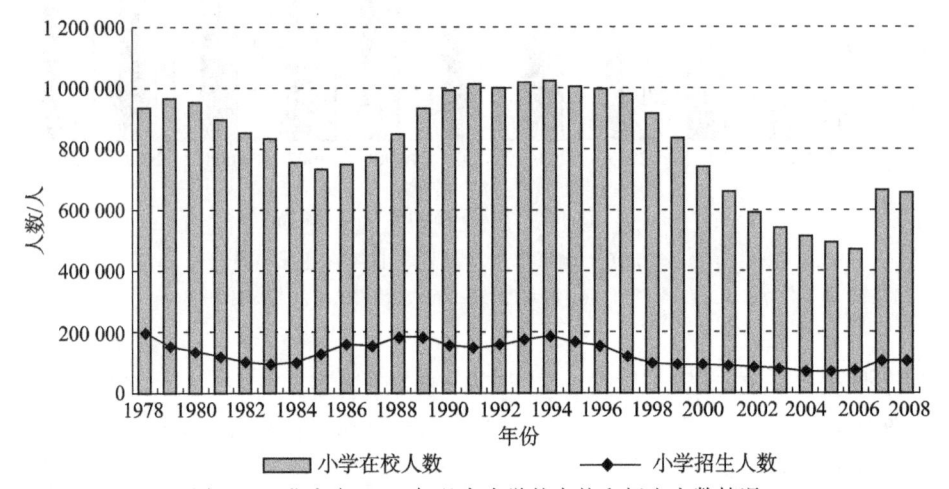

图 5-18 北京市 1978 年以来小学的在校和招生人数情况

资料来源：《北京六十年》

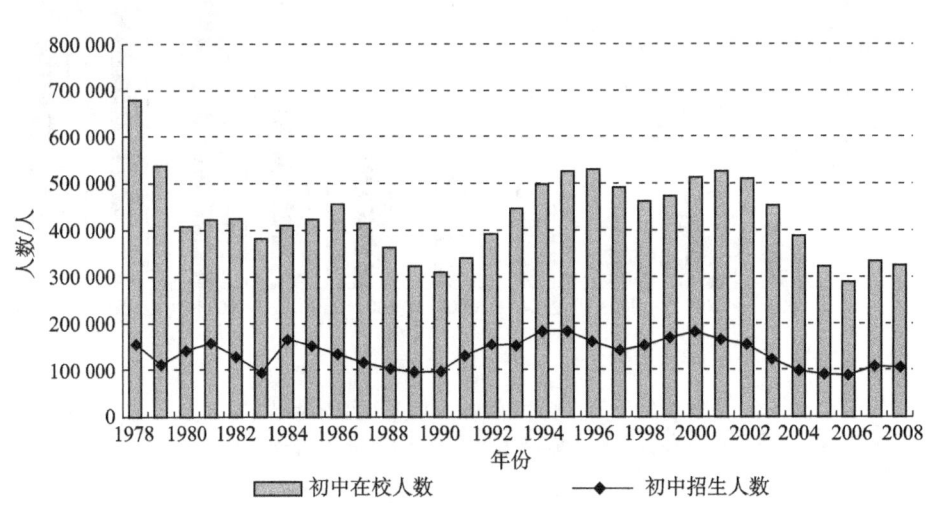

图 5-19 北京市 1978 年以来初中的在校和招生人数情况

资料来源：《北京六十年》

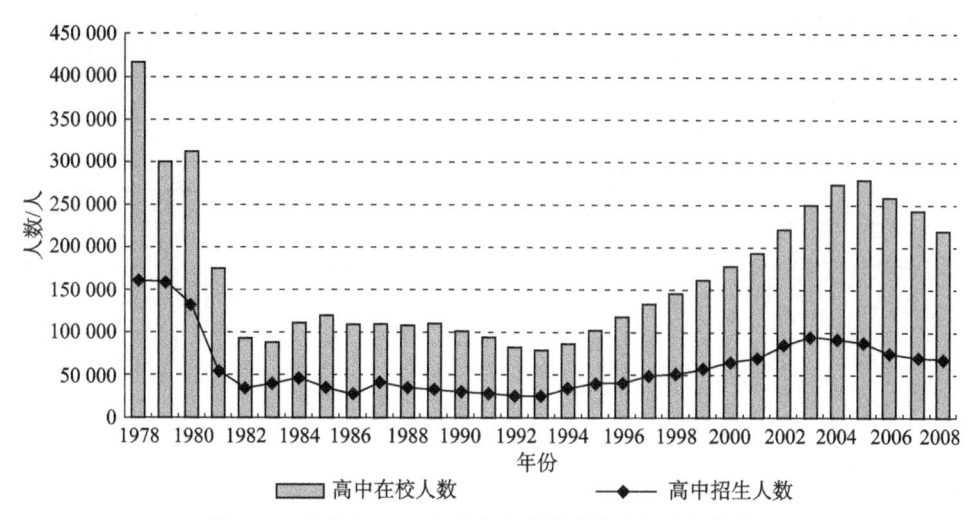

图 5-20　北京市 1978 年以来高中的在校和招生人数情况

资料来源:《北京六十年》

为了缓解连年出现的小升初"择校热",北京市于 2005 年 4 月召开初中教育工作会,启动新一轮北京市初中建设工程,每年投入 1 亿元专项资金,彻底改变城区和农村办学困难初中的面貌,均衡初中的办学水平。2006 年北京市政府将城区 100 所和农村 200 所办学困难学校建设列入折子工程,共投入 2.3 亿元,制定了 10 项措施,包括调整教育经费支出结构,加大对初中教育的投入;加大初中学校布局调整、资源整合力度,制定全市初中学校的布局调整规划,通过强弱联合、对口支援建设等手段,扩大初中优质教育资源,对办学困难学校进行调整和改造,使全市初中学校三年内基本达到新颁布的《北京市中小学办学条件标准》;委派高水平校长到办学困难初中任教,鼓励优秀教师离岗全职或在岗兼职到办学困难学校支教。

3) 农村义务教育

2002 年 10 月,北京市政府转发了《国务院关于完善农村义务教育管理体制的通知》,明确农村义务教育的责任从主要由农民承担转到主要由政府承担,政府对义务教育的责任从以乡镇为主转为以区县为主。北京市补助区(县)基础教育的经费在 2001 年为 4.6 亿元,2005 年增至 19.2 亿元。2009 年北京市对农村小学的教育经费支出大幅上升,农村中小学 38.0 亿元,农村中学的教育经费支出为 28.0 亿元,分别比 2008 年增加 13.7% 和 8.9%。为了均衡发展农村义务教育,北京市加快了农村中小学的布局调整,通过办寄宿制、联村办学、规模办学等方式,让农村中小学生享受到高标准高质量教育。北京市农村完小由 1996 年的 1016 所减少到 2001 年的 753 所,2009 年农村小学仅剩下 377 所,占全市小学总数的 32.5%。2009 年农村小学的招生人数为 14 331 人，占全市总小学招生人数的 14.0%。北京市 2009 年农村义务教育的基本情况如表 5-13 所示。

表 5-13 2009 年北京市农村义务教育基本情况

项　目	全市初中	农村初中	农村所占比重/%	全市小学	农村小学	农村所占比重/%
校　数/所	342	98	28.65	1 160	377	32.50
毕业生数/人	101 811	14 128	13.88	110 730	18 008	16.26
招生数/人	105 930	13 304	12.56	102 414	14 331	13.99
在校学生数/人	318 874	43 078	13.51	647 101	93 399	14.43
教职工数/人	71 831	9 170	12.77	60 428	11 774	19.48
专任教师/人	50 237	6 229	12.40	49 257	9 243	18.76
代课、兼任教师/人	1 026	2	0.19	523	59	11.28
达标校数/所	490	106	21.63	755	287	38.01
体育运动场馆面积/万米^2	741.43	157.97	21.31	576.04	220.72	38.32
建立校园网校数/所	599	112	18.70	1 042	327	31.38
计算机/万台	18.18	1.88	10.36	14.21	2.60	18.31
图书藏量/万册	2 538.81	277.79	10.94	2 360.24	464.30	19.67
电子图书藏量/千兆字节	153 354	24 146	15.75	65 753	5 843	8.89
固定资产总值/亿元	167.70	17.71	10.56	80.48	12.63	15.69

资料来源：《北京统计年鉴 2010》

2. 高等教育发展现状分析

1992 年"邓小平南行"和中共十四大召开之后，我国改革开放和社会主义现代化建设全面展开，高等教育的发展也进入全面建设时期。1992 年 7 月，北京市颁布了《北京市教育事业十年规划和"八五"计划纲要》，提出到 20 世纪末，北京高等教育的主要目标是根据首都经济和社会发展的需要，在合理调整学校布局和专业设置、大力提高教育质量的基础上适度发展。在《关于深化教育改革，全面推进素质教育的意见》中提出北京要率先进入高等教育普及化阶段，构建起各类教育相互衔接沟通、配套协调的现代化教育体系，基本实现以建立终身学习制和进入学习化社会为主要标志的教育现代化。2003 年北京率先在全国范围内进入高等教育普及化阶段。《中共北京市委北京市人民政府关于实施首都教育发展战略率先基本实现教育现代化的决定》提出，到 2010 年北京在全国率先实现教育现代化。《北京市"十二五"时期教育发展规划》提出，统筹首都高等教育发展，完善中央院校共建模式，支持世界一流大学和高水平大学建设；调整优化首都高等教育空间布局，多渠道改善办学条件，提高首都高等教育的现代化和国际化水平。

北京是全国高等学校最集中的地区。2001 年，北京地区普通高等学校有 61 所，独立设置成人高等学校 41 所，进入国家"211 工程"的学校 20 所，占全国的 1/5；进入"985 工程"的学校有 8 所，占全国的 21%；重点高校 23 所，占全国的 24.7%。"十五"时期，北京高等教育共培养研究生 12.6 万人，普通本专科生 42.8 万人，高效毕业生就业率保持在 89% 以上。2008 年北京市共有 82 所高等学校，其中，综合大学 8 所，理工院校 27 所，财经院校 11 所，语言院校 9 所，艺术院校 8 所，政法院校 7 所。2009 年共有 88 所普通高等学校，在校人数为 45.89 万人，其中外国留学生有 3.08 万人，教职工有 12.96 万人，专职教师 5.71 万人。2009 年北京普通高等学校分学科培养的研究生规模如表 5-14 所示。同时，北京已建立起学科门类比较齐全的研究生教育和学位授权体系，是全国最大的高层次人才培养基地。现有的博士学位授予体系已经涵盖了哲学、经济学、法学、教育学、文学、历史、理学、工学、农学、医学、军事学、管理学等所有的学科门类，2009 年共培养的博士毕业生 12 666 人，硕士毕业生 46 114 人，招收 15 376 个博士研究生和 60 634 个硕士研究生。

表 5-14　2009 年北京市分学科研究生情况　　　　　单位：人

项目	毕业生数 博士	毕业生数 硕士	招生数 博士	招生数 硕士	在校学生数 博士	在校学生数 硕士
学术型学位	12 184	41 795	15 183	49 809	57 906	130 330
哲　　学	212	458	227	439	847	1 234
经 济 学	628	3 206	829	3 589	2 952	8 368
法　　学	882	3 449	1 094	4 177	3 911	10 778
教 育 学	256	1 416	316	1 529	1 160	4 523
文　　学	653	4 989	912	5 385	3 193	13 939
历 史 学	171	387	193	427	741	1 242
理　　学	2 544	3 590	3 132	5 477	11 181	14 335
工　　学	4 408	16 793	5 650	20 053	23 747	53 222
农　　学	502	1 132	667	1 469	2 078	3 975
医　　学	982	1 728	968	2 016	3 045	5 782
军 事 学	15	24	13	20	57	101
管 理 学	931	4 623	1 182	5 228	4 994	12 831
专业学位	482	4 319	193	10 825	1 089	20 169

资料来源：《北京统计年鉴 2010》

3. 教育发展中存在的主要问题

1) 基础教育公平性难以保证

2007 年党的十六届六中全会提出将"促进教育公平摆在突出位置"，保证所有公众拥有平等的享受教育权利和教育资源的权利，以教育发展和教育公平来促进社会和谐。但目前，北京市中考、小升初考试竞争的激烈程度远大于高考竞争，原因在于少数优质的教育资源和水平在空间布局和结构上具有很大的不均衡性。

2010 年 5 月，北京市政府废除了 1986 年沿用至今的《中、小学生学籍管理办法》，规定非京籍享受同等入学待遇，并为其建立学籍，但这并不包括高中和高考。根据教育部统计,目前在北京的流动人口适龄入学子女有40万左右,如果全部进入北京,将会对北京教育秩序造成一定的冲击,所以,随着京籍学生人数的减少,北京教育系统宁可合并、减少中学数量以保证北京市高考的高入学率,也不愿意接收外地学生。从长远来看,建立公平合理的高考制度才是解决教育迈向公平的最根本的办法。

2)高等教育水平有待提升

建设世界城市,最首要的是人才,基础在于教育,但目前首都高校结构供需矛盾仍旧存在,重点发展产业所需人才大量缺乏、产业人才结构不合理,高校难以在传统产业技术改造上给予新技术知识的支持。同时,高校科研成果转化率一直偏低,与发达国家同等级首都不低于30%的科研成果转化率相比,北京市大约只有10%~15%,大量具有产业化前景的科技成果被束之高阁。随着教育国际化的到来,北京高等教育的个性化不强,办学理念、培养目标、办学模式,以及教学内容、课程设置、学科划分等与国内其他高校基本相似,相同类型的国内高校趋同化现象严重,也难以与香港地区,以及欧美国家等的著名院校相比。2011年北京四名高考状元全部花落港校,在一定程度上反映了北大、清华等北京一流高校将面临越来越激烈的境内外竞争,只有快速提升办学水平,才能够获取国际竞争力。

(二)医疗卫生发展现状及问题分析

医疗卫生是公共服务的重要组成部分,在保护国民健康、提高民族素质、促进经济发展、维护社会安定等方面有着不可替代的重要作用。了解北京市基本医疗情况和空间布局,有助于理清和分析北京市社会发展现状,有助于北京市医疗水平的进一步提升和建设世界城市。

1. 基本医疗卫生发展现状分析

1997年以后,针对卫生机构服务效率低下等问题,北京市围绕卫生体制、医疗保障体制和医药流通体制三个方面,全面推进医疗事业改革。2003年"非典"疫情的爆发,引起了全社会对卫生事业的极大关注。北京市在"非典"后加强了公共卫生事业的建设,重点建设公共卫生服务体系,重新选择卫生体制改革方向,城市重点建设社区卫生服务体系,农村重点建设新型合作医疗制度,使北京市医疗事业的发展获得了一次良好的机会(陆学艺等,2010)。

1)卫生机构

以2006年为界,北京市卫生机构数量分为两个时期。2006年以前,基本稳定在4800个左右,2006年以后稳定在6500个左右。两个时期数量的明显差异在于社区卫生服务中心数量的变动,由2006年的90个,增长至2007年的1126个。各年份间卫生机构数量的小幅度下降,一方面是农村卫生机构的减少,另一方面是不同卫生机构之间的资产重组。至 2010 年，北京市共拥有 6539 个卫生机构（图 5-21）。

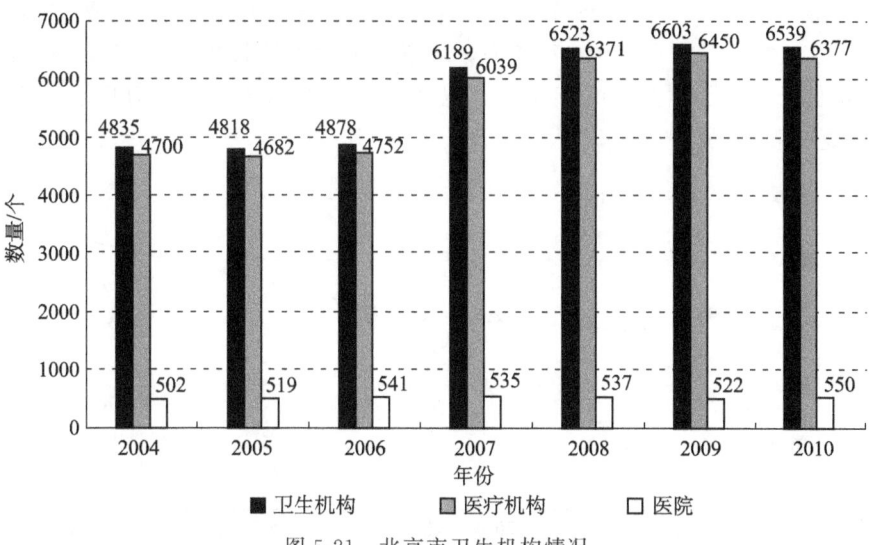

图 5-21　北京市卫生机构情况

资料来源：http://www.phic.org.cn/tonjixinxi/weishengshujutiyao/wshjjjylfwqk/201103/t20110323_35693.htm.[2011-10-10]

2010 年的卫生机构中，有医疗机构 6377 家（含 52 家三级医疗机构、114 家二级医疗机构以及 571 家一级医疗机构）（表 5-15）。与 2009 年比较，卫生机构减少 64 家（医疗机构减少 73 家），社区卫生服务中心（站）增加 192 家（原卫生院均转型为社区卫生服务中心）；门诊部增加 26 家。其他卫生医疗机构变动不大。目前，北京已初步形成了高端医院与初中级医院相结合，综合性医院与专科医院分工明确的医疗服务体系，不仅为北京市民和国家驻京机构的人员提供服务，而且还是全国的医疗技术服务中心（陆学艺，2008）。

表 5-15　2010 年北京市医疗机构构成

医疗机构	数量/家
医院	550
社区卫生服务中心（站）	1587
妇幼保健院（所、站）	19
专科疾病防治院（所、站）	28
急救中心（站）	7
疗养院	2
门诊部	794
诊所、卫生所、医务室、护理站	3390

资料来源：http://www.phic.org.cn/tonjixinxi/weishengshujutiyao/wshjjjylfwqk/201103/t20110323_35693.htm.[2011-10-10]

2) 卫生人力

卫生人力总量即"卫生人员"与"乡村医生和卫生员"之和。2002年的卫生人员数量较2001年有所下降，2002年以后，呈缓慢增长趋势，年平均增长率为5.5%（图5-22）。至2010年年底，北京市卫生人员数达22万人，乡村医生和卫生员3697人。与2009年相比，卫生人员增加1.2万人，增长了5.58%，乡村医生和卫生员增加了27人。

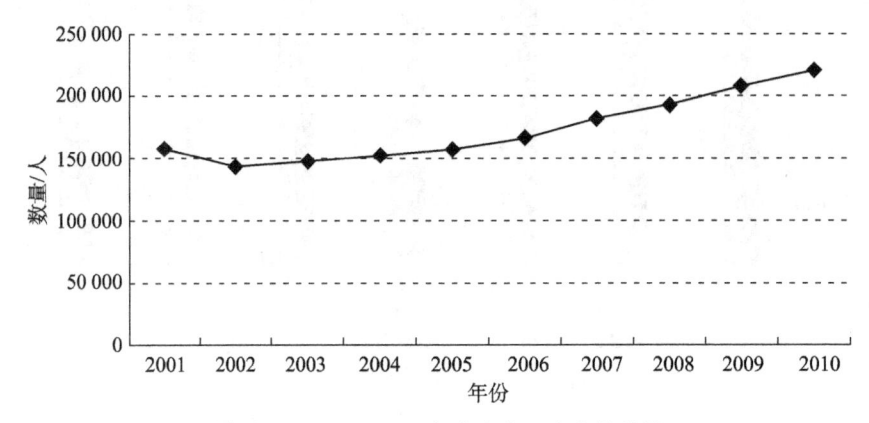

图 5-22 2001~2010年北京市卫生人员总量

资料来源：《北京统计年鉴2010》和 http://www.phic.org.cn/tonjixinxi/weishengshujutiyao/wshjjjylfwqk/201103/t20110323_35693.htm.［2011-10-10］

2010年，卫生技术人员17.1万人，其中，执业（助理）医师6.6万人，注册护士6.7万人。与2009年比较，卫生技术人员增加1.1万人，增长了6.64%；执业（助理）医师增加3606人，增加了5.78%；注册护士增加5704人，增加了9.26%（陆学艺等，2010）。

每千人拥有执业（助理）医师数由2001年的4.64人下降到2002年的4.18人，之后呈增长趋势，年平均增长率为2.9%，至2010年为5.24人。每千人拥有注册护士数由2001年的3.61人下降到2002年的3.44人以后，也呈现缓慢增长态势，年平均增长率为5.7%，至2010年为5.35人。卫生人员数量的增加对医疗服务水平的提高起到了促进作用。

3) 住院床位

北京市住院床位数自2001年以来缓慢增加，从2001年的73 053张，增加至2010年的94 581张，年平均增长率2.9%。2010年医院编制床位总数达85 396张，比2009年增加1925张，增长了2.31%；实有床位总数达85 935张，比2009年增加3464张，增长了4.2%，（图5-23）。

每千人口拥有的医院床位数波动幅度较大，2001~2010年平均为6.48张。2003年最少，仅为5.89张。2010年达到6.83张。床位数缓慢增加，而每千人

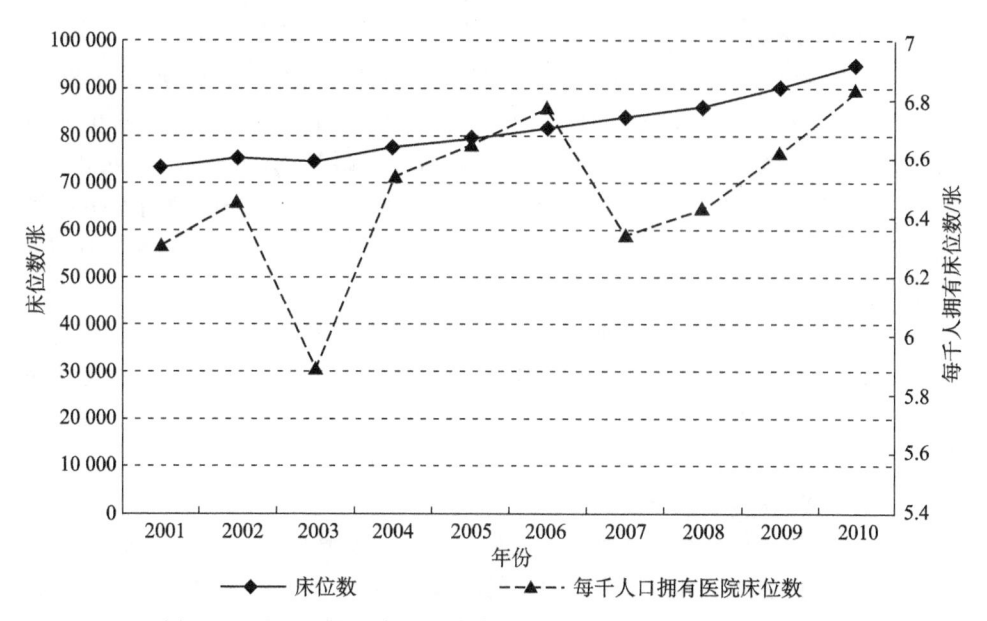

图 5-23　2001~2010 年北京市床位数及每千人口拥有医院床位数

资料来源：《北京统计年鉴 2010》和 http://www.phic.org.cn/tonjixinxi/weishengshujutiyao/wshjjjylfwqk/201103/t20110323_35693.htm.[2011-10-10]

口拥有的医院床位数出现下降，主要在于床位数增加的速度小于户籍人口的增长速度。总体来看，每千人拥有的医院床位数呈波动上升趋势。

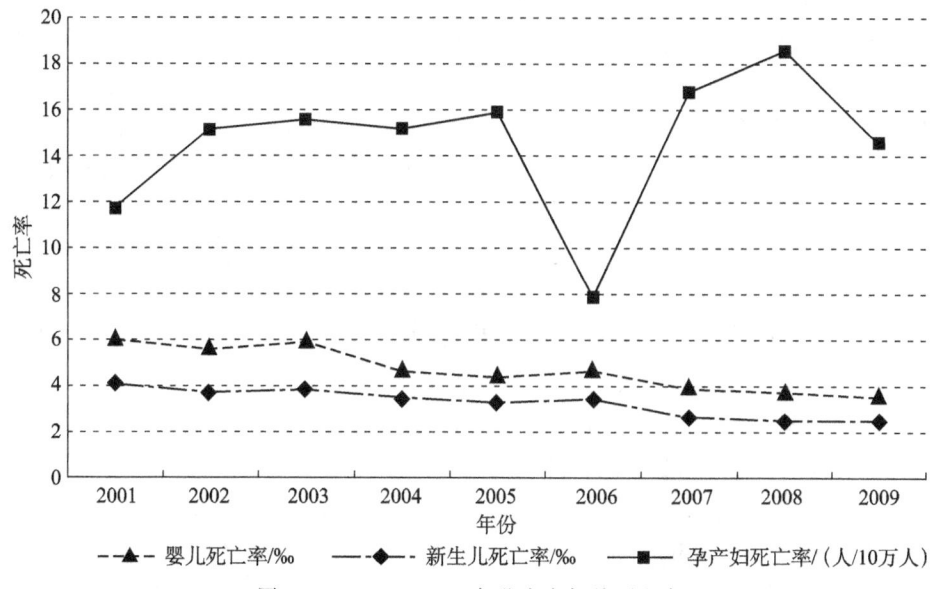

图 5-24　2001~2009 年北京市妇幼死亡率

资料来源：《北京统计年鉴 2010》

4）医治水平

2009年北京市医院治愈率56.22%，好转率39.17%，病死率下降到1.61%，医疗水平有所提高。如图5-24所示，北京市婴儿死亡率和新生儿死亡率逐年下降。婴儿死亡率从2001年的6.01‰下降到2010年的3.49‰。新生儿死亡率从2001年的4.05‰下降到2010年的2.47‰，表明医治水平有较大的提高。孕产妇死亡率除2006年为7.87人/10万人以外基本维持在16人/10万人。

总体来看，北京市医疗事业取得了一定成就，严重危害人民健康的重大传染病得到有效控制，覆盖北京城乡的公共卫生和基本医疗服务体系逐步建立完善，医疗卫生服务能力和水平不断提高，医疗技术与发达国家的差距迅速缩小，居民健康水平提高，充分显示了医疗卫生事业的重要作用（朱小皖，2009）。

2. 医疗资源的空间布局

医疗机构数、床位数、卫生机构人员数是三种主要且有代表性的医疗资源。医疗机构数可以直观、粗略地描述卫生资源的多寡，床位数表明医疗机构能容纳病人的数量，卫生机构人员数决定了医疗机构在一定时间内接纳病人的能力。这三种医疗资源的组合在很大程度上可以反映北京市各区县的综合医疗实力（齐明珠等，2010）。因此，本书选取这三项指标，探讨北京市各区县医疗资源的空间布局状况。

本书采用洛伦兹曲线作为分析工具。洛伦兹曲线是指，在一个总体（国家、地区）内，以"最贫穷的人口计算起一直到最富有人口"的人口百分比对应各个人口百分比的收入百分比的点组成的曲线。该曲线作为一个总结收入和财富分配信息的便利的图形方法得到广泛应用。洛伦兹曲线不仅可以分析财富分配，也可以用于分析医疗资源分配，即以"拥有最少医疗资源的人口计算起一直到最多医疗资源人口"的人口百分比对应各个人口百分比的医疗资源百分比的点绘制而成的曲线。整个洛伦兹曲线是一个正方形，从坐标原点到正方形相应另一个顶点的对角线为均等线，即绝对平等线。洛伦兹曲线的弯曲程度越大，表明医疗资源的分配越不均衡。

由于常住人口是医疗机构的主要服务对象，因此使用常住人口计算每千人拥有的医疗资源比使用户籍人口更能反映其公平程度。如表5-16和图5-25所示，2009年北京市每千人机构数0.38个，通州区最少，为0.22个，东城区最多，为0.58个。医疗机构的地理分布特征不显著。按照各区县每千人机构数从小到大排序，计算机构数的累计百分比和常住人口的累计百分比，分别以这两组数据作为纵轴和横轴，绘制如图5-26所示的洛伦兹曲线，可以看出，洛伦兹曲线的弯曲程度并不大，说明北京市医疗机构的空间分布是相对均衡的。

表 5-16　北京市 2009 年各区县医疗机构数及常住人口数

区、县	每千人机构数/个	机构数/个	机构数累计百分比	常住人口数/万人	常住人口数累计百分比
全　市	0.38	6603		1755	
通 州 区	0.22	243	0.04	109.3	0.06
平 谷 区	0.26	109	0.05	42.7	0.09
丰 台 区	0.26	467	0.12	182.3	0.19
石景山区	0.29	176	0.13	60.5	0.22
延 庆 县	0.30	86	0.16	28.8	0.24
海 淀 区	0.30	927	0.30	308.2	0.42
顺 义 区	0.32	233	0.34	73.2	0.46
朝 阳 区	0.39	1234	0.53	317.9	0.64
宣 武 区	0.40	228	0.56	56.5	0.67
大 兴 区	0.42	484	0.63	115.9	0.74
怀 柔 区	0.42	159	0.66	38.0	0.76
门头沟区	0.45	126	0.68	28.0	0.78
密 云 县	0.45	208	0.71	45.8	0.80
崇 文 区	0.48	144	0.73	30.2	0.82
西 城 区	0.54	369	0.79	68.1	0.86
昌 平 区	0.56	570	0.87	102.1	0.92
房 山 区	0.57	516	0.95	91.2	0.97
东 城 区	0.58	324	1.00	56.3	1.00

资料来源：《北京区域统计年鉴 2010》

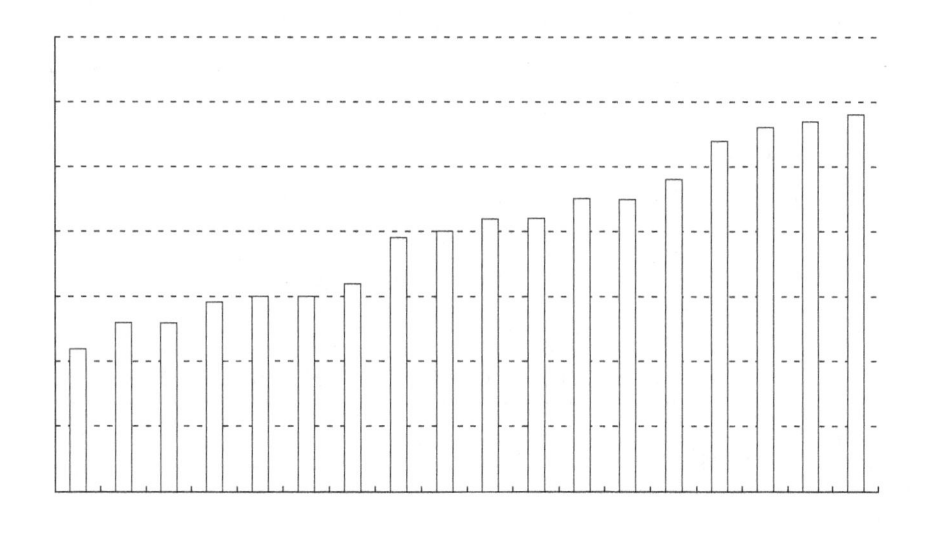

图 5-25　2009 年北京市各区县每千人机构数

资料来源：《北京统计年鉴 2010》

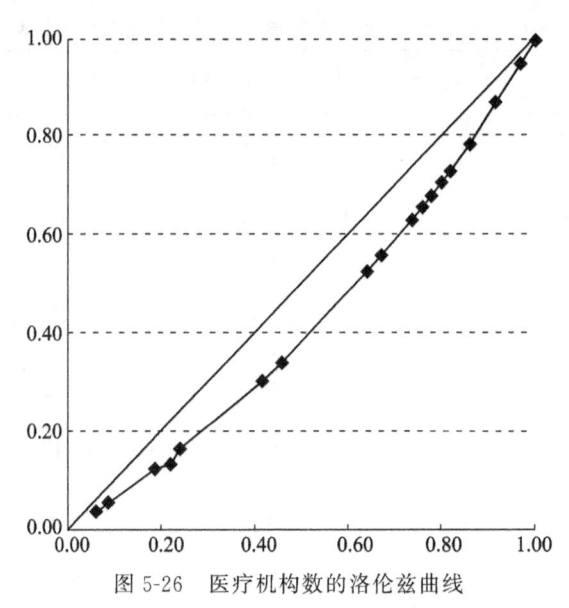

图 5-26　医疗机构数的洛伦兹曲线

资料来源:《北京统计年鉴 2010》

表 5-17 描述的是北京市 2009 年各区县卫生人员数及常住人口数。2009 年,全市卫生机构人员数 208 156 人,每千人拥有的人员数为 11.86 人。东城区每千人拥有 38.13 名卫生人员,是通州区的 6 倍多。如图 5-27 所示,卫生人员数在各区县的分布存在明显的差异,通州区至朝阳区差别不大,而崇文区、宣武区、西城区、东城区卫生人员数激增。与医疗机构的地理分布不同的是,卫生人员的分布呈现出显著的中心-外围特征,即市中心区县每千人拥有的卫生人员数明显多于外围区县。计算卫生人员数的累计百分比和常住人口的累计百分比,分别以这两组数据作为纵轴和横轴绘制洛伦兹曲线,如图 5-28 所示。由图可知,卫生人员数的洛伦兹曲线大于机构数的洛伦兹曲线的弯曲程度,表明,各区县卫生人员数的分布差异较大。

表 5-17　北京市 2009 年各区县卫生人员数及常住人口数

区、县	每千人拥有的卫生人员数/人	卫生机构人员数/人	卫生人员数累计百分比	常住人口数/万人	常住人口数累计百分比
全　市	11.86	208 156		1 755	
通 州 区	6.26	6 845	0.03	109.3	0.06
延 庆 县	7.17	2 064	0.04	28.8	0.08
大 兴 区	7.38	8 554	0.08	115.9	0.14
怀 柔 区	7.94	3 017	0.10	38.0	0.17
密 云 县	7.99	3 658	0.12	45.8	0.19
顺 义 区	8.02	5 874	0.14	73.2	0.23
房 山 区	8.25	7 522	0.18	91.2	0.29

续表

区、县	每千人拥有的卫生人员数/人	卫生机构人员数/人	卫生人员数累计百分比	常住人口数/万人	常住人口数累计百分比
丰台区	8.62	15 717	0.26	182.3	0.39
海淀区	9.35	28 807	0.39	308.2	0.57
昌平区	9.47	9 664	0.44	102.1	0.62
平谷区	9.78	4 174	0.46	42.7	0.65
石景山区	11.01	6 659	0.49	60.5	0.68
门头沟区	12.26	3 434	0.51	28.0	0.70
朝阳区	12.52	39 796	0.70	317.9	0.88
崇文区	20.49	6 188	0.73	30.2	0.90
宣武区	21.68	12 247	0.79	56.5	0.93
西城区	33.00	22 471	0.90	68.1	0.97
东城区	38.13	21 465	1.00	56.3	1.00

资料来源：《北京区域统计年鉴 2010》

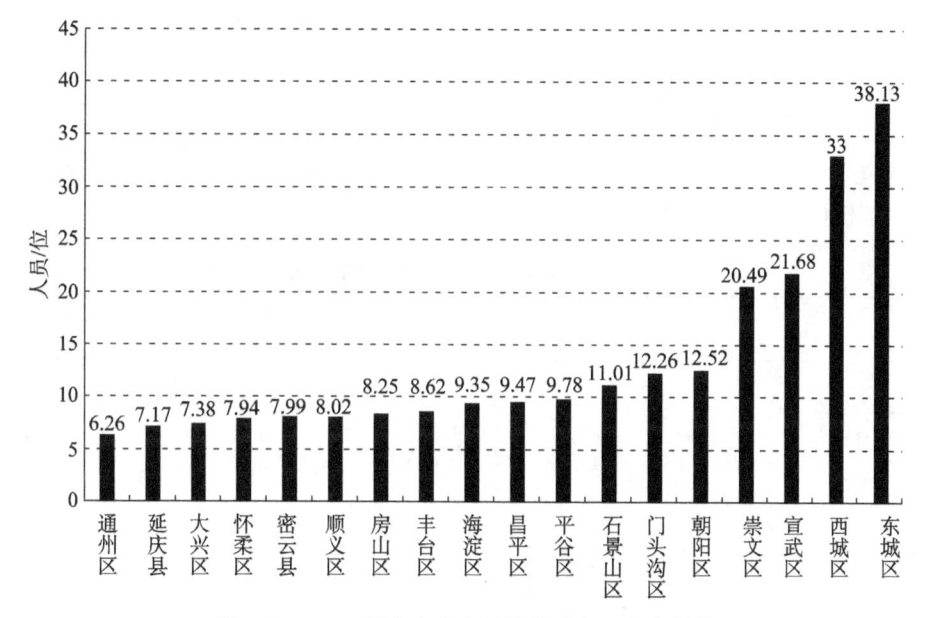

图 5-27　2009 年北京市各区县每千人卫生人员数

资料来源：《北京统计年鉴 2010》

从病床数来看，2009 年全市平均开放病床 81 085 张，朝阳区和密云县开放病床数分别占全市总量的 17.2% 和 1%（表 5-18）。全市平均每千人拥有床位数 4.62 张，东城区最多，为 13.46 张，其次是西城区、门头沟区、宣武区，最少的是密云县，仅为 1.84 张，约占东城区的七分之一。由图 5-29 可知，西城区和东城区的床位数明显多于其他区县。床位数的地理分布特征与卫生人员分布相比不显著。计算床位数的累计百分比和常住人口的累计百分比，分别以这两组

图 5-28　卫生人员数的洛伦兹曲线

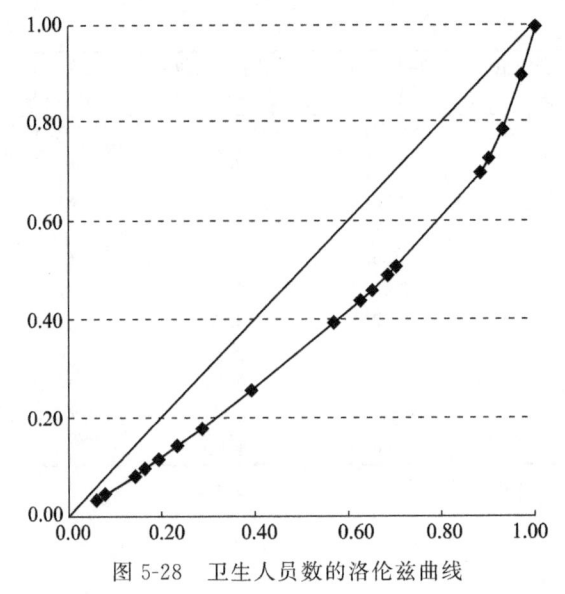

资料来源：《北京统计年鉴 2010》

数据作为纵轴和横轴，绘制洛伦兹曲线，如图 5-30 所示，床位数的洛伦兹曲线也大于机构数的洛伦兹曲线的弯曲程度。

表 5-18　北京市 2009 年各区县开放病床张数及常住人口数

	每千人拥有的床位数/张	平均开放病床张数/张	床位数累计百分比	常住人口数/万人	常住人口数累计百分比
全市	4.62	81 085		1755	
密云县	1.84	845	0.01	45.8	0.03
通州区	2.10	2 299	0.04	109.3	0.09
海淀区	2.59	7 977	0.14	308.2	0.26
延庆县	2.99	860	0.15	28.8	0.28
怀柔区	3.30	1 254	0.16	38.0	0.30
大兴区	3.43	3 978	0.21	115.9	0.37
顺义区	3.58	2 620	0.24	73.2	0.41
丰台区	3.63	6 627	0.33	182.3	0.51
平谷区	4.02	1 718	0.35	42.7	0.54
朝阳区	4.39	13 949	0.52	317.9	0.72
石景山区	4.56	2 757	0.55	60.5	0.75
崇文区	5.65	1 708	0.57	30.2	0.77
房山区	5.71	5 208	0.64	91.2	0.82
昌平区	6.27	6 401	0.72	102.1	0.88
宣武区	7.42	4 190	0.77	56.5	0.91
门头沟区	8.41	2 354	0.80	28.0	0.93
西城区	12.87	8 763	0.91	68.1	0.97
东城区	13.46	7 576	1.00	56.3	1.00

资料来源：《北京区域统计年鉴 2010》

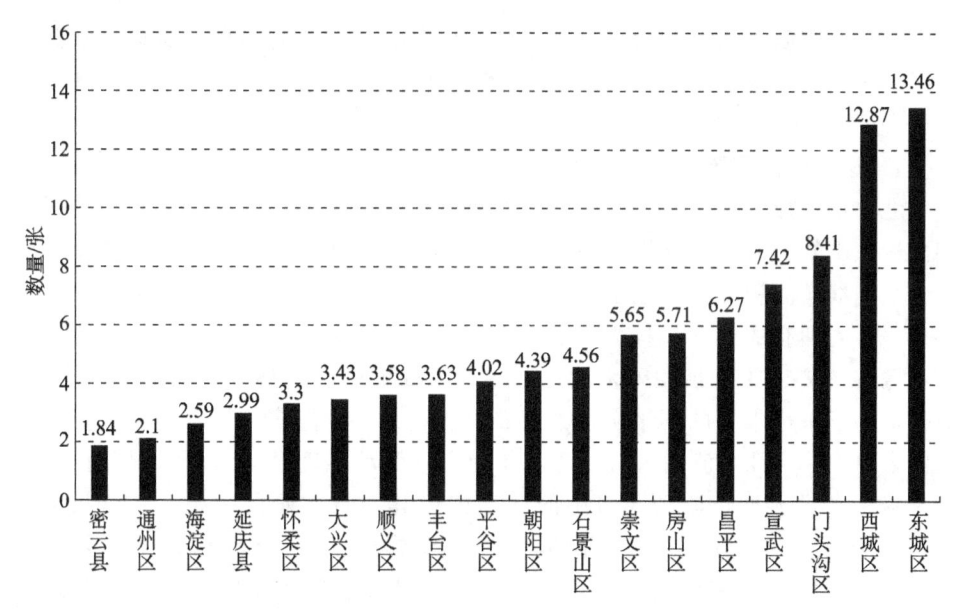

图 5-29 2009 年北京市各区县每千人拥有的床位数

资料来源：《北京区域统计年鉴 2010》

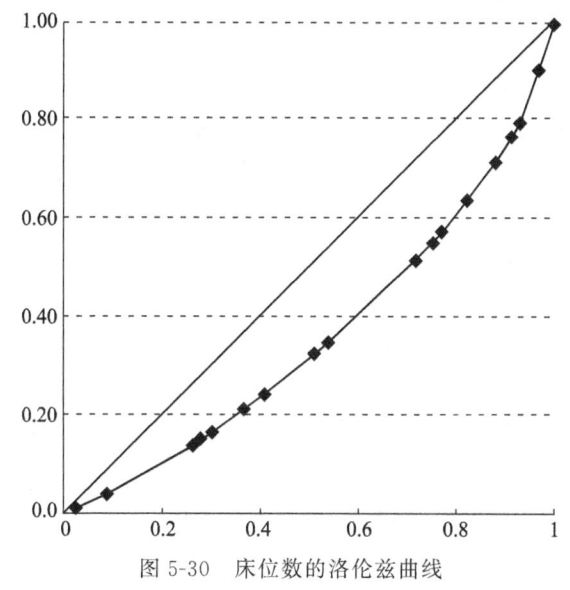

图 5-30 床位数的洛伦兹曲线

资料来源：《北京区域统计年鉴 2010》

综上所述，北京市医疗资源在各区县的分布不平衡，尤其是医疗卫生人员数和床位数。同时，由于机构规模的大小在各区县差别很大，在医疗资源相对丰富的东城区、西城区，往往集中了一些规模大、设备好、技术能力强的医院，其提供的医疗质量和治愈水平也大大高于医疗资源匮乏地区的小医院,从而造成了实际医疗资源分配上更大的非均衡性(朱小皖,2009)。

3. 医疗卫生发展中存在的主要问题

1) 医疗资源配置的不公平性

北京市医疗资源配置的不公平性主要体现在以下几个方面。第一,各区县间配置不平衡。从前文分析可知,北京市医疗资源尤其是医疗人员和床位数的洛伦兹曲线弯曲程度大,原东城区、原西城区、原宣武区、原崇文区等城市中心区每千人拥有的医疗机构数、卫生人员数、床位数均居于前列,医疗资源丰富的区县与贫乏的区县相差六七倍,并且,城市中心区集中了大量优质资源,更是加剧了医疗水平的不平衡性。第二,流动人口的增多,加剧了医疗资源配置的人口不公平性。流动人口以青壮年为主,劳动强度大、营养状况欠佳,是传染病的高发人群,流动人口中的孕产妇保健不足,死亡率高,流动儿童免疫规划利用不足,对医疗服务提出了更多的要求。而城乡结合部和远郊区县的医疗资源原本就相对缺乏,再加上流动人口又主要集中在这一区域(朱小皖,2009),从而加剧了医疗资源配置的人口不公平性。第三,北京市居民收入的分配差距不断扩大,医疗需求呈现多样化,医疗费用的承担能力差异显著,再加上社保制度的不完善,造成高低收入人群医疗资源使用上的不公平性。

2) 医疗资源的增长速度滞后

北京市医疗资源的增长速度远远落后于经济、人口增长的速度。2001~2009年,北京市常住人口由1122.3万人,增加至1755万人,年平均增长率5.7%,地区生产总值年平均增长率也在两位数。而2004~2010年的卫生机构数年平均增长率为5.1%,2001~2010年的床位数增长率仅为2.9%。

医疗资源的增速,一方面不能满足人口增长所带来的基本需求,另一方面更无法满足经济增长所带来的高质量需求。此外,北京市是全国医疗水平最为发达的地区之一,医疗服务范围远远超出市域范围,北京三甲医院就医人员中外地人占40%以上,在资源有限的条件下,本地居民就医难度相对加大。

3) 医疗费用攀升

近年来,北京市医疗费用持续攀升。如表5-19所示,2006~2010年北京市政府办综合医院的门诊病人人均费用平均上涨6.64%,社区卫生服务中心上涨14.62%。住院病人人均费用方面,政府办综合医院上涨3.26%,而社区卫生服务中心上涨21.66%。2010年门诊病人政府办综合医院人均费用333.5元,社区卫生服务中心112.9元。住院病人人均医疗费用分别为14 623.3元和3689.8元。医疗费用的攀升,造成了"看病贵"的问题,成为家庭沉重的负担,因病返贫现象突出。

表 5-19　2006～2010 年北京市部分医疗机构门诊及住院病人
人均费用涨幅情况（上年＝100）　　　　　　　　　单位：%

项目	2006 年	2007 年	2008 年	2009 年	2010 年	平均涨幅
门诊病人人均医疗费用上涨						
政府办综合医院	5.25	6.88	8.38	7.23	5.51	6.64
社区卫生服务中心	21.11	28.03	5.85	18.25	1.92	14.62
住院病人人均费用上涨						
政府办综合医院	−2.18	2.48	7.15	9.56	−1.23	3.26
社区卫生服务中心	30.78	162.26	−20.34	5.19	−7.26	21.66

资料来源：http://www.phic.org.cn/tonjixinxi/weishengshujutiyao/wshjjylfwqk/201103/t20110323_35693.htm.［2011-10-10］

造成医疗费用攀升的原因主要是：为弥补政府投入不足而造成的医院运行成本的缺口，我国从 20 世纪 80 年代初就对医院开始放权式改革，允许医院按服务量收费。医院为求生存，将收入指标分解到医生，并与医生个人收入挂钩，结果导致医生利用专业优势给患者开大处方或多检查。加上医药领域新特药和进口药价格攀升，因此医疗费用持续上涨。

4）医药体制改革滞后

医药体制改革，主要是指医疗保险体制改革、医疗卫生体制改革和药品生产流通体制改革，当前的医药体制改革滞后于整个经济体制改革。医药体制中政企不分、管办不分的问题十分突出。许多医药生产企业没有成为真正的法人实体和市场竞争主体，政府职能错位、缺位的现象还比较突出，大多数国有医药生产单位目前都实行"事业单位，企业管理"，无法适应社会主义市场经济的发展。基本药物价格不合理，公立医院数量多，个别公立医院唯利是图，见死不救。药品创新研发能力差，法规配套不完善等。

强化政府在公共卫生服务中的主导作用，合理补偿公立医院公共产品或者准公共产品性质的医疗服务，建立基本药物制度，改变"以药养医"的现状，扶持创新型医药企业，加强新药申报程序的监管力度，将是医药体制改革的重要方面。

（三）文化事业发展现状及问题分析

文化事业，即向社会提供公共文化产品和文化服务的、非营利性的文化活动，是重要的社会事业之一。北京市作为中国的首都和文化中心，一直十分重视文化事业的发展。近些年来，一直积极推动人文北京建设，努力提供公共文化产品和文化服务，不断提高市民文化素质和城市文明程度。在吸收和借鉴世界优秀文明成果的基础上，紧跟时代步伐，努力增强北京首都文化的包容性和开放性，建设文化魅力北京。

1. 文艺事业——艺术演出

改革开放以来,北京市文化事业快速发展。20世纪80年代以后,国有院团开始市场化改革,大部分进行了转企改制工作。1989年颁布的《北京市专业文艺表演团体管理暂行规定》对文艺表演团体进行归口管理。1997年10月,国务院《营业性演出管理条例》促进了社会力量办团的快速发展。2004年7月,社会力量兴办艺术表演团体的数量首次超过了国有艺术表演团体。2004年以后,国有艺术表演团体和演出经纪机构实行股份制改造,相继成立了北京儿童艺术剧院股份有限公司、北京歌舞剧院有限责任公司等。艺术表演场所的演出由2000年的25 922场次增加到2009年的59 464场次,其中艺术表演由2088场次增加到14 061场次。专业艺术剧团在2009年有35个,涵盖话剧、儿童剧、歌舞剧、合唱团、戏剧等剧种,演出为10 131场次,国内观众为863万人次(表5-20)。

表5-20　2009年专业艺术剧团演出情况

项目	个数/个	演出场次/场次	国内演出/场次	农村演出/场次	国内观众/万人次	演出收入/万元
话剧、儿童剧、滑稽剧	4	1 594	1 580	96	119	3 960
歌剧、舞剧、歌舞剧	2	355	332	33	65	3 312
歌舞团、轻音乐团	4	1 987	1 934	720	233	8 451
乐团、合唱团	4	223	195	28	29	3 158
戏曲剧团	10	2 908	2 892	936	149	4 595
曲、杂、木、皮影剧团	5	1 813	1 706		90	4447
综合艺术表演团体	6	1 251	1 045	672	178	6 818
总计	35	10 131	9 684	2 485	863	34 741

资料来源:《北京统计年鉴2010》

在演出剧目上,有芭蕾舞剧《大红灯笼高高挂》、歌舞剧《蔚蓝色的浪漫》、现代舞《红与黑》、京剧《图兰朵》、木偶剧《天鹅湖》等。北京在"相约北京"、"北京国际音乐节"、"北京国际戏剧演出季"等具有国际水平的文化交流活动中,推出了舞剧《情天恨海圆明园》、评剧《桃花盛开的地方》、京剧《宰相刘罗锅》、话剧《万家灯火》等。北京市文艺人才"百人工程"自1996年实施以来,造就了一大批文学、戏剧、音乐等多种艺术门类的杰出人才,其系列汇演以公益演出的形式宣传了戏曲艺术和民族文化,达到了"文化来源于民间、回馈于民间"的目的。

农村地区的文艺演出事业也得到快速的发展。2002年北京市文化局组织成立文化下乡艺术团,以河北梆子为班底,开展形式多样的艺术表演。结合不同地区的需求,制订每年的下乡演出计划,进行公益性演出。2006年在"文化下乡"的基础上,在通州和大兴等区县开展"文艺演出星火工程",第二年在全市涉农区县全面展开,推动了京郊农村文化事业的建设。顺义在"十一五"期间精心策划了大型群众文化活动,打造了群众文化活动品牌"二月新春"、"五月鲜花"和"十月金秋"等系列活动,不断丰富和完善了夏日文化广场、燕京啤酒节等传统活动。

近些年来北京市不断进行文化体制改革,但在事业体制下,演出经营机构的生存、发展仍多依赖于政府支持,自身的创新动力和品牌意识不强,产品策划、包装、宣传和营销能力普遍较差,难以与著名的文化市场经营实体和文化产业发展的主力军抗衡。同时,众多的社会演出团体大多规模较小,团体类型单一,且多为通俗艺术表演,不具备高效的创作能力,尚未发展壮大为北京文艺演出事业的骨干力量。

2. 大众文化传媒业

1) 新闻出版业

2003 年,国家启动文化体制改革试点,北京借此积极整合资源,改组、改制出版发行业,先后组建了北京外文书店股份有限公司、北京新华外文书店股份有限公司、北京新华图书有限责任公司等股份制企业,实行连锁经营、网上发行、跨国经营等形式,形成了出版发行的新格局。据北京市统计局统计,到 2010 年 11 月底,北京的新闻出版业收入已达 466 亿元,位居全市九大文化创意产业中的第 4 位;利润总额为 30.59 亿元,资产总额为 935 亿元。

1978 年,北京出版的报纸有 11 种,期刊 468 种,图书 5253 种,2009 年则分别为 260 种、3030 种和 144 211 种,年均递增分别为 10.74%、6.21% 和 11.28%。2000~2009 年报纸、期刊和图书的总印张数大体上也呈现上升趋势(图 5-31)。

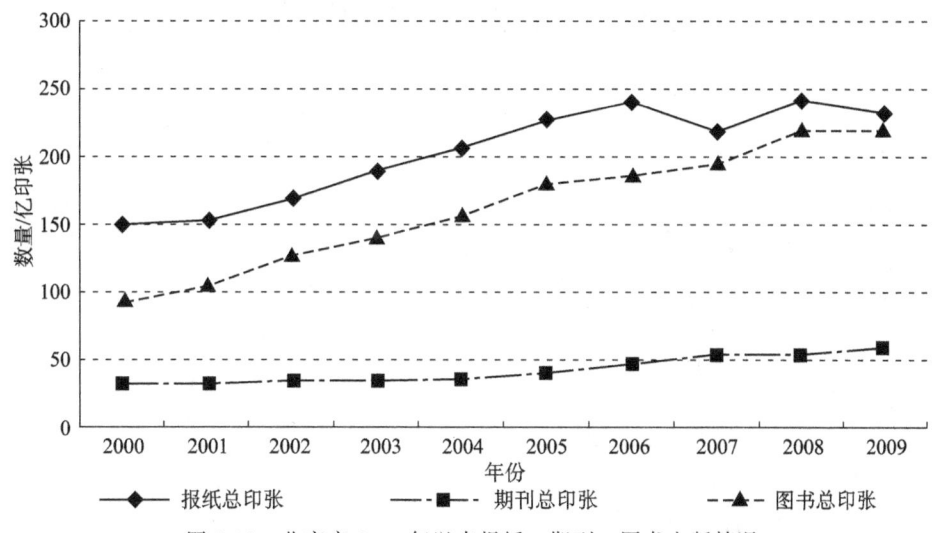

图 5-31 北京市 2000 年以来报纸、期刊、图书出版情况

资料来源:《北京统计年鉴 2010》

2）广播影视业

1992 年，中央做出《关于加快发展第三产业的决定》将广播影视业定为第三产业，从而使其成为文化体制改革的重点领域。20 世纪 90 年代初期，电视的出现使广播的听众锐减。1993 年，北京电台开通音乐广播；2002 年，北京交通广播联合北京交管局指挥中心，为司机发布路况信息；之后，又设立了新闻台、经济台、生活台、文艺台等来满足不同社会群体的需求。2005 年 4 月 18 日北京开始试播数字广播节目，提供音频、视频、数据等多媒体服务，包括手机、电脑等多种移动设备都可以接收到这种节目。目前，在北京广播网，还可以实时接听各类主题的广播，提供视频直播及广播回放等服务。2011 年 7 月 8 日上线的"北京人民广播电台菠萝网络电台"可以让网友根据自己的需求来建立自己的专属电台，是全国唯一一个支持多路广播节目混排、自定义各节目播放时间且内容适时更新的网络电台。

1997 年北京对区（县）级广播电视实行三台（电台、电视台、有线电视台）合并，1999 年有线电视网台分离，2001 年 6 月原北京电视台和原北京市有线广播电视台合并为北京电视台，同年 12 月中国广播影视集团成立。2003 年 9 月，北京地区数字电视频道开始试播。2004 年春天，北京第一个有线数字电视专题试点小区在朝阳建设，5 月，公交线路上的 2000 台移动电视开始试播。目前，利用光缆网的有线电视业务开始起步，今后将发展多媒体技术，通过软件向家庭提供卡拉 OK、电视游戏等节目。2009 年全市广播和电视的综合覆盖率均达到 99.99%，除怀柔和密云外，其他区县的覆盖率均为 100%（表 5-21）。

表 5-21 北京市 2000~2009 年广播影视情况

年份	电影 放映/万场	电影 观众/万人	电视 节目/套	电视 综合覆盖率/%	电视 无线覆盖率/%	电视 有线入户率/%	广播电台 节目/套	广播电台 综合覆盖率/%
2000	12.2	873.2	12	99.8	—	45.8	16	97.7
2001	12.6	804.7	16	99.9	—	51.8	16	99.9
2002	12.3	827.4	18	99.8	—	57.1	16	99.9
2003	11.8	683.0	19	99.9	—	58.4	16	99.9
2004	18.1	814.4	24	99.5	97.6	62.1	16	100.0
2005	22.6	873.8	25	100.0	100.0	64.1	17	100.0
2006	28.0	1221.0	25	100.0	94.9	70.8	17	100.0
2007	38.0	1711.0	25	100.0	93.1	74.4	17	100.0
2008	46.8	1767.3	24	100.0	93.2	81.0	17	100.0
2009	62.4	2451.5	26	100.0	94.4	85.9	18	100.0

资料来源：《北京统计年鉴 2010》

3）互联网

北京是中国互联网发展最早、最发达的地区，1993 年北京推出中国第一条"信息高速公路"——中关村信息高速公路的三个"子网"，即"北京大学校园网"、"清华大学校园网"和"中国科学院院网",并于 1995 年整体建成。2002 年,首都公用信息平台(CPIP)初步建成,高速宽带有线政务专用光纤网络一期工程已完成,共建成各级机关网站 142 个(2002 北京互联网发展论坛,2002)。2003 年以来,北京的社区信息化改造、医疗保险信息系统建设、市民"一卡通"发放与普及,以及北京市数字信息亭的建设与运营等工作全面展开。2010 年采用数字高端 LED 技术,全面更新数字北京信息亭,技术实时优化,服务不断升级。

2010 年,北京互联网发展水平在全国各省(市、区)中位居首位,拥有的域名、IPv4 地址、网页总数均列全国第一。互联网普及率为 69.4%,高出上海 3.9 个百分点。网民人数 1218 万人,比 2009 年增长 10.5%;而 2006 年年底的普及率仅为 30.4%。但北京的互联网平均连接速度在各省市排名中仅为第 13 名,下载速度为 105.7KB/s,远低于排于首位的河南的 131.2 KB/s(第 27 次中国互联网发展状况统计报告,2011)。目前 IPv4 地址资源基本分发完毕,北京要建设世界城市,必须全力支持 IPv4 向 IPv6 的全面转换,构建互联网基础资源目录数据库,推动下一代互联网基础资源服务平台建设,建设"数字北京"。

3. 群众文化事业——图书馆、文化馆和博物馆

1)图书馆、文化馆

1978 年,恢复后的北京市文化局建立了群众文化处,恢复了群众艺术馆。到 1983 年北京市就有了市级群众艺术馆 1 个,图书馆 3 个;区(县)文化馆 19 个,图书馆 20 个;街、乡文化站 379 个,实现了市图书馆、群众艺术馆——区(县)图书馆、文化馆——街、乡文化站三级群众组织网络。改革开放以来,各区(县)图书馆、文化馆得到改建和扩建,文化设施建设逐渐向基层尤其是向农村地区进一步扩展。如图 5-32、图 5-33 所示,2009 年全市共有 25 个公共图书馆(含国家图书馆 1 个),并且覆盖所有区县。总藏书达到 4368 万册,各类公共图书馆总流通人次为 1344 万,书刊外借为 1111 万册次。共有 20 个群众艺术馆和文化馆,组织群众文艺活动 3470 次。

2)博物馆

北京博物馆发展有百年历史,第一座正式建立的博物馆在蔡元培提议和鲁迅的策划下,于 1912 年在国子监旧址落成。1925 年北京故宫博物院正式成立。1937 年年底共有 10 余座各类博物馆。1952 年完成对旧有博物馆的改造。1959 年国庆 10 年前后,国家级博物馆,如中国历史博物馆、中国革命博物馆、中国人民革命军事博物馆、中国美术馆、民族文化宫等相继在北京建成并逐步对外开放。20 世纪 80 年代末北京有各类博物馆、纪念馆和具有博物馆性质的文物单位 62 座,初步形成了博物馆群体。1997 年突破百座。2005 年年底,首都博物馆新馆建成。目前,北京地区现有各级各类博物馆 151 座,种类涉及历史、艺

图 5-32　北京市公共图书馆基本情况

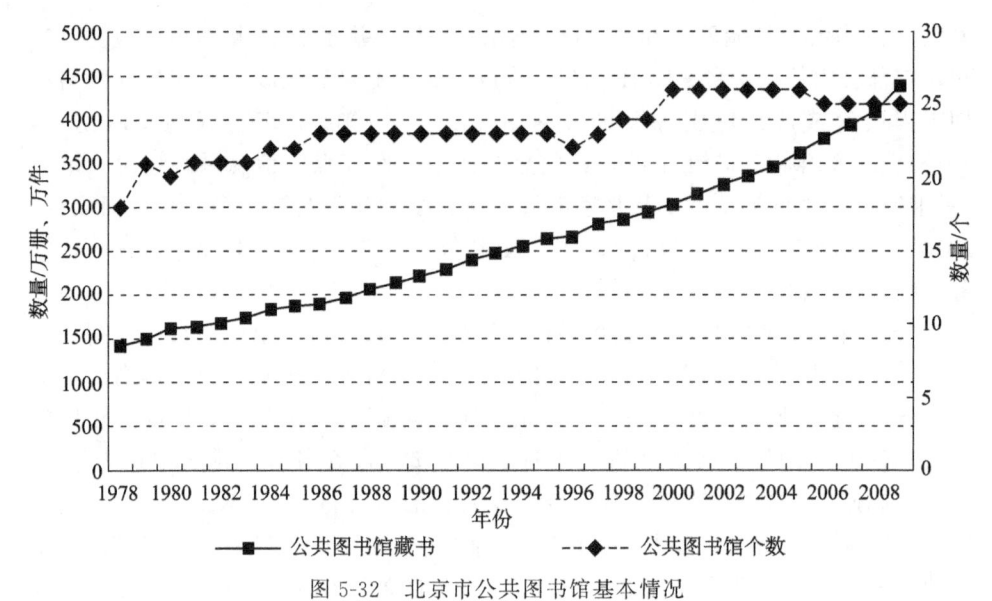

资料来源:《北京统计年鉴 2010》

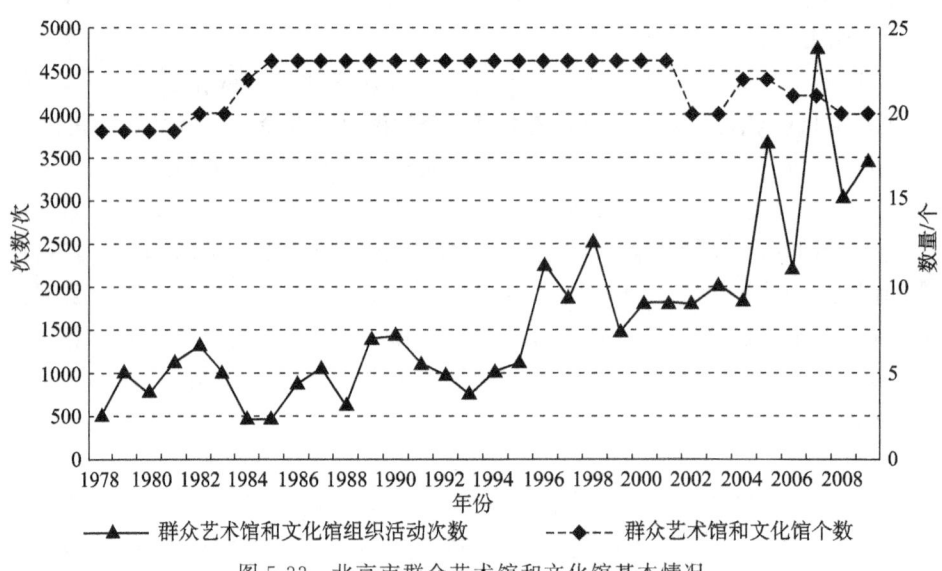

图 5-33　北京市群众艺术馆和文化馆基本情况

资料来源:《北京统计年鉴 2010》

术、自然、科学、人物、纪念、民族、宗教等，文物藏品 330.7 万件，文物古迹 3550 万处，年参观人数达 3000 万人次。

与国内其他城市相比，北京的公共文化设施处于领先地位，但与国外世界城市相比，却存在很大的差距，北京 2009 年共有图书馆 25 个，总藏书 4368 万册,而巴黎却有83个公共图书馆,仅国家图书馆的藏书就超过8000万册,伦敦有415个公共图书馆(含美术馆)。从布局上来看,北京公共文化设施主要集中东城、西城、海淀和朝阳等区,南城地区相对比较匮乏;78%的博物馆主要集中于城区,但城区只集中了60%的常住人口(表5-22);城乡分布不平衡,农村文化场所数量较少,且设施相对落后。从需求看,大中型文化设施建设相对较多,但与市民生活更为密切相关的社区文化设施建设却严重不足,不仅原有居住区的文化设施难以达标,新建的文化配套设施的落实率也比较低。

表5-22 2009年北京市文化机构布局情况

区 县	常住人口/万人	文化馆数/个	博物馆数/个
东 城 区	86.5	2	31
西 城 区	124.6	2	30
朝 阳 区	317.9	1	19
丰 台 区	182.3	2	7
石景山区	60.5	1	2
海 淀 区	308.2	1	20
城区总计	1080.0	9	109
门头沟区	28.0	1	2
房 山 区	91.2	2	4
通 州 区	109.3	1	3
顺 义 区	73.2	1	1
昌 平 区	102.1	1	8
大 兴 区	115.9	1	3
怀 柔 区	38.0	1	2
平 谷 区	42.7	1	1
密 云 县	45.8	1	1
延 庆 县	28.8	1	6
远郊区县总计	675.0	11	31

资料来源:《北京区域统计年鉴2010》
注:东城的数据包含原东城和原崇文的数据,西城的数据包含原西城和原宣武的数据

4. 历史文化名城保护

为了加强对文物的保护,继承我国优秀的历史文化遗产,1982年11月《中华人民共和国文物保护法》公布,北京被列为国务院首批历史文化名城名单。1987年,北京市出台《北京市文物保护管理条例》,提出在北京市行政区内受国家保护的具有历史、艺术、科学价值的文物的范围。1993年,国务院批准的《北京城市总体规划(1991—2010年)》首次将历史文化名城保护列为专项规划提出。2000年2月《北京旧城历史文化保护区保护和控制范围规划》确定了要根据历史文化保护区的性质与特点来保护街区的整体风貌等原则,同年9月出台了《北京历史文化名城保护规划》。2003年《北京皇城保护规划》提出重塑皇城边界,加强对有历史文化价值的建筑或院落的保护和修缮。2005年批复的

《北京城市总体规划（2004—2020年）》提出重点保护旧城，坚持对旧城的整体保护；积极探索适合旧城保护和复兴的危房改造模式，停止大拆大建。2005年通过的《北京历史文化名城保护条例》明确保护内容包括旧城的整体保护、历史文化街区的保护、文物保护单位的保护、具有保护价值的建筑的保护，以地方立法的形式全力维护历史文化名城的风貌。

北京历史文化名城保护工作已经形成城市整体、历史文化保护区和文物保护单位三个层次的完整的规划体系，并给出了各自的指导原则。目前已经公布两批历史文化保护区，第一批全部位于老城区，包括25片历史文化保护区；第二批包括15片，已经开始编制保护规划；第三批扩展到北京郊区的县、镇辖区。对于文物保护单位的建筑，严格按照国家文物保护法进行保护；对于其他建筑，经文物、建筑等专家鉴定后划分为保护类、改善类、保留类和更新类四种，并进行不同的后续处理。

但是，为了尽快把北京建设成为国际化大都市，以房地产开发模式为主的旧城改造全面展开，并迅速深入到北京历史文化名城的核心区域，新东城、新西城的大规模改造给北京的旧城风貌带来了很大的冲击，北京的胡同每年消失600条，胡同数量由新中国成立前的3600余条锐减为现在的不超过1500条[①]。清华大学建筑学院2002年2月的卫星影像资料也表明，除北京历史文化保护区和主要文物建筑外，现存的支撑北京旧城风貌的老胡同、四合院的面积只占旧城的14.14%。在经济社会的发展过程中，一些历史文化遗产同时也成为旅游景点和举行重大文化活动的场所，在带来巨大经济效益的同时，也带来了对文化遗产的永久性破坏。由于历史原因，许多文物建筑仍被作为政府机关的办公室、校舍或民居，也正在遭受不同程度的破坏。

二、公共服务发展趋势分析

北京市公共服务水平在全国始终处于前列，但与纽约、伦敦、东京等世界城市相比，仍存在很大的差距。在北京提出建立世界城市的目标之后，北京市在公共服务上的投入水平不断上升，在未来20年的发展中，北京市的基本公共服务质量将得到大幅上升，文化事业将得到多元化发展，公共服务的质量将不断追赶世界一流水平。

（一）基本公共服务品质大幅上升

首先，基本公共服务均等化将基本实现。作为"十二五"社会发展的重要

---

① 本资料来自于 http://www.bjww.gov.cn/2005/8-19/125925.html.[2011-10-10]。

内容，基本公共服务的城乡一体化已经被纳入发展日程，随着教育、医疗和文化事业各项改革的深入推进，到 2030 年，北京的基本公共服务的覆盖面和均等性将进一步扩大和改善，基本公共服务的城乡一体化将基本实现。伴随着"三名"工程的推进，优秀教育资源将逐步向郊区辐射，中小学教育资源配置的合理化程度明显提升，校际和区县之间的办学差距将得到大幅度缩小，义务教育的公平性、优质性得到最大程度的体现。随着近期新型农村合作医疗保险、城镇居民医疗保险的制度整合工作的完成，到 2030 年城乡一体化的医疗保险制度体系将得到全面完善，农村基本医疗卫生制度、城市社区卫生服务和农村三级医疗卫生服务网络全面形成，居民医疗保障制度的城乡一体化和社会和谐稳定将获得极大推动。

其次，基本公共服务的能力和水平大幅提升。随着北京经济的迅速增长，北京市基础教育和高等教育的投入将不断增加，基础教育的标准、水平和质量将实现"三高"（耿学超，2002），北京大学、清华大学等将步入具有国际竞争力和影响力的世界一流大学行列。据统计，2010 年北京的高等教育毛入学率已经达到了 59%，预计到 2015 年达到 65%，2030 年将达到 75% 以上，届时人均受教育年限将达到 14 年以上，成为国内一流的高素质人才培养基地和开放式教育中心。医疗卫生方面，社区卫生服务机构和公立医院之间的"双向转诊"通道将实现无缝对接，以全科医生为主的"家庭医生"服务网络将逐步实现全市覆盖。随着人们健康观念的转变、医疗保险意识的提高、人口老龄化的发展以及医疗科技的进步，北京市医疗保险的范围、费用和医保水平都将有大幅度提高，通过不断深化医疗保险制度改革，医疗资源实现更加合理的分配（张耘，2011）。中医保健和服务为主的中医资源优势延伸到全市的各个角落。届时，全市卫生服务和保健水平会达到或超过中等发达国家水平。

（二）多元化文化事业全面繁荣

作为全国的文化中心，北京的文化产业实力在全国居于绝对领先的地位。2009 年，北京市文化创意产业增加值占到全市 GDP 的 12.6%，成为仅次于金融业的第二大产业（张玉玲等，2010）。北京的历史文化名城保护和发展将更加深入、全面，物质文化遗产和非物质文化遗产保护并重、整体推进；基本公共文化服务网络完善，标志性和国家级文化设施建设历久弥新；优质的公共文化产品，高素质的学术人才队伍和优秀的学术成果不断提升着市民的文化素质和艺术修养；独具匠心的文化创意拓宽首都、全国乃至世界人民的思维创新；文化传播基础设施建设达到世界水平，具有国际影响力的传媒集团、赛事庆典和以旅游为载体的高效文化传播形式将使北京的文化服务质量大大提高。

在城市化发展的过程中，城乡结合部、新城以及重点镇、大型社区等区域的公共文化基础设施建设的推进和服务的配套，将极大地丰富人们的文化和精神需求。新城建设、新区开发、小城镇发展中的布局和形态规划、景观设计，以及乡村自然景观和居民特色保护工作的完成，使得城市与乡村文化在传承与保护中形成天然融合。

（三）公共服务追赶国际一流水平

随着北京对公共服务投入的不断加大，以及对创新能力、科研能力和对外交流的重视程度的不断提升，以及教育、医疗改革的进一步推进，经过近20年的发展，北京市教育、医疗等公共服务的总体能力和水平会大幅上升。

以北京大学、清华大学等为代表的高等学校在科研能力、软硬件设施等综合实力上得到快速提升；高等院校、科研机构和部分企业科研机构逐步发展成为国际性知识创新中心和教育创新中心。教育的开放程度和国际化水平进一步提高，国际区域性教育机构的总部或分支机构明显增加，北京教育在促进北京经济社会全面进步和国家科技教育发展的同时，将更多地承担教育的国际义务，外国留学生比例提高到20%左右，北京教育的国际影响明显增强（高书国，2000）。伴随着医疗科研交流与合作互动的愈发频繁，国内自主研发医疗设备服务占医疗设备服务总数的比例不断提高，首都医疗服务逐步实现与国际接轨；伴随着北京品牌和北京文化的国际影响力的提升，北京深厚的传统中医文化将获得更多的全球关注，将加速中华医学精粹与现代医学融合，推进中国传统医药文化走出国门，走向国际。

2008年北京奥运会为北京文化事业提供了向世人展示的千载难逢的机会，也成为北京文化事业全面打造国际水平的开始。伴随着北京文化创意产业的发展、国际文化交流活动的增多及档次的提升，到2030年北京文化品牌在世界范围将更加鲜亮，北京作为新的全球文化交流城市，文化的开放性和包容力将进一步增强，并且成为世界性文化的交流平台，成为全球文化发展和文化服务的领先区域，以及世界城市中极具魅力的文化之都（李春雨，2006）。

参考文献

北京市科学技术委员会.2010.北京科学技术指标2009.北京科学技术出版社

丁向阳.2005.2005北京市社会发展蓝皮书.北京：中国大百科全书出版社

黄燕芬，顾严，杨宜勇.2006.未来北京市社会保障基金问题研究.人口与经济，(4)：66-72

耿学超.2002.建设国际大都市背景下的北京教育现代化.前线，(7)：47-49

高书国.2000.北京教育发展战略构想.教育科学研究，(2)：26-30

郭馨梅，邱战槐.2006.加速转型期北京居民收入差距扩大的原因探析.北京工商大学学报，21(4)：100-105

贺晓梅.2010.北京市保障水平的适度性实证分析.北京：首都经济贸易大学硕士学位论文：30-36

李春雨.2006.审视北京文化：来自在京留学生的观察.都市文化——文学学术研讨会论文集，213-218

李国平等.2008.京津冀区域科技发展战略研究.北京：中国经济出版社

联合国人民署.2008.和谐城市：世界城市状况（2008～2009）.北京：中国建筑工业出版社

刘扬，纪宏.2007.中国居民收入分配问题研究.北京：首都经济贸易大学出版社：37-76

卢汉龙主编.2008.上海社会发展报告（2008）——公共服务与社会发育.北京：社会科学文献出版社

陆学艺.2008.新中国社会建设60年.北京：科学出版社

陆学艺等.2010.2010年北京社会建设分析报告.北京：社会科学文献出版社

吕学静，李静.2011.借鉴世界城市经验发展完善北京的社会保障制度.北京劳动保障职业学院学报，5（1）：10-14

孟素洁等.2010.北京市经济社会统计报告2009——北京市城乡居民收入分配差距的客观性分析.北京：同心出版社：271-273

潘云涛，马峥.2009.中国科技论文统计与分析年度研究报告.北京：科学技术文献出版社

齐明珠，童玉芬.2010.北京市区县间医疗资源配置的人口公平性研究，北京社会科学，(5)：27-33

任太增.2008.城市偏向制度下的城乡收入差距研究.武汉：华中科技大学博士学位论文：121-125

张晨光.2011.国际社会保障发展趋势及北京的战略选择.城市问题，(3)：53-59

张宣.2005.养老保险真是难题——访中国社会科学院社会政策研究中心研究员、秘书长唐钧.经纪人，(6)：16-17

张玉玲，杜弋鹏.2010-12-1.北京文化产业：离世界城市有多远.光明日报，9版

张耘.2011.北京公共服务发展报告（2010～2011）.北京：社会科学文献出版社

郑功成.2007.社会保障概论.上海：复旦大学出版社

朱小皖.2009.北京医疗卫生改革与发展现状分析//张耘.北京公共服务发展报告2008—2009.北京：社会科学出版社：142-156

Kuznets S S. 1995. Economic growth and income inequality. American Economic Review，(1)：18

第六章
城市空间发展现状及趋势分析

第一节 郊区化与城市空间结构发展趋势

一、北京城市空间发展规划

新中国成立60多年来，北京的规划建设取得了令人瞩目的成就，城市面貌发生了巨大变化。不同历史时期北京城市的空间发展，体现了不同阶段北京城市规划思路的转变，也与不同时期北京城市的社会经济状况密切相关。总体上，北京城市空间规划与发展经历了以下三个阶段。

（一）新中国成立后至20世纪50年代中期

北京最早的城市规划方案是1949年12月由苏联市政建设专家巴兰尼克夫提出的"巴兰尼克夫方案"，他主张发展大工业，以天安门广场为中心建设首都行政中心（王军，2002）。1950年2月梁思成和陈占祥联合提出"关于中央人民政府行政中心区位置的建议"，即著名的"梁陈方案"，提议在旧城的西郊建设新的行政中心区，新旧城分开建设，一方面可以缓解旧城压力，另一方面可以整体保护古都（王凯，2005）。这一方案与"巴兰尼克夫方案"思路完全不同，无论是规划理念还是对新旧城关系的思考，在当时都是具有远见卓识的，但方案并未得到实施，成为新中国规划史上的一大憾事。随后，1950年4月朱兆雪和赵冬日的"朱兆方案"秉承巴兰尼克夫思路，建议将行政区设在城市中心，即天安门附近（王凯，2005）。这些提案与争论为1953年的规划草案奠定了基础，1953年11月北京市向国务院上报了《改建扩展城市规划草案》，草案提出将行政中心设在旧城，主张打破旧的格局对城市发展造成的限制和束缚，认为古建筑既不能全盘否定也不能全盘保护，这种模糊的保护方案缺乏整体观，即便如此，该方案对北京市的城市格局形成也起到了一定的积极作用，方案提出要保留旧城棋盘式道路格局和河湖水系，在旧城外建立环路、放射路系统，这种格局构想在第一个五年计划时期得到实施，从而初步形成了北京市围绕中心区环状扩展的向心结构，和"棋盘"＋"放射"的空间骨架（董光器，2006）。总体上，这一时期北京城市空间形态基本是封闭的单中心结构，主体区域位于二环路以内，仅在东北和西北方向略有扩展（柴彦威等，2009）。

（二）20世纪50年代中期至80年代末

这一时期，北京城市总体规划经历了四次较大的修改。1955～1957年，参照莫斯科总体规划，在1953年草案基础上进一步完善，对旧城改造和基础设施建设提出更高要求。不久后，根据中央人民公社问题决议的精神，1958年8月北京市委对初步方案又进行了重大修改，形成《北京市总体规划说明（草案）》，首次提出了"分散集团式"布局方案，将城市分成20几个独立的建设区，集团间保留农田和绿地，形成中心集团、边缘建设区和绿带构成的空间格局。该方案虽未得到中央的正式批复，但指导了"文化大革命"前北京的城市建设。总体上，这一方案没有改变城市大的空间格局，分散的思路有利于控制城市中心区的扩张，绿带改善了城市环境，但过于分散的空间布局抑制集聚经济效益的发挥，造成不必要的浪费，中心城区住宅与工业混杂导致城市布局的混乱无序（王凯，2005；柴彦威等，2009）。1959～1961年，总结之前的经验，对北京的城市建设有了更深认识，但不久之后开始的"文化大革命"，完全打乱了北京的建设步伐。在此期间，总体规划被勒令暂停执行，规划局被撤销，规划工作全面停滞，城市空间发展处于极度混乱的状态。直到"文化大革命"结束，总体规划的修订工作才重新提上日程（柴彦威等，2009）。1982年北京编制新一轮的《北京城市建设总体规划方案》，并于1983年获批而成为北京市第一个被正式批复的规划，规划维持了北京的单中心空间结构（董光器，2006），但也延续了"分散集团式"的布局思路，以旧城为中心，在近郊建设独立组团，保留绿化带和成片的农田（王凯，2005），更加强调旧城保护与改造，该规划的实施使北京的城市空间格局趋于完善。

（三）20世纪90年代至今

改革开放后，城市快速发展对城市建设提出新的要求。为适应新的发展形势（如城市人口的迅速增长和城市的郊区化），1991年北京市编制了《北京1991年至2010年城市总体规划》，于1993年10月获批，规划要求对城市空间格局进行调整，一是将城市建设重点逐渐从市区向广大郊区转移，二是市区建设要从外延扩展向调整改造转移。这次规划的特点是，仍然延续了旧城为中心的单中心结构，强调保护原有的棋盘式道路网骨架和街巷、胡同格局，但同时强调要控制中心城区规模，并要缓解中心城区的发展压力，为此提出城市建设重点向郊区转移，并在郊区规划建设14个卫星城（王凯，2005；柴彦威等，2009）。规划实施初期取得了一定成效，但由于对经济发展和城市建设速度估计不足，城市规模提前5年达到规划目标，城市空间发展突破城市规划，尤其是中心城区的扩张并未得到有效遏制，郊区卫星城建设未能发挥疏解中心区人口和功能的作用。为了解决城市空间发展与经济社会发展和资源、生态环境的矛盾，2004年遵照国务院指示，北京组织编制了新一轮的城市总体规划，《北京城市总体规划（2004—2020年）》在2005年获批，新规划提出了全新的城市空间发展框架，即"两轴、两带、多中心"，"两轴"为传统中轴线和长安街沿线构成的十字轴，"两带"指包括怀柔、密云、顺义、通州、亦庄的"东部发展带"和包括延庆、昌平、门城、良乡、黄村的"西部生态带"，"多中心"分别为中央商务区、奥林匹克中心区、中关村等8个城市职能中心，以及郊区新城。这轮规划首次明确提出了在北京形成多中心空间结构，一方面是要在中心城内依托多个城市职能中心形成多中心格局，另一方面是在整个市域范围内，依托郊区新城形成多中心城市区域空间格局。2004年编制的城市总体规划对近年来北京城市空间发展起到了重要的引导作用，并推动北京城市空间结构逐步由单中心聚焦的布局模式向多中心空间结构转变。

虽然北京城市规划在不同历史阶段经过不断调整，但其思路一直延续到20世纪50年代末提出的"分散集团式"布局策略，强调控制中心城区规模的无序扩张，疏解中心区过度集中的人口和功能，发展城市郊区，建设卫星城或新城，在城市区域内形成"反磁力"体系。尤其是2004年编制的城市总体规划对北京长久以来形成的单中心聚焦的空间发展格局进行反思，并试图通过构建多中心城市空间结构解决单中心聚焦发展带来的城市问题。但从城市空间发展情况来看，新中国成立后北京城市中心区的空间扩张一直没有得到很好的控制。在20世纪80年代以前，北京城市中心区面积年均增长都在5千米^{2}左右或以下，而20世纪80年代后，伴随城市快速发展，城市中心区出现快速扩张，面积年均增长在30千米^{2}以上，1980~1995年中心区面积增加了近两倍。1995年后，城市中心区扩张速度有所放缓，但也在年均20千米^{2}以上。2000年时城市中心区面积达到830.7千米^2，是1980年时的3.5倍，1970年时的4.4倍，1950年时的8.3倍（表6-1）（艾伟，庄大方，刘友兆，2008）。2000年以后，城市中心区再次进入快速扩张阶段，2000~2005年年均增长75.9千米^2，5年间建成区面积增加了379.5千米^2，城市中心区边界突破五环路。总体上，目前北京城市空间格局仍未彻底摆脱单中心空间结构，城市空间发展仍以中心城扩张为主，通过多中心空间结构合理控制中心城规模,缓解中心城发展压力,仍是北京城市空间布局优化的重要内容。

表 6-1　北京市各时期中心建成区面积

年份	面积/千米²	时期/年	面积年均增长量/千米²
1930	48.5	—	—
1950	100.2	1930~1950	2.59
1970	187.4	1950~1970	4.36
1980	238.6	1970~1980	5.12
1995	712.3	1980~1995	31.58
2000	830.7	1995~2000	23.68
2005	1210.2	2000~2005	75.9

资料来源:艾伟,庄大方,刘友兆.2008.北京市城市用地百年变迁分析.地球信息科学,10(4):489-494

二、城市郊区化:特征与趋势

郊区化是现代大城市空间发展最为突出和普遍的特征,表现为伴随城市增长,人口和经济活动等由城市中心区向郊区的扩散。郊区化是城市化的特定阶段,并带来城市空间结构的转变,对经济社会发展具有深刻的影响。按照霍尔(P. Hall)的城市变动模型,城市发展分为五个阶段:第一阶段,人口和产业绝对集中在中心区,并高速增长;第二阶段,人口和产业在中心区和郊区都有增长,但中心区增长更快,是相对集中阶段;第三阶段为相对分散阶段,中心区增长速度低于郊区,是郊区化的前兆;第四阶段,中心区出现人口和产业的负增长,人口和产业向郊区分散,是典型的郊区化阶段;第五阶段,郊区化进一步发展,甚至演化为逆城市化(李国平等,2004)。

已有研究显示,北京在 20 世纪 80 年代中期后出现郊区化,并一直延续至今。本节主要分析北京城市郊区化的基本特征和发展趋势。分析郊区化需要确定"城区"和"郊区"的范围。关于郊区的划分,有按照行政区划和是否具备郊区特征两种判断方法。从郊区特征角度,郊区是指城市辖区内、建成区以外一定范围内的区域,是城市和农村的过渡地带,因而在经济、生活等方面与城区具有紧密的联系,为城区提供农副产品,承载城区的人口、产业扩散(王放,2010)。但以上特征在实际研究中并不容易把握。一方面,"城区"与"郊区"的概念具有时间动态性,郊区化的作用就是使郊区具备城市的综合职能而发展成为城区;另一方面,"城区"与"郊区"的分界线并不明晰,郊区作为城区与农村的过渡带,难以界定其范围。参考已有研究(王放,2010;周一星,1996),本书将北京市域依据距城市中心距离远近划分为 4 个圈层,并与北京城市功能区范围划分保持一致:将原东城区、原西城区、原宣武区和原崇文区组成的中心城区作为第一圈层,即首都功能核心区;将海淀区、朝阳区、丰台区和石景山区构成的近郊区作为第二圈层,即城市功能拓展区;将昌平区、顺义区、通州区、大兴区和房山区构成的远郊平原区作为第三圈层,即城市发展新区;将怀柔区、平谷区、门头沟区和密云县、延庆县构成的远郊山区作为第四圈层,即生态涵养发展区。依据以上 4 个圈层,分析北京城市郊区化特征和趋势。

(一)人口郊区化特征与趋势

郊区化最基本的特征是人口的外迁(周一星,1996)。表 6-2 反映了 1958~2009 年不同时期北京 4 个圈层人口年均增长情况。总体上,北京的人口增长可以分为两个阶段:第一阶段是改革开放前,城区与郊区人口增长"大起大落",人口的增减与政策变化有很大的关系。1958~1960 年为"大跃进"时期,大量农村劳动力的涌入导致城区和近郊区(第一和第二圈层)人口快速增长;20 世纪 60 年代初的精简城镇人口和"文化大革命"上山下乡运动导致城区和近郊区人口减少,甚至负增长(王放,2010);70 年代,伴随"文化大革命"结束,下放人员返城,城区和近郊区人口又开始快速增长。第二阶段是改革开放后,市场经济背景下人口流动加剧,人口增长符合城市发展的客观规律。80 年代开始,北京呈现出人口郊区化的趋势,城区的人口增长率开始下降,近郊保持较高的增长速度,而远郊(第三和第四圈层)增长相对缓慢,表现出郊区化初始阶段的特征。1990 年代中期到 21 世纪初,城区人口出现负增长,而近郊和远郊三个圈层人口增长加快,北京呈现典型的郊区化特征,并且出现了从"城区→近郊→远郊平原区"的人口扩散趋势。

表 6-2 北京市各圈层不同时期人口年均增长率

年 份	第一圈层 (城区)	第二圈层 (近郊区)	第三圈层 (远郊平原区)	第四圈层 (远郊山区)
1958~1960	7.86	14.41	2.48	3.98
1960~1965	−0.23	0.72	2.88	2.08
1965~1970	−2.33	−1.25	1.87	2.36
1970~1975	0.71	1.74	1.66	0.83
1975~1980	2.98	3.27	0.41	0.48
1980~1985	0.51	4.06	0.93	0.97
1985~1990	0.83	3.69	2.04	1.39
1990~1995	0.52	2.37	0.75	−0.01
1995~2000	−0.1	3.82	1.01	0.22
2000~2005	−5.08	6.84	5.75	1.2
2005~2009	0.71	3.82	4.55	1.43

注:因统计口径不一致,1958~1980 年的人口为户籍人口,其他年份为常住人口,但 1980 年前北京市的外来人口不多,年均十几万,因此户籍与常住人口数量差别不大,统计口径的变化并不影响分析结果

资料来源中的 1958~2005 年数据来自《北京六十年》,1980 年、1991 年、2001 年《北京统计年鉴》,以及《对北京市郊区化问题的进一步探讨》;2005~2009 年数据来自 2006~2010 年《北京区域统计年鉴》

以上分析表明，20世纪80年代以来，北京逐步呈现明显的人口郊区化特征，即人口从城区向外扩散，分区县的分析也显示了相同的结果（表6-3、图6-1）。2006～2009年，4个城区的人口增长率都低于均值，原宣武区和原西城区在部分年份出现人口负增长，说明城区人口相比于近郊和远郊区在减少（表6-3）。增长速度方面，以各区县人口增速平均值以上一个标准差为界，增速超过这一数值认为是人口增长较快的区域。图6-1显示，2006～2009年增长较快的区县分别为：昌平区（2006年），昌平区、大兴区、通州区（2007年），石景山区、大兴区、怀柔区（2008年），昌平区、大兴区、怀柔区（2009年）。总体上，近几年，北京人口增长较快的区县（主要是昌平区、大兴区、通州区）多分布在近郊平原区（第三圈层），而2008年后，又呈现进一步向远郊山区（主要是怀柔区）扩散的趋势。因此，随着人口增长，北京人口郊区化趋势仍在延续，并不断由近郊向远郊推进。

表6-3　2006～2009年北京市各区县人口比重及人口增长率

区、县	2006年 比重/%	2006年 增长率/%	2007年 比重/%	2007年 增长率/%	2008年 比重/%	2008年 增长率/%	2009年 比重/%	2009年 增长率/%
东城区	3.49	0.36	3.38	0.18	3.26	0.18	3.21	1.81
西城区	4.21	0.91	4.07	-0.15	3.97	1.20	3.88	1.19
崇文区	1.90	-3.22	1.83	-0.66	1.75	-0.67	1.72	1.68
宣武区	3.43	2.07	3.39	1.84	3.30	1.27	3.22	0.89
朝阳区	18.41	3.89	18.38	3.09	18.19	2.73	18.11	3.11
丰台区	10.22	3.06	10.37	4.76	10.34	3.54	10.39	3.99
石景山区	3.30	-0.38	3.34	4.60	3.48	8.06	3.45	2.54
海淀区	17.00	3.91	17.23	4.73	17.29	4.12	17.56	5.19
房山区	5.60	1.84	5.43	0.11	5.34	2.03	5.20	0.77
通州区	5.66	3.23	5.91	7.82	6.13	7.67	6.23	5.20
顺义区	4.54	0.98	4.51	2.51	4.28	-1.49	4.17	0.97
昌平区	5.24	6.01	5.49	8.08	5.56	5.13	5.82	8.39
大兴区	5.81	3.72	5.99	6.42	6.47	12.17	6.60	5.65
门头沟区	1.75	0.00	1.65	-2.53	1.62	1.85	1.60	1.82
怀柔区	2.09	2.48	1.94	-4.24	2.11	13.29	2.17	6.15
平谷区	2.68	2.17	2.60	0.24	2.51	0.47	2.43	0.23
密云区	2.85	2.51	2.75	-0.22	2.70	1.78	2.61	0.22
延庆县	1.81	2.14	1.75	0.00	1.69	0.35	1.64	0.35
最高值	18.41	6.01	18.38	8.08	18.19	13.29	18.11	8.39
最低值	1.75	-3.22	1.65	-4.24	1.62	-1.49	1.60	0.22
平均值	5.56	1.98	5.56	2.03	5.56	3.54	5.56	2.79
标准差	0.0488	0.0205	0.0494	0.0346	0.0494	0.0422	0.0499	0.0242

资料来源：2007～2010年《北京区域统计年鉴》

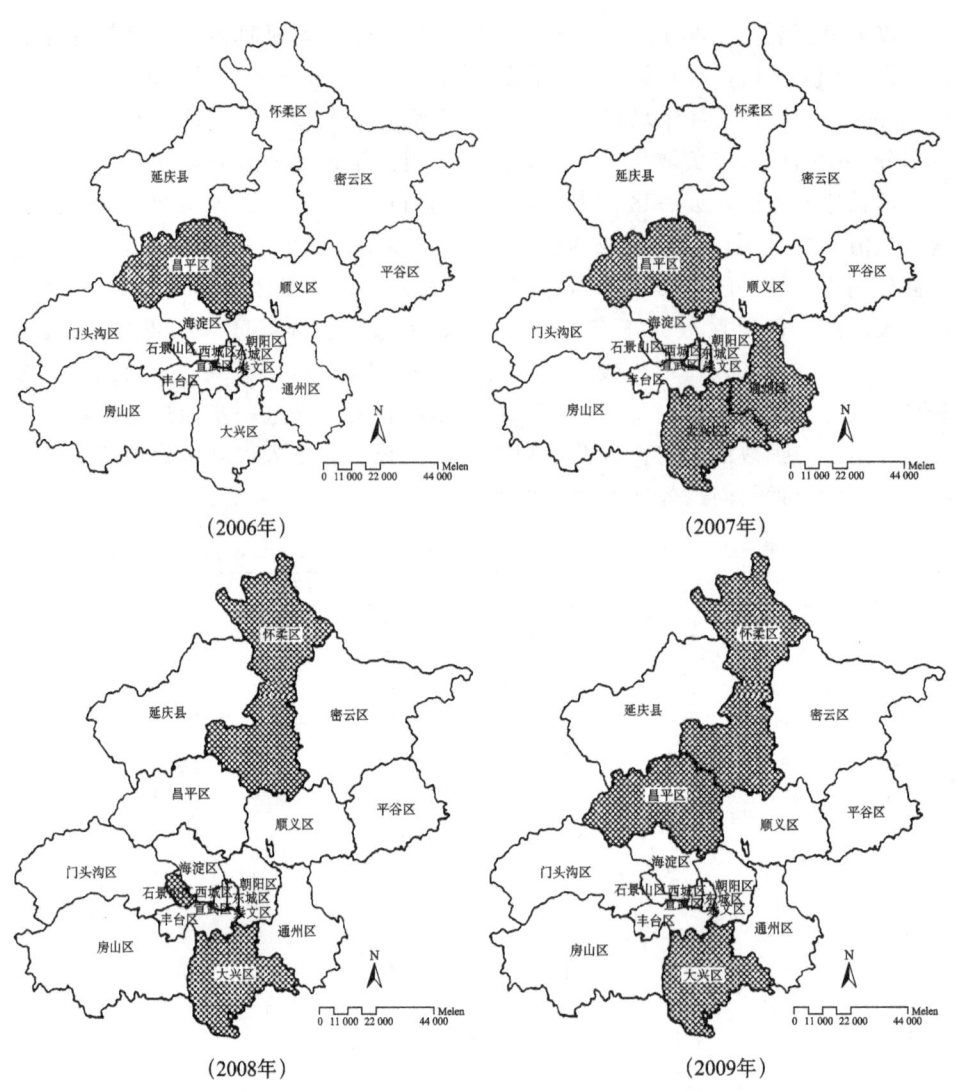

图 6-1　2006～2009 年北京市各区县常住人口增长较快的区域
注：网格线填充部分代表该区域的人口增长率＞各区县人口增长均值加上一个标准差
资料来源：2007～2010 年《北京区域统计年鉴》。

随着人口郊区化，北京人口布局呈现圈层分布特征。根据《北京市 2010 年第六次全国人口普查主要数据公报》，北京人口主要集中在郊区平原地区。其中，近郊区即城市功能拓展区人口最多，为 955.4 万人，占全市的 48.7%；远郊平原区即城市发展新区次之，为 603.2 万人，占全市的 30.8%；城区即首都功能核心区人口为 216.2 万人，占全市的 11%；远郊山区即生态涵养发展区人口最少，为 186.4 万人，占全市的 9.5%。总体上，平原地区即城市功能拓展区和城市发展新区集中了全市 79.5% 的人口。16 个区县中,朝阳区人口最多,为 354.5 万人,其次是海淀区和丰台区,分别为 328.1 万人和 211.2 万人,这三个区集中了全市 45.6% 的人口。

从人口密度来看(根据第六次人口普查数据公报),北京全市人口密度为 1195 人/千米^2。人口密度依圈层呈梯度分布,城区即首都功能核心区人口密度最高,为 23 407 人/千米^2;近郊区即城市功能拓展区次之,为 7488 人/千米^2;远郊平原区即城市发展新区人口密度为 958 人/千米^2;远郊山区即生态涵养发展区人口密度最低,为 213 人/千米^2。表 6-4 显示了 1990~2009 年北京各区县人口密度及其变化。其中,城区人口密度最高,以宣武区人口密度为首,但与 1990 年相比,人口密度一直不断下降;近郊各区人口密度均呈现较快增长态势,朝阳区的增长幅度最大,年均增长率为 5.21%;远郊各区县人口密度也都有所增加,平原各区增长很快,其中通州区和大兴区 2009 年的人口密度均已超过 1000 人/千米^2。

表 6-4　1990~2009 年北京各区县人口密度　　　单位:人/千米^2

区　县	1990 年	1995 年	2000 年	2009 年
全市	608	635	658	1 069
东城区	26 162	25 964	25 328	22 218
西城区	25 798	26 481	26 048	21 537
崇文区	27 048	27 169	25 969	18 281
宣武区	35 028	33 128	33 980	29 878
朝阳区	2 661	2 939	3 232	6 986
丰台区	2 235	2 485	2 704	5 961
石景山区	3 438	3 692	3 919	7 175
海淀区	3 002	3 355	3 795	7 155
房山区	393	277	398	458
通州区	665	687	687	1 206
顺义区	532	546	548	718
昌平区	285	292	299	760
大兴区	475	502	521	1 118
门头沟区	193	182	176	193
怀柔区	98	101	103	179
平谷区	350	360	360	449
密云县	180	181	178	205
延庆县	135	136	136	144

资料来源:1991 年、1996 年、2001 年、2010 年《北京统计年鉴》

由于北京一直保持较低的生育水平,所以人口增长主要来自机械迁移,而人口布局变化主要是因为外来人口增长的地区差异。根据《北京市 2010 年第六次全国人口普查主要数据公报》,2010 年,城区即首都功能核心区常住外来人口为 54.7 万人,占全市常住外来人口的 7.8%,与 2000 年相比,增加 25.0 万人,比重降低 3.8 个百分点;近郊区即城市功能拓展区为 379.0 万人,占全市常住外来人口的53.8%，比2000年增加220.8万人，比重降低7.8个百分点；远郊平原区即城市发展新区为240.0万人，占全市常住外来人口的34.0%，比2000年增加184.7万人，比重提高12.5个百分点；远郊山区即生态涵养发展区为30.8万人，占全市常住外来人口的4.4%，比2000年增加17.2万人，比重降低0.9个百分点。可以看出，近九成的外来人口集中在郊区平原地区（城市功能拓展区和城市发展新区），外来人口在城区和近郊区以及远郊山区比重降低，而在远郊平原区比重大幅增加。从增长情况看，远郊平原区即城市发展新区常住外来人口增长最快，年均增速达到15.8%。其次是近郊区即城市功能拓展区，年均增速为9.1%，而城区（首都功能核心区）和远郊山区（生态涵养发展区）的年均增速分别为8.5%和6.3%。可见人口的郊区化主要是因为外来人口在郊区平原地区的迅速增加。

由图6-2可知，北京18个区县中，2009年，朝阳区外来人口最多，有105.6万人；其次是海淀区和丰台区，分别是100.1万人和52.2万人，这三个区集中了全市50.6%的外来人口。此外，昌平区、大兴区、通州区的外来人口总量也都在35万人以上。总体上，城区外来人口数量低于郊区平原地区，但仍略高于远郊山区，外来人口在近郊区集中的趋势十分明显。

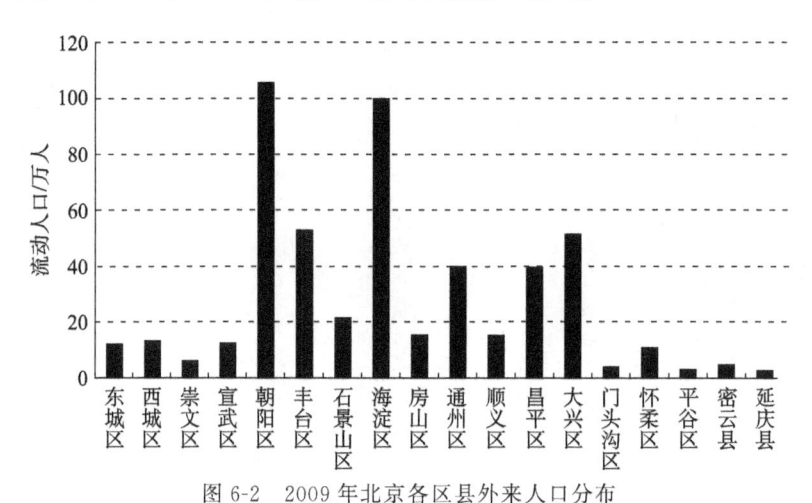

图6-2　2009年北京各区县外来人口分布

资料来源：《北京统计年鉴2010》

（二）经济郊区化特征与趋势

西方城市郊区化的经验表明，随着人口向郊区的转移，经济活动也会出现郊区化过程。首先，一些劳动密集型的行业和居民消费导向的行业，如制造业或居民服务业等，会随着人口的郊区化不断向郊区转移。其次，随着城市中心区越来越拥挤，地价不断上涨，一些不需要集中在城市中心区的办公活动，也会逐步向郊区转移。而最近北美大城市郊区化还出现了新郊区化现象，主要表现为高端商务活动也出现了从城市中心区向郊区的转移，并在郊区集聚成为新的城市中心，也称边缘城市。已有研究显示，20世纪80年代中期后，北京也出现了产业郊区化，但早期主要是受到工业搬迁的驱动，因此主要以工业的郊区化为主（周一星，孟延春，2000）。而1990年代，随着大量郊区开发区和工业园区的建设，北京制造业郊区化特征更为明显，且这一趋势一直在持续。本节主要分析近年来北京经济郊区化的基本特征和发展趋势。

图6-3和图6-4显示了2001到2009年北京各圈层地区生产总值和从业人员数[①]所占比重及其变化。从经济总量分布来看（图6-3），近10年间，北京各圈层地区生产总值所占比重变化不大，城区（首都功能核心区）地区生产总值占全市比重一直在25％左右，近郊区（城市功能拓展区）所占比重一直在50％左右，远郊平原区（城市发展新区）所占比重略有上升，从2001年的18％上升到2009年的21％，而远郊山区（生态涵养发展区）所占比重则略有降低，从2001年的7％下降到2009年的4％。从增长速度来看，2001～2009年，远郊平原区即城市发展新区经济增长速度最快，年均增长22.8％，城区和近郊区年均增长20.9％和20.2％，而远郊山区经济增长相对较慢，年均增长12.9％。总体上，经济活动呈现出向城市发展新区转移和集聚的趋势。

尽管经济总量在各圈层间变化不大，但从从业人员分布来看（图6-4），经济活动已呈现一定的郊区化特征。近10年间，城区（首都功能核心区）从业人员数占全市比重明显下降，从2001年的30％下降到2009年的22％，而近郊区（城市功能拓展区）所占比重变化不大，一直在50％左右，但远郊平原区（城市发展新区）所占比重明显上升，从2001年的13％上升到2009年的21％，远郊山区（生态涵养发展区）所占比重也比较稳定，一直在6％左右。从增长速度来看，2001～2009年，远郊平原区即城市发展新区从业人员增长速度最快，年均增速达到10.7％，其次是远郊山区，年均增速为7.1％，城区和近郊区从业人员增长相对较慢，尤其是城区，年均增速仅为0.3％，而近郊区年均增速为4.4％。尽管目前城区并未出现从业人员数量的绝对减少，但其在全市所占比重已明显下降，而在城市发展新区从业人员迅速增加，可见经济活动正逐步向城市发展新区转移和集聚，呈现了郊区化初期阶段的特征。

总体上，北京的经济郊区化滞后于人口郊区化。图6-5显示，目前北京的常住人口主要集中在郊区平原地区，即城市功能拓展区和城市发展新区，而就业人口仍集中于城区（首都功能核心区）和近郊区（城市功能拓展区）。这说明，城市人

---

① 此处从业人员数为城镇单位从业人员数，城镇单位为不包括私营单位和个体工商户的独立核算法人单位。

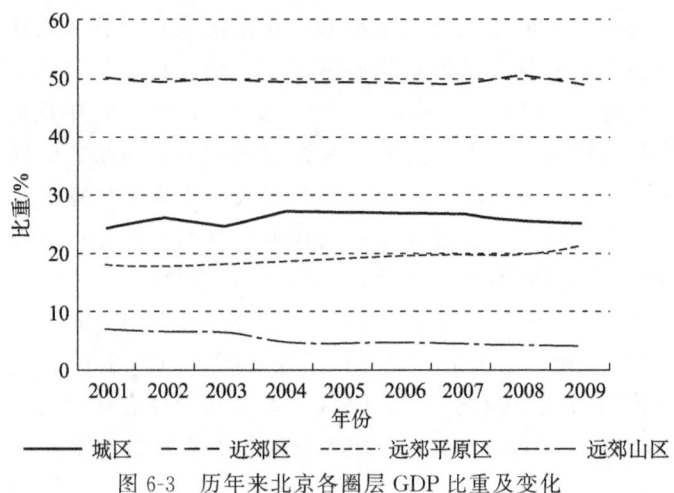

图 6-3　历年来北京各圈层 GDP 比重及变化

资料来源：2002~2010 年《北京区域统计年鉴》

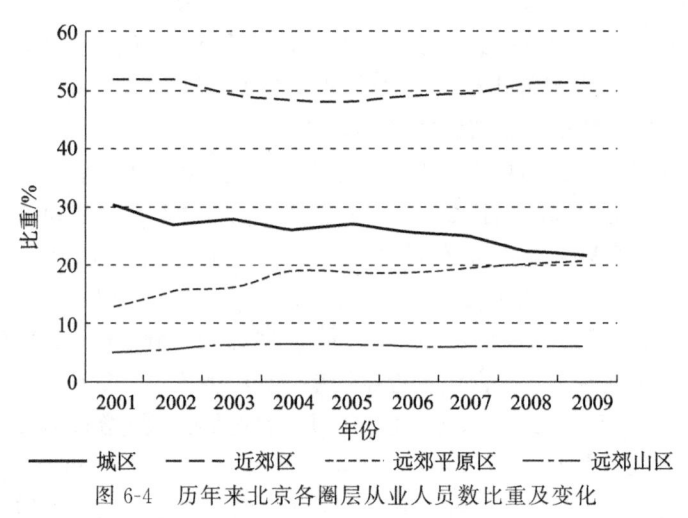

图 6-4　历年来北京各圈层从业人员数比重及变化

资料来源：2002~2010 年《北京区域统计年鉴》

口的分散化程度高于经济活动，造成"居住主要在郊区，就业主要在城区"的格局。从而形成宏观面上的"职住分离"，带来城市过度通勤和交通拥堵的问题。

三、北京都市区空间结构及变化

人口和经济活动的郊区化会显著改变城市的空间结构。这是因为，人口和经济活动从城市中心区向郊区扩散后，为了获取集聚经济效益，仍倾向于在特定区位上再度集中，形成新的城市集聚中心，从而使城市空间结构由单中心向多中心结构转

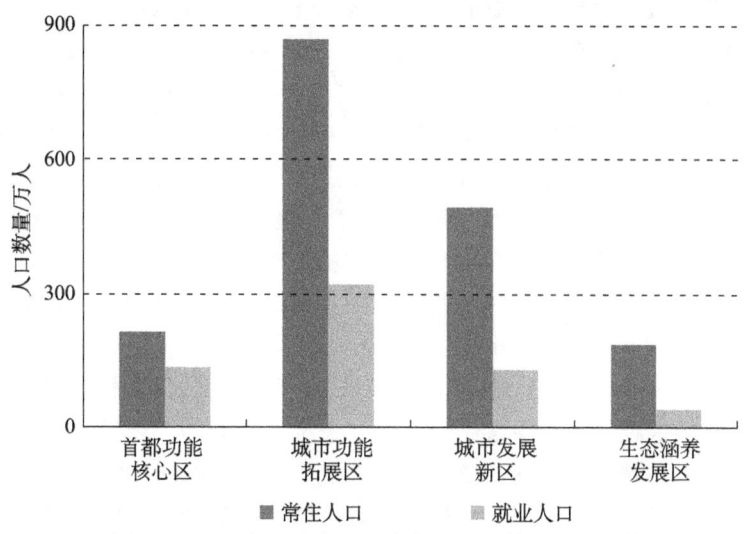

图 6-5 2009 年北京各圈层常住人口和就业人口规模

资料来源：《北京统计年鉴 2009》

变。尤其是高端服务职能的分散化，可能会在郊区形成和城市中央商务区一样具有高等级和复合城市职能，并有较大规模的城市中心，从而挑战传统城市中央商务区的地位，进而从根本上改变城市空间结构的特征。本节主要分析随着人口和经济郊区化，北京城市空间结构的变化特征。考虑到北京城市郊区化主要以近域郊区化为主，因此对空间结构的分析主要局限在北京都市区范围内。这里北京都市区是指城区、近郊区和与之相邻的远郊区，具体包括 14 个市辖区（原东城区、原西城区、原崇文区、原宣武区、朝阳区、海淀区、石景山区、丰台区、昌平区、顺义区、通州区、门头沟区、房山区、大兴区），地域面积为 9116.3 千米^2。

（一）识别城市空间结构

识别城市空间结构就是要识别城市中心和次中心。传统的中小城市往往具有单一城市中心，是城市功能与活动高度集聚的区域。而现代大城市，随着人口和经济活动布局的分散化，在传统的城市中心外形成新的集聚中心，又称城市次中心，从而呈现多中心空间结构。而现实中，单中心与多中心空间结构并非截然分开。在很多大城市中，传统的城市中心仍可能占据主导地位，表现出单中心的结构特征，而同时在城市中心以外形成了不同规模和功能的城市次中心，表现出多中心的结构特征。因此，现代大城市的空间结构往往表现为单中心与多中心两种结构的混合模式。但不管何种类型的城市空间结构，研究其结构特征往往需要确定城市次中心的数量、位置和规模等。

从人口或就业分布的角度，城市次中心是指城市中心以外人口或就业的高密度集聚区，即密度显著高于周边地区的区域，同时还应该集聚足够多的人口或就业，从而对城市空间结构产生显著影响（Giuliano et al.，1991；McMillen，2001）这里，我们根据 McMillen（2001）提出的非参数方法识别北京都市区城市次中心，探讨城市空间结构及其变化。首先，我们使用局部回归的方法拟合都市区人口和就业密度平面。城市次中心应是那些实际密度值远大于拟合的密度平面上对应的平滑值的区域。因此，以局部回归得到的拟合密度平面为基准，选择残差值在5%的显著水平下显著为正的空间单元作为备选的城市次中心。为了避免将相邻的空间单元作为不同的次中心，只选择相邻空间单元中拟合值最大且残差显著为正的单元作为备选次中心。这里，相邻空间单元是指半径为4公里的区域内的空间单元。其次，进一步检验这些次中心对城市空间结构影响的显著性，以确定最终的城市次中心。本文使用一个半参数模型评定备选次中心的显著性，并采用倒逐步回归的方法，选取次中心距离变量的个数。半参数模型的回归结果中备选的次中心距离变量的系数具有与预期一致的符号，且统计上显著的，则对应的次中心就是最终判别的、有效的城市次中心。

本节使用的人口数据来自1982年、1990年、2000年和2010年的北京市人口普查资料，就业数据来自2004年和2008年的北京市经济普查资料。分析的基本空间单元是街道、镇和乡，其数量在不同年份间有所变化，主要因为行政区划的调整。对每个空间单元，我们测量了形心和土地面积，距离用空间单元形心间的直线距离来测度。

（二）人口空间结构及变化

图6-6显示了1982年、1990年、2000年和2010年北京都市区人口次中心的分布情况。由图可知，20世纪80年代北京都市区已出现郊区人口次中心，且随着人口郊区化，次中心数量不断增加，1982年、1990年、2000年和2010年的人口次中心数量分别为3个、5个、7个和13个。半参数模型中次中心距离变量的显著性很高，显示次中心对都市区人口密度分布有显著影响。从图6-6可以考察北京都市区人口（居住）空间结构的演化过程。1982年，北京都市区有3个人口次中心，分别是石景山区的金顶街道、海淀区的中关村街道和丰台区的东高地街道。这一时期，人口次中心主要分布在近郊地区，且中心城规模（即中心人口高密度集聚区，或称中心大团）主要在二环路以内。1990年，新出现的人口次中心仍主要在近郊地区，如海淀区的永定路街道、朝阳区的管庄街道等。与1982年相比，中心城规模变化不大，主要向东北部地区扩张。1990～2000年，中心城规模扩张比较明显，主要向北部、西北部和东北部扩展。随着中心城规模扩张，一些即已形成的人口次中心逐渐与中心城融合，导致其对都市区人口密度分布的影响不再显著（如海淀区的永定路和中关村街道）。2000年，新出

现的人口次中心主要位于远郊地区，如昌平区的城北街道、通州区的北苑街道、顺义区的胜利街道和房山区的星城街道等。2000~2010 年，中心城规模显著扩张，残差显著为正的街道分散在四环路和五环路沿线，并沿主要高速公路（如京藏高速、京通快速路等）呈放射状延伸，显示人口集聚区的分布已不再只沿环路"同心圆"式的扩张，也呈现出沿高速路的"指状"扩张的趋势。同时，人口次中心的数量也大幅增加，新出现的人口次中心主要位于近郊一些住宅开发密集的区域，如昌平区的回龙观街道、朝阳区的望京和团结湖街道等。总体上，随着人口郊区化，一方面中心城规模不断扩张，呈现"同心圆＋指状"的扩张趋势，另一方面人口次中心数量不断增加，且由近郊向远郊地区发展。

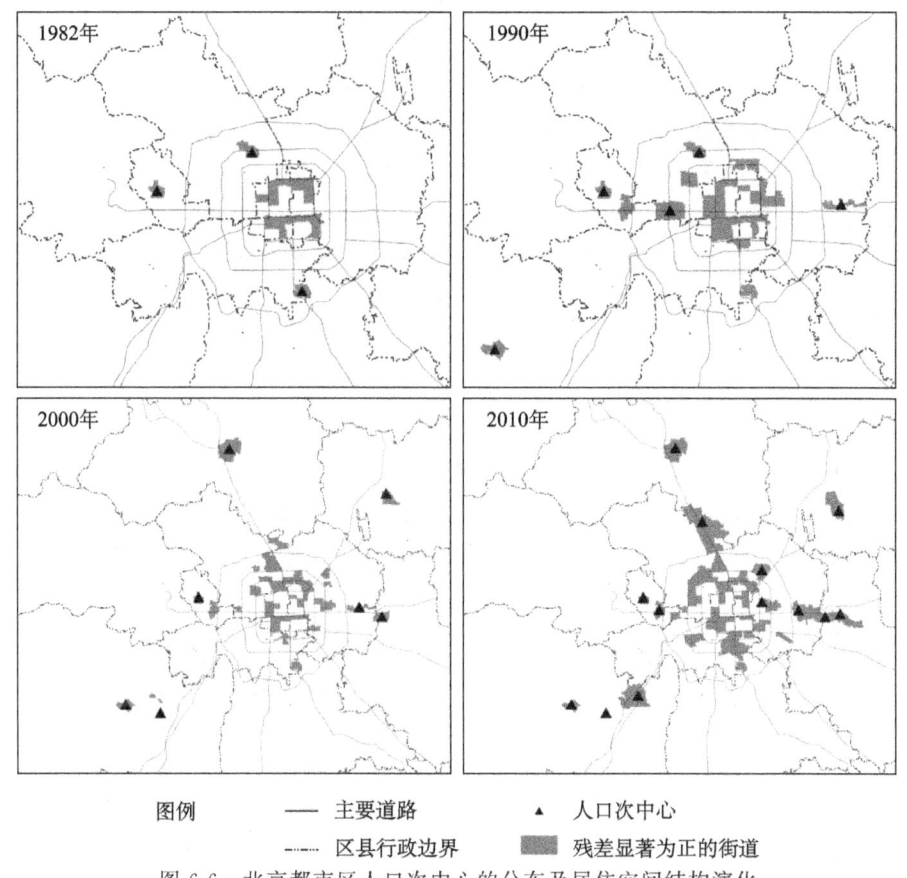

图 6-6 北京都市区人口次中心的分布及居住空间结构演化

早期北京都市区形成的人口次中心主要依托大型国有企业，如石景山区的"金顶"次中心依托首钢，房山区的"迎风"、"星城"次中心依托燕山石化。同时，丰台区的"东高地"次中心主要是北京南城外来人口的集聚区。而后期人口次中心的发展，除表现出一定程度的路径依赖，受城市规划的影响则更加明显。

20世纪90年代，北京城市总体规划提出要严格控制中心城的规模，避免人口和产业过度集中而导致的中心城恶性蔓延，在近郊地区规划了围绕市区中心地区的10个边缘组团，在远郊地区规划了14个卫星城，以形成分散集团式布局。总体上，后期人口次中心的发展与这一规划思路比较吻合，近郊地区的人口次中心往往位于边缘组团或其周边地区（如"管庄"次中心），而远郊地区的人口次中心则全部分布在卫星城中（如昌平区的城北街道、通州区的北苑街道等）。在规划中，边缘组团和中心城区之间以及边缘组团之间通过绿化带分隔。但在实际建设过程中，边缘组团间的绿化用地被大量蚕食，导致边缘组团之间和边缘组团与中心城连成一片。因此，近郊人口次中心在发展过程中与中心城不断融合。总体上，近郊地区人口次中心的发展并未有效遏制中心城规模扩张，反而造成中心城摊大饼式的蔓延，而远郊地区人口次中心的发展则依托各个卫星城形成相对独立的次中心。2000年后，北京新一轮城市总体规划进一步提出建设11个郊区新城，强化北京多中心的城市空间结构。目前，郊区新城已成为北京集聚人口的重要城市次中心，2010年北京的远郊人口次中心主要分布在这些郊区新城中，如昌平（城北街道）、顺义（石园街道）、通州（北苑、中仓街道）和房山（拱辰街道）。同时，随着2000年以后近郊区四环路和五环路沿线居住区的大规模开发，在近郊区又形成了一些新的人口次中心，如望京、回龙观等。总体上，目前北京都市区人口空间分布呈现出近郊和远郊两个圈层的多中心空间结构。

（三）经济空间结构及变化

相比于人口分布，就业分布更能反映城市空间结构的集聚经济本质，因此城市空间结构的特征往往由城市就业次中心来定义。本节使用经济普查中的就业人口数据识别都市区就业次中心，探讨北京都市区经济空间结构特征及变化。图6-7显示了最终识别的就业次中心的分布情况。

观察北京都市区就业密度拟合平面可知，城市中心区具有两个密度峰值，分别在朝阳区的CBD和西城区的金融街附近，因此北京都市区具有双城市中心结构。早有学者指出，由于北京城市中央为皇城占据，因此发展了东、西两个城市中心，这有别于大部分西方城市只存在一个中央商务区的单一城市中心结构。而且我们的研究发现，2004年和2008年北京都市区就业次中心的数量分别为7个和5个，远低于人口次中心的数量。且2004年到2008年间就业次中心的数量有所减少，说明北京都市区就业（或经济）空间结构的多中心性有所降低。2004~2008年，稳定存在的就业次中心有3个，分别是海淀区的双榆树—中关村街道和上地街道，以及房山区的迎风街道。除了数量减少，就业次中心的分布也出现明显变化，主要表现在两个方面：第一，次中心分布由西北部向东北部扩展，主要是朝阳区的和平街街道，在2004年时虽然是残差显著为正的街道

2004年

2008年

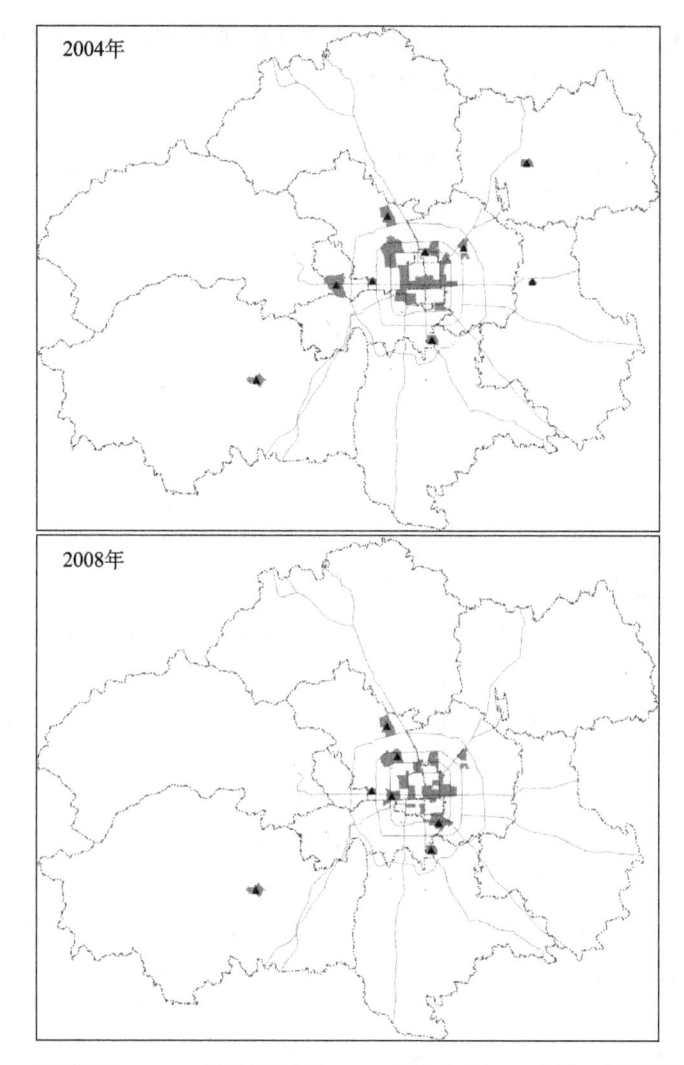

图例 —— 主要道路 ----- 区县行政边界 ▲ 就业次中心 ▇ 残差显著为正的街道
图 6-7 北京都市区就业次中心的分布及经济空间结构演化

(即是密度平面上的峰值)，但对都市区就业密度分布的影响不显著，而 2008 年时成为显著的就业次中心。同时，依托首钢作为就业次中心的石景山区的古城街道，2008 年时已不再显著，主要是首钢搬迁的结果。第二，远郊区就业次中心明显减少。2004~2008 年，远郊区就业次中心由 3 个减少为 1 个。2008 年时，通州区的新华街道和顺义区的胜利街道不再是都市区的就业次中心。远郊区就业次中心的减少导致了都市区就业次中心数量的整体降低。2004~2008 年，北京都市区就业分布表现出整体上持续向城市中心区集中的趋势，反映在空间结构上，则表现为远郊区就业次中心的消失和都市区就业空间结构多中心性的降低。这种结构上的变化，在一定程度上反映了就业向城市中心区的集中，而强化了中心城对都市区经济空间格局的主导作用。

总体上，和人口次中心在都市区范围内分散分布不同，北京都市区的就业次中心主要分布在近郊地区，并集中在三环路和四环路沿线。在这些次中心中，一些是传统的城市商业区，比如羊坊店街道（公主坟地区）、和平街街道（亚运村地区）、永定路街道等，还有一些是北京主要的科技园区，如中关村街道、上地街道等。远郊区的就业次中心主要集中在郊区新城。其中，顺义（胜利街道）和通州（新华街道）是规划的郊区重点新城，是引导城市产业集聚的新的发展区域，而房山（迎风街道）主要依托燕山石化，形成就业次中心。

四、小结

20世纪80年代以来，伴随城市快速增长，人口和经济活动的分散化（或郊区化）是北京城市空间发展最为显著的特征之一。一方面，人口分布逐渐由城市中心区向外扩散，并在近郊集聚，郊区平原地区成为人口增长最快的区域。另一方面，经济活动也呈现出郊区化初期阶段特征，即城区就业人口比重开始下降，而郊区平原地区成为就业集聚的主要区域。总体上，城市空间发展呈现出两方面显著的趋势：一是伴随城市增长，中心城快速扩张，尽管人口和经济活动已呈现去中心化发展趋势，但其分散的空间尺度还非常有限，人口和经济活动在近郊的集中导致中心城规模扩张；二是城市空间发展的多中心化，随着人口和经济活动在郊区的再度集聚，北京城市空间结构表现出多中心结构特征，不仅在郊区出现人口和经济的次中心，在中心城内部也存在多个职能中心。

但值得注意的是，经济活动的分散化和多中心化趋势与人口相比程度有限，这与西方大都市区普遍表现出的人口和就业普遍分散化的发展趋势有所不同。尽管北京城市总体规划试图通过构建分散化集聚和多中心的城市空间结构，抑制产业向市中心区的过度集中，以缓解中心城过度集聚与空间有限性的矛盾，但效果尚不明显。人口与经济活动分散化的不同步，在宏观面上有可能导致城市人口-就业的空间错位，引发交通拥堵等城市问题。因此，促进城市人口-就业的平衡分布，引导城市空间布局合理发展，仍然是未来北京城市空间格局优化的重点。

从世界城市空间发展的基本模式和国际经验来看，城市空间发展都经历了郊区化阶段，城市规划的重点早期一般是抑制中心城的扩张，而后期则强调城市职能再配置和空间结构优化，即形成多中心、网络化的城市空间结构。总体上，北京城市空间发展将延续现有的去中心化和多中心化发展趋势，即人口和经济活动将进一步向城市中心区以外扩散，但能否形成有效的多中心结构来合理配置城市地域功能和优化城市空间组织，仍需进一步的规划引导。

第二节 产业空间布局与发展趋势

一、产业空间布局发展历程

北京产业空间布局的发展和北京城市经济形态与内涵的演变密切相关。新中国建立以前,北京是典型的消费型城市。新中国建立后,北京从消费型城市向以重化工业主导的工业型城市转变,开始了快速工业化进程。早期的工业化发展为城市经济奠定了基础,但随着北京作为首都城市的性质与功能不断明确,城市发展战略发生根本性改变,城市经济内涵也由单纯以工业主导的经济形态向内涵更为丰富的"首都经济"转变。尤其是在20世纪90年代末以来,北京经济结构不断高级化,并实现了由"二、三、一"向"三、二、一"的结构转型。目前,北京第三产业在城市经济的比重已超过75%,且第三产业中现代服务业比重不断提升,北京已逐步发展成为具有现代化国际大都市经济形态的服务型城市(李国平等,2008)。在城市经济结构变化过程中,经济空间布局也发生相应转变。总体上,北京产业空间布局发展经历了以下四个阶段。

(一)第一阶段:20世纪80年代以前

新中国成立之初,北京经济基础非常薄弱。为了尽快恢复和发展生产,北京市实施了以重化工业化为主的工业化发展战略,并进行了相应的生产力布局。1953年制订的北京市第一个城市总体规划方案指出,北京作为首都不仅是国家的政治、文化和科技中心,更应成为一个大工业中心。根据这一原则,北京于1953年在建国门外布局了以纺织工业为主,包括机械、建材和其他轻工业在内的东郊工业区(葛本中,1996a)。

1958年北京市委对原城市总体规划方案做出重大修改,并提出了北京"分散集团式"的经济布局模式。到20世纪50年代末,北京初步形成了东郊棉纺织区、东北郊电子工业区、东南郊机械、化工区和西郊冶金、机械重工业区的经济空间格局(北京市经济委员会,1999)。"分散集团"布局奠定了北京经济空间格局基础,建立了此后北京产业空间布局的基本框架。

总体上,20世纪80年代以前北京工业发展迅速,并成为北京重要的经济基础。从空间布局来看,虽然两次编制的城市建设规划奠定了北京经济格局的基础,但由于20世纪60~70年代发展的失控,也造成北京工业在市区过度集中和不合理布局,严重影响到市民生活、城市发展和首都城市职能的发挥,工业布局与首都城市职能之间的矛盾开始突现。

（二）第二阶段：20世纪80~90年代初

这一阶段在改革开放的新形势下，北京市重新明确了城市发展方向，并努力改变业已形成的以重化工业为主的经济结构及发展布局对城市发展的不利影响。1983年国务院在关于《北京城市建设总体规划方案》的批复中，重新明确了北京作为首都的城市性质，即是全国的政治、文化中心，并要求北京城市建设和各项事业发展都必须服从和体现这一城市性质（葛本中，1996b）。因此，20世纪80年代后，北京经济建设结束了长期以来片面发展工业的局面，经济结构逐步趋于合理。伴随产业结构调整，80年代后北京产业布局也进行了相应调整。为了缓解北京日益突出的工业布局与城市职能之间的矛盾，北京重点对城市工业布局进行调整，主要是对市区污染、扰民工业企业的整顿和搬迁。

1984年以前，北京市区工业的外迁主要是计划指令性的，由于企业本身没有搬迁的要求和积极性，因此工业布局调整步伐一直比较缓慢。1984年以后，北京市政府根据国务院对北京城市总体规划方案的批复精神，制定了市区工业企业外迁的优惠政策，加上20世纪80年代中期城市土地有偿使用制度的确立，市区工业企业在城市土地级差效益和相关优惠政策的利益驱动下，有了自主搬迁的积极性，从而大大加快了北京产业布局的调整。

总体来讲，20世纪80年代至90年代初，是北京产业布局的调整期，这一阶段北京经济结构逐步"退二进三"，逐步向以第三产业为主导的方向转化，而经济布局则提出"退三进四"，即将工业由城市中心区（即三环路以内）向郊区（即四环路以外）转移。但这一阶段，由于受到多种因素的制约，一方面高新技术产业和第三产业基础薄弱、发展有限，另一方面重化工业仍然对地方财政、税收、就业等有着举足轻重的影响，因此以工业布局主导的城市产业空间格局仍未发生根本性的变化。

（三）第三阶段：20世纪90年代中后期

这一时期，随着改革开放不断深化，社会主义市场经济体制的确立，北京城市经济结构和经济布局都发生了巨大变化。受到经济结构重组的驱动，北京产业布局调整不断深化，进入到经济空间格局的重组期。这一时期，产业空间格局的重组主要表现在三个方面。

第一，配合产业结构调整，市区工业布局调整进一步深化，市区内污染、扰民工业企业的整顿、搬迁力度与速度逐年加大、加快。同时，随着市区更新改造加快，产业空间得到置换，商业和服务业进一步向市区集中，并形成多个商业中心，改变了城市传统的商业格局。

第二，随着市区工业企业的搬迁，工业向郊区转移，呈现去中心化发展趋势。

同时，在 1992 年前后，北京市在市郊先后批准建立了一批市级和区县级工业园区，这些园区的建立不仅有效集中了郊区工业，使得郊区工业规模化发展，还成为市区工业向郊区转移的重要承载地。郊区工业园区成为北京产业空间格局重构的重要力量，促使北京工业空间格局由市区一极集中向多核型分散化的空间结构发展。

第三，随着高新技术产业迅速发展，高新技术产业集群的出现和成长成为推动北京经济空间格局重组的重要力量。1999 年，国务院批准成立中关村科技园区，进一步推动北京市高新技术产业的集聚化发展。空间上，高新技术产业在有别于传统产业的新区位（如海淀等智力资源密集区）上发展，并呈现出明显的空间集聚特征，改变着城市整体的产业空间格局。

总体上，到 20 世纪 90 年代末，北京市基本形成了连接市区、郊区科技园区、工业园区的网络状近程、远程多中心圈域型空间结构，即在城区重点发展高端的商业、服务业等；在环城近郊地区重点发展高科技产业、商业服务业以及房地产业，形成环绕中心城区的"高新技术产业带"；在北部、东北部现有城市型工业、高科技农业和旅游业的基础上，重点发展环保、新材料、生物制药、电子信息等产业；在东南部和南部现有机械、仪表以及交通运输业的基础上，重点发展环保、光机电一体化、生物制药等产业；在西南部原有原材料工业以及旅游业基础上，重点发展新材料、光机电一体化等产业，并以此加速北京市各区域之间的产业联系以及中心区产业向周边的扩散（安树伟等，2005）。

（四）第四阶段：2000 年以后

进入 21 世纪，北京城市发展迎来重要机遇期，成功举办奥运会使北京的国际声望与地位大幅提升，城市建设进入高速发展阶段，城市面貌日新月异。同时，随着城市经济快速发展，产业结构加速升级，到 2009 年第三产业在地区生产总值中的比重已达到 74.6%（景体华，2009）。同时，一批高污染、高能耗、高水耗的企业，如北京焦化厂、首钢等都实行了整体搬迁，促进城市经济结构和布局不断优化。此外，第三产业内部结构也不断调整，自主创新和文化软实力在经济增长方式中的作用不断提升，除高新技术产业外，文化创意产业、科技研发服务业、信息服务业等新兴产业发展迅速，使北京市服务业结构不断高级化。

这一阶段，北京经济空间布局变得更加复杂和多样化。一方面，经济活动不再只集中在中心城区，郊区成为城市经济发展的重要舞台，郊区出现了新的、具有多样化职能的产业集聚中心，使城市经济空间格局向多中心结构转变。另一方面，第三产业迅速发展，尤其是现代服务业的发展，对城市经济布局也产生深远影响。经济空间格局不再单纯由工业布局所主导，现代商贸、服务业，文化创意产业，总部经济等的发展，都成为驱动产业空间布局演化的重要力量。总体上，目前北京的产业空间布局已逐步突破原有的圈域型空间结构，向多中心、网络化模式转变。

二、制造业空间布局与发展趋势

本小节使用 2004 年和 2008 年北京市经济普查资料中制造业从业人员数，分析近年来北京市制造业空间布局特征及发展趋势。

（一）制造业空间分布及变化

首先分析制造业在城区（首都功能核心区）、近郊（城市功能拓展区）、远郊平原区（城市发展新区）和远郊山区（生态涵养发展区）四个圈层的分布情况及其变动。由图 6-8 可知，制造业从业人员密度由城区到近郊到远郊呈现圈层递减特征。2008 年，城区、近郊区、远郊平原区和远郊山区制造业从业人员密度分别为 471 人/千米^2、348 人/千米^2、93 人/千米^2 和 19 人/千米^2。2004～2008 年，城区和近郊区制造业从业人员密度显著降低，年均降幅分别为 8.94% 和 6.74%，而远郊平原区和远郊山区基本保持不变。从分布格局变化来看，制造业在城区和近郊区呈现明显的衰退，而远郊平原区成为制造业集中发展的区域。

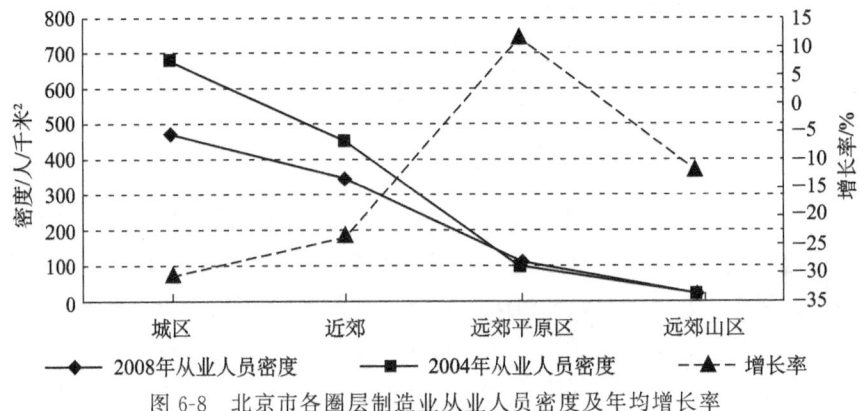

图 6-8　北京市各圈层制造业从业人员密度及年均增长率

资料来源：《北京市经济普查年鉴 2004》《北京市经济普查年鉴 2008》。

图 6-9 显示了北京市各区县制造业从业人员密度分布情况。密度最高的是城区和近郊的石景山区，远郊区制造业主要分布在东南部的顺义区、通州区和大兴区等平原地区。2008 年，制造业从业人员密度最高的是石景山区，约为 700 人/千米^2，其次是原崇文区和原宣武区，都在 500 人/千米^2 以上。密度超过 200 人/千米^2 的还有原东城区、原西城区、海淀区、丰台区、朝阳区和大兴区，密度最低的是延庆县，不足 10 人/千米^2。同 2004 年相比（表 6-5），各区县制造业从业人员密度均值明显降低，从 320 人/千米^2 下降到 243 人/千米^2，同时最小值变化不大，而最大值却下降了近 30%，从 988 人/千米^2 下降到 692 人/千米^2，

而且从业人员密度的标准差也大幅降低,这说明北京市制造业整体呈现衰退趋势,且在空间分布上区县间差异不断降低。

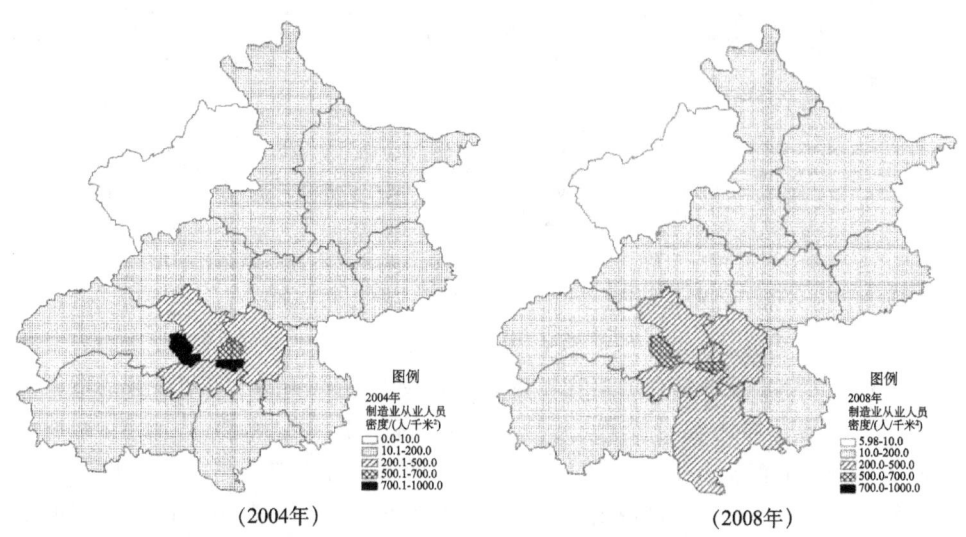

图 6-9 北京市各区县制造业从业人员密度分布
资料来源:《北京市经济普查年鉴 2004》、《北京市经济普查年鉴 2008》

表 6-5 北京市各区县制造业从业人员密度的统计描述

年份	从业人员密度/(人/千米²)			
	最小值	最大值	均值	标准差
2004	7	988	320	330
2008	6	692	243	224

年份	以从业人员密度分区县个数				
	<10 (人/千米²)	10~50 (人/千米²)	50~100 (人/千米²)	100~200 (人/千米²)	200~500 (人/千米²)	>500 (人/千米²)
2004	1	4	2	3	3	5
2008	1	5	1	2	6	3

资料来源:《北京市经济普查年鉴 2004》、《北京市经济普查年鉴 2008》

从各区县制造业从业人员密度增长情况来看(图 6-10),2004~2008 年,密度有所增长的主要是远郊的顺义区、通州区、大兴区和怀柔区。总体上,200 人/千米² 以下的中低密度区比较稳定(表 6-5),其中除怀柔区、顺义区、大兴区和通州区密度增加外,其他区县密度年均下降都在 5% 左右;200 人/千米² 以上的区域,年均降幅除海淀区(降幅 1.26%)外均在 6% 以上,其中朝阳区密度下降最快,年均降幅为 11.23%。

进一步使用空间基尼系数测度区县制造业分布的地理集中度。计算公式为

$$G = \frac{1}{2N(N-1)\mu} \sum_{i=1}^{N} \sum_{j=1}^{N} \left| \frac{x_i}{X} - \frac{x_j}{X} \right|$$

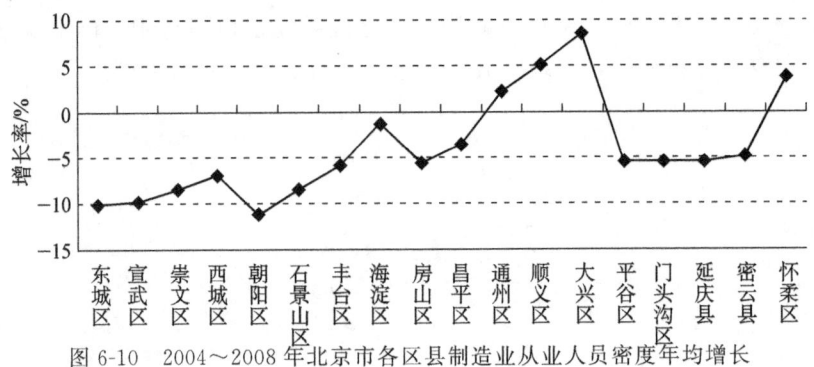

图 6-10　2004~2008 年北京市各区县制造业从业人员密度年均增长
资料来源：《北京市经济普查年鉴 2004》、《北京市经济普查年鉴 2008》

其中，x_i 或 x_j 为区县 i 或 j 的制造业从业人员数，X 为北京市制造业从业人员总量，μ 为各区县制造业从业人员比重的均值，N 为区县个数。基尼系数的取值范围为 0~1，数值越高表明制造业地理集中度越高。图 6-11 绘制了各区县制造业从业人员分布的洛伦兹曲线。2004 年和 2008 年北京市制造业区县分布的基尼系数分别为 0.44 和 0.46。这说明，与 2004 年相比，2008 年制造业区县分布的地理集中程度有所升高，显示制造业分布整体上更加集中。

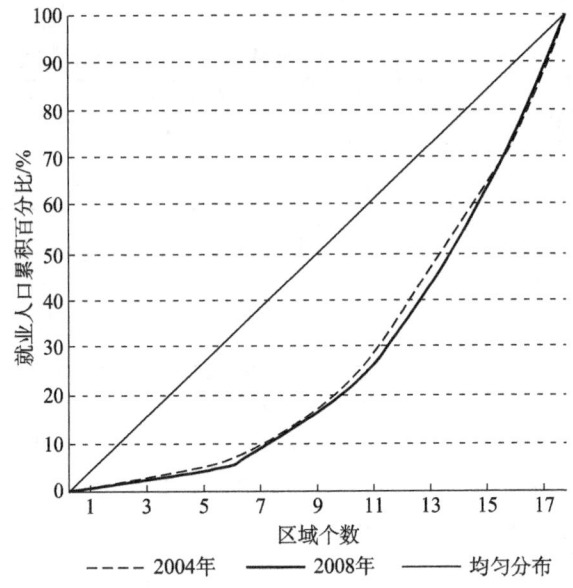

图 6-11　2004 年和 2008 年北京市制造业从业人员区县分布的洛伦兹曲线
资料来源：《北京市经济普查年鉴 2004》、《北京市经济普查年鉴 2008》

（二）制造业空间结构及变化

本节使用北京市 2004 年和 2008 年经济普查资料中分乡镇街道的制造业从业

人员数，分析制造业空间结构特征及变化。考虑 2004~2008 年行政区划的调整，将部分空间单元进行合并，最终得到 308 个乡镇街道空间单元。通过绘制 2004 年和 2008 年制造业从业人员密度分布的等值线图，探查制造业地理集聚中心，方法如下：①计算各乡镇街道的制造业从业人员密度；②使用反距离权重 (inverse distance weighted，IDW) 方法对制造业从业人员密度进行空间插值，得到连续的密度平面；③以 250 人/千米^2 的间距绘制等值线图（图 6-12、图 6-13）；④定义从业人员密度为 1500 人/千米^2 的等值线内，且为等值线峰值所在地的乡镇街道为地理集聚中心，若峰值跨越两个空间单元，则选择从业人员密度较高的空间单元作为中心。

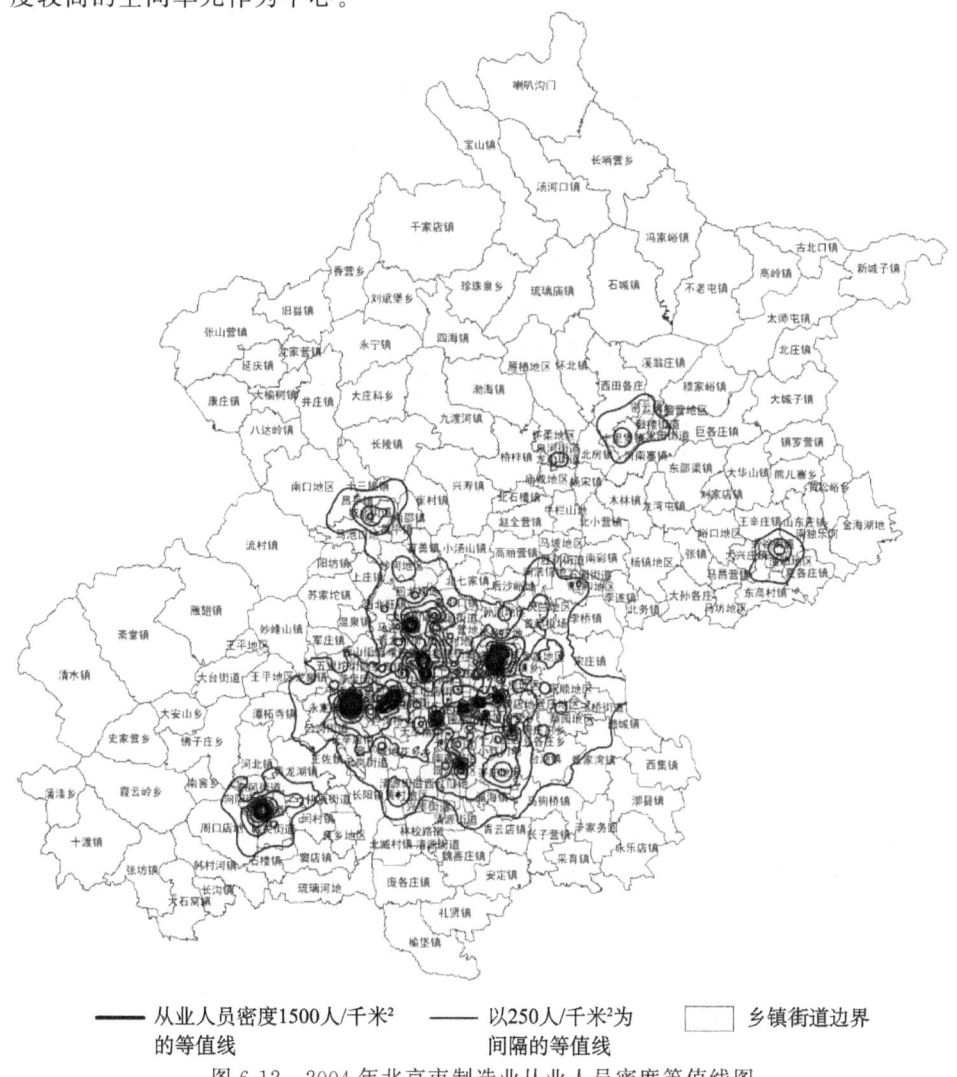

图 6-12　2004 年北京市制造业从业人员密度等值线图

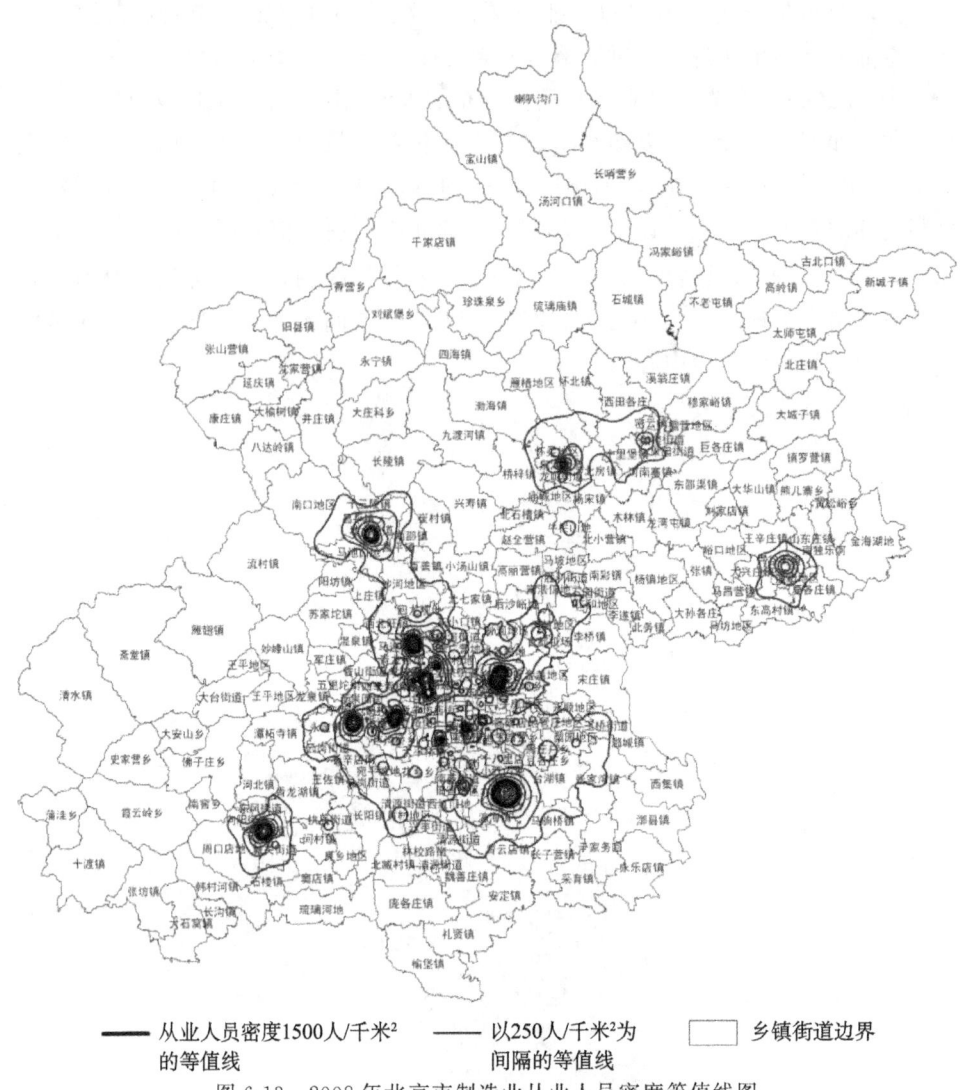

234 | 面向世界城市的北京发展趋势研究

——— 从业人员密度1500人/千米² 的等值线　　——— 以250人/千米²为 间隔的等值线　　☐ 乡镇街道边界

图 6-13　2008 年北京市制造业从业人员密度等值线图

2004 年和 2008 年北京市制造业地理集聚中心分别为 14 个和 15 个（表 6-6），其中酒仙桥街道、古城街道、永定路街道、崇文门外街道、迎风街道、中关村街道、上地街道、北下关街道 8 个中心在两个年份中是稳定存在的制造业集聚中心。与 2004 年相比，2008 年新增了白纸坊街道、学院路街道、海淀街道、亦庄地区、昌平镇、泉河街道 6 个中心，减少了建国门外街道、牛街街道、八里庄街道、八宝山街道、东高地街道、劲松街道、堡头街道 7 个中心。表 6-6 显示了各个中心的从业人员密度，及在 2004～2008 年间的变化情况。

表 6-6 2004 年、2008 年北京市制造业地理集聚中心

区县	街道	从业人员密度/(人/千米²) 2004 年	2008 年	密度增长/%	2004 年中心	2008 年中心
宣武区	白纸坊街	1830.02	1798.60	−1.72		○
	牛街街道	2373.21	1149.19	−51.58	○	
石景山区	古城街道	4156.90	2521.31	−39.35	○	○
	八宝山街	1869.81	1434.24	−23.29	○	
怀柔区	泉河街道	197.48	1778.46	800.60		○
海淀区	永定路街	3829.51	3654.51	−4.57	○	○
	上地街道	2143.66	3160.92	47.45	○	○
	中关村街	2248.26	2402.16	6.85	○	○
	北下关街	1965.83	2126.06	8.15	○	○
	学院路街	1396.45	1665.38	19.26		○
	海淀街道	1318.57	1603.16	21.58		○
丰台区	东高地街	1735.35	1483.97	−14.49	○	
房山区	迎风街道	2355.44	2456.01	4.27	○	○
大兴区	亦庄地区	1316.45	2871.29	118.11		○
崇文区	崇文门外	3200.86	2669.05	−16.61	○	○
朝阳区	酒仙桥街	6368.91	5522.39	−13.29	○	○
	建国门外	2524.95	1608.59	−36.29	○	
	劲松街道	1708.68	541.23	−68.32	○	
	垡头街道	1602.49	332.47	−79.25	○	
	八里庄街	2072.97	331.26	−84.02	○	
昌平区	昌平镇	1069.07	1946.59	82.08		○

2004~2008 年，制造业集聚中心中密度最高的一直是朝阳区的酒仙桥街道，从业人员密度增长幅度最大的是怀柔区的泉河街道，降低幅度最大的是朝阳区的八里庄街道。按照从业人员密度变化幅度将制造业中心分为 5 类：显著降低（降低幅度大于 50%）、降低（降低幅度为 10%~50%）、稳定（变化幅度在正负 10% 之间）、增长（增长幅度为 10%~50%）、显著增长（增长幅度大于 50%）。图 6-14 显示了制造业中心的位置和从业人员密度变化情况。总体上，显著增长的中心主要在远郊地区，而显著降低的中心主要在东部近郊地区。西北部近郊（海淀区）的制造业中心相对稳定或有所增长，而东部和西部近郊（朝阳区和石景山区）的制造业中心密度普遍在下降。

（三）制造业集群分布特征

北京市制造业布局呈现明显的集群化分布特点，即具有密切产业关联的制造业部门倾向于在空间上集聚分布。本节应用孙铁山等（2009）识别的全国产业集群模板分析北京制造业集群分布特征。为了探查制造业集群空间集聚的地理位置，我们使用 Getis 和 Ord 提出的局部 G 统计量（G_i^*）测度制造业集群局部空间集聚程度。局部 G 统计量计算公式为：

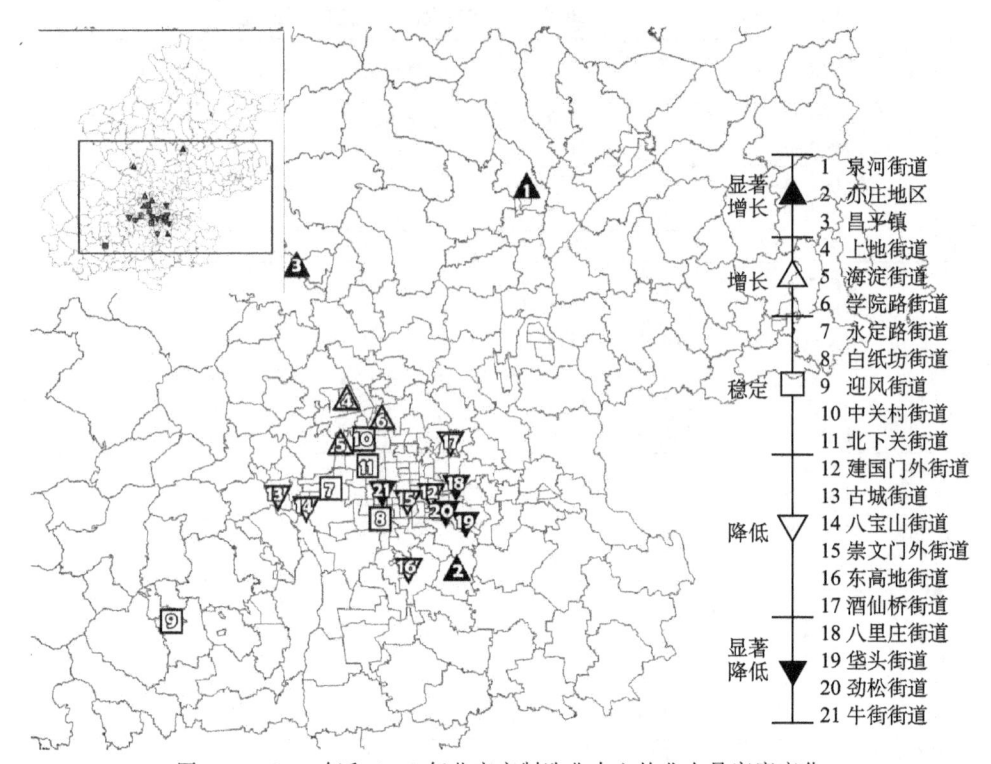

图 6-14 2004 年和 2008 年北京市制造业中心从业人员密度变化

$$G_i^* = \sum_j w_{ij} x_j / \sum_j x_j$$

其中，空间权重矩阵 W 的选择是 G_i^* 测度的关键因素，w_{ij} 为空间权重矩阵第 i 行 j 列的元素，代表区域 i 与 j 之间的临近关系。一般来说基于距离的空间权重矩阵比较常用，即距离超过 d 的空间单元权重为 0，距离 d 以内的空间单元根据一定规则计算权重取值，则 $\sum_j w_{ij} x_j$ 即为空间单元 i 周边距离 d 以内空间单元 j 观测值的加权总和；$\sum_j x_j$ 代表所有空间单元的观测值总和，因此 G_i^* 测度的是围绕空间单元 i 一定距离范围内单元观测值占全部观测值的比重。一般认为 G_i^* 统计量服从正态分布，对 G_i^* 的显著性检验采用标准化统计量 Z 值，Z 值大于 1.96 代表在 5% 的显著性水平下显著集聚，Z 值大于 2.58 代表在 1% 的显著性水平下显著集聚。

局部空间集聚分析基于北京各街道、镇乡制造业分行业从业人员数，共计 308 个空间单元。考虑到街道、镇乡面积差异很大，一般来说为了避免由于面积差异造成的误差，会选择从业人员密度作为测度指标，但是就北京市就业人口的分布情况来看，以就业密度进行测度事实上会过度强化中心城区小空间单元

（街道）的集聚水平，而相对的会削弱郊区的大空间单元（镇或乡）的集聚水平。因此本研究使用从业人员数而非密度作为测度指标。其次，在空间权重矩阵的选择上，本研究采用倒数距离权重计算方法，距离阈值定为3千米。此外，对局部空间集聚显著性的检验，选择1%显著性水平，即Z值大于2.58则代表显著的局部空间集聚。

我们分别测度北京14个制造业集群的G_i^*统计量Z值，并绘制显著性地图（图略）。根据各集群的特点，我们将14个制造业集群划分为五类，分别为城市工业类集群、化学工业类集群、矿产品加工类集群、汽车及交通设备制造业类集群和电子信息类集群，各类集群在空间分布上具有不同的特征。

1. 城市工业类集群

城市工业类集群共包括食品饮料及医药制造业集群、烟草业集群、纺织服装业集群、造纸及印刷包装业集群以及都市型工业集群等5个集群。如图6-15所示，从总体来看城市工业类集群集中分布在北京的东部地区，包括丰台、大兴、通州、顺义、怀柔和密云等区县。城市工业类集群是典型的劳动密集型产业集群，对解决本地就业具有重要意义，因此是郊区发展的重要支撑，在空间分布上也以郊区县为主要集聚区域。其中，经济份额较大的集群是食品饮料及医药制造业集群和造纸及印刷包装业集群，就这两类产业集群的分布来看，如图6-16，仍然存在比较明显的路径依赖。食品饮料制造对原材料的要求较高，例如，酒的制造对水源有很高的要求，因而历史时期在顺义、怀柔两区形成了牛栏山二锅头和红星二锅头；果蔬饮料以及食品的制造则需要充足和便捷的食品原材料供应，而北部良好的自然环境为产业发展提供了支撑。近年来北京地区水源短缺问题日益突出，2004年北京市城市总体规划和区县功能定位对北部区县的职能也日益明确，对生态涵养发展区发展节水型产业提出了明确要求，但是受路径依赖的影响，顺义和怀柔两区仍然是食品饮料及医药制造业集群的集聚区域。而由于北京地区造纸及印刷包装业集群的发展与食品饮料及医药制造业集群有较强的相关性，该集群的空间布局基本都围绕在食品饮料及医药制造业集群的周边区域。

2. 电子信息类集群

电子信息类集群共包括电子通信设备制造业集群和电子元器件制造业集群两个集群，在北京市经济中占有相当大的比重，是北京市的支柱产业集群。电子信息类集群的空间布局形成了沿五环路周边由西北向东南延伸的带状分布，地理集聚中心包括上地、亦庄、顺义空港、酒仙桥以及昌平城南街道，已经基本符合工业规划中"打造环城高新技术产业带"的布局规划，也与2009年北京市调整和振兴电子信息产业实施方案的"一带双核多点"的电子信息产业空间布局方案基本吻合。除受到历史因素的影响之外，电子信息类集群主要依托中关

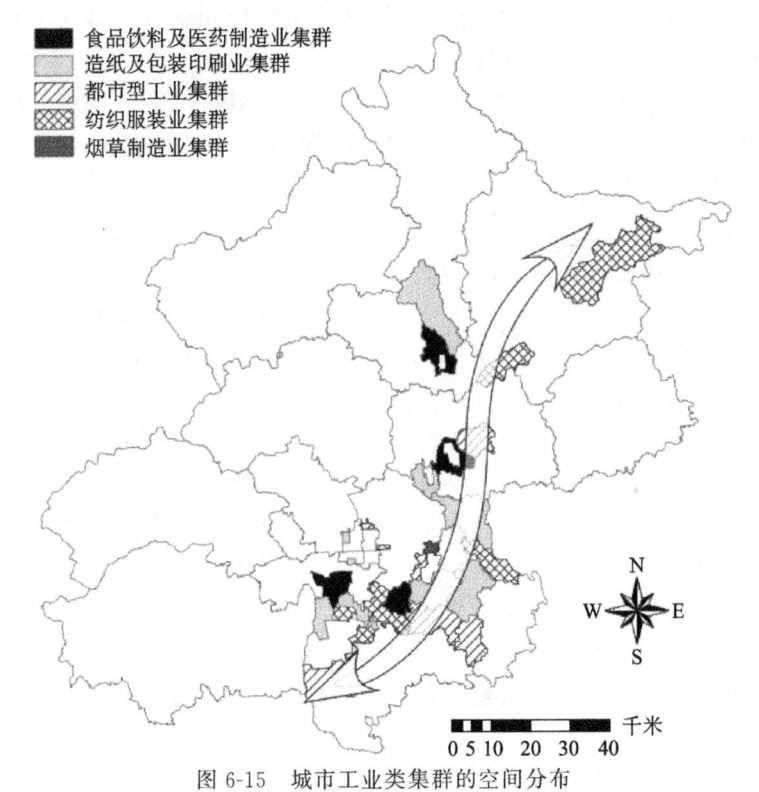

图 6-15　城市工业类集群的空间分布

村、昌平等重要的开发区分布,对人才、技术的依赖度较高。

如图 6-17 所示,两大集群在空间分布上存在差异,也有部分重合。在昌平区的城南街道和朝阳区的酒仙桥地区主要集中分布电子元器件产业集群,其中中关村科技园昌平园是中关村国家自主创新示范区的重要组成部分,而酒仙桥是北京市历史上第一个的电子工业产业集聚区,在电子元器件生产方面具有坚实的发展基础和突出的优势;顺义空港地区主要分布电子及通信设备制造业集群,是索尼-爱立信的生产中心;上地地区和亦庄地区则同时集聚了两大集群,是北京地区三个信息产业部批准命名的电子信息产业园中的两个。

3. 汽车及交通设备制造类集群

这类集群共包括两大集群,其中交通运输设备制造业集群在北京市的经济中所占份额很小,因而我们重点关注汽车及装备制造业集群。汽车及交通设备制造业类集群分布比较广泛,主要集中布局在城市发展新区。北京的汽车制造产业集群的主体是北京汽车集团,包括四个主要的整车生产企业,即北京奔驰汽车有限公司、北京现代汽车有限公司、北汽福田汽车有限公司和北京汽车制

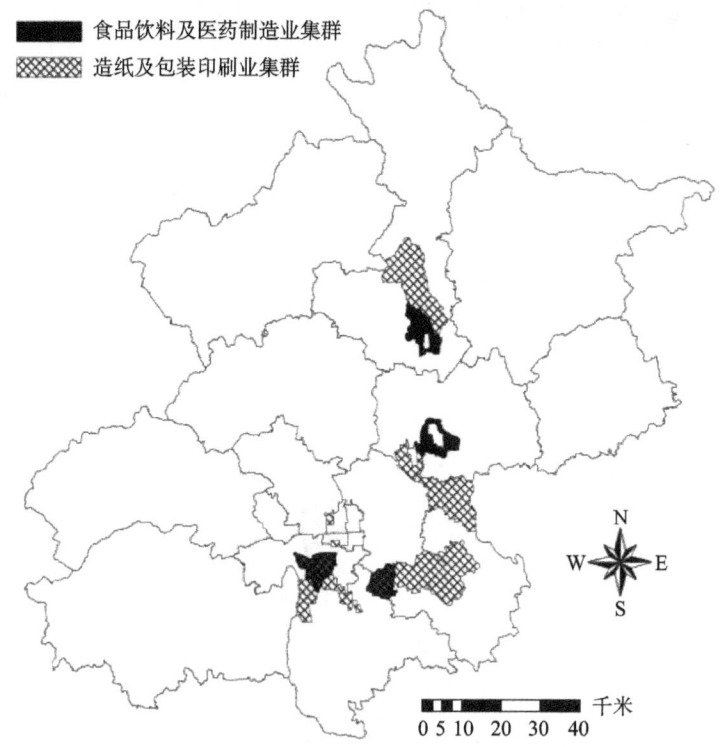

图 6-16　食品饮料及医药制造业集群和造纸及印刷包装业集群的空间分布

造厂有限公司，此外配套整车企业的还有几百家零配件生产企业。其中北京现代汽车有限公司和北京汽车制造厂（BAW）位于顺义地区，北京奔驰汽车有限公司位于亦庄，即北京经济技术开发区，北汽福田汽车有限公司总部设在昌平区，生产工厂分布在昌平和怀柔两区。根据北京市"十一五"汽车产业发展规划，顺义、亦庄、怀柔和昌平发展定位为整车制造中心，而相关零部件生产企业将围绕这四个中心，分别分布在大兴、顺义、昌平、亦庄、平谷、怀柔、密云、通州以及房山等地区。如图 6-18 所示，围绕中心城区，目前有七个明显的集聚区，即平谷区的兴谷街道，怀柔区的泉河街道，昌平区的沙河街道，顺义区的仁和地区，丰台区的长辛店街道，大兴区的亦庄地区，和通州区的张家湾地区。根据表 6-7 可以看到汽车及装备制造业集群内部各产业环节在地理空间上的分布情况，其中除丰台区长辛店街道集中布局的产业为非汽车制造产业以外，其他六个集聚区都分布有汽车制造产业。以规模进行衡量，在从业人员规模上顺义和昌平地区的规模最大，其次是怀柔、亦庄、平谷地区，通州地区的规模最小。总体来看，尽管密云、房山尚未显现明显的集聚，围绕郊区所形成的汽车制造业产业带已经基本形成。

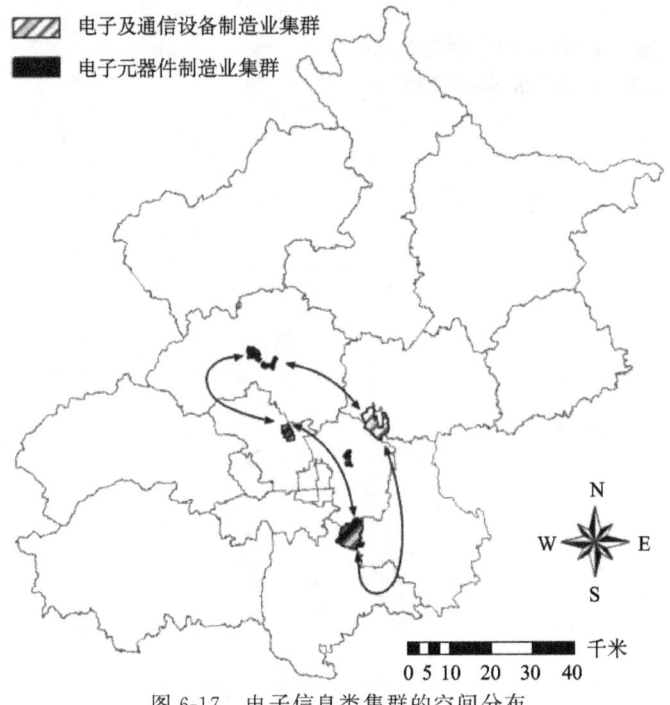

图 6-17 电子信息类集群的空间分布

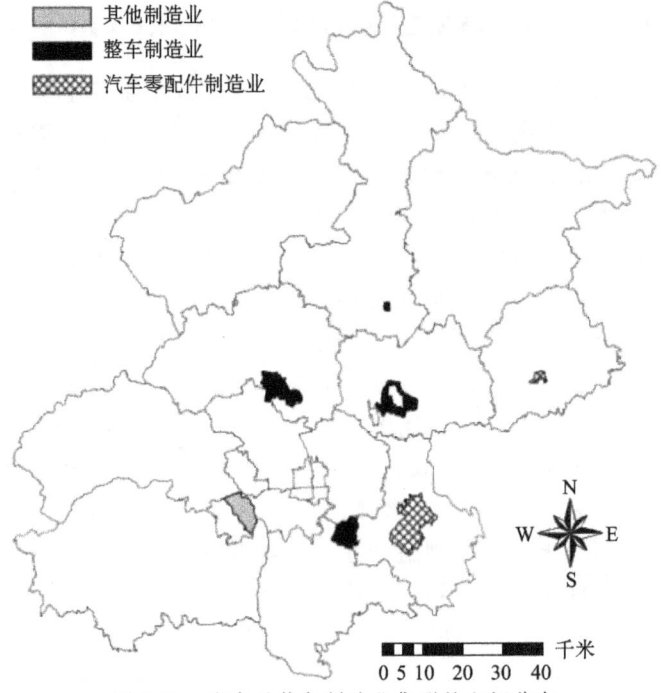

图 6-18 汽车及装备制造业集群的空间分布

表 6-7　汽车及装备制造业集群的产业部门分布

街道、地区	金属制品业	锅炉及原动机制造业	金属加工机械制造业	农林牧渔专用机械制造业	环境保护及其他专用设备制造业	铁路运输设备制造业	汽车制造业	电机制造业
兴谷街道							**	
泉河街道							**	
沙河地区							***	
仁和地区							***	
长辛店街道						**		
张家湾街道	*						*	
亦庄地区	*				*		**	

* 1000 ≤ 总就业 ≤ 5000；** 5000 ≤ 总就业 ≤ 10 000；*** 总就业 ≥ 10 000

4. 化学类集群和矿产品加工类集群

作为北京的传统产业，化学类工业集群和矿产品加工类集群都曾经在北京经济中占据重要的地位。就 2008 年三个化学类集群的经济总量规模来看，除石化工业集群占有较大的经济比重外，化学原料制造业集群和化学品制造业集群所占的经济份额均已比较小。其中，石化产业以燕山石化为核心集中分布于房山区，而化学原料制造业集群则主要分布于城市中心区域，化学品制造业集群则主要分布于东南部的亦庄和通州地区。矿产品加工类集群中共有两个集群，其中非金属矿物制品业集群分布分散且经济规模不大，而黑色金属冶炼及加工业集群则以首钢为核心，集中分布在石景山区。在分布上，这两类集群延续了历史时期形成的地理区位，空间布局仍然存在较强的路径依赖。

5. 制造业集群总体空间分布

在 14 个制造业集群中，最后 5 个集群在北京市制造业总产值中的份额很小，因而我们将前 9 个集群（即产值份额高于 1.5% 的集群）的空间分布叠加在一起，从而探查北京市制造业集群的总体空间分布特征。我们将前 9 位的制造业集群分为两组，第一组是前 5 位的集群，第二组是后 4 位的集群，将这两组集群的空间分布叠加后（图 6-19），可以看到：北京市制造业集群主要依托中心城区周边的各个开发区集中分布，其中，东南部地区是制造业的主要集聚区，前五位产业集群主要集中在五环路周边的城市近郊区，基本包括了城市功能拓展区和发展新区的范围；第 6～9 位的集群则主要在两个方向上分布，一个是沿着东部发展带，由通州向北延伸至顺义、怀柔和密云，另一个是在南部地区由亦庄向大兴和房山延伸。总体上，前五位占较大经济规模的集群主要分布在昌平、顺义、通州、大兴等重点新城；后 4 位的集群除化学制品业以外，其他均为都市类工业集群，在东部尤其是在远郊地区有比较广泛的分布。也就是说除了都市类工业集群以外，北京市的制造业集群主体主要集中在城市发展新区。

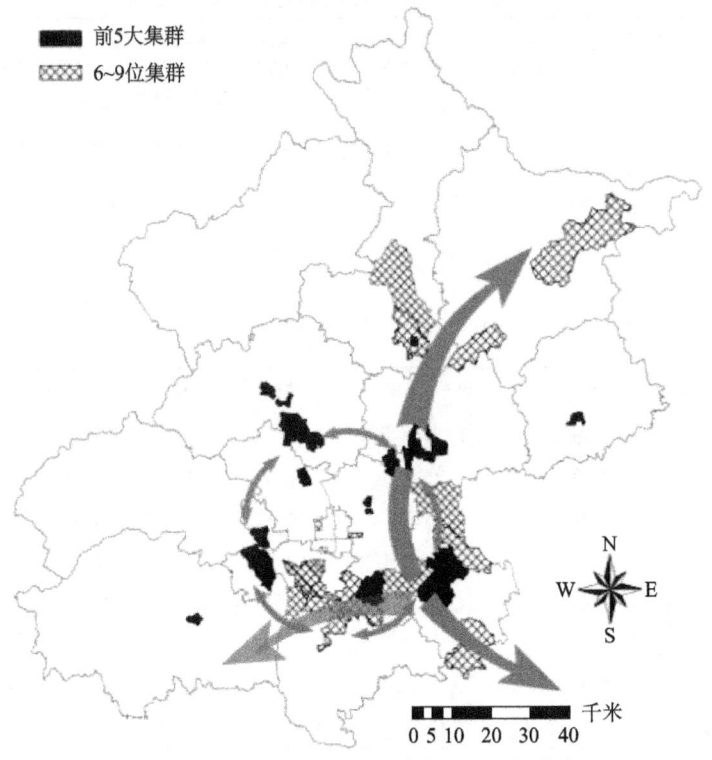

图 6-19　北京市九大制造业集群的空间分布

三、服务业空间布局与发展趋势

按照国民经济行业分类，共有 15 个服务业行业门类，本节所指服务业包括去除国际组织以外剩余的 14 个行业门类。以 Browning 等（1975）的分类为基础，我们将 14 个服务业行业门类分为生产性服务业、生活性服务业和社会公共服务业三类。其中，生产性服务业指为生产者提供服务产品和劳动的部门，包括交通运输、仓储和邮政业，信息传输、计算机服务和软件业，金融业，房地产业，租赁和商务服务业，科学研究、技术服务和地质勘查业；生活性服务业是直接面向个体消费者的服务部门，包括批发和零售业、住宿和餐饮业、居民服务和其他服务业；社会公共服务业指为改善和发展社会成员生活福利而提供服务的部门，该类服务多由政府提供和经营，包括教育，卫生、社会保障和社会福利业，文化、体育和娱乐业，水利、环境和公共设施管理业，公共管理和社会组织。本小节主要分析北京市服务业空间布局特征及发展趋势。

（一）服务业空间分布及变化

我们首先分析生产性服务业、生活性服务业和社会公共服务业在城区、近郊区、远郊平原区和远郊山区四个圈层的分布及变化。图 6-20 显示了三类服务业在各圈层的密度分布及年均增长情况。从生产性服务业来看，2008 年，城区、近郊区、远郊平原区和远郊山区生产性服务业从业人员密度分别为 8512 人/千米^2、1665 人/千米^2、50 人/千米^2 和 7 人/千米^2。2004~2008 年，从业人员密度年均增长呈"倒 U 形"分布，即生产性服务业从业人员增长最快的是近郊区和远郊平原区，年均增长率均超过 13%，说明生产性服务业在郊区平原地区快速发展。从生活性服务业来看，2008 年，各圈层生活性服务业从业人员密度分别为 4052 人/千米^2、702 人/千米^2、30 人/千米^2 和 7 人/千米^2。2004~2008 年，各圈层从业人员密度的年均增幅均不大，年均增长率都在 5% 以下，增长也呈"倒 U 形"分布。从社会公共服务业来看，2008 年，各圈层社会公共服务业从业人员密度分别为 3486 人/千米^2、455 人/千米^2、39 人/千米^2 和 14 人/千米^2。在三类服务业中，社会公共服务业的从业人员密度的圈层差异最小。2004~2008 年，各圈层从业人员密度年均增幅都不大，城区年均增长率最低，为 1.29%，其他三区均在 4% 左右。

从区县分布来看（表 6-8 和图 6-21），服务业主要分布在城区和近郊区。2008 年，生产性服务业从业人员密度最高的是西城区和东城区，密度分别为 12 799 人/千米^2 和 9871 人/千米^2，其次是海淀区、崇文区和宣武区，密度介于 2000~6700 人/千米^2，此外，密度超过 1000 人/千米^2 的有丰台区和朝阳区。石景山区（552 人/千米^2）和顺义区（131 人/千米^2）的密度都高于 100 人/千米^2，其他区县密度则均不足 100 人/千米^2。同 2004 年相比，2008 年区县生产性服务业从业人员密度最大值、均值和标准差都有明显上升，说明生产性服务业整体增长和区县间差异有所加大。从增长情况来看，18 区县中，顺义区增长最快（年均增速为 22.30%），海淀区和丰台区次之，年均增速分别为 17.08% 和 15.84%。年均增速超过 10% 的区县还有石景山区、朝阳区、通州区、大兴区和密云县等。从生活性服务业来看，2008 年，从业人员密度最高的是东城区和西城区，密度分别为 5325 人/千米^2 和 4053 人/千米^2，远高于其他区县。2008 年，各区县生活性服务业从业人员密度均值为 1017 人/千米^2，明显低于生产性服务业。同 2004 年相比，从业人员密度均值和标准差变化不大。从社会公共服务业来看，2008 年，从业人员密度最高的是东城区和西城区，密度分别为 4233 人/千米^2 和 4085 人/千米^2，密度超过 1000 人/千米^2 的还有崇文区（1870 人/千米^2）和宣武区（2899 人/千米^2）。近郊各区密度在 200~1000 人/千米^2，其他区县密度则不足 100 人/千米^2。相比于 2004 年，除

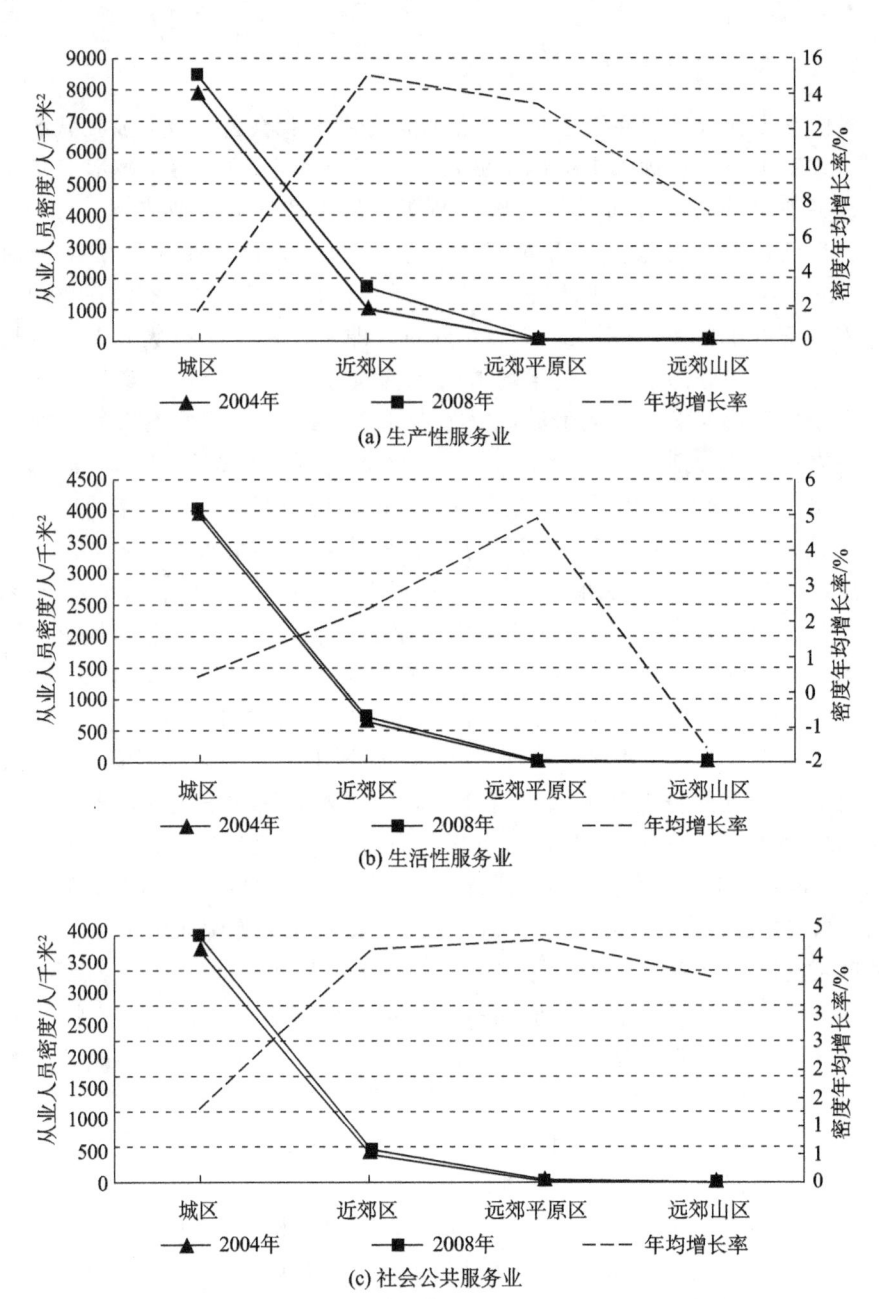

图 6-20　北京市各圈层服务业从业人员密度及年均增长

资料来源：《北京市经济普查年鉴 2004》、《北京市经济普查年鉴 2008》

东城区和崇文区外，各区县从业人员密度都有所增长，年均增速在 1%~8%，总体差异不大。

表 6-8　北京市各区县服务业从业人员密度的统计描述

服务业	年份	最小值	最大值	均值	标准差
生产性服务业	2004	3	12 207	1 889	3 651
	2008	5	12 799	2 101	3 769
生活性服务业	2004	5	5 363	1 000	1 660
	2008	4	5 325	1 017	1 676
社会公共服务业	2004	10	4 272	4 272	1 369
	2008	11	4 233	4 233	1 428

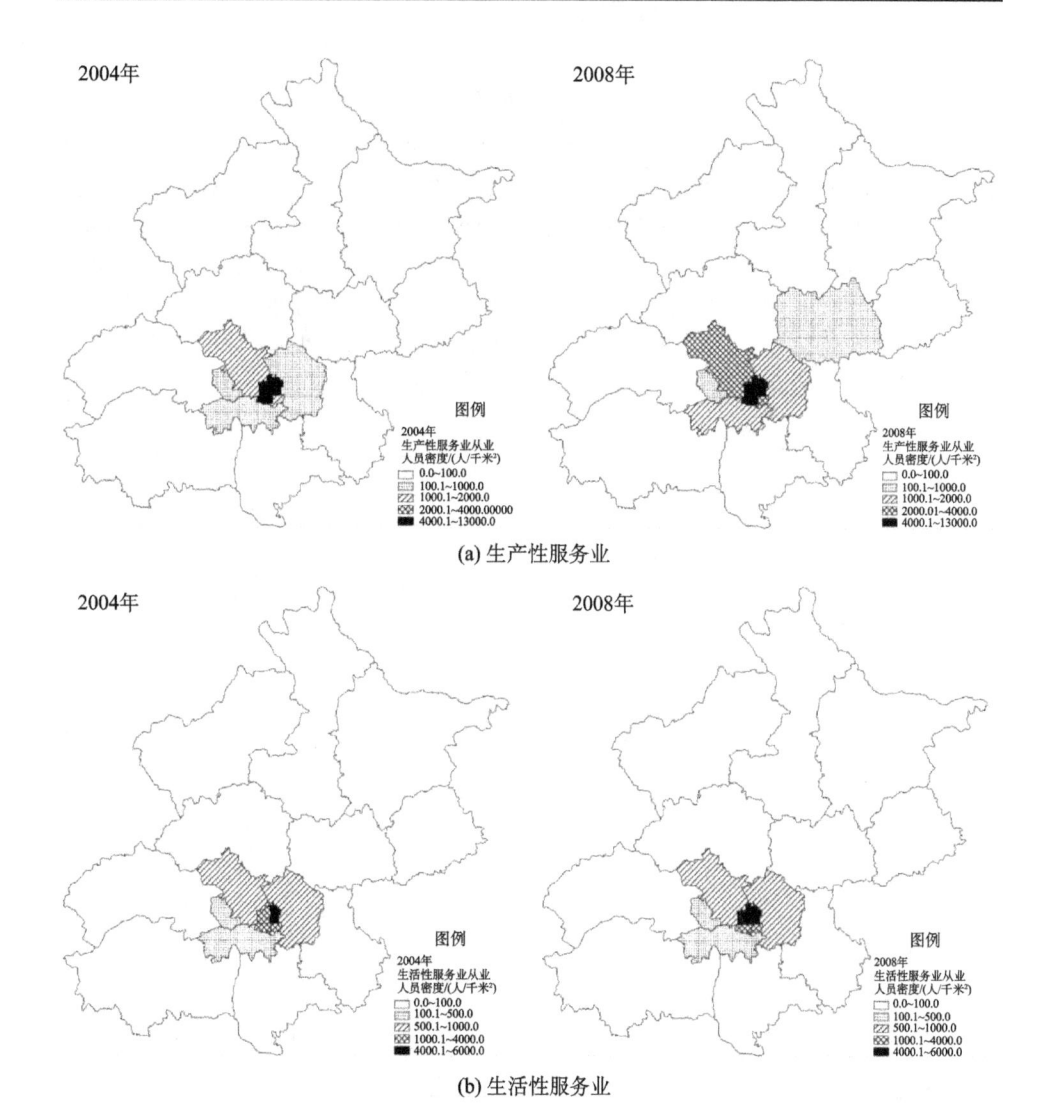

(a) 生产性服务业

(b) 生活性服务业

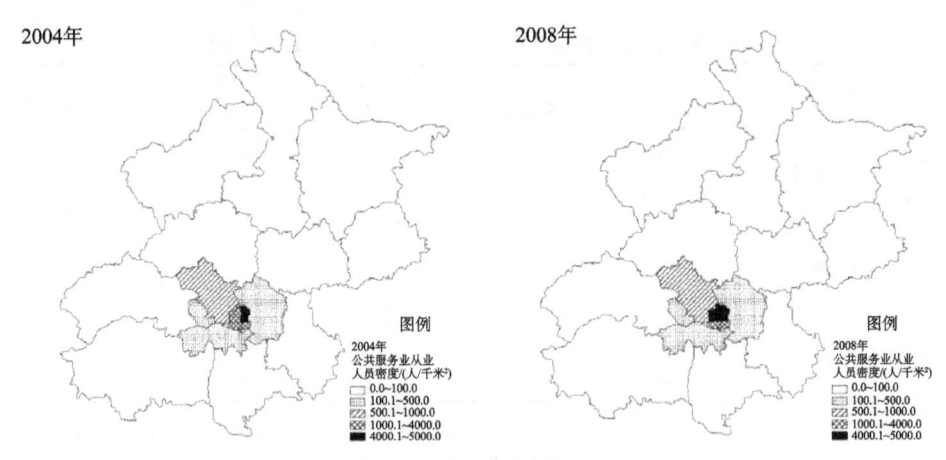

2004年　　　　　　　　　　　　　2008年

(c) 社会公共服务业

图 6-21　北京市各区县服务业从业人员密度分布

进一步绘制洛伦兹曲线和计算空间基尼系数测度区县服务业分布的地理集中度，结果见表 6-9。总体上，三类服务业地理集中程度有一定差异，其中生产性服务业地理集中度最高，空间基尼系数在 0.70 左右，其次是生活性服务业，地理集中度略低于生产性服务业，空间基尼系数在 0.60 左右，地理集中度最低的是社会公共服务业，空间基尼系数在 0.46 左右。2004 到 2008 年，三类服务业地理集中度变化不大，其中生产性服务业地理集中度有比较明显的增加，而生活性服务业和社会公共服务业地理集中度基本不变。

表 6-9　北京市服务业区县分布的地理集中度

服务业	年份	地理集中度	增长幅度/%	洛伦兹曲线
生产性服务业	2004	0.666 0	4.65	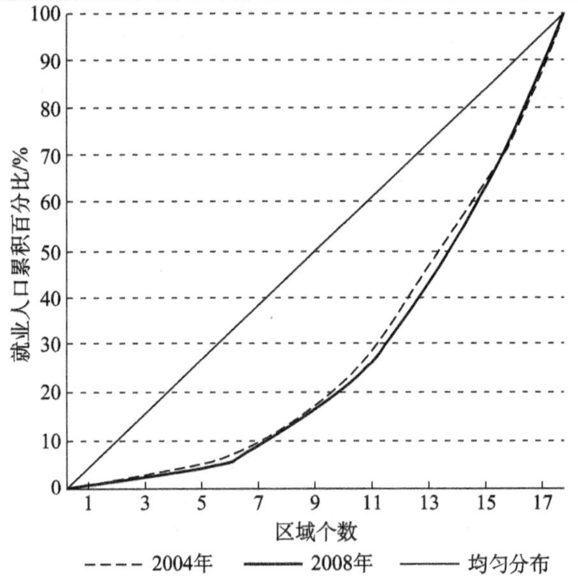
	2008	0.697 0		

续表

服务业	年份	地理集中度	增长幅度/%	洛伦兹曲线
生活性服务业	2004	0.605 5	1.27	
	2008	0.613 2		
社会公共服务业	2004	0.462 5	0.67	
	2008	0.465 6		

（二）服务业空间结构特征

为进一步分析北京市服务业空间结构特征，使用 2008 年北京市第二次经济普查资料中分街道、镇乡第三产业从业人员数，计算第三产业就业密度，并绘制就业密度等值线图（图 6-22）。与制造业空间布局呈现明显的分散化、多中心空间结构不同，总体上北京市服务业空间布局表现出很强的向心集聚特征，第三产业从业人员主要集中在四环路以内的中心城。同时，在中心城内形成了较为明显的三个密度峰值，分别是朝阳区 CBD、西城区金融街和西北海淀区的中关村地区。因此，北京市服务业基本形成了"三足鼎立、高度集中"的空间结构。

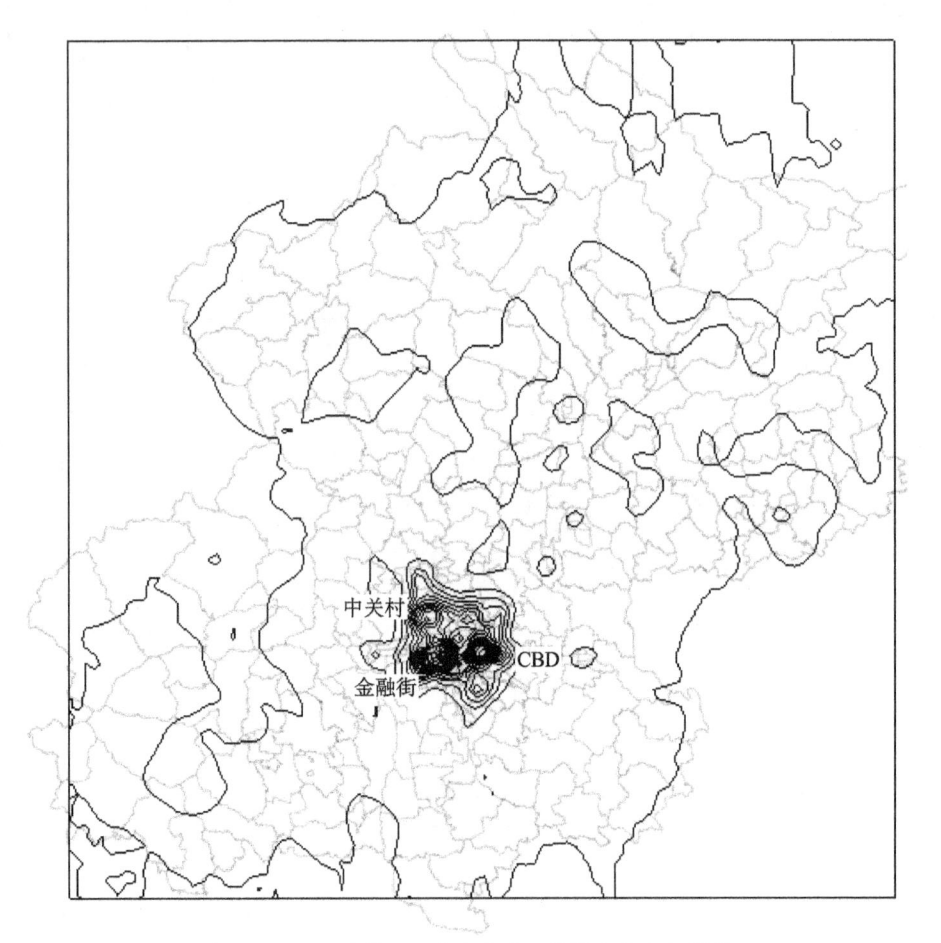

图 6-22 "三足鼎立、高度集中"的服务业空间结构

（三）服务业各行业空间分布及变化

本小节具体分析 14 个服务业行业在城区、近郊区、远郊平原区和远郊山区四个圈层的分布及变化。我们使用 2006~2010 年《北京区域统计年鉴》中分区县服务业各行业增加值，计算各圈层增加值占全市比重。图 6-22、图 6-23 和图 6-24 分别绘制了生产性服务业、生活性服务业和社会公共服务业中各行业增加值在各圈层中的比重及在 2005~2009 年的变化。

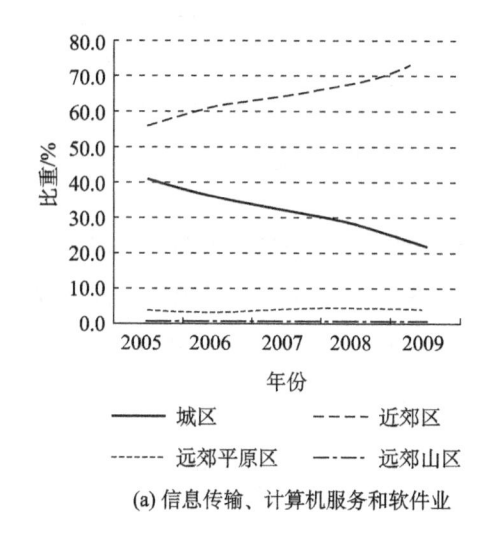

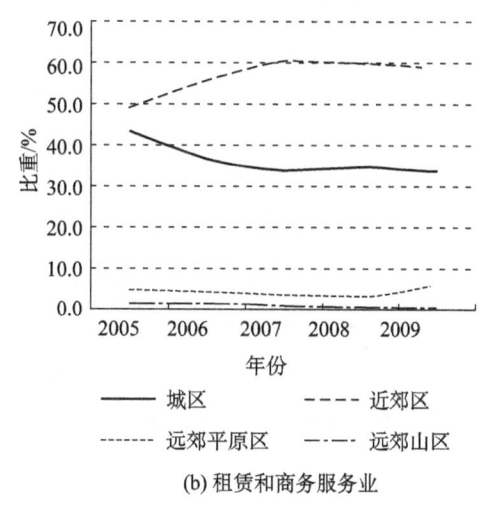

由图 6-23 可知，生产性服务业各行业增加值在各圈层中分布的变化呈现不同的特征。其中，信息传输、计算机服务和软件业和租赁和商务服务业在城区的比重明显下降，而在近郊区比重明显上升，呈现近郊化的发展趋势。而交通运输、仓储和邮政业在城区和近郊区的比重持续下降，但在远郊平原区的比重大幅上升，呈现向远郊平原区发展的郊区化趋势。金融业则呈现出进一步向城区集中的发展态势，2005~2009 年城区比重持续上升。科学研究、技术服务和地质勘查业和房地产业在各圈层中的分布虽有波动，但分布格局相对稳定。总体上，生产性服务业中金融业仍高度集聚在城市中心区，而与制造业相关的信息服务业、商务服务业等随着近年来近郊科技园区和工业园区不断强化商务服务职能，呈现出向近郊区转移的趋势。同时，交通运输服务业（现代物流业）随着围绕首都机场的顺义临空经济区等的发展，呈现向远郊平原区转移的趋势。

(a) 信息传输、计算机服务和软件业

(b) 租赁和商务服务业

(c) 交通运输、仓储和邮政业　　　　(d) 科学研究、技术服务和地质勘察业

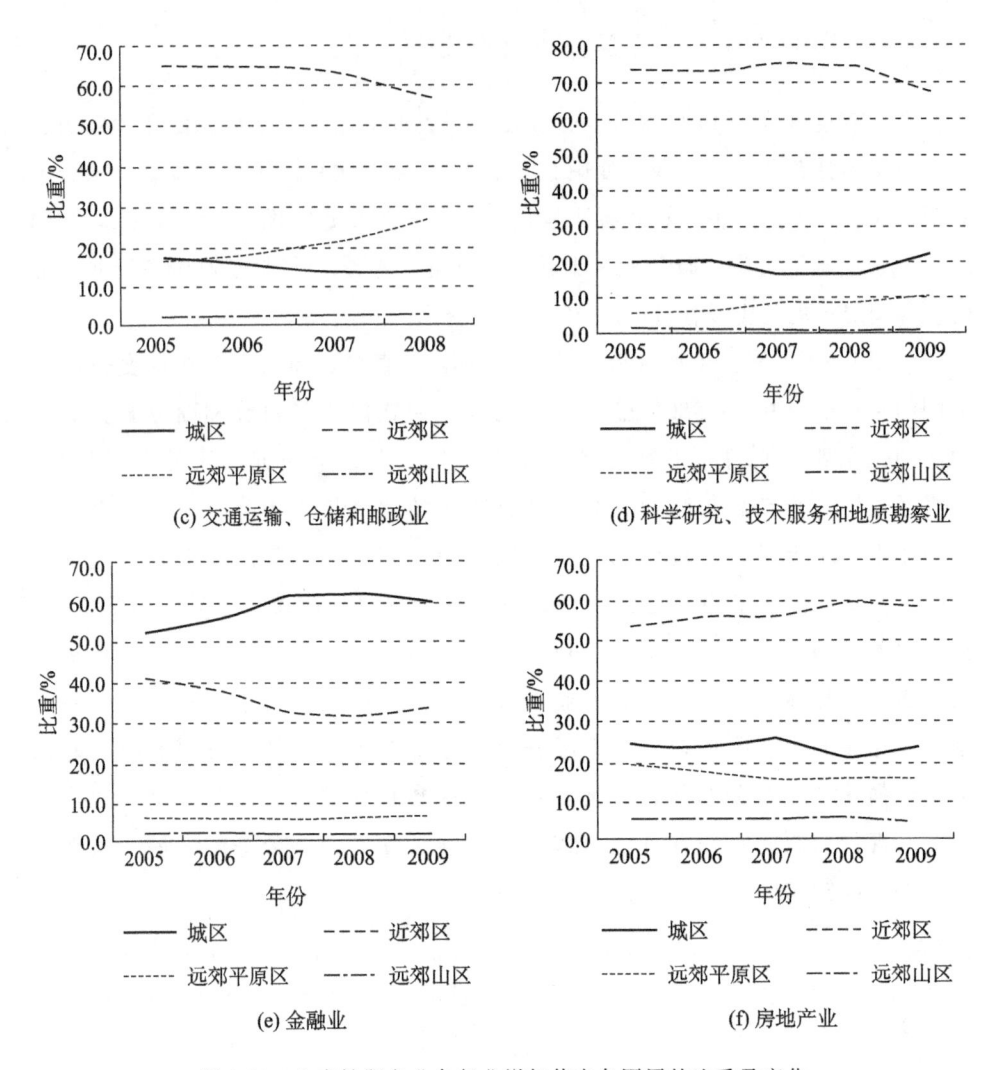

(e) 金融业　　　　(f) 房地产业

图 6-23　生产性服务业各行业增加值在各圈层的比重及变化

由图 6-24 可知，生活性服务业中，批发和零售业和居民服务和其他服务业在城区的比重持续下降，而在远郊平原区的比重则持续上升，呈现向远郊平原地区扩散的郊区化趋势。而住宿和餐饮业在各圈层中的分布格局则非常稳定。总体上，由于人口的持续郊区化和分散化，与居民相关的商业和居民服务业也呈现了明显的郊区化发展趋势。

(a) 批发和零售业

(b) 住宿和餐饮业

(c) 居民服务和其他服务业

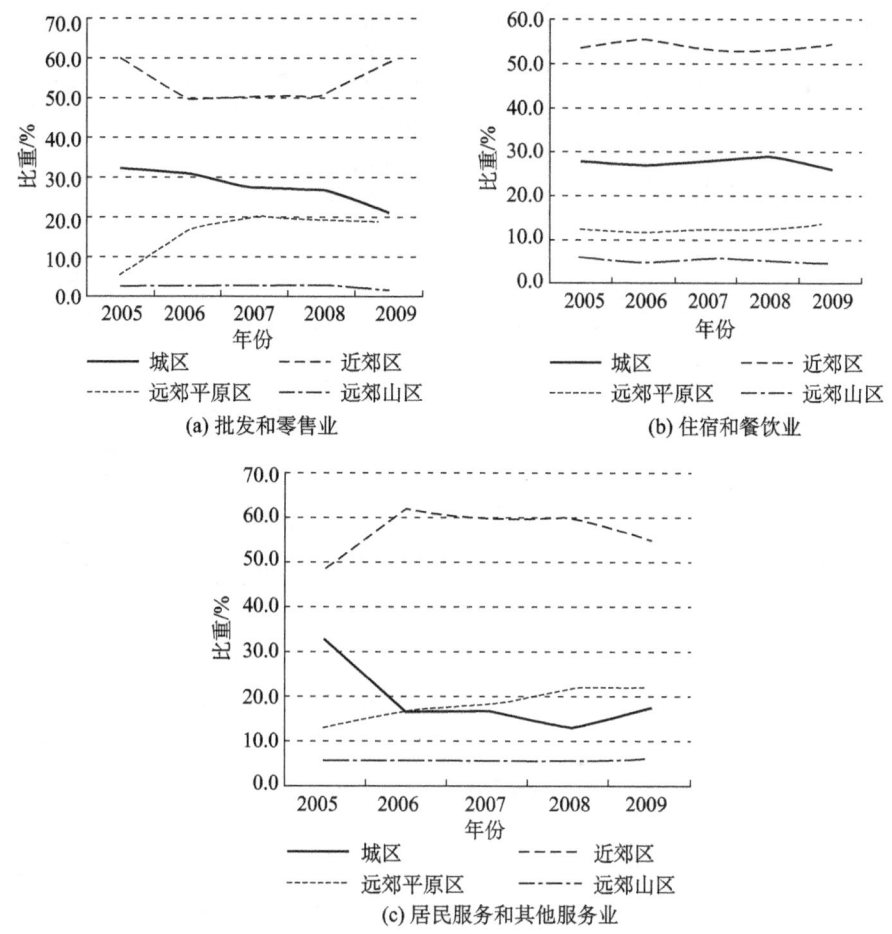

图 6-24 生活性服务业各行业增加值在各圈层的比重及变化

由图 6-25 可知，社会公共服务业各行业在各圈层中的分布整体上比较稳定。其中，只有文化、体育和娱乐业在城区比重明显下降，而在近郊区比重明显上升，呈现出近郊化发展趋势。其他行业中，教育和公共管理和社会组织在各圈层中的分布变化不大，而卫生、社会保障和社会福利业和水利、环境和公共设施管理业在城区的比重有所下降。

四、小结

通过分析近年来北京市产业布局发展趋势，我们发现随着北京产业结构不断高级化，产业空间格局也在不断发展。最主要的趋势包括：①制造业衰退明显，大部分区县和乡镇街道制造业从业人员密度有不同程度的降低，同时制造

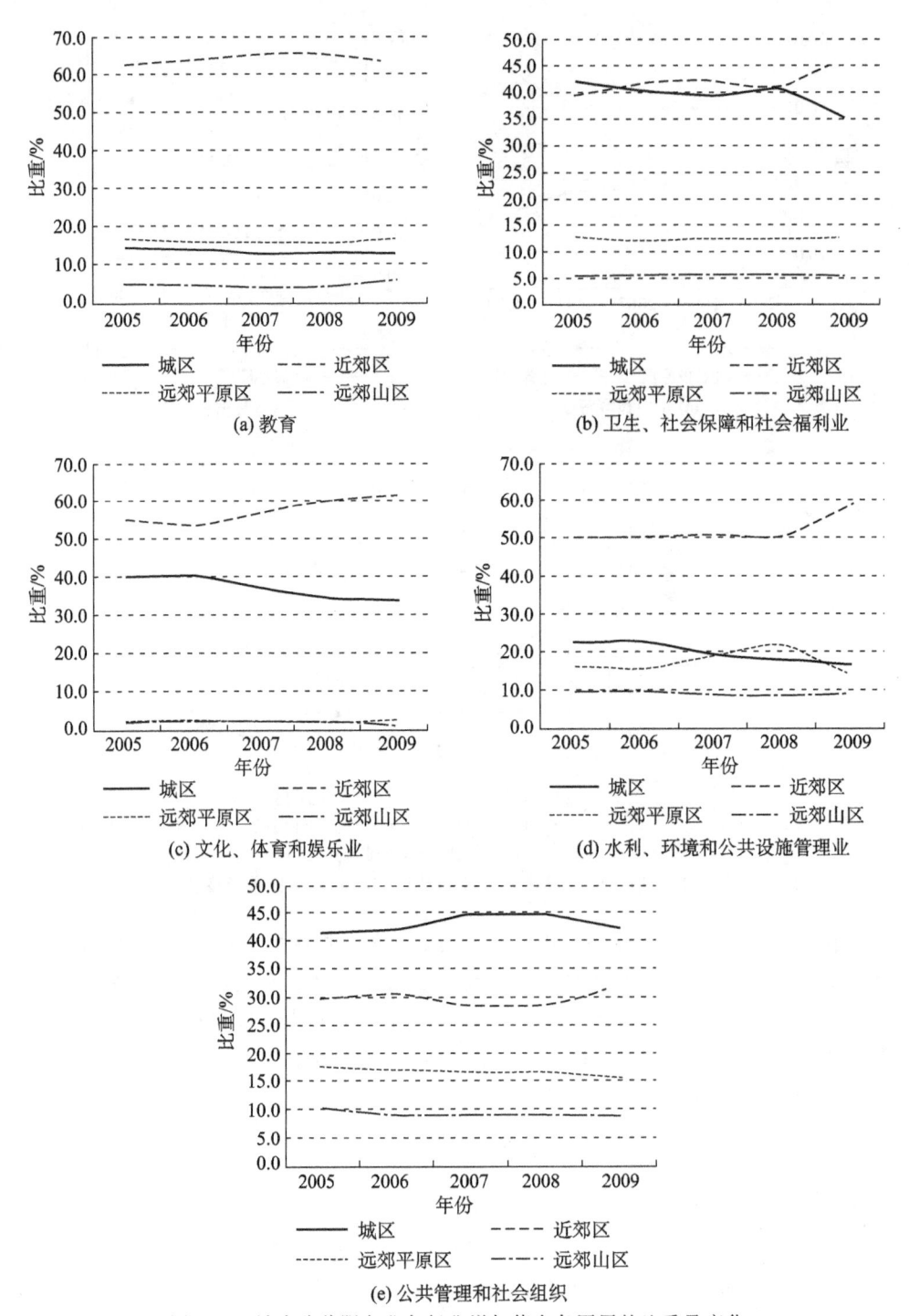

图 6-25 社会公共服务业各行业增加值在各圈层的比重及变化

业集聚程度有所降低,并呈现向远郊区发展的分散化趋势,远郊平原地区即城市发展新区是制造业发展最为迅速的区域;②依托郊区工业园区、科技园区和开发区,北京制造业集群化发展趋势明显,制造业集群主要分布在东部发展带和五环路沿线等地;③相比于制造业,北京服务业仍高度集中在城区和近郊区,分散化程度有限,且地理集中度不断提高;④服务业分布的变化呈现出郊区化初期阶段特征,主要是商业(批发和零售业)和居民服务业(居民服务和其他服务业)随着人口的郊区化呈现出向远郊发展的分散化趋势,同时随着制造业的分散化,与制造业相关的一些生产性服务业,如信息服务、商务服务、交通运输等,也呈现出向近郊发展的分散化趋势,而一些高端服务职能,如金融业,仍高度集中在城区,且呈现向心集聚的发展趋势。

总体上,随着北京产业结构转型,服务业比重的持续上升,北京的产业布局已摆脱由制造业主导的空间格局,服务业布局的发展将更大程度的影响北京的经济空间格局。而随着城市郊区化发展,服务业将呈现更加明显的分散化发展趋势。根据国际大都市产业空间发展的一般过程,产业的分散化将导致城市空间重构。尤其是高端服务职能的分散化,可能会在郊区形成和城市中央商务区一样具有高等级和复合城市职能,并有较大规模的城市中心,从而挑战传统城市中央商务区的地位,进而从根本上改变城市空间结构的特征。可见,未来随着产业结构的高级化和产业布局的分散化,北京产业空间格局将逐步突破中心——外围和近域、远域圈层结构,形成更加复杂的多中心、网络化的空间格局。

第三节　城市交通发展趋势及对城市空间发展的影响

一、城市交通建设及对城市空间发展的影响

(一) 城市交通建设现状及发展趋势

1. 城市道路发展现状

新中国成立后,北京城市道路建设主要分为四个阶段(刘桂生,2003):基本骨架形成期、初步建设期、建设高潮期和改造升级期。新中国成立后至改革开放之前,为北京市城市道路基本骨架的形成期,经过近30年的建设,北京市初步形成了以东西长安街、南北中轴线以及在原北京城墙位置形成的二环为骨架的棋盘形的路网格局,引导了北京市后来的城市道路建设方向和格局。

改革开放的前10年为北京市城市道路的初步建设时期，借鉴国际经验，引进了快速路的概念，按照城市快速路的标准逐步改造二环路，并开始规划城市快速道路系统；另外立交道路建设在形式、数量上都有较快的发展。如图6-26所示，这段时间，北京市的城市道路长度从改革开放之初的2078千米增长到1990年的3276千米，年均增速为3.87%，道路面积从1611万米^{2}增加到1990年的2905万米^2，年均增速为5.04%。其中，道路面积的增长速度快于道路长度的增长速度，这表明这段时期的交通建设，道路的宽度在不断增大。

20世纪90年代以后，进入了城市道路建设的高潮期，以承办亚运会为契机，提出了"打通两厢，缓解中央"的战略目标，加速道路建设，在1992年完成了二环路全立交改造、1994年完成了三环路全封闭和全立交改造，标准最高、承载能力最强的四环快速路，在1998年也正式开工全面建设；另外，打通了如平安大街、宣武门外大街南延等一批断头路，显著增强了路网的系统性。到2002年，道路总长度已经达到5444千米，道路总面积已经达到7645万米^2，1990～2002年年均增速分别为4.32%和8.40%，增速远高于前两个阶段；同时，道路面积增长速度几乎相当于道路长度增长速度的两倍，可以看出，为了解决日益严重的交通拥堵问题，道路宽度及道路建设标准也在不断提高。到2002年，北京市环路建设格局已经基本形成，在引导城市开发和蔓延上也显现出一定的作用。表6-10显示了2002年北京市道路建设的基本情况，总体上二环路以内路网密度最高，五环路以内路网密度按照从内到外逐层降低。

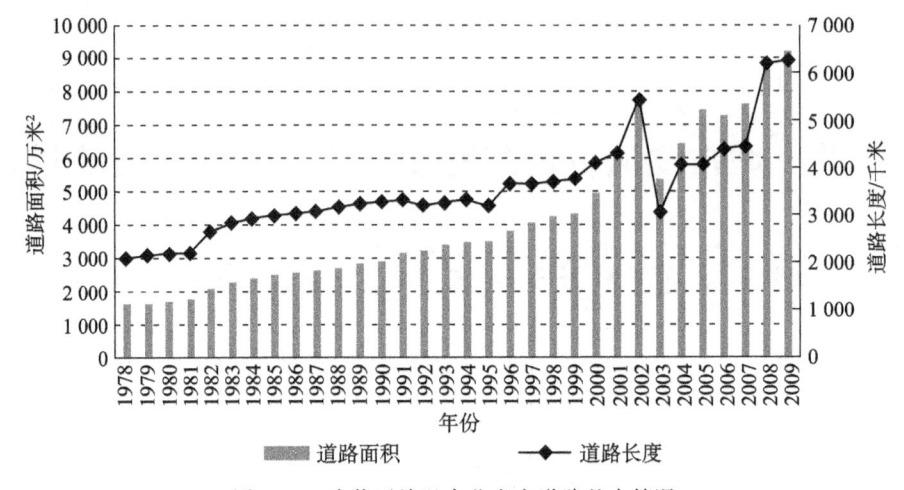

图6-26 改革开放以来北京市道路基本情况

注：境内公路、道路总里程为全市道路和公路里程之和（剔除道路、公路交叉重复部分）；道路及桥梁1978～1981年统计范围为城八区及通县；1982～2002年统计范围为城八区及14个县城；2003年及以后统计范围为城八区和北京经济技术开发区；2008年道路数据为北京市城市道路普查数据

资料来源：《北京统计年鉴2010》

表 6-10　2002 年北京市道路建设基本情况

范围	道路长度/千米	比重/%	路面面积/万米^2	比重/%	路网密度/千米/千米^2
二环路以内	504	27	630	25	8.1
二环至三环	406.7	23	790	31	4.2
三环至四环	411.3	23	570	22	2.9
四环至五环	479.6	27	570	22	1.4
总计（公路环内）	1801.6	100	2560	100	2.8

资料来源：《北京市交通发展年报 2002》

20 世纪 90 年代末期以后，随着机动车保有量迅速增长，且增长速度远远超过城市道路的建设速度，北京市开始进入了城市道路系统的改造升级期，在城市道路系统规划及其建设城市快速路系统、主干路系统、中心区路网加密系统三大系统战略目标的指导下，对二环路进行了两次全面系统的改造，建成了四环路，建设并完善了一批城市快速放射道路，改造了城市立交系统。仅仅从北京市城八区和北京经济技术开发区来看，道路长度从 2003 年的 3055 千米增长到 2009 年的 6247 千米，道路面积则从 5345 万米^2 增长到 9179 万米^2，年均增速分别为 12.66% 和 9.43%，达到了前所未有的增长速度。

2. 轨道交通发展现状

北京市的轨道交通系统始建于 1965 年。1969 年 10 月 1 日第一条地铁线路正式建成通车，线路长度为 22.9 千米；1971 年 3 月至 1984 年 9 月，建成地铁二期工程，线路长度为 16.1 千米（郭春安，2000）。这段时期，北京市轨道交通主要是作为战备工程进行建设，不对公众开放，1981 年才正式对外运营（宋鹏，2009）。改革开放后到 90 年代末，北京市轨道交通建设发展缓慢。从图 6-27 可以看出，这段时期轨道交通线路总长度几乎没有变动。1984 年，地铁 2 号线的建成是这一时期主要的进展，而其他多是对已有地铁线路的改造和小幅度延长，如 1987 年 12 月建成复兴门折返线工程，1989 年 7 月至 1992 年 10 月，1 号线运营线路扩建等（郭春安，2000）。

2000 年以来，北京市地铁建设快速发展。轨道交通长度由 2001 年的 54 千米迅速增加到 2009 年的 228 千米，2010 年全市轨道交通长度已经达到 336 千米，年均增速超过 20%。地铁线路条数也迅速增加，由 2003 年的 4 条，增加到 2009 年的 9 条，至 2010 年已经达到 14 条（表 6-11）。2009 年，北京地铁开通运营的线路包括 1 号线、2 号线、4 号线、5 号线、10 号线、13 号线、机场快轨、八通线；2010 年，北京地铁又开通了亦庄线、大兴线、房山线（苏庄至大葆台）、15 号线（顺义线，一期首开段望京西到后沙峪）和昌平线（一期西二旗到南邵）。在 2005 年《北京市轨道交通建设规划（2004—2015）调整方案》中，提出了北京市将在 2015 年新建 15 条线路（19 个项目），线路总长将达到 447.4 千米，实现线网总长为 561.5 千米。可以看出，未来一段时间内，北京市轨道交通建设仍将快速发展。

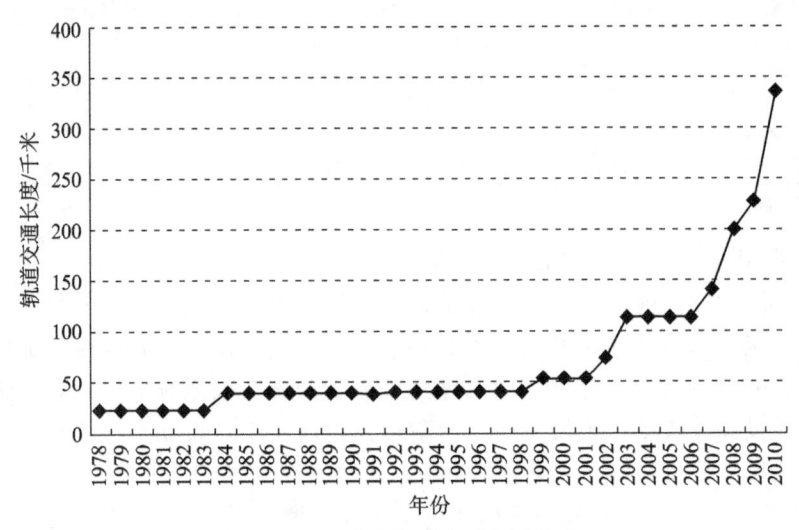

图 6-27　北京市轨道交通发展状况

资料来源：1978～2008 年数据来自《北京统计年鉴 2009》，2009 年数据来自《北京统计年鉴 2010》，2010 年数据来自《北京市十二五规划解读——功能提升（上）》

表 6-11　2010 年已通车轨道交通基本情况表

名称	开通年份	起点	终点	里程/千米
M1	1969	苹果园	四惠东	31
M2	1974	西直门	西直门	23
M13	2003	西直门	东直门	41
地铁八通线	2003	四惠	土桥	19
M5	2007	天通苑北	宋家庄	27.6
M10 一期	2008	巴沟	劲松	24.6
M8 一期（奥运支线）	2008	北土城	森林公园	4.5
机场线	2008	东直门	首都机场	28
M4	2009	安河桥北	公益西桥	28.1
大兴线	2010	公益西桥	天宫院	21.7
亦庄线	2010	宋家庄	亦庄火车站	23.2
房山线	2010	大葆台	苏庄	22.1
昌平线一期	2010	西二旗	南邵	21.2
M15 一期	2010	望京西	后沙峪	20.8

资料来源：《北京市"十二五规划"解读——功能提升》

3. 公共汽（电）车交通发展现状

新中国成立后，北京市公共汽（电）车交通的发展大致经历了四个阶段：恢复期、初步发展期、调整发展期和发展高潮期（颜吾佴等，2008）。1949～1956 年为北京市公共汽（电）车交通的恢复期。新中国成立前一段时间北京市的公共汽（电）车交通基本上陷入瘫痪状态，有轨电车运营线路 5 条，线路总长度为 35.58 千米；公共汽车营业线路则只有 4 条。经过近 7 年的恢复和初步发展，到 1956 年，有轨电车线路已有 9 条，线路长度达到 85 千米，有轨电车成为当时城市主要的公共交通工具；公共汽车运营线路则发展到 27 条，线路长度达到 356.56 千米。1956 年至改革开放之前为北京市公共汽（电）车交通的初步发展期。这段时间，有轨电车逐步被淘汰，公共汽车则得到了较大发展。1956 年公共汽车营业线路只有 27 条，1966 年增加到 65 条，1976 年达到 98 条；公共汽车营业线路长度，1956 年为 356.56 千米，到 1976 年增加到 1191.6 千米，增长了 2.34 倍（北京市社会科学院，1989）。

改革开放后至 20 世纪 90 年代中期，北京市公共汽（电）车交通进入了调整发展期。1978 年北京市明确提出了"电汽并举"的发展方针，这段时间，无轨电车有所增加，公共汽车则大幅增长。1985 年，公共汽车的运营线路已经增加到了 150 条，到 1995 年末，则达到 246 条，与 1985 年相比增幅达到 69.66%，其运营长度为 3784.8 千米[①]。这段时期，北京市道路交通拥挤的问题开始初步显现，为了提高车速，缓解交通拥挤，北京市从 1961 年开始开辟以公共汽车为主的快车线路，到 1988 年全市快车线路达到 21 条，基本上形成了覆盖市区主要线路网的快车客运网（颜吾佴等，2008）。

20 世纪 90 年代中期至今，北京市公共汽（电）车交通进入了发展高潮期。这段时间，北京市交通拥堵问题更加严重，开始寻求通过大力发展公共交通来解决这一问题。从图 6-28 可以看出，1995 年以后，北京市公共汽（电）车交通运营线路的发展速度远超过去。1995 年，公交运营线路长度为 4497 千米，到 2009 年达到 18 270 千米，年均增速达到 10.53%；从公交线路条数来看（图 6-29），2005 年，公交运营线路共 593 条，到 2009 年已达 692 条，4 年内增长了近 100 条。1997 年，长安街第一条公交专用道开通；此后，北京市又陆续开通了多条公交专用道，到 2006 年 11 月，已有 62 条道路有公交专用道，总长度达到 165.4 千米（颜吾佴等，2008）。

2005 年，《北京交通发展纲要（2004—2020 年）》提出"公交优先"发展战略，此后北京市一直将"公交优先"作为缓解城市交通拥堵的治本之策。因此，在未来一段时期，北京市公共汽（电）车交通仍将保持快速发展。

（二）城市交通建设对城市空间发展的影响

城市交通与城市空间发展有着密切联系。一方面，城市交通的建设，引导着城市用地的发展方向，影响着城市空间规模、空间布局、空间形态以及人口

[①] 本资料来源于 http://www.bjbus.com/home/milestone.php?uSec=00000006&uSub=00000011. [2011-09-10]。

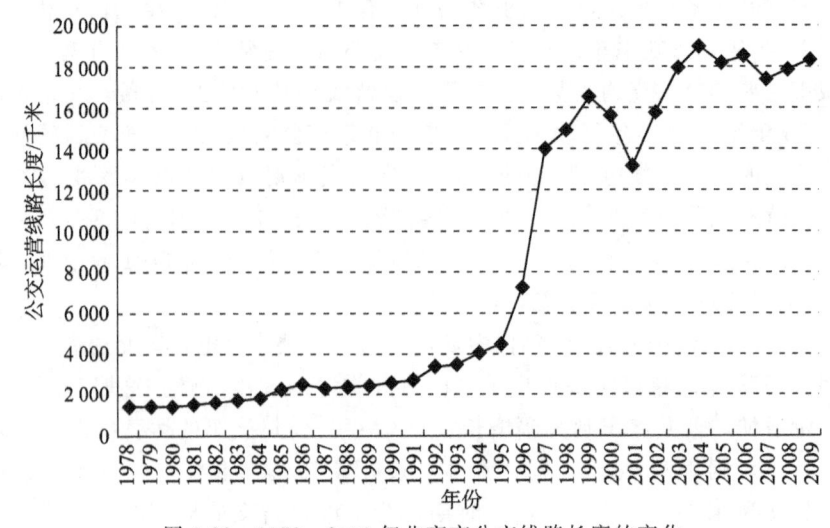

图 6-28 1978～2009 年北京市公交线路长度的变化

资料来源：1978～2008 年数据来自《北京统计年鉴 2009》，2009 年数据来自《北京统计年鉴 2010》

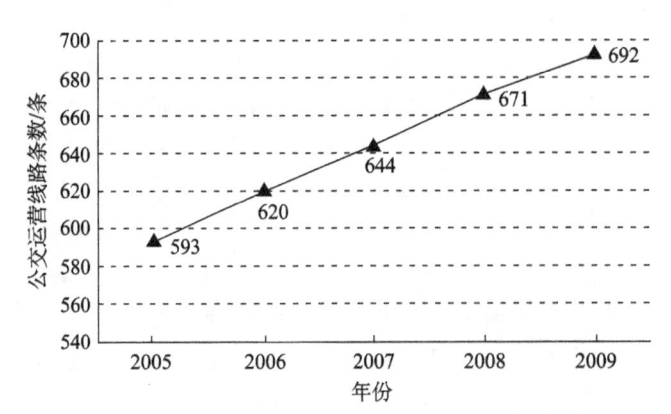

图 6-29 2005～2009 年北京市公交线路条数的增长

资料来源：2007～2010 年《北京统计年鉴》

和经济活动的分布状况；另一方面，城市空间规模的扩大，城市空间格局的变化，以及人口的流动，也会影响交通需求，进而引导交通建设的进行。

通过对北京市城市道路、轨道交通和城市公共交通发展状况的回顾，可以将北京市交通发展总结为三个阶段：恢复发展阶段、初步建设阶段和高速发展阶段。在不同阶段，交通建设又不同程度的影响着城市空间发展。

新中国成立初到改革开放前，是北京市城市交通恢复发展阶段。在这段时期，城市道路基本骨架形成，二环路建设完成。城市公共交通更多的依赖地面公交系统，轨道交通刚刚起步，但是却并未对外运营；有轨电车、公共汽车等地面公共交通得到了恢复和发展，尤其是有轨电车被淘汰后，公共汽车获得了较大的发展，运营线路接近 100 条，运营里程达到 1000 千米以上，成为北京市民出行的重要交通方式。

交通状况的恢复和发展，提高了交通的可达性，促进了城市中心区空间范围的扩大。1950 年，北京市中心建成区面积仅为 100.2 千米^2，到 1970 年已达到 187.4 千米^2；到 1980 年达到 238.6 千米^2。但是，由于政府投资不足，城市交通建设发展有限，城市中心区范围依然局限在二环路以内，并没有出现明显的向外蔓延的趋势。

改革开放后至 20 世纪 90 年代末，是北京城市交通的初步建设期。这段时间，城市道路建设发展较为迅速，二环路、三环路和部分四环路的建设已经完成，道路长度到 1999 年已达到 3753 千米；城市轨道交通在这段时间也有了初步建设，建成了地铁 1 号线和 2 号线，满足了主要建城区的交通需求；地面公交系统建设发展也较快，到 1995 年，公交运营线路已达到了 246 条，同时还开辟了 20 多条以公共汽车为主的快车路线，以缓解北京市交通拥堵的问题。

随着城区边缘区城市道路的建设和公共交通向外围的发展，人口开始向三四环路附近地区集聚。1982~2000 年，北京市城区的人口密度呈现出下降趋势，然而边缘区则呈现出明显的上升趋势，人口密度约增长了 1 倍左右（表 6-12）。交通条件的改善和城市人口的流动，也导致了城市中心区空间范围的扩张。1980~1995 年，伴随着二环路和三环路的建设，北京市中心建成区面积由 238.6 千米^2 迅速发展到 712.3 千米^2，年均增速远远超过了前一段时期；在 20 世纪 90 年代中期到 90 年代末，伴随着三环路的建设完成和部分四环路的建设，北京市中心建成区面积已经达到 830.7 千米^2。这段时期，北京市主要呈同心圆状向外蔓延，沿城市放射线蔓延速度稍快。

表 6-12　1982~2000 年北京市各区域人口密度及其变化

区域	密度（人/千米^2）			密度变化		
	1982 年	1990 年	2000 年	1982~1990 年	1990~2000 年	1982~2000 年
城区	27 763	26 826	24 278	−937	−2 548	−3 486
边缘区	2 214	3 110	4 980	896	1 871	2 766
郊区	360	420	491	60	71	131
远郊县	152	170	175	18	5	23

资料来源：本数据根据北京市第三、四、五次人口普查资料算出

2000 年以来，北京市城市交通进入了高速发展阶段。城市道路建设方面，建成了四环、五环、六环，并打通了一批断头路，道路长度年均增长达到 12.66%，在扩展路网覆盖范围的同时也加强了已有道路系统的可达性；同时为了解决日益严重的交通拥堵状况，北京市轨道交通建设也进入了前所未有的高速发展期，轨道交通条数由 2003 年的 4 条迅速上涨到 2010 年的 14 条，总运营

长度也以年均 20% 的增速迅速增加，极大地提高了居民出行的便利程度；另外，"公交优先"也成为了解决交通拥堵问题的重要战略，从 20 世纪 90 年代中期起，公交运营线路长度就以超过年均 10% 的速度增长，随着新的公交运营线路的不断开辟，北京市也开通了多条公交专用道，大大提升了公交运行效率。

城市交通的迅速发展，尤其是轨道交通的快速建设，大大提高了城市交通运行效率，扩展了交通可达范围，加速了北京的郊区化进程，同时也影响到了城市的空间规模和空间布局。尤其是轨道交通的建设，引导城市开发的方向，促进北京向"蛙跳式"城市开发转变。城市的空间范围以前所未有的速度向外围扩展，如表 6-13 所示，2006~2008 年，三年间北京全市建设用地面积增长了 104.51 千米^2，尤其是通州区、顺义区、大兴区，随着轨道交通建设和人口的集聚，城市建设用地面积迅速增长，在城市外围形成了新的增长区域，改变着城市的空间结构。

表 6-13　2006~2008 年北京市各区县建设用地情况

地　区	建设用地/千米^2		
	2006 年	2007 年	2008 年
全市	3272.64	3325.57	3377.15
东城区	25.34	25.34	25.34
西城区	31.62	31.62	31.62
崇文区	16.52	16.52	16.52
宣武区	18.91	18.91	18.91
朝阳区	302.27	305.44	308.93
丰台区	196.62	199.68	203.26
石景山区	49.32	49.38	49.44
海淀区	220.60	226.12	229.24
门头沟区	93.84	94.10	95.35
房山区	344.46	347.04	350.55
通州区	288.95	298.93	309.02
顺义区	309.79	323.78	328.24
昌平区	356.90	360.74	365.20
大兴区	299.01	305.36	311.94
怀柔区	128.21	130.08	133.37
平谷区	123.10	124.24	126.98
密云县	325.23	325.93	329.52
延庆县	141.96	142.37	143.73

资料来源：2007~2010 年《北京统计年鉴》

二、交通出行方式变化及对城市空间发展的影响

（一）交通出行方式变化

随着北京市人口和社会经济的发展，交通需求持续增长，交通出行方式也

发生了深刻的变化。2009 年，北京市居民各种交通方式出行构成中（不含步行），小汽车占 34%，位居第一，依次是公共电汽车、自行车、地铁、出租车，班车所占比例最少，仅为 2%。

表 6-14　各年份北京市交通出行方式（不含步行）构成

出行方式	2002 年结构/%	2004 年结构/%	2008 年结构/%	2009 年结构/%
公共电汽车	25.3	21.9	28.8	28.9
地铁	1.7	3	8	10
出租车	2.7	1.5	7.4	7.1
小汽车	12.2	25.3	33.6	34
班车	4.1	4.3	1.9	1.9
自行车	50.5	39.9	20.3	18.1
其他	3.5	4.1	—	—

资料来源：2002 年、2006 年、2010 年北京市交通发展年报，其中 2002 年、2004 年数据去掉步行方式，重新计算得之

表 6-14 显示了 2002~2009 年北京市交通出行方式（不含步行）构成，可以看到北京市居民交通出行方式变化呈现如下特征：

（1）自行车降幅很大。在北京市居民出行总量中，自行车承担的比重由 2002 年的 50.5% 下降到 2009 年的 18.1%，降幅高达 32.4%。其原因一方面是经济发展所带来的人们生活质量的提高；另一方面，随着城市地域空间的迅速扩大，放弃自行车出行成为无奈之举。

（2）公共交通稳步增长。公共电汽车出行比重基本稳定，2002 年至 2009 年，占比仅增长了 3.6%。而与此相对，由于地铁线路的增加及地铁本身大运量、高效率的服务特性，地铁出行比例快速提高，由 2002 年的 1.7% 提高至 2009 年的 10%，增长了近 4.9 倍。

（3）私人汽车快速增长。快速下降的自行车交通并没有按预期转向公共交通方式，而是有相当一部分转向了私人汽车，导致私人汽车的保有量迅速上升。在各类出行方式中，私人汽车的增长最为迅速，从 2002 年的 12.2% 增长至 2009 年的 34%，成为占比最高的交通出行方式。如图 6-30 和表 6-15 所示，北京市机动车总量和私人机动车保有量分别由 1999 年的 139 万辆、76.2 万辆增长至 2009 年的 401.9 万辆、318.6 万辆，年均增长率分别为 11.2% 和 15.4%。私人机动车占机动车的比重也不断上升，2009 年已高达 79.27%。同时，2009 年北京市私人小汽车 281.8 万辆，比 2004 年增长 171.1 万辆，年均增长率达到 20.6%。

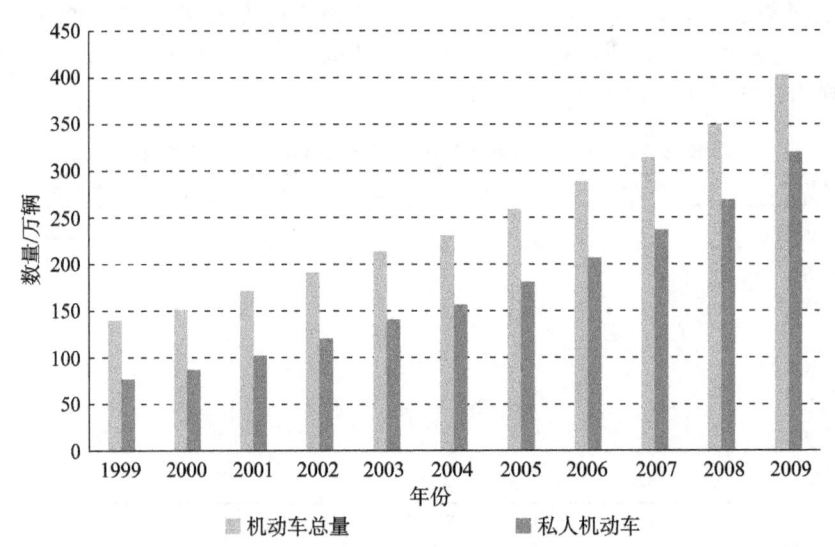

图 6-30　北京市机动车与私人机动车保有量的增长

资料来源:《北京市交通发展年度报告 2010》、《北京市交通发展年度报告 2006》

表 6-15　北京市机动车与私人小汽车保有量（2004~2009 年）

年份	机动车总量/万辆	私人机动车/万辆	私人机动车比重/%	私人小汽车/万辆
2004	229.6	154.7	67.38	110.7
2005	258.3	179.8	69.61	134.3
2006	287.6	206.5	71.80	161.2
2007	312.8	235.8	75.38	192.8
2008	350.4	269.3	76.86	228.9
2009	401.9	318.6	79.27	281.8

资料来源:《北京市交通发展年度报告 2010》

（4）班车出行减少，出租车出行增加。出租车、班车二者本身在居民出行结构中占有较小比重，近几年，班车出行基本稳定在 2% 左右。出租车出行有所增加，但出租车属于私人交通方式，不应该作为主流客运交通方式，只是公共交通的辅助方式，考虑未来小汽车的发展，出租车使用者转向小汽车的比例会比较高（张蕊等，2005）。

（5）步行出行者也有大幅减少。据统计，北京市居民出行（含步行）结构中，2002 年，步行占 43.13%，2004 年下降为 21%。随着城市规模的进一步扩大，步行出行占比会进一步降低。

总体上，北京市交通出行方式面临着以非机动化为主的出行向机动化占主导地位的交通方式转型。

（二）交通出行方式影响下的城市空间发展

城市空间布局的变化影响城市交通出行方式，而交通出行方式的变化又引导着城市空间结构的发展。交通出行方式决定土地利用模式，从步行时代、马车时代、轨道交通时代到汽车时代，城市结构由单中心同心圆向轴向、多中心模式演变，城市用地模式也由此经历了单中心向区域、卫星城镇发展的过程。城市交通可达性的提高，促使地区经济活动被吸引到交通走廊上来，改变城市空间布局，引导城市土地利用沿交通轴变化。交通方式的变化改变了城市土地利用形态和空间结构（陈峰等，2006）。

北京市的城市交通从新中国成立前的步行、马车为主等交通方式，发展到20世纪六七十年代的自行车、公共电汽车等为主，再到目前的公共电汽车、地铁、轻轨和私人小汽车等交通方式并存，城市的空间规模和空间形态都发生了显著变化。

新中国成立前，北京的城市交通以步行、马车为主，只有少量的有轨电车，受此局限，到1949年，北京城市的建成区面积只有109千米^2，城市平均半径不到6千米。随着出行方式的变化，城市规模不断扩大。1959年，北京城市平均半径增加到8.4千米。到1980年，交通方式发展到以自行车、公共汽车和地铁等为主，甚至出现了少量的私人小汽车，建成区的平均半径也增加到10.5千米（金巍巍，2009）。此后，北京市建成区面积增长速度不断加快。

2000年以后，北京市的交通方式由公共交通和自行车交通为主逐步转变为公共交通、自行车和小汽车为主。在此影响下，城市建成区面积发生显著增长。混合的交通结构导致了交通方式与城市空间规模的不协调，致使交通拥堵、环境污染等"城市病"越来越严重（陈和等，2008）。

同时，随着交通出行方式的变化，北京市城市空间形态也相应变化。在以步行、马车出行为主的时代，城市空间形态受道路系统影响显著，呈现"棋盘＋放射"状的发展格局。其后，随着公交系统的发展，经济活动沿主要公交线路布局的趋势显著。2004年后，地铁出行所占比例快速增加，越来越多的居民向地铁沿线及地铁站周围迁移，例如13号线和八通线的建设，大量居民向市区北部和东部迁移。同时，伴随着私人汽车的快速发展，公路对空间形态的发展影响更加显著，城市空间呈同心圆方式不断向外扩展。

交通出行方式的变化，导致北京市城市空间形态呈现郊区化特征。由于公共交通及私人汽车的发展，增加了城市的可达性，20世纪80年代开始，北京呈现出人口郊区化的趋势，城区的人口增长率开始下降，近郊保持较高的增长速度，而远郊增长相对缓慢。90年代中期以来，城区人口出现负增长，而近郊和远郊三个圈层人口增长加快，北京呈现典型的郊区化特征，并且进一步出现了从"城区→近郊→远郊平原区"的人口扩散趋势。

三、城市交通发展趋势及其空间影响

（一）城市交通建设的发展趋势及其空间影响

1. 城市道路建设趋势及其空间影响

目前，北京市的城市道路建设正处于城市道路的升级改造期，道路长度和道路面积的增长速度达到年均 10% 左右。在未来一段时期内，北京市将继续建设和完善城市道路。《北京城市总体规划（2004—2020 年）》中提出，将不断完善中心城路网体系建设，加大路网密度，将中心城道路建设的重点由快速路、主干路逐步向次干路、支路转移，到 2020 年，实现中心城规划道路总长度约 4760 千米，其中干道网总长度为 2610 千米，支路比例约达 45.2%，路网密度达到 4.4 千米/千米^2。在城市道路里程扩展的同时，城市道路建设质量也在不断提升，城市快速路建设受到重视。北京市"十二五"规划提出在未来五年内，北京市将基本实现中心城市快速路网规划，将重点建成几条快速路，实现新增快速路里程 40 千米，累计达到 300 千米。城市道路格局方面，未来一段时期，北京市将突出"交通先导"政策，根据"两轴-两带-多中心"的城市空间发展结构，道路建设重点将逐步由中心城向中心城以外的地区转移，以便促进和引导新城的发展。"十二五"规划指出，未来五年内，将基本建成五环内城市主干路网，重点建设南北向主干路、西南部干道网和功能区周边路网；同时加大道路提级改造力度，完善干线公路和县乡村公路，加快浅山区路网建设，五年内基本实现"一环、十一放射、多联络"的浅山区路网格局。

可以看出，在未来一段时期内，北京市一方面将不断完善中心城区道路建设，对其进行改造升级，重点建设次干路、支路和部分快速路，完善路网"微循环"系统，并合理确定中心城的土地开发强度与建设规模，改善中心城交通状况；另一方面，还会加强周边城区道路建设，尤其是南北向、西南部和功能区等地区，加大发展带的交通引导力度，发挥交通对城市空间结构调整的带动和引导作用，从而引导城市空间的发展和重点开发区的建设。

2. 轨道交通建设趋势及其空间影响

当前，北京市正处于轨道交通建设的快速发展期，尤其是 2000 年以来，轨道交通条数迅速增加，线网总长度年均增长率达到 20% 以上。未来几年，北京市将优先加快中心城轨道交通建设，全面完成 2015 年轨道交通 561 千米的近期线网建设规划；同时还将加快实施中心城轨道交通加密工程，根据《北京市国民经济和社会发展第十二个五年规划纲要》，到 2015 年全市轨道交通线网运行总里程将达到660千米，建成轨道交通线路19条（中心线路15条，市郊线路4条）。运营线路的增多也提高了其覆盖范围，根据《北京市轨道交通建设规划（2004—2015年）》，在未来几年内，北京市的轨道交通将实现基本覆盖中心城范围，并连接外围的通州、顺义、亦庄、大兴、房山、昌平等新城，形成"三环、四横、五纵、七放射"的轨道交通网络系统。

轨道交通对于城市空间发展具有明显的引导意义。如东京大都市圈20世纪50年代至21世纪以来，逐步形成了日本人口学家所谓的"油炸圈饼"式的用地模式，逐渐由居住与商业单中心模式，演变成了居住空心化、商业多中心化和商务强中心化的空间格局，在这个过程中，政府通过轨道交通的建设来将城市发展空间引向卫星城镇，促进了城市空间结构的重构（刘贤腾，2009）。这种发展模式，也可以被北京市所借鉴。

当下，北京市的轨道交通呈现出"突发式扩展"的趋势，尤其是正在积极建设的连接外围的通州、顺义、亦庄、大兴、房山、昌平等新城的线路，凭借轨道交通高效率、大运量的特点将会吸引大量人口向城市郊区流动，从而引导城市空间不断向外围扩展。另外，轨道交通线路的扩展，还有利于减少"摊大饼"式的蔓延方式，引导实现新城的"蛙跳式"发展，形成符合城市有机发展的"分散式集中"的格局，改善城市空间扩展方式（张育南，2009）。

（二）交通出行方式结构的合理化转变

随着经济发展，机动车保有量不断攀升，单纯依靠扩展路网、加大道路建设力度已经不能满足车辆增长的要求，如何充分利用现有道路资源、形成合理的交通出行结构和高效的城市综合交通运输体系，承担尽可能多的出行，是目前解决交通拥堵的有效途径之一（姚丽亚等，2006）。大力发展、扶持公共交通，目前已经成为大城市解决交通拥堵的共识。《北京城市总体规划（2004—2020年）》中也明确指出，北京市交通发展战略的核心是全面落实公共交通优先发展政策，大幅提升公共交通的吸引力，实施区域差别化的交通政策，引导小汽车合理使用，扭转交通结构逐步恶化的趋势，使公共交通成为城市主导交通方式。结合国际大城市交通出行方面的经验，北京市交通出行结构应该从以下几个方面进行合理化转变。

1. 切实实现"公共交通优先"

目前，公共交通运输工具主要包括地铁、轻轨、公共电汽车等。日本东京是以公共交通模式为主的典型代表，由于城市公共交通解决得比较好，东京市区一般不会发生明显的交通堵塞。日本首都圈、东京都市圈、东京都、东京区部之间各种公共交通工具方便快捷、换乘便利、准确高效，方便了城市居民生活。与纽约、巴黎、伦敦三大都市的主城区相比，东京都市圈公共交通出行比重达58%，工作日全天24小时进入东京区部的机动车出行方式中公共交通达86%，早高峰时段达到91%，形成了高效发达的区域公共交通网络（张壮云，2008）。

以轨道交通为骨干、地面公交为主体、换乘高效的立体化公共交通网络，是推动公共交通发展的必要支撑条件。东京是世界上典型的以轨道交通为主导的大都市，在日本首都圈内由17条国铁JR线（新干线）、13条私营铁路系统构成巨大的铁路及轨道交通网络骨架。地面公共交通系统沿城市道路呈网络状分布。城市轨道交通、常规公交和国铁JR线等各种运输系统汇集为一体的主要枢纽多达32个。市内交通换乘枢纽，基本可以实行各种交通方式之间同台零换乘（张壮云，2008）。

北京市应以东京为鉴，加快中心城轨道交通和公交快速通勤网络建设，由地铁、轻轨、市郊铁路等多种方式组成的快速轨道交通网覆盖中心城范围，并连接外围的通州、顺义、亦庄、大兴、房山、昌平等新城，按快线、普线、支线三级系统进一步完善地面公交线网结构。同时，大力改善地面交通间、轨道交通间、轨道与地面间的换乘条件，使其成为一个有机整体，通过停车换乘导向吸引小汽车乘客在进入市区前换乘轨道交通，减少市区或中心区交通压力。

北京市公共交通票价已经非常低，但选择公共交通出行的比例仍然有限，归根到底是其服务质量的问题。东京拥有完善的交通管理设施和细致的交通安全设施，如科学的交通标志标线、合理有效的交叉口渠化引导、智能化的交通信号设计等，具有良好的安全性、便捷性和舒适性。因此，北京市应提高公共交通系统的服务水平，加大政府对公共交通的投资力度，积极吸引社会投资，给予公交车辆充分的道路优先行驶权，深化公共交通运营和管理机制改革，推行公交运营服务特许经营制度。

2. 合理引导私人汽车使用

从发达国家看，当人均国民收入达到2500美元时，是小汽车处于大规模发展时期。北京目前人均国民收入已经超过3000美元，私人小汽车的发展是必然的（张蕊等，2005）。从北京市机动车与私人机动车保有量增长情况看，私人汽车保有量呈加速上升趋势。然而，私人汽车运输效率低、能耗高、污染大，大量占据并浪费道路空间和停车空间，带来一系列城市问题。并且，私人汽车适用于地广人稀的城市，北京市城市空间密度高，私人汽车使用量更应该进行合理引导。北京市未来应以有效的需求管理政策和手段对私人汽车的使用实施引导与调节，如通过提高牌照费、养路费、燃油费、停车费，继续实施机动车购置总量控制等政策进行调节。

3. 积极鼓励自行车出行

尽管自行车在北京市交通出行中所占比重下降，但仍然占有重要地位。自行车是绿色交通工具，零污染，作为可持续发展的交通方式之一，是2~5千米这样短距离交通出行的最佳交通工具，也是公共交通的端末辅助交通工具，在城市交通体系中应占有重要地位（张蕊等，2005）。因此，应鼓励自行车出行，加大城市慢行系统（自行车道及人行道）的建设，对于已改为机动车道的原自行车道应尽早恢复，为自行车出行创造更加安全、方便的出行环境。

（三）小结

未来一段时期，北京市将不断优化和完善中心城路网体系，突出交通先导政策，发挥城市交通对城市空间结构调整的带动和引导作用，并将"公共交通优先"定为交通发展战略的核心。

首先，中心城区路网的不断完善，将改善主城区的交通拥挤状况，促进城市空间利用效率的提高和空间结构的优化；其次，轨道交通和城市道路的向周边新城，如通州、顺义、亦庄、大兴、房山、昌平等的不断延伸，将发挥交通先导作用，引导城市人群向这些新城的集聚，推动新城的建设工作，扩展其用地规模，实现城市空间向城市边缘地区的"蛙跳式"发展；最后，"公共交通优先"的交通发展策略，将促进立体化公共交通网络的形成，提高公共交通运行效率，降低时间成本，缩短城市中心和城市边缘地区的实际距离，拓展城市交通的实际服务范围，对于带动人口向新城的集聚，促进新城与中心城区之间的联系，实现城市的"蛙跳式"蔓延，将起到不可替代的作用。

总之，城市交通的建设和城市交通方式的转变，将很大程度上影响城市的空间规模的扩展和城市空间结构的调整。因此在北京市未来的发展过程中，必须关注城市交通和城市空间之间的相互作用，引导二者良性循环系统的形成。

参考文献

艾伟，庄大方，刘友兆. 2008. 北京市城市用地百年变迁分析. 地球信息科学，10（4）：489-494

安树伟，张崇康. 2005. "十一五"时期北京市经济布局战略性调整研究. 北京社会科学，（2）：101-106

北京市地方志编纂委员会. 2002. 北京志·市政卷·公共交通志. 北京：北京出版社

北京市经济委员会. 1999. 北京工业布局调整规划

北京社会科学院. 1989. 今日北京. 北京：北京燕山出版社

柴彦威，塔娜. 2009. 北京市60年城市空间发展及展望. 经济地理，29（9）：1421-1427

陈峰，刘金玲，施仲衡. 2006. 轨道交通构建北京城市空间结构. 城市规划，30（6）：36-39

陈和，赵坚. 2008. 交通对城市空间形态演变的作用——以北京为例. 政策论坛，（6）：49-52

董光器. 2006. 五十七年光辉历程——建国以来北京城市规划的发展. 北京规划建设，

(5): 13-16

葛本中. 1996a. 北京经济职能与经济结构的演变及其原因探讨（上）. 北京规划建设，(3): 51-52

葛本中. 1996b. 北京经济职能与经济结构的演变及其原因探讨（下）. 北京规划建设，(4): 52-53

郭春安. 2000. 北京市城市轨道交通网络规划及发展对策. 中国铁路, (2): 24-28

金巍巍. 2009. 城市空间演化和城市交通的互动影响分析. 北京：北京交通大学硕士学位论文

景体华. 2009. 北京产业结构调整与经济空间布局变化. 北京规划建设, (5): 21-25

李国平等. 2008. 产业与空间：北京市产业用地分析，评价与集约利用研究. 北京：中国经济出版社

李国平等. 2004. 首都圈结构、分工与营建战略. 北京：中国城市出版社

刘桂生. 2003. 北京城市道路交通建设与发展. 城市道桥与防洪, (1): 4-7

刘贤腾. 2009. 东京轨道交通体系与城市空间结构优化. 现代城市轨道交通, (2): 71-75

宋鹏. 2009. 基于GIS的北京市交通网路时空发展特征研究. 北京：北京交通大学博士学位论文

孙铁山，卢明华，李国平. 2008. 全国基准产业集群识别及在区域经济分析中的应用——以北京市为例. 地理研究, 27 (4): 873-884

颜吾佴等. 2008. 北京交通史. 北京：清华大学出版社、北京交通大学出版社

王放. 2010. 对北京市郊区化问题的进一步探讨. 人口研究, 34 (2): 21-30

王军. 2002. 北京城市规划方案略览（1949—1993）. 瞭望新闻周刊, (14): 18-21

王凯. 2005. 从"梁陈方案"到"两轴两带多中心". 北京规划建设, (1): 32-38

姚丽亚等. 2006. 公共交通出行方式选择影响因素分析. 交通与物流·第六届（2006）交通运输领域国际学术会议论文集. 239-244

周一星. 1996. 北京的郊区化及引发的思考. 地理科学, 16 (3): 198-206

周一星，孟延春. 2000. 北京的郊区化及其对策. 北京：科学出版社

张蕊，吴海燕. 2005. 北京市交通出行方式合理结构模式研究. 北京建筑工程学院学报, 21 (1): 24-28

张育南. 2009. 北京城市轨道交通与城市空间整合发展问题研究. 北京：清华大学博士学位论文

张壮云. 2008. 东京城市公共交通优先体系的经验及借鉴. 国际城市规划, 23 (3): 110-114

Browning J. 1975. The Emergency of a Services Society: Demographic and Social-logical of the Sectoral Transformation in the Labor Force of the USA National Technical Information Service. Virginia: Sprengfield

Giuliano G, Small K. 1991. Subcenters in the Los Angeles region. Regional Science and Urban Economics, 21 (2): 163-182

McMillen D P. 2001. Nonparametric employment subcenter identification. Journal of Urban Economics, 50 (3): 448-473

第七章
2030 年的北京：专家咨询意见分析

1993 年 10 月 6 日国务院关于北京城市总体规划的批复中，明确指出要将北京市建设成为世界第一流水平的历史文化名城和现代化国际城市。面向建设世界城市的发展目标，北京在努力建设世界城市的过程中，需要结合自身特性和中国国情，找到适合自己的城市定位，以及经济、社会、空间、人口、资源、环境等的发展模式。

本次调查以问卷加研讨的形式，汇集了 22 位来自国内城市规划、地理学、经济学、管理学等领域的专家对于"首都面向世界城市的发展趋势分析和展望"的见解及观点。调查内容主要包括城市发展定位、人口发展、经济发展、资源环境、空间发展以及社会发展等六个部分。参与问卷调查的专家大多在北京工作和居住达 10 年之久，有的甚至超过 20 年，他们对北京目前的发展态势和存在的问题较为熟悉，能够从专业的角度进行分析和提出自己的观点。统计分析以上各位专家对北京发展现状以及未来发展趋势的看法和建议，有助于我们提出面向世界城市建设的北京 2030 年的发展方向。

第一节　北京的城市发展定位

一、北京在世界城市体系中的地位

北京要建设世界城市，明晰自己在世界城市体系中所处的位置和地位是至关重要的。就这一问题的调查结果显示，68.2% 的专家认为北京目前在世界城市体系中处于第三层次①，即雏形的世界城市，换句话说，他们认为北京目前初具世界城市的雏形，已可列入世界城市网络体系，是区域性节点城市，并将在未来10年左右的时间里发展成为成熟的世界城市。而22.7%的专家认为，北京现阶段尚处于世界城市的后备阵营，具有发展成为世界城市的潜力。另有4.5%的专家认为北京目前已经是成熟的世界城市，是世界城市网络中重要的枢纽性节点，具有全球政治、经济控制能力，处于世界城市体系的第一层次（图7-1）。

层次	比例/%
世界城市体系的第四层次	22.7
世界城市体系的第三层次	68.2
世界城市体系的第二层次	4.6
世界城市体系的第一层次	4.5

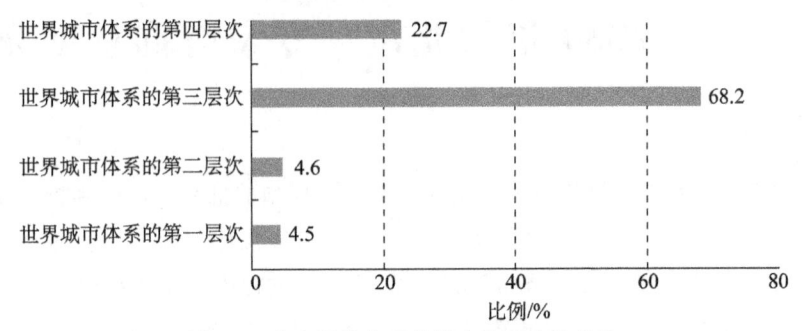

图7-1　北京目前在世界城市体系中的地位

在未来10年的世界城市体系中，分别有50.0%和36.4%的专家认为北京将达到成熟的世界城市和雏形世界城市的水平。到2030年，将近半数的专家认为北京将发展成为成熟的世界城市；而36.4%的专家则预测北京将有可能发展成为世界城市。对于同为我国特大城市的上海，专家们认为不论是目前还是未来20年，其在世界城市网络中所处的地位同北京情况基本一致。然而，香港的地位则略高，54.5%的专家认为香港目前已达到成熟的世界城市水平，并且大约半数的专家都认为在未来20年里，香港在世界城市体系中都将保持这一地位。以纽约、伦敦、东京等世界城市作为参照，大部分专家认为在未来15～20年的时间里，北京有希望成为世界城市体系的最高层节点。

与纽约、伦敦、东京等世界城市相比，目前北京在经济社会发展等方面均存在一定的差距。调查结果显示，目前北京城市发展与伦敦等世界城市的主要差距集中体现在城市环境质量、社会发展水平、经济活力和竞争力以及经济发展水平等方面（图7-2）。其中，81.8%的专家认为城市环境质量差距最为显著，主要表现在空气、水的清洁程度等方面。社会发展水平、经济活力和竞争力也存在较大差距，主要体现在居民收入差距、社会保障体系、制度环境、开放程

---

① 在本次专家问卷中，世界城市体系共有四个层次，第一层次为全球城市，即对全球政治、经济具有最强控制与命令能力的城市，在世界城市体系中处于最高层级的世界城市，如纽约、伦敦、东京等；第二层次为成熟的世界城市，是世界城市网络中的重要枢纽性节点城市，具有全球政治、经济控制能力；第三层次是雏形的世界城市，即初具世界城市的雏形，目前也可列入世界城市网络体系、为区域性节点的城市，并将在未来10年左右发展成为成熟的世界城市；第四层次为世界城市的后备阵营，即具有发展成为世界城市的潜力，并有可能在未来20年或更长时间内发展成为世界城市。

度和创新能力等方面。72.7%的专家认为北京与纽约、伦敦、东京等世界城市的社会发展水平，经济活力和竞争力上也存在较大的差距。社会发展水平的差距主要表现在居民收入差距、社会保障体系等方面，经济活力和竞争力的差距主要表现在制度环境、开放程度和创新能力等方面。63.6%的专家还认为经济发展水平亦存在不小的差距，主要体现在资本、信息、生产性要素集聚等方面。另外，还有一些专家指出，北京城市在交通体系、城市管理体制以及非政府组织发言权等方面也或多或少存在一定差距。

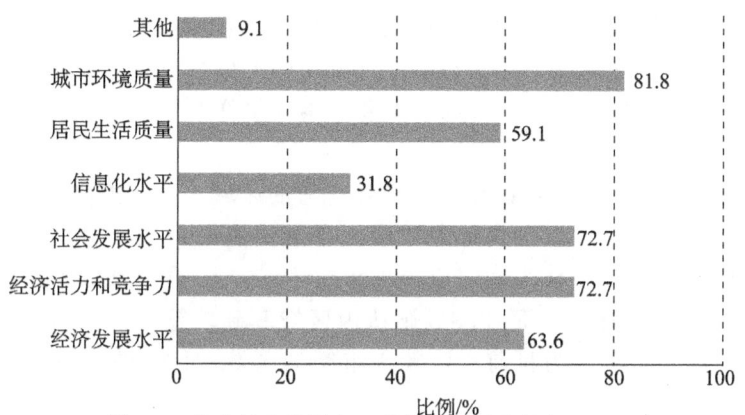

类别	比例/%
其他	9.1
城市环境质量	81.8
居民生活质量	59.1
信息化水平	31.8
社会发展水平	72.7
经济活力和竞争力	72.7
经济发展水平	63.6

图 7-2　北京城市发展与纽约等世界城市的主要差距

北京作为中国的首都，既承担着国家的政治和科技文化中心，也是高新技术产业基础最好的特大城市。目前与纽约、伦敦、东京等全球城市的发展差距决定了北京在建设世界城市的过程中，应该优先突出某些职能的发展，以便于尽快达到具有世界影响力的程度，将北京推上世界城市体系的最高层次。63.64%专家认为，作为首都，国际政治功能是北京建设世界城市应当优先突出的城市职能，北京要优先成为国际政治中心。半数专家认为其总部经济功能也尤为重要，北京应当优先成为跨国公司总部聚集中心。另外，还有专家认为国际金融和国际研发功能也是北京应优先突出或达到具有世界影响的城市功能（图 7-3）。

类别	比例/%
国际政治功能	63.64
国际金融功能	27.27
国际研发功能	31.82
总部经济功能	50.00
其他	18.18

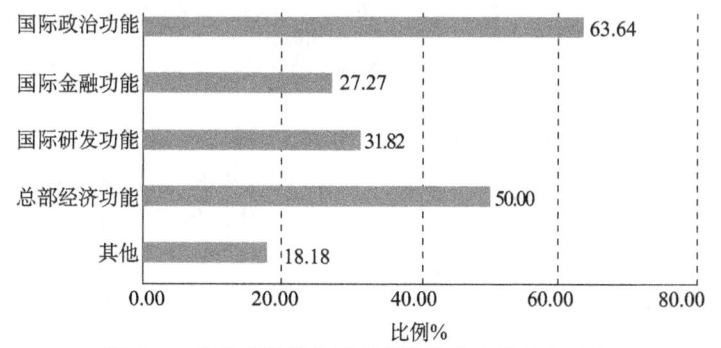

图 7-3　北京建设世界城市须优先突出的城市功能

二、北京建设世界城市的区域基础

世界城市是一个国家和地区全球控制能力的集中体现，是以某一具有全球控制能力区域为基础（陆宇澄，1998）。区域是世界城市经济、文化、政治的载体和区域基础，区域的相对发展水平对世界城市形成起决定作用，同时也决定该世界城市在世界城市格局中的地位与作用（李国平，2000）。世界城市的发展往往有一个支撑其发挥控制职能的高度发达的城市区域，比如，纽约在全球经济的控制能力更多地取决于美国东海岸大都市带的强大支撑，而东京在全球经济中的地位则主要来源于东京大都市圈和日本太平洋沿岸工业经济带的强大经济基础。

面向世界城市，北京必须要有一个强有力的区域支撑。按照北京市的地缘结构和区位特征，其城市发展首先要依托于京津冀都市圈。对于北京建设世界城市的区域基础——京津冀都市圈的评价，45.5%的专家认为其区域基础一般，31.8%认为较好，而13.8%则认为区域基础较差（图7-4）。调查还显示，几乎所有专家都认为目前京津冀都市圈的区域一体化程度一般或者较低（图7-5）。

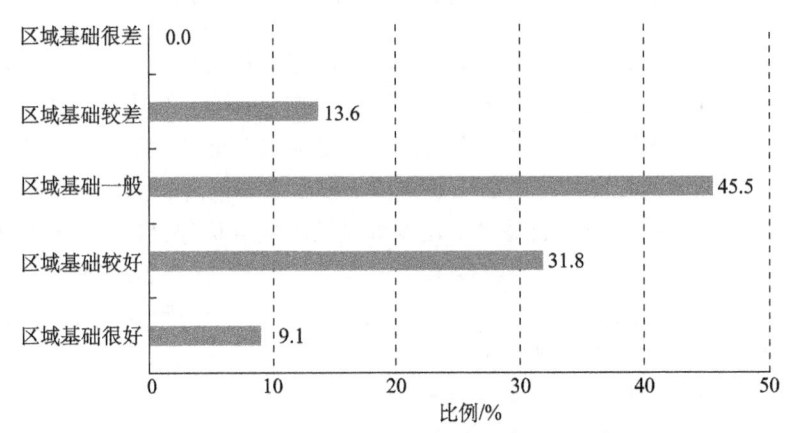

图 7-4 北京建设世界城市的区域基础评价

- 区域基础很差：0.0
- 区域基础较差：13.6
- 区域基础一般：45.5
- 区域基础较好：31.8
- 区域基础很好：9.1

对于目前京津冀都市圈的区域一体化或区域协调发展程度较低的原因，如图7-6，81.8%的专家将其主要归咎于区域市场化程度偏低，民营经济较弱，以企业为主体，由市场引导的产业合作有限。另有半数专家还选择区域协调机制不健全，以及行政区划分割严重为主要原因。约40%的专家认为区域协调发展程度较低是由于整体经济发展水平不高，城市间经济发展水平差距过大。27.3%的专家还将原因归结为城镇体系不健全，空间结构不合

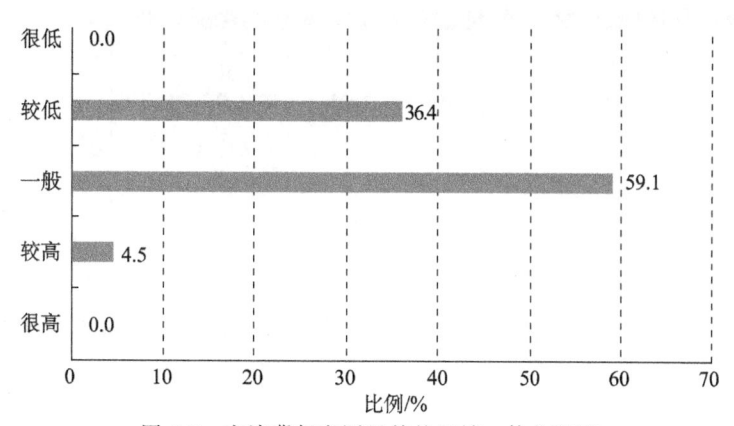

第七章　2030年的北京：专家咨询意见分析 | 273

程度	比例/%
很低	0.0
较低	36.4
一般	59.1
较高	4.5
很高	0.0

图 7-5　京津冀都市圈目前的区域一体化程度

理；22.7%的专家认为京津冀都市圈目前尚未形成区域统一市场，影响要素跨区域流动。另外，在调查中，有些专家还提出城市功能互补差等也是导致区域基础较差的主要原因。同时，专家认为，经过未来20年的努力，京津冀都市圈的区域协调发展程度会有所提高，其中68.2%的专家认为区域一体化程度将显著提高。如图7-7，45.5%的专家认为京津冀都市圈很有可能在2030年形成支撑北京成为世界城市的强有力的区域基础，即有望成为全球城市区域，另有50.0%的专家认为到2030年京津冀都市圈有望具备全球城市区域的雏形。

原因	比例/%
市场化程度偏低	81.8
区域协调机制不健全	59.1
行政区划分割严重	50.0
整体经济发展水平不高	40.9
城镇体系不健全，空间结构不合理	27.3
尚未形成区域统一市场	22.7
其他原因	9.1

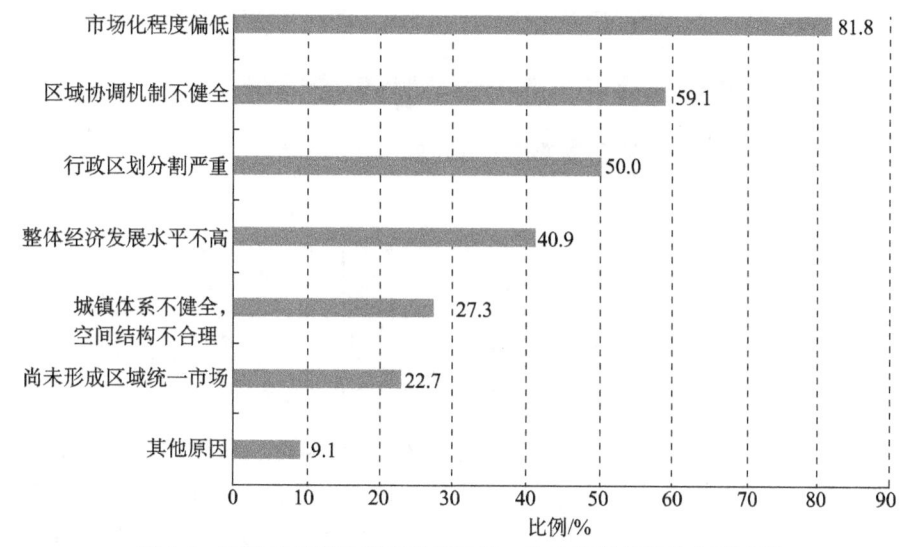

图 7-6　造成目前京津冀都市圈区域一体化程度较低的主要原因

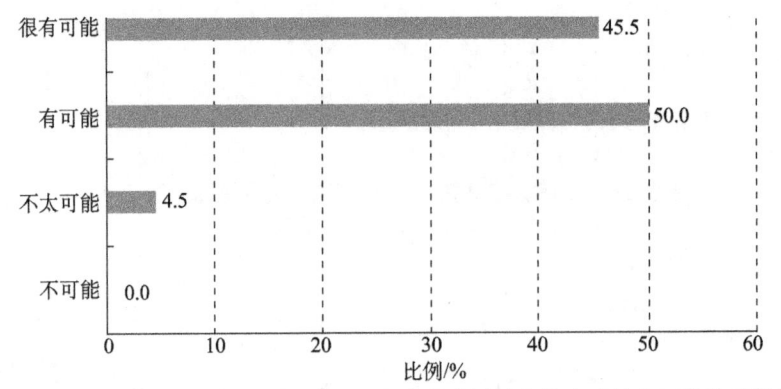

图 7-7　2030 年的京津冀都市圈成为北京建设世界城市的全球城市区域的可能性

三、北京的优势与劣势评价

相比于我国其他特大城市，如上海、香港等，北京建设世界城市有着得天独厚的发展优势。绝大多数专家认为，大国首都，人才和创新能力等智力优势，以及文化优势将为北京建设成为世界城市起到极大的推动作用。近半数人也将区位因素视为北京建设世界城市的一个优势。还有人认为，其雄厚的经济基础也是北京相比其他城市的一个优势所在（图 7-8）。

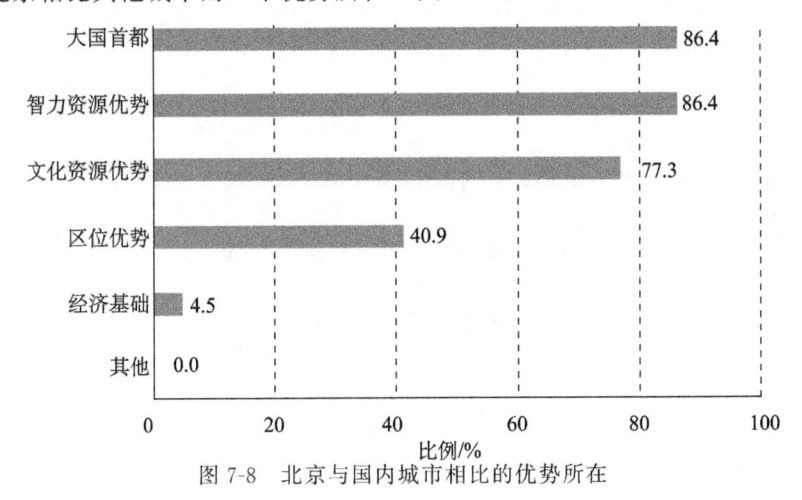

图 7-8　北京与国内城市相比的优势所在

当然，北京城市发展在某些方面也存在一定劣势。统计结果显示，资源（比如土地、水资源等）紧缺，市场化程度偏低、经济活力不足等被大部分专家归为北京建设世界城市过程中的主要障碍。有三分之一的人认为区域基础相对薄弱也是一个不可忽视的主要劣势。另有专家也认为北京在对外交通功能等方面的不完善也会对其实现世界城市的目标产生负面影响，没有大规模的出海口是北京无法弥补的区位不足之处。还有学者指出，考虑到国情，北京作为首都所特有的政治敏感性也会对其城市发展产生一定影响（图 7-9）。

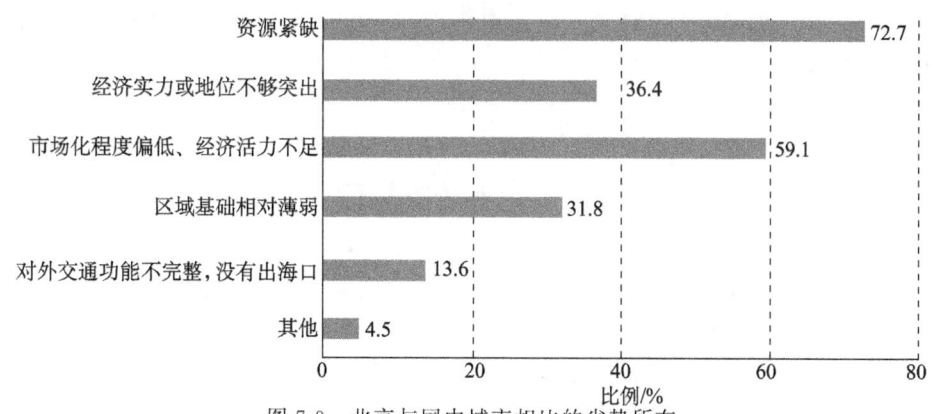

项目	比例/%
资源紧缺	72.7
经济实力或地位不够突出	36.4
市场化程度偏低、经济活力不足	59.1
区域基础相对薄弱	31.8
对外交通功能不完整,没有出海口	13.6
其他	4.5

图 7-9　北京与国内城市相比的劣势所在

四、北京的城市定位

2008 年北京奥运会以后，"人文北京、科技北京、绿色北京"的发展目标成为引导北京城市发展的风向标。在对于反映北京未来城市定位或城市形象的调查中，专家普遍认为，文化城市、创新城市和服务型城市将成为未来北京城市发展的方向。也有部分专家认为北京还应该向宜居城市、安全型城市、信息城市、和谐城市以及低碳城市等方向努力。另有学者认为，北京在未来还应该建设成为生态城市和节约型城市，以及健康型城市（图 7-10）。

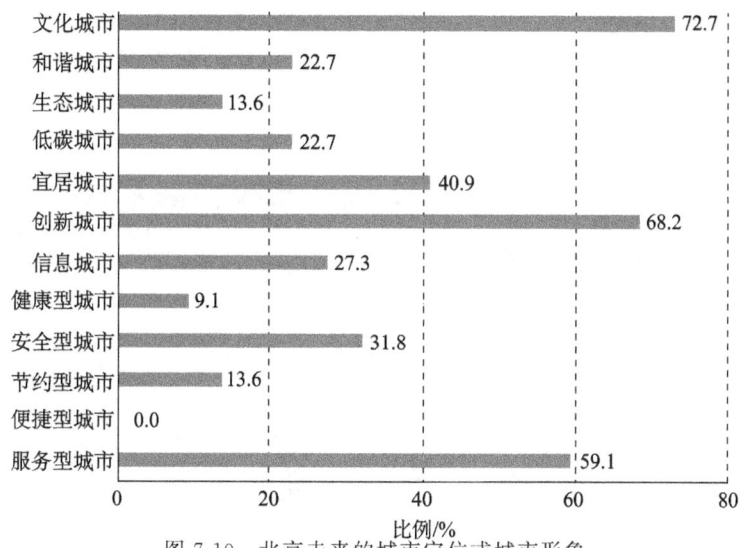

项目	比例/%
文化城市	72.7
和谐城市	22.7
生态城市	13.6
低碳城市	22.7
宜居城市	40.9
创新城市	68.2
信息城市	27.3
健康型城市	9.1
安全型城市	31.8
节约型城市	13.6
便捷型城市	0.0
服务型城市	59.1

图 7-10　北京未来的城市定位或城市形象

在最后的开放性问题中，专家们对 2030 年北京城市发展定位给出了很多自己的期盼和合理设想，如社会主义中国首都和新世界城市、全球政治经济文化控制中心、基本建成世界城市、东方文化之都、经济发达并宜居的世界枢纽城市等。

第二节　北京的人口发展

人口问题是城市发展特别是特大城市发展时所需要考虑的一个重要因素。随着首都城市发展优势地位日益突出，近年来大量外来人口不断涌入北京，人口规模的快速增长带来了城市蔓延、交通拥堵等一系列城市问题。因此，在实现北京建设世界城市目标的过程中，人口发展对于一个世界城市的成长有着十分重要的作用和影响。调查问卷主要从人口规模、城镇化、人口老龄化以及受教育程度等几个方面入手，收集整理专家们对于北京目前和未来 20 年人口发展的看法。

一、人口规模

目前，北京市常住人口已近 2000 万人。对于 2030 年时的北京市常住人口的可能规模，22.7%的专家认为其将可能达到 2500 万人左右，18.2%的人认为这个数字达到或超过 3000 万人。但作为国际化大都市，北京未来常住人口应存在一个较为合理的规模。近三分之一的专家认为，这个合理的人口规模应当在 2500 万人左右，而另有 22.7%则认为这个规模可以达到或超过 3000 万人（图 7-11）。

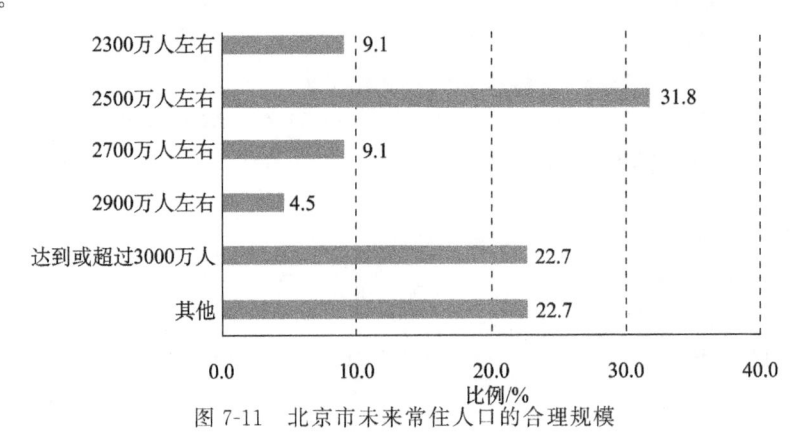

选项	比例/%
2300万人左右	9.1
2500万人左右	31.8
2700万人左右	9.1
2900万人左右	4.5
达到或超过3000万人	22.7
其他	22.7

图 7-11　北京市未来常住人口的合理规模

二、人口结构

城镇化率是衡量一个城市发展质量的重要指标。到 2008 年，北京市城镇人口占常住人口的比例为 84.9%。约三分之二的专家认为，到 2030 年这一比例将达到 90% 以上。

根据第五次人口普查，2000 年时北京市 65 岁及以上老年人口占总人口的 8.4%。到 2010 年第六次人口普查时，这一比例上升到 8.7%。随着人民生活水平和生活质量的提升，老年人口的比例将会有所变化。在本调查中，约 60% 的专家认为，到 2030 年北京市 65 岁及以上老年人口占总人口的比例将有可能达到 17% 到 20%。近年来，北京市的人口老龄化趋势不断加速，半数的专家认为 2030 年时北京人口老龄化趋势将会持续加速，45.5% 的专家认为这一趋势将趋于稳定，其他人却认为这个趋势将会有所减缓（图 7-12）。

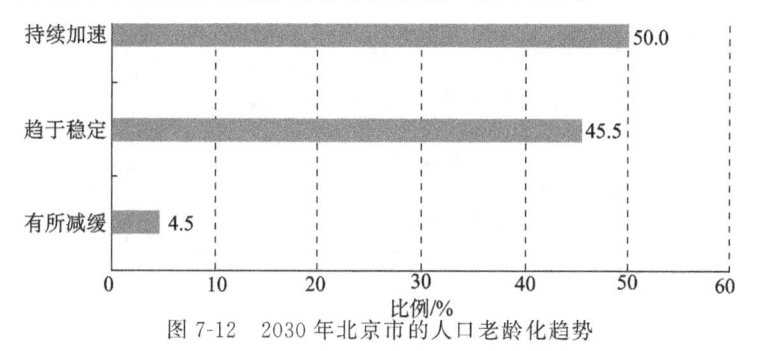

持续加速 50.0
趋于稳定 45.5
有所减缓 4.5

图 7-12 2030 年北京市的人口老龄化趋势

根据第五次人口普查，2000 年时，北京市 16 周岁及以上人口中接受大学（指大专以上）教育的占 17.5%。到 2010 年第六次人口普查时，这一比例达到 32.8%。到 2030 年，随着高等教育的进一步普及，40.9% 的专家预计这一比例将有可能达到 50%，36.4% 的专家预测这一比例将达到 45%，还有 22.7% 的专家认为是 35%。

第三节　北京的经济发展

一、经济规模和结构

2008 年，北京市 GDP 已突破 1 万亿元，人均 GDP 超过 6 万元。随着北京经济发展水平的提升，产业结构不断调整优化。到 2030 年，54.5% 的专家认为北京市 GDP 将达到 4 万亿元，45.5%的专家预测人均 GDP 将达到 20 万元（图 7-13、图 7-14）。小部分专家甚至预测 2030 年北京市人均 GDP 有可能超过 25 万元。

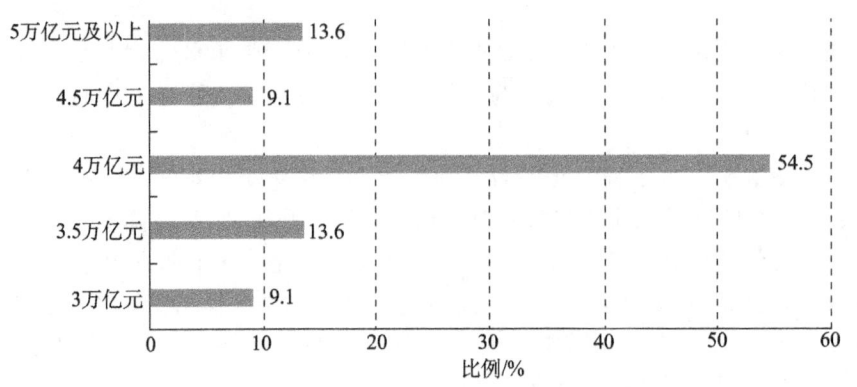

图 7-13　2030 年北京市的 GDP 预测

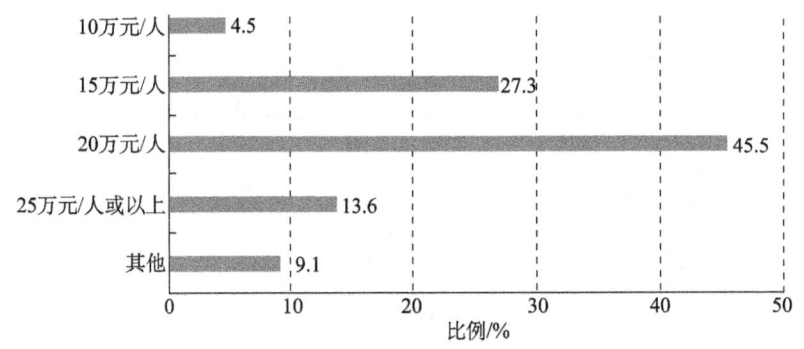

图 7-14　2030 年北京市的人均 GDP 预测

近年来，北京市经济持续快速增长，增长速度保持在两位数以上。调查问卷希望通过各位专家对于未来 5 年、10 年、20 年北京市经济年均增长速度的变化，来判断北京市未来的经济发展趋势。基于大多数专家的看法，北京市未来 20 年的经济年均增长速度呈轻微下降趋势。分别有 36.4%和 27.3%的专家预测在未来 5 年里，北京市的年均经济增长率将达到 10%和 9%；分别有 31.8%和 27.3%的专家预测在未来 10 年里，北京市的年均经济增长率将达到 9%和 8%；分别有 36.4%的专家预测在未来 20 年里，北京市的年均经济增长率将达到 8%和 7%（图 7-15）。

参考纽约、伦敦、东京等成熟的世界城市，现代世界城市产业结构中，第三产业一般超过 80%，制造业比重下降趋势明显。在第三产业内部，生产者服务业的比重呈持续增加的趋势。目前，北京已实现了以第三产业为主导的经济结构转型，并且第三产业的比重也已超过 70%。问卷结果显示，40.9%的专家认为到 2030 年北京市经济结构中第三产业的比重将可能达到 80%，而其余人则

图 7-15 北京市在未来的年均经济增长率

认为这个比重将达到 85% 或以上。

二、产业发展重点及主导产业

专家普遍认为,在北京市制造业中,最具有发展潜力的产业是电子与信息技术产业,其次是生物工程和新医药产业、环保产业。也有专家认为,光机电一体化、新材料、新能源以及汽车制造业等也具有一定的发展潜力(图 7-16)。服务业中的最具发展潜力的行业,金融保险业和信息服务业得到了 81.8% 的专家认可度,科技服务业和创意文化产业为 77.3%,旅游会展业为 68.2%,商务服务业为 50%,房地产业为 36.4%(图 7-17)。

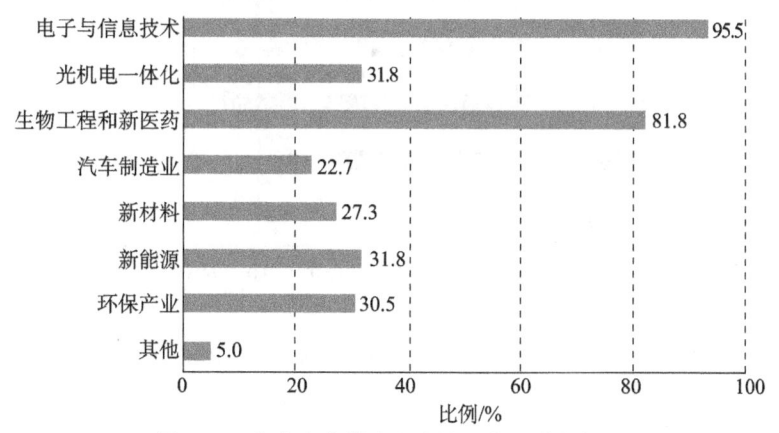

图 7-16 北京未来制造业中最具发展潜力行业

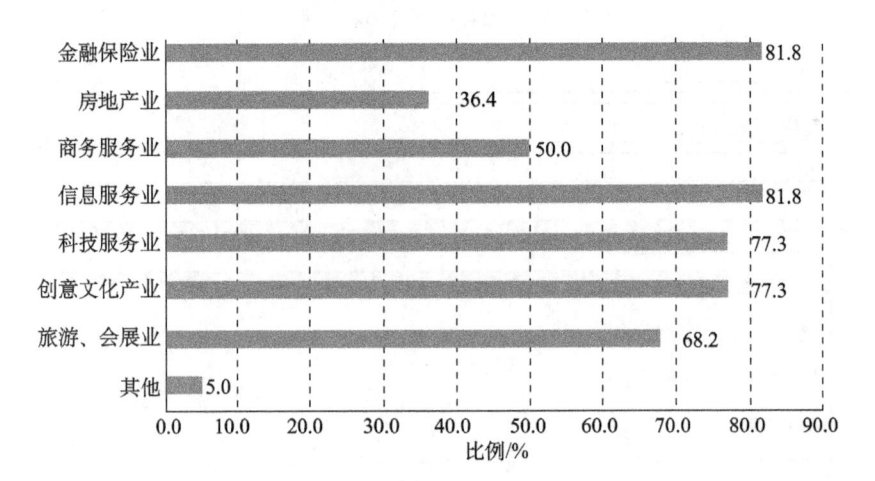

行业	比例/%
金融保险业	81.8
房地产业	36.4
商务服务业	50.0
信息服务业	81.8
科技服务业	77.3
创意文化产业	77.3
旅游、会展业	68.2
其他	5.0

图 7-17　北京未来服务业中最具发展潜力行业

对于 2030 年支撑北京城市经济的主导产业，金融、保险、房地产业得到了 81.8% 的专家认可度，创意文化产业、信息技术与信息服务业、旅游业、科学研发和技术服务业等也被作为主导产业。也有专家认为商务服务业和现代制造业也将对北京城市经济起到重要的作用。另外还有专家认为，现代物流业也具有很大的发展潜力（图 7-18）。

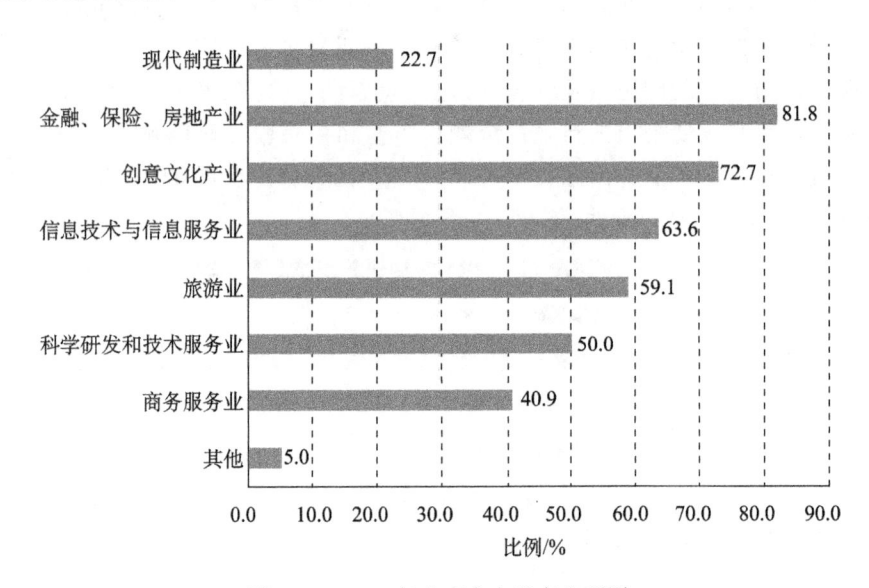

产业	比例/%
现代制造业	22.7
金融、保险、房地产业	81.8
创意文化产业	72.7
信息技术与信息服务业	63.6
旅游业	59.1
科学研究和技术服务业	50.0
商务服务业	40.9
其他	5.0

图 7-18　2030 年北京市主导产业预测

第四节　北京的资源环境

建设世界城市，资源环境既是物质基础，也是支持城市可持续发展的重要保障。作为特大城市的北京，土地、水、能源等自然资源的短缺和城市生态环境质量问题一直都给城市的可持续发展带来了巨大的困难。专家普遍认为，与主要世界城市相比，目前北京的整体生态环境水平还很低。其中半数的专家认为，北京目前生态环境状况距离世界城市应有的水平尚有非常显著的差距。

一、环境问题及解决途径

就环境问题的调查结果显示，86.4%的专家认为大气污染是目前北京市最为突出的环境问题，固体废弃物污染和水污染分别得到50.0%和45.5%的专家认可。另有专家认为北京也面临绿化不足的问题（图7-19）。为缓解上述环境问题，需要采取一系列有效途径（图7-20）。超过60%的专家认为，控制人口增长、调整产业结构、减少高资源消耗高污染企业等途径可以帮助缓解目前北京市的环境问题。有30%～40%的专家认为，控制汽车保有量、建立有效监督机制以及加强宣传等途径也能够适度缓解相对应的环境问题。另外，还有专家提出通过改善空间结构、增加生态空间等方式使得目前的环境问题得到缓解。

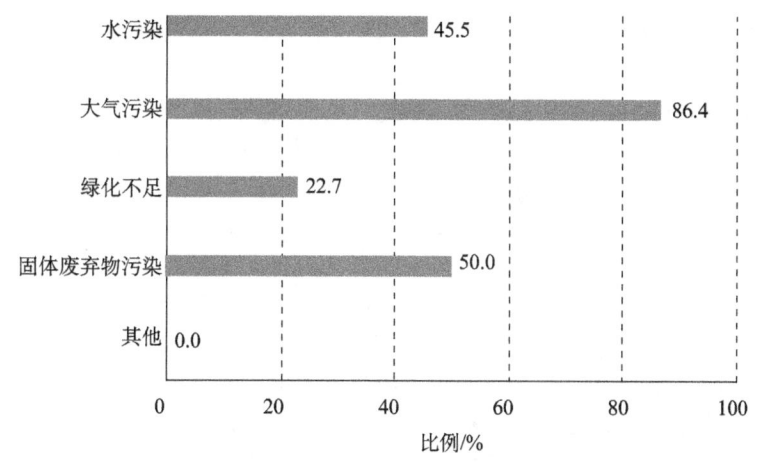

图 7-19　北京市目前最突出的环境问题

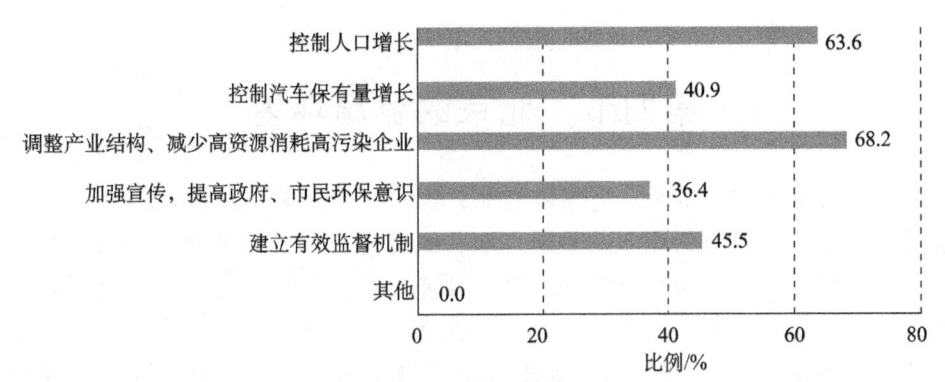

图 7-20 缓解目前环境问题的有效途径

- 控制人口增长 63.6
- 控制汽车保有量增长 40.9
- 调整产业结构、减少高资源消耗高污染企业 68.2
- 加强宣传，提高政府、市民环保意识 36.4
- 建立有效监督机制 45.5
- 其他 0.0

二、资源问题及解决途径

根据图 7-21 的结果显示，81.8%的专家认为限制大用水行业发展能够有效缓解北京市用水紧张的问题。控制人口增长和提高居民节水意识等途径也得到约 50%的专家的认可。还有大约三分之一的专家认为还可以加快从外地调水入京。另外，有专家提出调整产业结构、提高水价、利用降水和再生水资源等途径也可缓解北京水资源严重短缺的问题。

- 控制人口增长 59.1
- 提高居民节水意识 50.0
- 限制大用水行业发展 81.8
- 加快从外地调水入京 36.4
- 其他 13.6

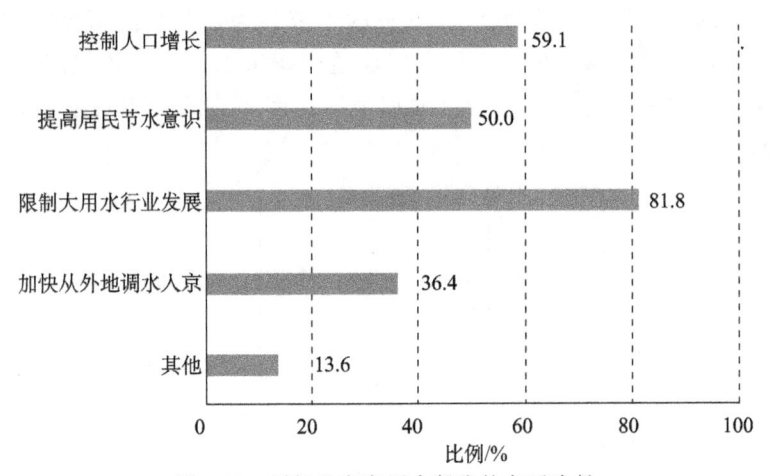

图 7-21 缓解北京市用水紧张的主要途径

如图 7-22 所示，45.5%的专家认为，2030 年时能源短缺问题会制约北京市的经济发展；而分别有 27.3%的专家则认为不会或者不确定是否会制约北京市的经济发展。问卷结果还显示，在缓解能源问题的途径中，加快调整产业结构、扩大可再生能源的使用以及推广节能技术这三个途径得到了 63.6%的专家认可，提高政府、市民的节能意识则获得 45.5% 的专家支持。另外，有专家建议也可以采用控制人口增长和建设能源储备体系等举措来帮助缓解北京的能源紧张问题。

措施	比例/%
加快调整产业结构	63.6
扩大可再生能源的使用	63.6
推广节能技术	63.6
提高政府、市民的节能意识	45.5
其他	22.7

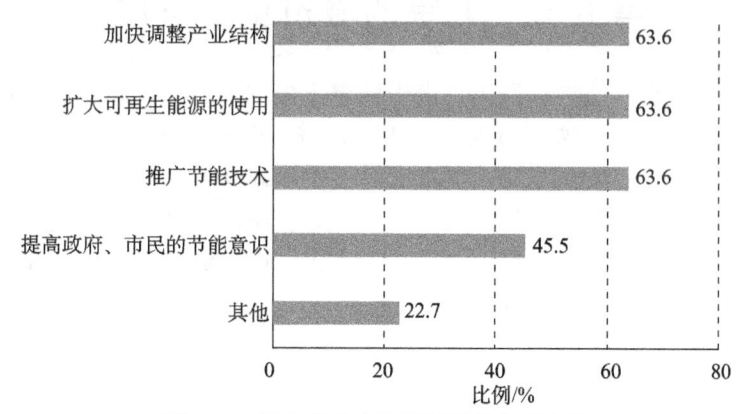

图 7-22　缓解北京市能源紧张的主要途径

三、宜居城市的建设

世界城市的一个主要特征是具有宜居的生活环境。在调查中，77.3% 的专家认为目前北京尚未达到"宜居城市"的标准，同时，有约半数的专家认为北京到 2030 年时有望建设成为"宜居城市"。调查显示，约 70% 的专家认为，目前北京建设"宜居城市"的制约性因素主要表现在人口增长过快和汽车尾气污染严重等方面。59.1% 的专家认为，周边区域生态环境较脆弱、破坏严重也是制约"宜居城市"建设的主要因素。另外有专家认为，政府环境治理投入不足、工业污染严重等也是主要的制约性因素（图 7-23）。

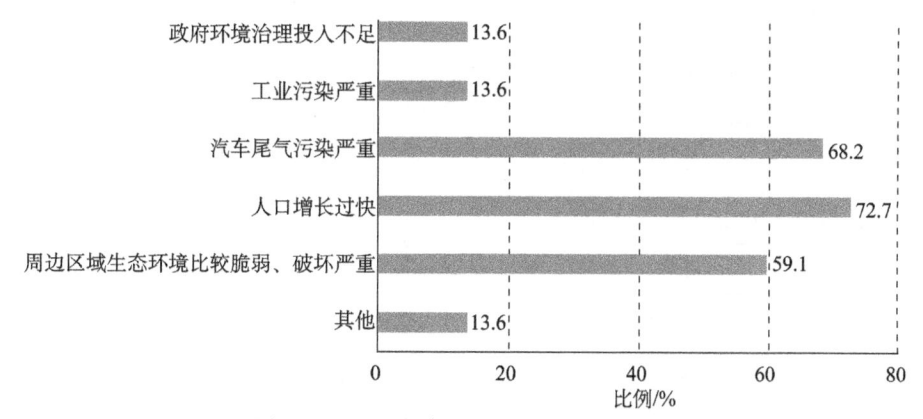

因素	比例/%
政府环境治理投入不足	13.6
工业污染严重	13.6
汽车尾气污染严重	68.2
人口增长过快	72.7
周边区域生态环境比较脆弱、破坏严重	59.1
其他	13.6

图 7-23　北京市建设宜居城市的制约因素

第五节　北京的城市空间发展

几乎所有的世界城市都经历过由于城市规模过大、人口和产业的过于集中所导致的"城市病"，主要表现为城市无序扩张、交通拥挤等。近年来，北京作为中国的特大城市，发展迅速，城市空间组织形式和增长方式等都产生了诸多变化，也带来了诸多城市发展问题，比如，城市职能过度集中，职住的过度分离导致的交通拥堵。本调查希望通过收集整理专家意见，对未来 20 年北京城市空间发展趋势做出科学准确的判断。

一、城市交通

城市交通发展，在一定程度上可反映现代城市的空间发展。目前，北京市机动车保有量已经突破 400 万辆。75.0% 的专家认为，2030 年北京市机动车保有量将在 1000 万辆或以下，且这一规模也比较适宜于作为世界城市的北京未来的发展。另有部分专家认为机动车保有量的规模将可能达到 1200 万辆以上，甚至有可能超过 1600 万辆。与此同时，72.2% 的专家也认为 1000 万辆或以下是北京市在 2030 年最适宜的机动车保有量，同时还有专家认为是 1200 万辆或者 1400 万辆（图 7-24）。大力发展城市公共交通，是控制机动车数量增长的有效手段之一，77.3% 的专家认为，这一举措能够有效抑制北京私人汽车数量的增长，并且其中大部分人认为其抑制效果会很好。

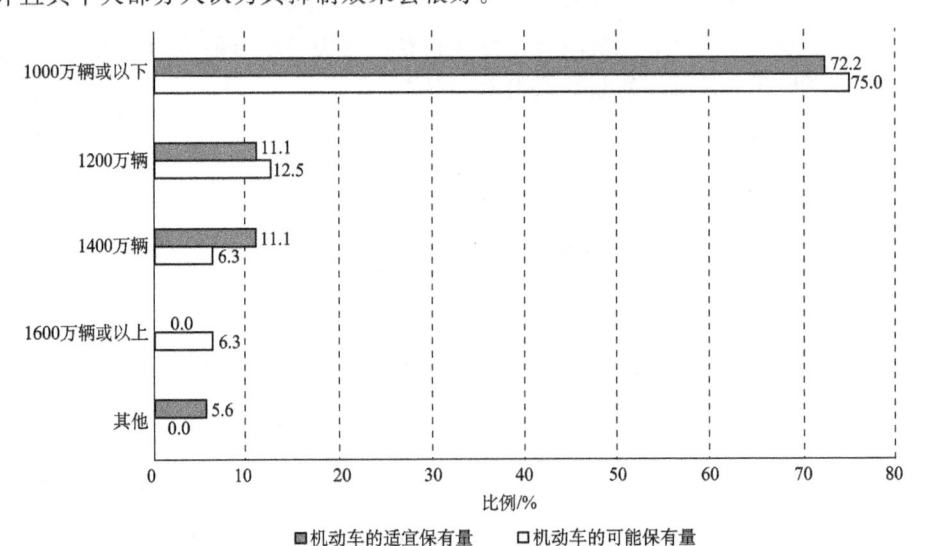

图 7-24　2030 年北京市机动车的适宜保有量和可能保有量

对于居民主要出行方式，大多数专家认为目前北京市居民最主要的交通出行方式是以公交车为主的公共交通，而 2030 年时以地铁、轻轨为主的公共交通形式则会成为居民出行的主要选择。也有 18.2% 的专家认为，私家车都将是北京市居民的主要出行方式。总体来讲，大部分专家认为，不论现在还是未来，公共交通都应该是北京居民最主要的交通出行方式（图 7-25）

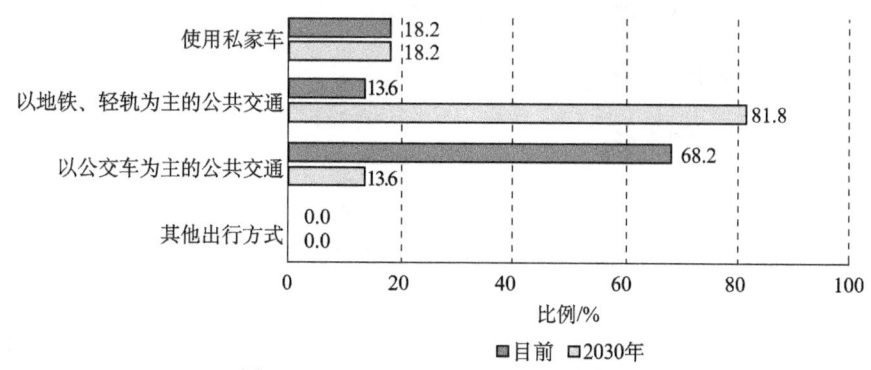

图 7-25 北京居民主要的交通出行方式

然而，目前北京城市公共交通发展仍存在很多问题。如图 7-26 所示，72.7% 的专家认为拥挤是目前北京市公共交通的主要问题；45.5% 的专家认为不准时、等车时间长和行车速度慢的问题也很突出；还有专家认为站点设置、服务和设施条件也存在问题。另外，也有专家提出轨道交通滞后和管理不善等问题需要解决。针对这些问题，应当及时采取相应措施加以改善，从而使得更多市民愿意使用公共交通（图 7-27）。问卷显示，大部分专家支持加大快速公交，如轨道交通、快速公交通道等的建设，来提高公共交通服务和设施水平，以吸引更多的市民选择公共交通。更合理地布置站点和完善线路和使用私家车成本的不断增加，也能够起到一定的作用。还有少数专家认为政府应当出台更多的鼓励政策和优惠措施来激励公共交通的使用。

随着北京市机动车数量的不断上升，近些年来交通拥堵问题越演越烈，已经严重阻碍了居民的日常生活和城市的正常运行。如何缓解城市交通拥堵问题，已经成为北京市政府决策的重要议题之一。据统计，70% 左右的专家建议大力发展公共交通并坚持低票价，合理规划以降低城市内部的职住分离。通过汽车尾号限行等措施引导私家车的使用、加快道路基础设施建设、控制购买私家车，以及征收汽车拥堵税等途径也得到部分专家的认可。另有专家还提出了提高市区停车费，地铁旁免费停车等措施（图 7-28）。

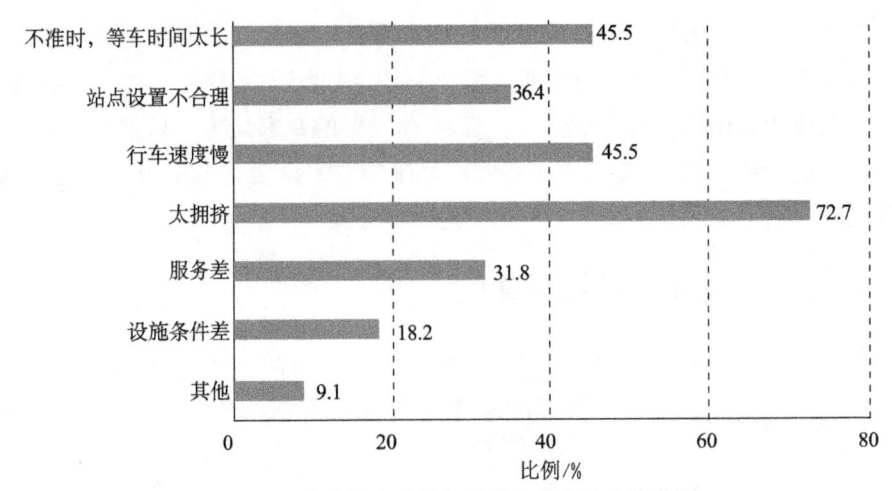

图 7-26 北京城市公共交通目前存在的主要问题

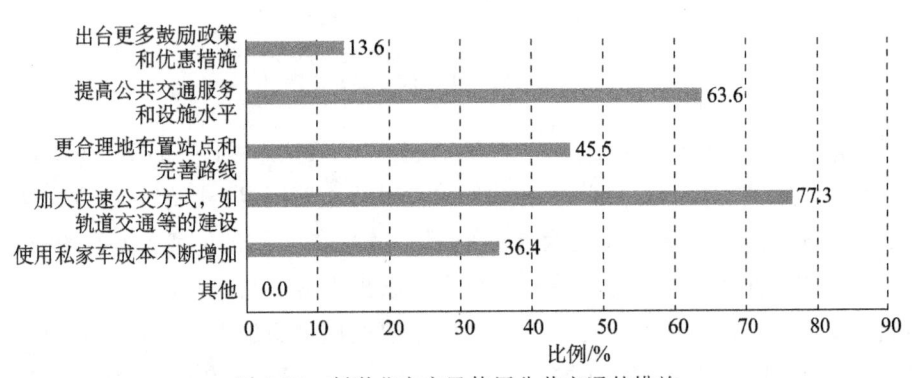

问题	比例/%
不准时，等车时间太长	45.5
站点设置不合理	36.4
行车速度慢	45.5
太拥挤	72.7
服务差	31.8
设施条件差	18.2
其他	9.1

图 7-27 刺激北京市民使用公共交通的措施

措施	比例/%
出台更多鼓励政策和优惠措施	13.6
提高公共交通服务和设施水平	63.6
更合理地布置站点和完善路线	45.5
加大快速公交方式，如轨道交通等的建设	77.3
使用私家车成本不断增加	36.4
其他	0.0

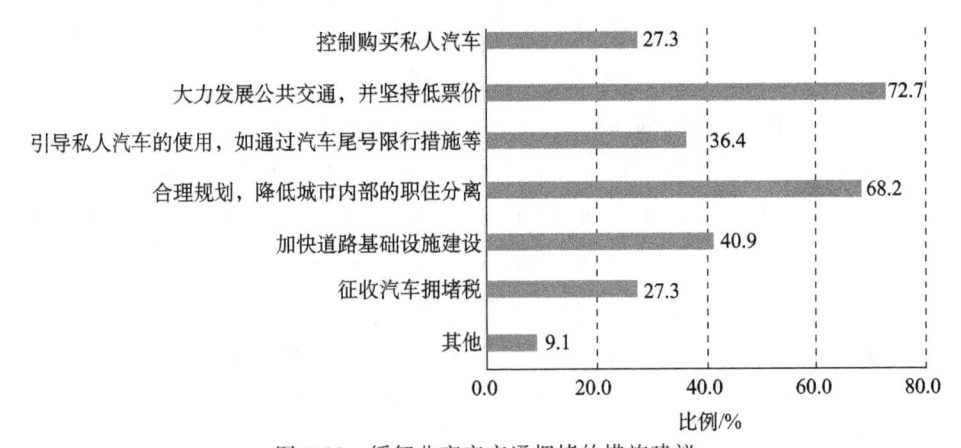

图 7-28 缓解北京市交通拥堵的措施建议

措施	比例/%
控制购买私人汽车	27.3
大力发展公共交通，并坚持低票价	72.7
引导私人汽车的使用，如通过汽车尾号限行措施等	36.4
合理规划，降低城市内部的职住分离	68.2
加快道路基础设施建设	40.9
征收汽车拥堵税	27.3
其他	9.1

二、城市空间增长

调查显示，81.8%的专家认为北京目前存在"城市蔓延"的现象。对于造成此种现象的主要原因，如图7-29所示，大约50%的专家认为环线建设和近郊大规模住宅开发是造成北京城市蔓延的主要因素。部分专家认为外来人口在城市边缘区的集中、郊区工业区和开发区的建设以及城市轨道交通建设等也产生重要的影响。另外，还有专家提出城市空间布局结构、城市人口和规模控制不佳和决策偏差等也是造成北京"城市蔓延"不可忽视的因素。

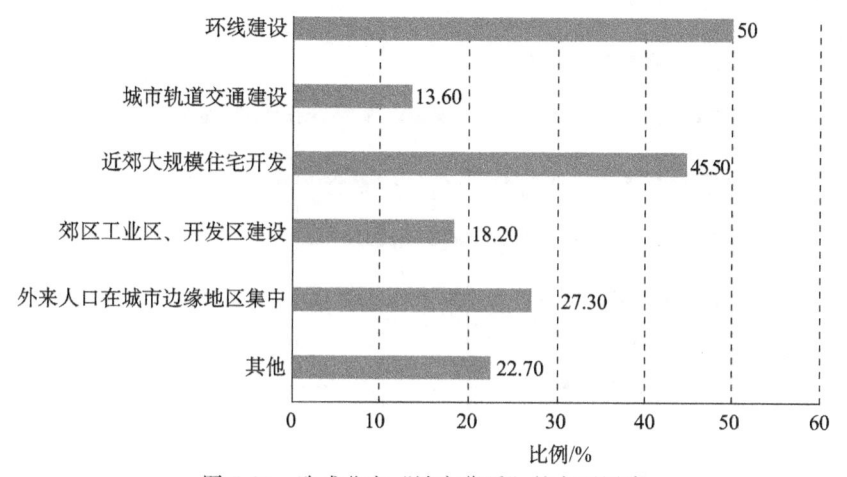

因素	比例/%
环线建设	50
城市轨道交通建设	13.60
近郊大规模住宅开发	45.50
郊区工业区、开发区建设	18.20
外来人口在城市边缘地区集中	27.30
其他	22.70

图7-29 造成北京"城市蔓延"的主要因素

三、城市空间结构

关于"目前北京城市空间结构主要特征"，63.6%的专家认为北京目前仍然保持单中心的城市空间结构，也有专家认为北京目前已经基本形成了多中心结构的雏形（图7-30）。但北京要建设世界城市，必须调整现存的空间结构特征，向多中心化发展。

除了传统的城市中心（CBD）外，半数专家认为北京目前也已形成了一些新的经济集聚中心，包括发展较为成熟的中关村地区和亦庄得到40.9%的专家认可度。另有部分专家认为，近些年来正逐渐发展起来的顺义、通州、大兴新城以及奥林匹克中心区也可以看作首都北京新兴的经济集聚中心（图7-31）。

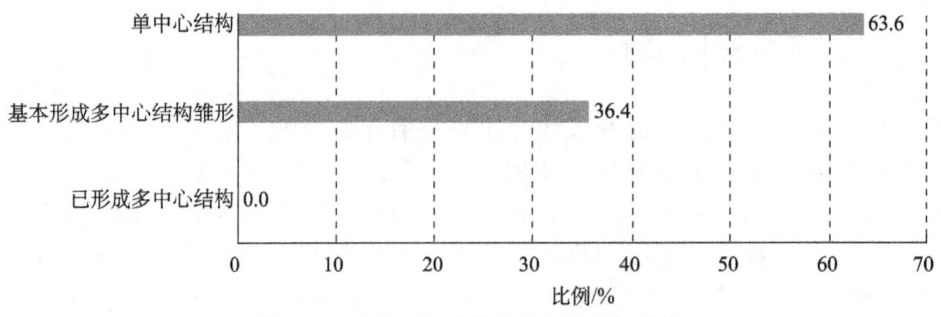

图 7-30　北京市目前的城市空间结构特征

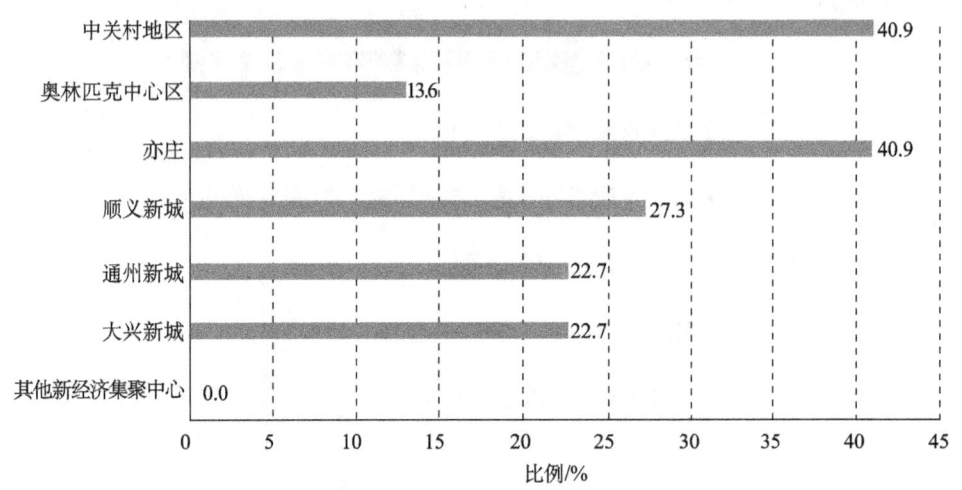

- 单中心结构：63.6
- 基本形成多中心结构雏形：36.4
- 已形成多中心结构：0.0

图 7-31　北京市目前已形成的新经济集聚中心

- 中关村地区：40.9
- 奥林匹克中心区：13.6
- 亦庄：40.9
- 顺义新城：27.3
- 通州新城：22.7
- 大兴新城：22.7
- 其他新经济集聚中心：0.0

四、城市空间发展趋势

对"未来北京城市增长或空间发展趋势"的调查显示，57.1%的专家认为"未来北京市郊区新城的建设将加速城市整体蔓延，随着中心城和新城规模的扩张，中心城将与近郊新城连接，形成市域范围的整体蔓延趋势"；33.3%的专家认为，郊区新城的建设将有效抑制中心城规模的扩张，北京将形成由中心城和郊区新城所组成的多中心空间格局；还有少部分专家认为，郊区新城的建设并不能有效遏制中心扩张，"摊大饼"式的蔓延将进一步加剧。目前，北京中心城建成区规模已基本突破五环路。如图 7-32，33.3%的专家认为，到 2030 年时北京中心城区的规模将沿环线整体向外扩张，并突破六环路；23.8%的人认为中心城主要会向东扩张突破六环路；另有专家认为，中心区的范围还有可能向北或向南扩张。

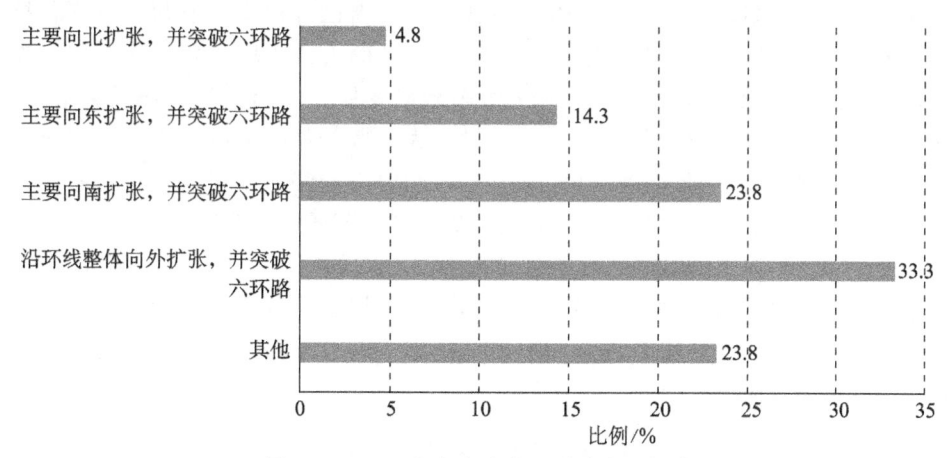

图 7-32　2030 年北京市中心城建成区规模

扩张方向	比例/%
主要向北扩张，并突破六环路	4.8
主要向东扩张，并突破六环路	14.3
主要向南扩张，并突破六环路	23.8
沿环线整体向外扩张，并突破六环路	33.3
其他	23.8

随着郊区新城的建设和发展，其人口规模也会有所增大。到 2030 年，北京市三个重点发展的新城亦庄、顺义和通州的人口规模都将显著增长（图 7-33）。特别是通州，57.9% 的专家认为其人口规模将有可能达到 100 万人。三分之一的专家认为亦庄和顺义也都有可能达到 100 万人。另有 31.6% 的专家认为，亦庄人口规模不一定会达到 100 万人，但可能会达到或超过 60 万人。

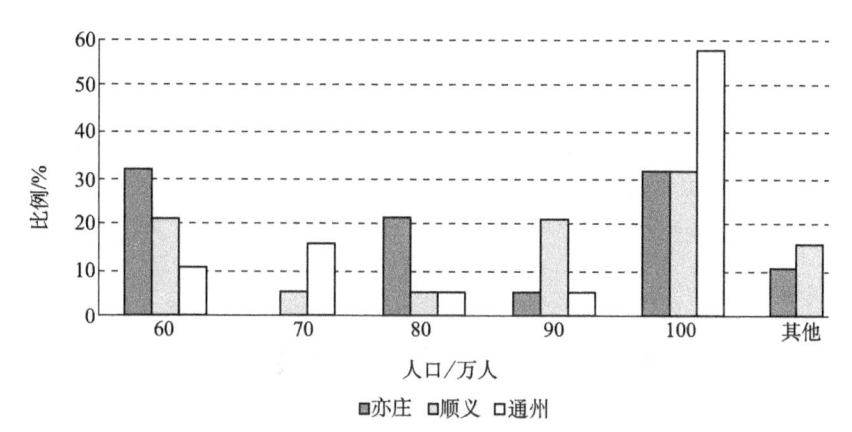

图 7-33　2030 年北京市重点发展新城的人口预测

2008 年，北京市城八区的常住人口占到全市的 61.6%。通过未来 20 年城市空间结构的调整，54.5% 的专家认为到 2030 年时这一比例将减少到 50%，27.3% 的人认为甚至会减少到 40%。而北京市四大功能区的人口分布状况也会发生相应的调整。约 60% 的专家认为未来首都功能核心区（东城、西城）人口占全市人口比重将呈降低趋势；约 27.3% 的人认为这一比例基本不变；而

13.6%的人则认为这一比例还有可能略有增加。绝大多数专家认为城市功能拓展区（朝阳、海淀、丰台、石景山）和城市发展新区（房山、通州、顺义、昌平、大兴）的人口比重会有所增加，其中77.3%的人认为城市发展新区的人口占全市比例将显著增加。专家们对于生态涵养发展区（门头沟、怀柔、平谷、密云、延庆）人口规模变化的意见则相对较为分散。总体来说，综合大部分专家的意见，到2030年北京市四大功能区的人口分布趋势将有可能呈现核心区人口比重减少，功能拓展区略有增加，而发展新区显著增加的趋势。

为了防止和控制未来北京中心城"摊大饼"式的空间扩张，约50%的专家提出加强土地规划与管理、加强产业布局引导、加强郊区新城建设，以及疏散中心城过度集中的社会服务设施和职能等措施。36.4%的专家还认为北京市在未来还应加强对人口布局的引导（图7-34）。

措施	比例/%
加强土地规划与管理	50.0
加强产业布局引导	50.0
加强人口布局引导	36.4
加强郊区新城建设	45.5
疏散中心城过度集中地社会服务设施和职能	54.5
其他	0.0

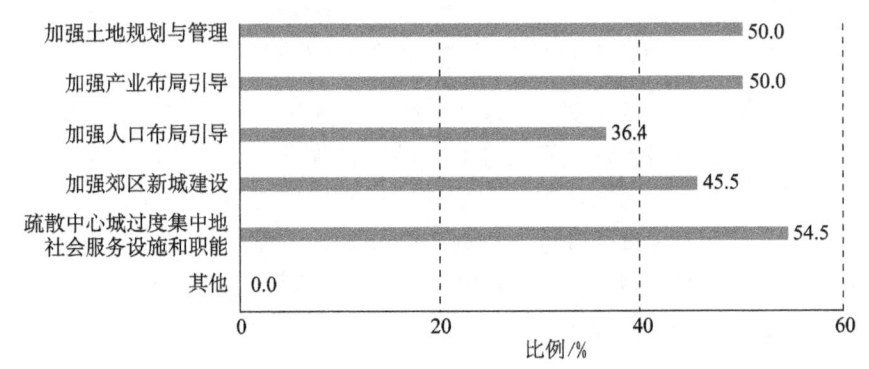

图7-34 有助于控制未来北京中心城空间扩张的措施

对于最适宜发展模式的选择，63.6%的专家认为最适宜北京作为世界城市的城市发展模式是中心城、郊区新城并重的多中心、网络化发展模式。而36.4%的人则更倾向于以中心城为核心、郊区新城为次中心的多中心发展模式。

第六节　北京的社会发展

一、社会发展的总体水平

本节主要通过居民收入水平、社会保障体系、公共服务体系、城市安全保障体系、城市信息化水平、城市基础设施水平、城市管理水平和城市碳排放水平等八个方面，以纽约、伦敦和东京等世界城市为参照，来综合评价北京到2030年是否有望达到世界城市应有的水平。调查结果显示，63.6%的专家们认为到 2030 年北京市居民收入水平距离世界城市应有的水平仍会存在差距，其余专家则认为有望基本达到世界城市水平。三分之二的人认为，城市社会保障体系和公共服务体系以及城市管理水平都将存在差距。对于城市信息化水平和基础设施水平的评价结果却显示，大部分专家认为到 2030 年时北京将基本达到其至有望超过世界城市应有的水平。至于城市碳排放水平，59.1% 的专家认为，在未来 20 年内北京并不会达到世界城市水平，约 40% 的专家认为基本可以达到，只有极少专家认为北京有望超过世界城市水平。专家的总体意见显示，到 2030 年北京社会发展的各项指标中，城市信息化水平、基础设施水平等发展趋势较好，而居民收入、社会保障、公共服务、城市管理等方面的发展尚需要很大的投入和努力。

综合上述八方面进行打分和统计，对 2030 年北京社会发展整体水平进行预测。图 7-35 显示，超过六成的专家认为，未来 20 年北京社会发展水平有望基本达到世界城市应有的水平，其余专家则认为 20 年的时间还不足以使北京社会发展达到世界城市应有水平。

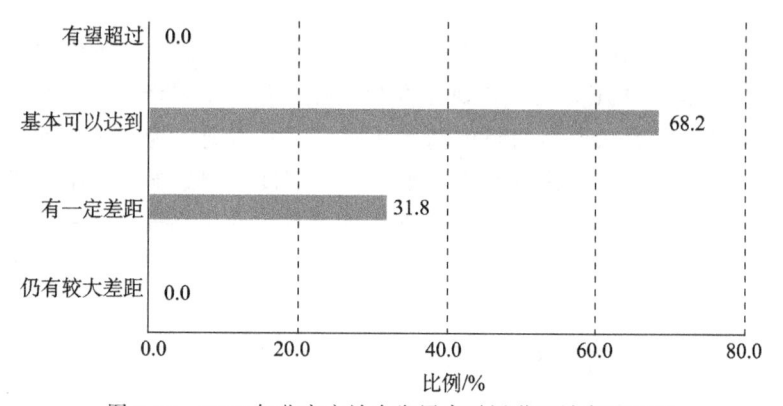

图 7-35　2030 年北京市社会发展水平居世界城市的差距

二、居民收入水平

居民收入水平是评判一个城市社会发展水平的重要指标。调查显示，55% 的专家认为未来 20 年北京市居民收入的"基尼系数"将有所降低。15% 的人认为居民收入"基尼系数"在未来 20 年中将呈现稳定态势，基本不变。而 25% 的人却认为会有所增加（图 7-36）。

调查问卷通过收集专家对居民收入的行业差距、城乡差距和教育差距三个方面的意见，以期考察未来 20 年北京市居民收入差距的总体变化趋势。约 50% 的专家认为北京市居民收入的行业间差距将有所下降，约 40% 的人则认为会有

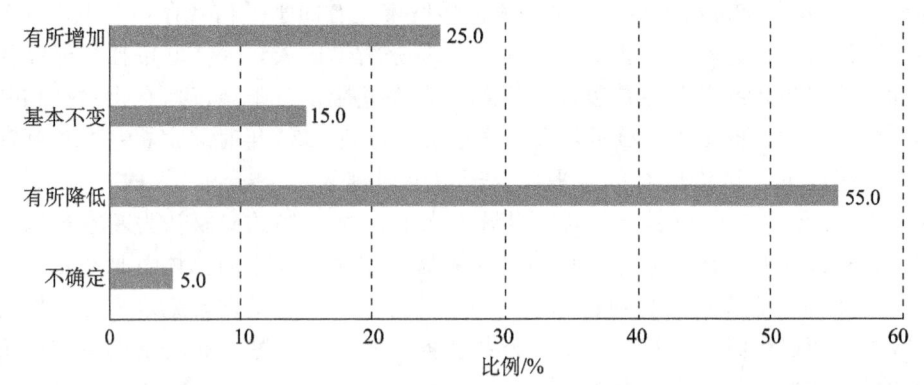

有所增加	25.0
基本不变	15.0
有所降低	55.0
不确定	5.0

图 7-36　未来 20 年北京市居民收入"基尼系数"的变化趋势

所上升。对于城乡差距和教育差距，大部分专家都认为会有所降低或显著降低。

三、城市安全水平

对未来城市系统压力状态变化趋势的调查显示，超过六成的专家认为，到 2030 年北京城市系统压力状态较现在将会有所改善；而剩余的专家则持有不同意见，一半认为压力状态会与目前基本相同，另一半则认为甚至会面临更多的问题。城市公共安全问题决定社会发展的稳定程度。调查显示，半数以上专家认为，到 2030 年北京城市公共安全问题可能会集中在生态安全、社会治安以及基础设施运行安全等方面。也有专家认为未来北京的交通安全问题也不容忽视（图 7-37）。

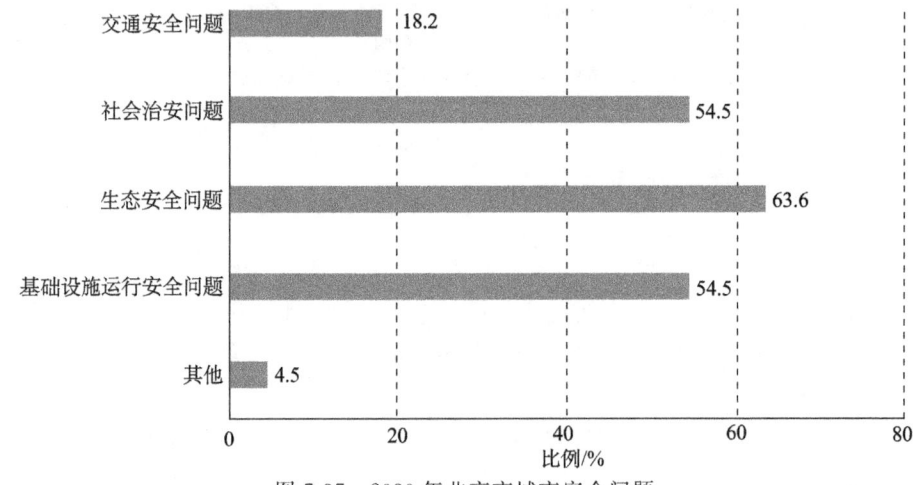

交通安全问题	18.2
社会治安问题	54.5
生态安全问题	63.6
基础设施运行安全问题	54.5
其他	4.5

图 7-37　2030 年北京市城市安全问题

四、科技与创新水平

为建设创新型城市,北京提出加大科技投入,计划到 2010 年全社会科技研发经费支出占 GDP 比重要达到 6%。45.5% 的专家认为到 2030 年时这一比重将达到 8%;36.4% 的专家认为会达到 10%;剩余专家则认为未来 20 年北京全社会科技研发经费仍将保持 6%。

拥有高质雄厚的人力资源和科技创新技术基础,北京在致力于建设创新型城市,54.5% 的专家认为北京创新型城市的建设将在 2030 年达到国际领先水平,并达到世界城市的一般水平;31.8% 的人认为有可能仍会低于世界城市的一般水平。在未来 20 年的创新型城市建设的过程中,77.3% 的专家认为自主创新能力建设将是发展的重点,40.9% 的人也支持区域创新体系建设。另有 1/3 左右的专家认为加强区域创新合作和创新型人才培养等在建设创新型城市中也十分重要(图 7-38)。

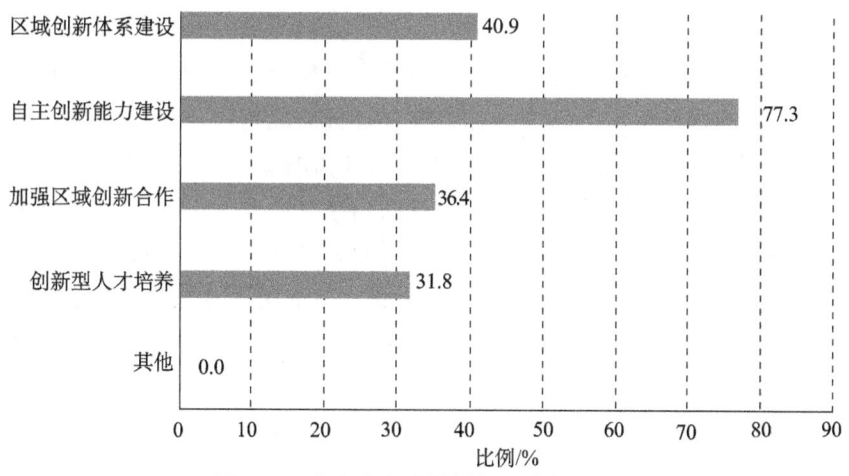

图 7-38 未来北京建设创新型城市的重点

科技促进城市发展是北京发展城市功能的主要途径之一。从现在到 2030 年,随着建设世界城市带来的城市职能、经济结构以及社会发展方向的改变,北京市的"以科技促发展"的路径和模式也将发生转变。50% 的专家认为,这一发展路径和模式将向多模式相结合的混合模式转变,31.8% 的人认为有可能会向市场导向型模式转变,13.6% 的专家则认为北京科技促进城市发展的模式仍将延续政府主导型模式(图 7-39)。

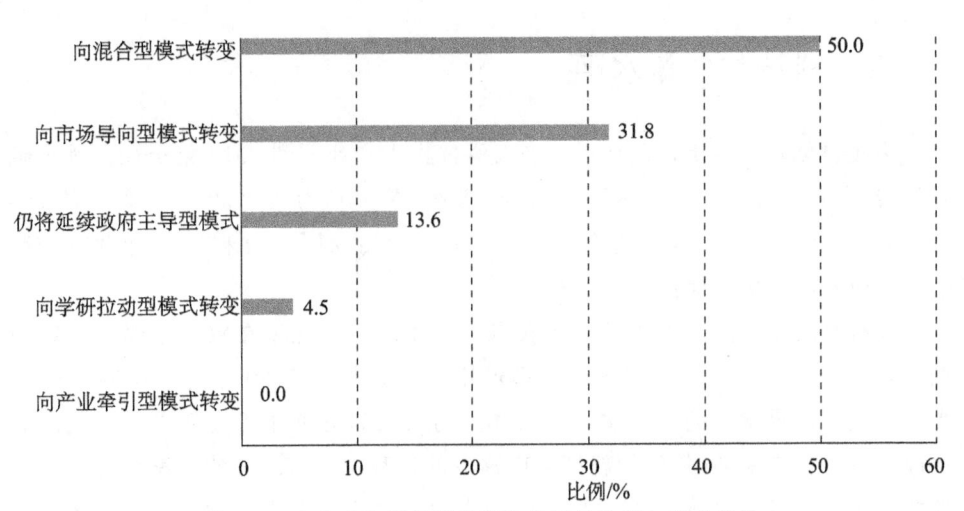

图 7-39 未来北京科技促进城市发展的路径与模式趋势

五、信息化水平

本调查通过信息基础设施建设水平、城市管理与运行的信息化水平以及城市产业与经济的信息化水平四个指标，来评价目前北京市信息化水平。如图 7-24 所示，对于信息基础设施的建设水平，54.5％的专家认为北京市目前一般，36.4％的人认为较好；对城市管理与运行的信息化水平，63.6％的专家认为目前水平一般，13.6％的人认为较高，22.7％的人却认为目前比较差；对于城市公共服务与社区的信息化水平，50％的专家认为尚可，其余专家则认为较差；对于城市产业与经济的信息化水平，45.4％的专家认为目前情况较好，31.8％认为一般，其余人却认为目前水平还较差。总体来说，专家们认为目前北京城市产业与经济的信息化水平较好，信息基础建设、城市管理与运行的信息化水平一般，而公共服务与社区的信息化水平就略显差强人意。对上述四个指标进行打分，从而进一步评价目前北京市信息化的整体水平。结果显示，54.6％的专家认为目前北京信息化整体水平一般，约 40％的认为信息化水平较高，只有极少数人认为目前水平较差（图 7-40）。

在未来北京市信息化建设中，68.2％的专家认为公共服务信息系统建设是重点，约半数人认为城市信息资源库建设和城市管理与运行信息系统建设十分重要。另外少部分专家将城市信息网络基础设施建设、电子政务建设和促进企业信息化和电子商务发展等也列为发展重点（图 7-41）。

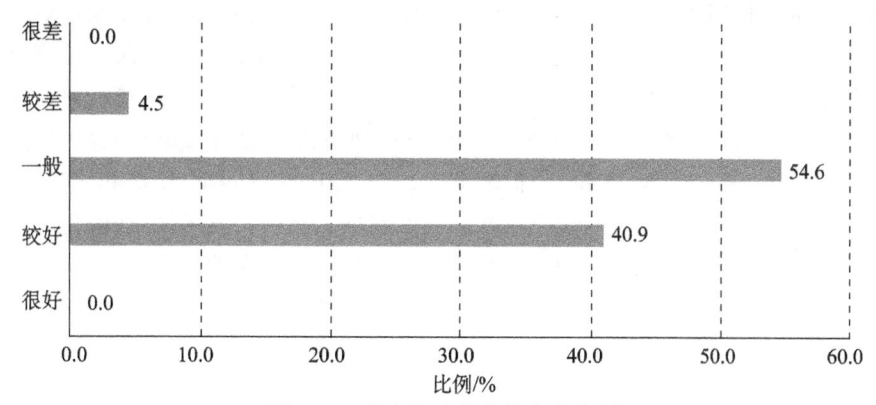

图 7-40　北京市目前的信息化水平

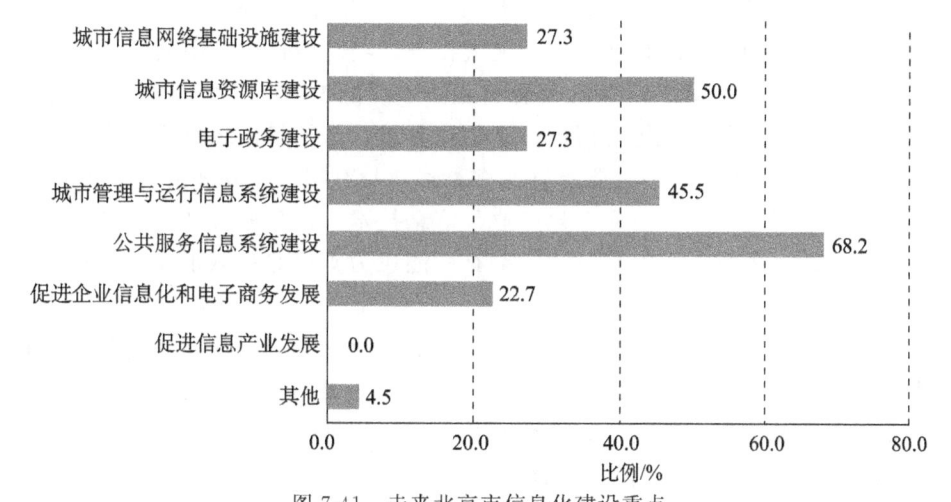

图 7-41　未来北京市信息化建设重点

第七节　结　　论

各位专家学者对北京到 2030 年经济、社会、人口、资源、环境和空间等方面的发展趋势的判断和见解，为我们科学分析、正确把握北京未来发展提供了重要的参考价值。结合对专家学者的调查问卷结果的统计分析，专家学者们大致有以下几点意见。

第一，大多数专家认为，北京在世界城市体系中目前尚处于雏形的世界城市阶段，但经过未来 20 年的发展将有可能发展为成熟的世界城市，成为世界城市网络的重要枢纽性节点。相比于纽约、伦敦、东京等成熟的世界城市，北京城市发展在城市环境质量、社会发展水平、经济活力和竞争力等方面还存在较大的差距。北京要建设世界城市，应首先在国际政治、总部经济和国际研发等功能上加以突破，将城市定位主要锁定在服务型城市、创新城市和文化城市上，来提高自身的国际影响力和全球竞争力。作为北京建设世界城市的区域基础——京津冀都市圈目前的区域协调发展程度还较低，主要存在市场化程度偏低，民营经济较弱，区域协调机制不健全，行政区划分割严重等问题。在未来20年的发展中，京津冀都市圈的区域一体化程度应大力提高，要素的跨区域流动和各城市的互补性将不断增强，形成支撑北京建设世界城市的强有力的区域基础。

第二，北京市经济自改革开放以来基本保持两位数的高速增长，占全国的比重在2002年以后均保持在3.5%以上。未来20年，在经济发展水平的进一步提升下，全市GDP和人均GDP都会大大提升，经济增长速度则会趋于平缓甚至有轻微下降趋势，第三产业的比重将由2009年的75.5%上升到2030年的85%左右。城市产业结构将得到进一步优化重组，电子与信息技术、生物工程和新医药、金融保险业、信息服务业等多种产业具有很大的发展潜力。在未来，金融、保险、房地产业、创意文化产业、信息技术与信息服务业、旅游业、科学研发和技术服务业、商务服务业等都有可能成为支撑北京城市经济发展的主导产业。

第三，到2030年，北京市的常住人口将有可能达到2500万人甚至更多，且高等教育会进一步普及，居民的受教育程度将大大提高。为了避免因人口增长过快而引起的城市发展问题，北京市必须在城市规划、交通设计以及住房建设等方面做好应对措施。环境问题也是目前北京市急需解决的问题之一，由人口与资源的承受能力之间的矛盾引起的水、能源等短缺问题的存在，与北京建设"宜居城市"的目标背道而驰。有计划地控制人口过快增长、治理空气污染，以及改善周边区域的生态环境等是北京目前要做的重点工作。

第四，与其他国际城市一样，北京目前的城市空间发展也不可避免地存在"城市蔓延"现象，加强土地规划与管理、推动产业布局引导和郊区新城建设，疏散中心城过度集中的社会服务设施与职能，是防止这一现象恶化的主要措施。除传统的城市中心以外，近年来兴起了包括中关村地区、亦庄、郊区新城等新的经济集聚中心，为未来北京形成多中心的空间格局奠定了良好的发展基础。在未来，北京将有可能形成中心城与郊区新城并重的多中心、网络化的城市空间发展格局，目前重点建设的三大新城亦庄、顺义和通州的人口规模都将显著增长。

第五，交通拥堵已经是目前降低北京市国际竞争力的主要问题之一，政府各相关部门为此倾注了大量的精力和资源来解决这一问题。在未来，北京的机动车保有量将在现在突破 400 万辆的基础上有增长两到三倍的可能性，由此带来的交通压力、环境污染等问题将更加难以解决。为避免交通拥堵等有可能引起一系列严重的其他问题，未来北京市应实施大力发展公共交通、加强道路基础设施建设、提高公共交通运行速度和效率、抑制私家车的增长、征收汽车拥堵税等措施和手段。

第六，目前，北京的社会发展水平与纽约、伦敦、东京等世界城市相比，还存在一定的差距。在未来 20 年的发展过程中，居民收入水平将大大提高，收入差距有望减小；北京的公共安全要着重解决生态安全、社会治安以及基础设施运行安全的问题；自主创新能力建设和区域创新体系建设是提高北京科技创新能力和水平的重点努力方向；信息化建设要着重公共服务信息系统建设、城市信息资源库建设、城市管理与运行信息系统建设等。到 2030 年，北京的社会发展极有可能达到世界城市的发展水平。

参考文献

李国平.2000.世界城市格局演化与北京建设世界城市的基本定位.城市发展研究，（1）：12-17

陆宇澄.1998.面向二十一世纪.将北京建成现代化国际大城市.城市问题，（6）：2-6

第八章
北京 2030：面向世界城市的发展目标、模式与策略

第一节　北京建设世界城市的战略定位和发展目标

一、北京建设世界城市的战略定位

成功举办奥运会后，北京城市发展进入新的历史阶段，并将发展目标瞄准了国际城市的高端形态——世界城市。目前，北京已具备了建设世界城市的基本条件。2009 年，北京 GDP 达到 11 865.9 亿元，人均 GDP 已突破 1 万美元，正逐步由中等发达城市向发达城市迈进。此外，北京正不断集聚跨国公司总部及研发机构，以更加开放的姿态融入全球网路，并逐步开始发挥重要连接功能，在世界城市网络中的地位也不断提升。

在新形势下，北京作为崛起大国的首都，需要从更高层次谋划未来发展。世界城市是北京城市发展的长远目标，世界城市对全球的经济、政治、文化等方面具有重要影响力，其具体特征表现为国际金融中心、决策控制中心、国际活动聚集地、信息发布中心和高端人才聚集中心五个方面，并具备以下六个支撑条件：一是一定的经济规模，二是经济高度服务化、聚集世界高端企业总部，三是区域经济合作紧密，四是国际交通便利，五是科技教育发达，六是生活居住条件优越。

北京建设世界城市不仅要符合世界城市的一般规律，更应具有北京特色（李国平，1999）。其基本判断为以下四个方面：第一，作为世界城市网络中的高层节点，中国三个高阶世界城市（香港、北京、上海）的一极；第二，北京世界城市将是政治、文化、科技以及经济职能高度统一的整体；第三，北京世界城市将从区域性世界城市向全球性世界城市逐步过渡；第四，北京世界城市必须以京津冀以及环渤海地区的优势互补为基础（杨开忠等，2000；李国平，2000）。

未来 20~30 年，北京建设世界城市的战略定位应当是：影响政治发展的国际政治交往中心；具有经济实力与活力，影响和控制对外经济的国际经济管理中心；具有深厚文化底蕴、高度包容性的、多元化的世界文化名城；引领国际自主创新、连接全球创新网络的世界创新城市；可持续发展的国际生态城市（图 8-1）。

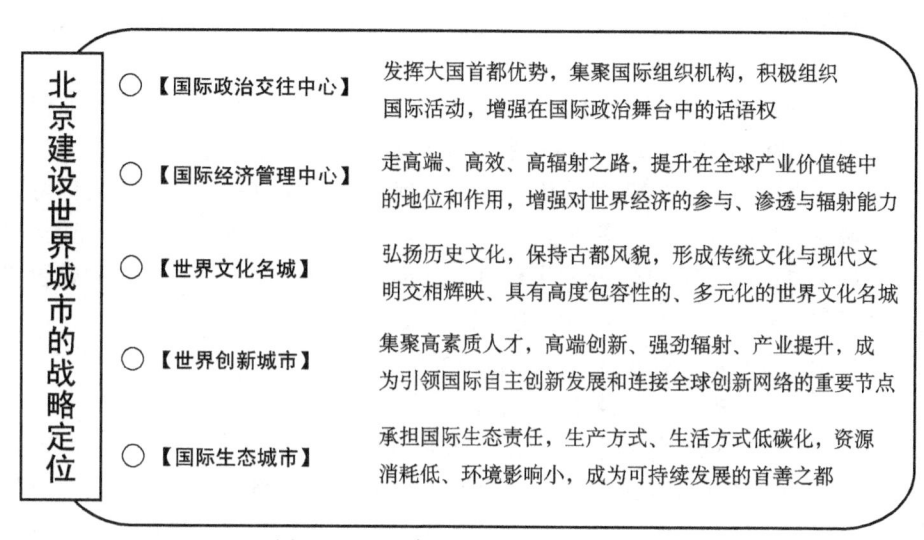

北京建设世界城市的战略定位

○【国际政治交往中心】 发挥大国首都优势，集聚国际组织机构，积极组织国际活动，增强在国际政治舞台中的话语权

○【国际经济管理中心】 走高端、高效、高辐射之路，提升在全球产业价值链中的地位和作用，增强对世界经济的参与、渗透与辐射能力

○【世界文化名城】 弘扬历史文化，保持古都风貌，形成传统文化与现代文明交相辉映、具有高度包容性的、多元化的世界文化名城

○【世界创新城市】 集聚高素质人才，高端创新、强劲辐射、产业提升，成为引领国际自主创新发展和连接全球创新网络的重要节点

○【国际生态城市】 承担国际生态责任，生产方式、生活方式低碳化，资源消耗低、环境影响小，成为可持续发展的首善之都

图 8-1　北京建设世界城市的战略定位

二、北京 2030 建设世界城市的发展目标

自"十一五"以来，北京市已全面加快了建设现代化国际城市的步伐。2010 年 1 月 25 日，在北京市十三届人大第三次会议上，"世界城市"的概念第一次出现在政府工作报告当中，"十二五"时期将成为北京建设世界城市的重要阶段。按照北京城市总体规划确定的北京城市发展目标定位，北京建设世界城市要分三步走：第一步要构建现代国际城市的基本构架，第二步到 2020 年全面建成现代化国际城市，第三步到 2050 年成为世界城市。从北京城市发展的现状和趋势来看，目前北京市已经完成了现代国际城市基本构架的构建，经济实力和城市发展综合水平获得了快速提升，已经进入了全面建设世界城市的新时期。从现在起到 2030 年是北京市建设世界城市的战略机遇期，也是从现代化国际城市到基本建成世界城市的重大发展期。

1. 近期目标（2011~2020年）

近期总目标（2020年）是实现六个稳步提升，基本建成区域性世界城市。

一是全球城市体系地位稳步提升。北京在全球城市体系中的地位进一步提高，在世界城市网络中的排名（2008年为第9位）上升1~2位，进入世界城市网络中的前八。跨入世界一流国际城市行列。发展成为设施一流，管理先进，充满活力的现代化国际城市。国际交往能力和水平进一步提高，成为国际重大政治、经贸活动的主要主办地和承接地。

二是综合经济实力稳步提升。经济总量将从现在大大低于纽约、东京、伦敦到接近伦敦的水平，人均GDP从现在的1.2万美元达到2.5万美元水平以上，达到纽约、东京、伦敦的一半左右。

三是全球产业地位稳步提升。产业结构进一步优化，第三产业增加值占GDP的比重保持在75%以上，现代服务业在GDP的比重超过55%；金融等生产者服务业规模、水平以及国际化程度大幅度提升，成为有一定影响的国际金融中心城市；战略性新兴产业达到一定规模，高端制造业和生产性服务业规模和品质进一步提升；跨国公司总部和地区总部、跨国公司研究开发机构数量以及规模明显提高，国际经济影响度进一步加强。

四是全球创新地位稳步提升。创新环境明显改善，高素质人才进一步集聚，成为具有一定影响的世界性技术创新极。

五是设施及管理水平稳步提升。城市基础设施配置及服务水平大幅提升，城市环境明显改善，轨道交通等公共交通出行率明显提高，城市交通拥堵状况得到初步缓解；居住条件、社会保障、医疗卫生、科教文化、城市安全、环境质量等状况明显改善。

六是区域空间网络化水平稳步提升。郊区新城加速发展，逐步成为支撑北京市发展的重要次中心；京津冀区域经济总量大幅提升，经济一体化水平和空间网络化水平显著提高，京津冀"世界城市区域"建设初具规模。

2. 远期目标（2021~2030年）

远期总目标（2030年）是实现六个显著提升，基本建成世界城市。

一是全球城市体系地位显著提升。北京在全球城市体系中的地位进一步跃升，在世界城市网络中的排名再上升1~2位，进入世界城市网络中的前六。进入世界城市行列，成为对世界政治发展具有影响的国际政治交往中心之一，对全球经济具有重要影响力和控制力的国际经济管理中心之一。国际交往能力和水平显著提高，成为国际重大政治、经贸活动的重要主办地和承接地，国际活动中的话语权进一步增强；

二是综合经济实力显著提升，经济总量达到或超过伦敦的水平，人均GDP达到4万美元以上，达到纽约、东京、伦敦的70%左右；产业结构进一步优化，第三产业增加值占 GDP 的比重达到 80% 以上，现代服务业在 GDP 的比重超过 60%。

三是全球产业地位显著提升。金融、科技、文化等服务领域在国际上均占有重要地位；金融业全球地位明显提升，成为具有重要影响的国际金融中心城市；跨国公司总部及研究开发机构加速集聚，全球经济影响和控制能力显著提高。

四是全球创新地位显著提升。创新能力特别是原始创新能力明显加强，高素质人才高度集聚，成为具有重要影响的全球性技术创新极。

五是设施及管理水平显著提升。宜居城市建设成效显著，现代化的基础设施配置、高质量、均等化、人性化的公共服务进一步完善，智能化城市管理体系全面形成。

六是区域空间网络化水平显著提升。区域空间结构的多中心网络化进程快速发展，具有雄厚经济基础和高度一体化的京津冀"世界城市区域"基本形成。

第二节 北京建设世界城市的经济与空间模式

北京建设世界城市应符合世界城市的一般规律，同时更要体现首都特点（李国平，2000），要建立起符合中国特色、首都特色的经济模式和空间模式（李国平等，2002b）。

一、北京建设世界城市的经济模式

北京建设世界城市的经济模式为产业结构高级化、价值链增值环节升级化及经济职能外向化。产业结构的高级化，即提高金融、保险、咨询等生产者服务业、文化创意产业以及高科技产业等在经济结构中的比重；价值链增值环节升级化，即凸显总部、研发职能，提升在全球产业价值链中的地位与作用；经济职能外向化，即加大开放程度，进一步吸引跨国机构，实施走出去战略，增强对全球经济资源的配置能力。

1. 产业结构高级化

就产业结构而言，继续提升产业结构等级，增加第三产业在产业结构中的比重。尽管北京是目前我国省级行政单位中第三产业比重最高的省市，但同主要世界城市相比，第三产业比重仍然略低，而且体现经济控制职能的金融等高级生产者服务业以及体现创新能力的高新技术产业的比重还不高（李国平等，2002b）。因此，北京应加快产业结构的高级化，要大力发展现代服务业和高新技术产业。

加快发展现代服务业。注重发展知识型服务业，积极承接国际服务业转移，增强国际导向的服务功能和辐射力。做大做强具有比较优势的金融、文化创意、商务服务、休闲旅游等产业。金融业方面，积极吸引国内外银行、证券、保险、信托、基金等各类金融机构落户北京，发挥金融资源的集聚和辐射效应，扩大区域金融交流与合作，使北京成为国际金融中心城市。文化创意产业方面，做大做强动漫游戏、新媒体、广播影视、出版，以及文化娱乐与演艺等产业，打造一批具有一流国际水准、浓郁北京特色的文化精品和知名品牌，使北京成为国际时尚之都、文化之都。在休闲旅游和商务服务方面，重点开发国际导向的旅游和商务服务功能，发展高端旅游产品，提升企业管理、法律咨询、广告等商务服务业发展水平，依托国际会议、会展加强北京的国际交往功能，使北京成为世界一流旅游城市、国际休闲之都、国际商务之都和国际会展之都。

大力发展高新技术产业。以提升自主创新能力和整体产业竞争力为核心，重点发展以软件服务、研发服务、信息服务为主的高技术服务业，和以电子信息、生物医药、新能源、新材料为主的高新技术产业。积极推进物联网、云计算等一批关键技术的应用，加强信息资源开发利用，壮大信息服务业和信息产业，提高城市信息化水平，努力把北京建设成为全球重要的信息服务中心和信息交换枢纽之一。依托中关村国家自主创新示范区建设，大力发展研发服务业，提高自主创新能力，使北京成为具有世界影响的重要的创新中心。在高新技术制造业方面，大力发展生物医药产业，形成以创新药物研发和精密医疗设备制造为龙头的产业链，大力发展可再生能源、新能源等战略性新兴产业，深入推进节能减排，积极发展低碳经济，使低碳化技术成为北京未来科技研发的重点领域。

推进产业结构高级化的同时，要注重产业发展内涵的高端化，即在产业发展时注重增加产业的科技含量、文化含量、绿色含量，提高产业的增值能力和辐射能力，降低产业的资源依赖程度和环境影响。

2. 价值链增值环节升级化

从价值创造的角度看待产业活动，可以看到一条由各增值活动构成的产业价值链，不同价值链环节对区位选择具有不同的偏好，即不同价值链环节，对于劳动力、技术、投资、生产规模等要求是不同的（李国平等，2002a）。比如，企业总部对区位条件的要求包括便利的交通运输、及时的信息获取、便于与关键人员随时接触等；企业研发机构的区位特征包括接近于科研机构和贸易组织以获取市场需求信息和技术支持、接近数量充足高素质的人力资源、接近新产品的使用者等；企业生产职能的空间分布往往比总部和研发机构分散，其区位格局很难一概而论，但对区位条件的要求往往包括接近原材料地、接近廉价劳动力、接近配套供应商或接近市场等（李小建等，1999）。由于企业价值链环节的区位选择具有不同偏好，而区域间要素禀赋与竞争优势各不相同，这样企业的价值链活动在区域间就存在着分工。

北京作为一个科技发达、人口众多、市场广大的大国首都，经济发展与环境保护之间矛盾突出，其产业发展必须根据价值链上的不同增值环节对生产要素的不同偏好，重点发展产业的主要增值环节（管理与研究开发、生产、市场营销）中的管理与研究开发、市场营销两个环节，形成总部与研究开发机构密集或特化的区域（李国平，2002b）。在北京市域范围内要进一步形成价值链区域分工，总部等高级决策管理职能主要集中在信息、高素质人才密集以及管理机构众多的中心城范围；研发机构主要集中到教育、科研机构密集以及接近市场中心的中关村科技园区；核心生产职能主要分布在产业配套好、劳动力素质高的北京经济技术开发区；日常办公职能集中在新城的核心区；一般生产职能则主要集中到新城中部分用地空间大、劳动力丰富的开发区。北京要成为世界城市网络的高层节点，反映在全球产业价值链上也要成为重要的节点，北京要不断努力实现增值环节的升级，提升其在全球产业价值链中的地位与作用。

3. 经济职能外向化

作为世界城市，其经济职能必然是外向化的，北京要继续加大开放程度，进一步吸引跨国机构，尤其是跨国金融机构和世界经济组织的分支机构，凭借其更好地融入全球经济网络；实施走出去战略，鼓励本国企业的跨国经营，主动构建全球经济网络，增强对世界经济的参与、渗透与辐射能力。

进一步吸引跨国机构、将北京更好地融入全球经济网络。继续优化投资环境，积极有效利用外资，为首都高端产业的发展服务。加强对利用外资的产业和区域投向引导，引导外资投向金融等生产服务业、文化创意业、高科技产业等领域。注重引进先进技术、管理经验和高素质人才。抓好一批重大利用外资项目，充分发挥集聚和带动效应，提升产业和功能区的发展水平。加强外债风险管理。大力发展总部经济，积极吸引跨国公司在京设立地区总部、研发和结算中心，积极争取国际组织在京设立总部和分支机构，提升北京的国际竞争力和影响力。提供高标准专业化的商务与金融等综合业务设施，为现有众多的跨国公司的事务所升级，以及非营业性金融机构向营业性金融机构转换等提供空间基础。

实施"走出去"战略、主动构建全球经济网络。支持、鼓励和帮助竞争力较强的企业走向国际市场，参与国际竞争，培育有较高国际知名度的本市跨国公司。鼓励有条件的企业开展对外工程承包和劳务输出，扩大互利合作和共同开发。鼓励版权和文化产品输出，提高民族文化的影响力。完善对境外投资的协调机制和风险管理。

发挥国际交往中心的功能、积极开展国际交流。加强对国际组织、外国驻京外交、新闻、商务等机构的服务和管理工作。精心办好各种有影响的国际活动，积极开展民间外事活动，为外国人来京居住、工作和学习提供各种便利条件，切实提高北京的国际化程度。

二、北京建设世界城市的空间模式

北京建设世界城市的基本空间模式主要体现为两个层面，一是在市域层面加速构建网络化大都市，二是在区域层面依托首都圈地区，构建区域城市网络。

（一）市域层面：构建网络化大都市

网络化大都市是一个以有形和虚拟的网络为支撑，具有多中心、多节点的城市区域。它是城市化过程中，一定地域范围内，由不同性质、不同类型、不同规模城镇组成的区域城镇网络。它具有多个职能中心，以发达的物质性（内外交通网络、通信线路网络等）和非物质性网络（虚拟网络、要素流动网络、地方生产网络等）为基础，建立起紧密的城郊、城乡和城镇间的社会经济联系。网络化大都市具备区域的开放性，能够与更大空间尺度上的区域城市网络或全球城市网络相连接，是区域腹地的中心，也是连接区域与全球的枢纽。

因而在市域层面的空间发展模式上，北京应当积极构建网络化大都市。在空间结构上，加速形成多中心空间结构，加强外围新城建设，优化中心区发展空间，促进中心城、新城多点协同发展；在空间组织上，依托物质性网络（交通、通信线路网络）完善，强化非物质性网络（虚拟网络、要素流动网络、地方生产网络等）建设，促进各个节点间的专业化分工和职能互补，推进多中心之间的空间交互作用和紧密的空间联系。

1. 促进城市空间的多中心化发展

进一步完善"两轴一两带一多中心"的城市空间结构（图8-2）。延伸发展两轴，集中体现首都服务功能以及现代服务业功能。特别是东西轴（长安街及其延长线）要形成从通州新城到石景山之间的金融、商贸、政务服务等在内的高端服务业发展轴带。强化建设"两带"，特别是东部发展带，应使之成为北京市经济发展的新重心。提升拓展"多中心"，除继续提升发展六大高端功能区和北京市城市总体规划中指定的若干中心外，加强外围新城的建设，拓展中心区的发展空间，促进中心城、新城多点协同发展。在市域范围内建设多个服务全国、面向世界的城市职能中心，以提高城市的核心功能和综合竞争能力，包括中心城和新城两大部分。中心城是北京政治、文化等核心职能和重要经济功能集中体现的地区，在中心城范围内主要建设金融街、中央商务区（CBD）、中关村科技园区核心区、奥林匹克中心区等高端功能区。新城是在原有卫星城基础

图 8-2　北京建设世界城市的市域空间格局

上,承担疏解中心城人口和功能、聚集新的产业,带动区域发展的规模化城市地区,具有相对独立性,应加快建设通州、顺义、亦庄、大兴、房山、昌平、怀柔、密云、平谷、延庆、门头沟 11 个新城,形成较大规模、相对自立的新的城市次中心,特别是适时加速昌平未来科技城、怀柔雁栖湖生态发展示范区、大兴首都新机场地区等新中心的建设,促进城市空间的多中心化发展,构建城市区域的多中心空间结构。

2. 加快四大城市功能区的建设

首都功能核心区集中体现北京作为我国政治、文化中心功能,集中展现古都特色,是首都功能及"四个服务"的最主要载体。首都功能核心区要完善服务功能,提高现代服务业的发展水平,加强对古都风貌的整体保护,积极推动老城区危旧房改造,展示历史文化名城的传统风貌,建设成为综合竞争力强,具有深厚传统文化底蕴和古都风貌的世界城市的中心城区,成为政务环境、商务环境、宜居环境建设和管理的典范。

城市功能拓展区是体现北京现代经济与国际交往功能的重要区域。城市功能拓展区要加强城乡结合部管理,大力发展高新技术产业和现代服务业,提升首都城市核心竞争力,展示现代化国际大都市的时代风采。形成世界一流的商务区、科技园区、国家科技创新中心区、教育和体育中心区和文化"首善之区";形成与现代城市功能相适应的产业体系和发展格局;形成城乡统筹、布局合理、功能完善的城市形态。形成以人为本、以秀美山水园林为标志、人与自然和谐融合的宜居区域。

城市发展新区是北京市高端产业(现代服务业、先进制造业以及现代农业)的主要基地,也是北京疏散城市中心区产业与人口的重要区域,是未来北京经济社会发展的重心所在。城市发展新区要优先发展现代服务业和现代制造业,推进通州、顺义、亦庄、大兴等新城的建设和发展,积极推动中心城区产业、人口和功能向新城疏解,促进新城的人口集聚和高端产业集聚,展示现代化新城发展的巨大潜力;形成经济结构合理、城镇功能完备、城乡社会保障体系健全、生态环境明显改善、人民生活水平显著提高的发展新区;营造良好的发展环境,吸引国内外投资,吸引产业的转移和集中,扩充经济总量,培育城市新的增长极;以各级产业园区为依托,大力发展高新技术产业、现代制造业,成为重要的高新技术产业和现代制造业基地;大力发展现代农业和生态农业,成为都市型现代农业基地;加快城市化进程,大力发展教育、文化、体育、医疗等社会事业,建设功能完备、环境优美、交通便捷的新城,承接中心城区人口和功能转移的任务。

生态涵养发展区是北京的生态屏障和水源保护地,是保证北京可持续发展的支撑区域。生态涵养发展区要加强生态环境的保护与建设,引导人口相对聚集和资源的合理开发与利用,积极探索生态友好型的产业发展之路,展示首都秀美宜居的独特魅力。进一步提高经济增长质量和可持续性,构建以"绿色农业"、"生态工业"、"休闲旅游业"等为特色的生态经济体系;城市功能不断优化完善,人口产业进一步向新城集聚,"现代化新城"格局基本形成;社会事业全面发展,公共服务能力大幅提升;水源涵养区保护能力稳步增强;形成为生产发展、生活富裕、生态良好的特色功能区域。

3. 深化多中心间的专业化分工和职能互补,加速中心城区城市职能转移

北京市中心城区和外围区县之间,北京市四大城市功能区之间,可以认为属于复合型城市网络(不仅包含互补型城市网络也包含整合型城市网络)。对于互补型城市网,其空间政策的重点是促进城市中心之间的专业化分工,而对于整合型城市网络,重点是促进城市中心之间的合作,提供城市中心之间交流的物质性与非物质性网络,包括跨地区的交通、通讯基础设施,交流与合作的制度与政策平台,开放的市场环境等。因此对于北京各中心之间(主要是中心城区和外围区县各个新城之间)不应仅仅停留在"互补型"(中心城区发展服务业,而外围区县发展制造业和农业)的垂直分工状态,更应该建构起"整合型"

(中心城区和外围区县均可以建立起以服务业为主的产业体系）的专业化分工模式，特别是要强调推进基于产业价值链的区域空间分工（李国平，2002a）。各城市中心间在职能上相互利用，可形成网络的外部性，不仅有利于各中心获取竞争优势，也可使居民和企业享有更加专业化和更具竞争力的城市职能、服务以及商业或生活环境。各个中心之间的专业化分工的建立需要充分的市场竞争，从而体现各自的优势和特色，同时也需要相关政策的引导，应通过产业政策、投资政策、基础设施建设等引导相关经济活动的集聚，避免区域内不合理的竞争和分散化发展。改变北京市职能高度集中在中心城区的状况，加速中心城区城市职能向外转移，不仅有利于建立起更为合理的城市空间结构，也是缓解北京各类由于"单中心集聚"所带来的诸多城市问题的良方。加速生产职能特别是物质生产职能从中心城区向外围区县的转移，将更多的城市职能特别是产业职能由中心城区向东部和东南部的城市发展新区转移，部分产业职能应该跨越北京市行政区域转移到河北和天津等周边地区。

4. 建立紧密的空间联系

首先是进一步加强物质性网络（交通、通讯线路网络）的建设，在市域范围内加快形成包括高速铁路、轻轨、高速公路、城市快速通道等在内的网络化路网格局。在2020年之前使得中心城区到11个新城之间均有高速铁路或轻轨连接，3G无线网络在市域范围内全部覆盖。其次是强化非物质性网络（虚拟网络、要素流动网络、地方生产网络等）的建设。第三是促进中心城区、各个新城等各节点之间的人员、物质、信息的流动，推进要素流动空间的形成，强化中心之间的联系和整合；第四是促进企业内部和企业之间的联系，加强多中心之间的功能联系，从而突破形态上的多中心而成为有机的功能实体。第五是从制度架构的角度建立不同区域之间（四大城市功能区）、不同中心之间（各个新城之间）的分工与合作的制度平台，在区域规划、区域管理、区域合作、空间增长管治、税基分享等方面取得共识和协调。从而促进各个中心间的专业化分工和职能互补，推进多中心之间的空间交互作用和紧密的空间联系。

（二）区域层面：依托京津冀区域、构建区域城市网络、连接世界城市网络

世界城市都产生于具有强大全球控制能力的区域，北京建设世界城市尤其离不开所在区域强有力的支撑。而且网络化大都市很重要的特征之一便是具备区域的开放性，能够与更大空间尺度上的区域城市网络或全球城市网络相连接。城市网络是在互补或相似的城市中心之间形成的主要是水平和非层级性的联系和流动的网络体系，它可以提供专业化分工的经济性，以及协作、整合与创新的外部性（Camagni et al., 2004）。城市网络的构建，在空间组织上，强调构建

面向区域的开放的多中心区域空间格局；在功能整合上，强调分工与合作，形成有机联系的功能实体；区域治理上，强调网络化管治实现权益平衡（Capello，2000）。其中，功能整合是重点也是难点，要在城市内部形成关键的功能性关联，成为强有力的功能实体。此外，城市网络的发展，还需要强化空间与社会经济的互动联系，并要充分考虑社会和环境效应。

北京建设世界城市，要从更广的区域范围来统筹考虑。从首都圈区域范围来看，北京要与天津、河北形成紧密的城市网络，共同打造世界城市区域；形成以北京为门户和核心枢纽，天津为主要枢纽，其他城市为节点，京津塘发展轴、京唐秦发展轴、京保发展轴为骨架，京津创新发展区、秦唐沧临港型发展区、保廊现代产业发展区和张承生态涵养发展区为重点，交通线、虚拟网络等为通道，专业化分工和职能互补的"多中心网络化"区域空间体系，即可概括为"一主一副三轴四区"（图8-3）。

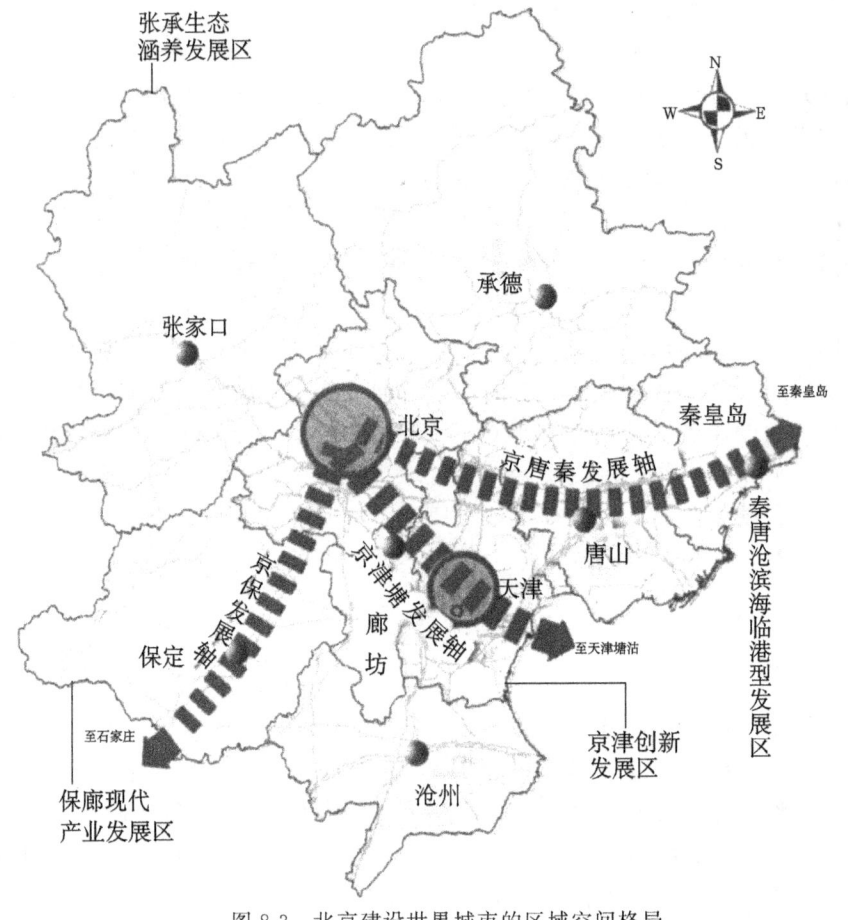

图 8-3 北京建设世界城市的区域空间格局

京津塘发展轴即由"北京—天津—天津滨海新区核心区"构成的城市发展主轴，以京津塘高速公路为纽带，东连北京城市总体规划确定的东部发展带，西接天津滨海新区，连接着我国经济发展的重要核心区，对京津冀区域乃至我国经济整体协调发展起着关键作用。未来应加快基础设施的建设，充分利用沿线八大产业区①，以及初步形成的六大支柱产业②的优势，积极发展汽车、电子和高新技术产业，发展高端制造业，加快产业结构向知识密集型产业方向发展，同时大力发展信息、金融、商贸、旅游等第三产业。

京唐秦发展轴从北京出发，沿东北方向连接北京、唐山和秦皇岛，是北京往东北方向发挥辐射效应的最主要通道，也是北京最重要的联海通道之一。京唐秦三市竞争与合作并存，同质现象显著，具有合理分工、优势互补提升区域竞争力的潜力，应积极打造京唐秦高技术产业带，促进三市高新技术产业、临港产业和传统产业的战略重组和相互协调。

京保发展轴是连接北京和保定，向京津冀区域西南方向辐射延伸的重要发展轴线。未来应当从承接北京市产业和功能转移，推进区域向西南方向和广域地区辐射延伸的角度出发，依托北京的技术辐射，不断调整产业结构，积极发展现代制造业和现代农业为代表的现代产业，吸引人口和产业的集聚，形成较为突出的人口、产业集聚轴线。

京津创新发展区是首都圈发展的核心区域，包括北京、天津两个中心城市。该区域未来要继续保持服务业为主的优势，重点发展高端、高效、高辐射的总部经济、现代服务业、高新技术产业，推进产业结构优化升级，加快传统产业逐渐向外转移，优化产业用地结构，并严格控制京津建设用地在该功能区内的无序扩张。

秦唐沧临港型发展区包括秦皇岛、唐山、沧州三市，依托曹妃甸新区、黄骅港、唐山港等港口资源，一方面，建立各港口的分工协作机制，加强合作，避免内耗，更要注重港城的同步建设，另一方面，城市作为海港的经济腹地，对海港的发展起着至关重要的作用，港城的建设要求从交通建设、港工联动机制的建设和临港工业发展、发展极建设四个方面同步进行，以加强同腹地的联系。

保廊现代产业发展区包括保定、廊坊二市。该区域旨在完善现代制造业和现代农业体系，形成与北京市相互补的主导产业结构，围绕北京电子信息、生物医药等成熟性技术，结合生态、旅游资源开发，发展卫星式产业化基地。保定以链接北京高新技术产业为主，形成以北京为龙头的高新技术产业化基地，

---

① 中关村、亦庄、廊坊开发区、天津华苑、武清开发区、塘沽高新区、泰达和津港保税区等。
② 电子信息、通信、生物医药、光机电一体化、新材料、绿色能源等。

与京津一道打造首都圈高新技术产业隆起部。廊坊毗邻京津地区，区位优势显著，未来发展中应承接首都圈核心区的产业转移、为京津提供互补性服务。

张承生态涵养发展区包括张家口和承德两市，北与内蒙古自治区、辽宁省接壤，西与山西省为邻，南与北京市、天津市相连，由于特殊的区位特征和历史原因，导致该地区经济发展落后，因此，建立张承生态涵养发展区则是解决张承地区区域性贫困、控制生态恶化的有效途径。首先加快体制与机制创新，建立和完善区域支持政策和生态补偿机制，加大财政转移支付力度，加强生态修复和环境保护，转变经济增长方式。

从全国范围看，以北京为龙头的首都圈区域乃至环渤海地区，要与以上海为龙头的长三角地区，以香港为龙头的珠三角地区合理地分工与有效地合作，共同成为中国进入高阶世界城市网络的重要三极；从东亚范围看，北京要充分借鉴东京作为顶级世界城市的成功经验，加强与东京的联系，增强在东亚城市网络中的控制力；从全球范围看，北京要加强与纽约、伦敦的联系，提升在世界城市网络的地位。北京要成为世界城市网络中的高层节点，最根本的离不开北京及其所在首都圈区域、环渤海地区乃至整个中国的发展和壮大。要在北京建设网络化大都市的基础上，进一步构建首都圈区域城市网络，并连接世界城市网络。

第三节　北京建设世界城市的发展策略

一、北京建设世界城市的经济策略

要推进北京建设世界城市的步伐，必须结合北京的经济发展特点和水平，制定符合北京发展阶段和未来需求的经济发展策略，以推进北京的经济发展。纵观纽约、伦敦、东京等世界城市，均是科技创新活动活跃、服务业高度发展、对外联系密集以及国际企业和组织总部集聚的重要区域，因而在北京建设世界城市的过程中，必须不断提升科技创新能力和服务业比重，加强对外联系和国际交往，吸引国际企业、人才、要素等在北京的集聚。

1. 重点实现北京创造

如今的世界城市之所以能够引领世界科技与经济发展方向，核心在于其强大的软实力。当前，北京人均 GDP 已经突破 1 万美元，正在向世界城市的宏伟目标迈进，尤其需要借鉴世界城市的历史经验，大力推进"科技北京"建设，全面提升科研创新能力，打造"北京创造"品牌。

首先,高度重视和充分利用各类科技资源,包括国际科技资源、汇集于北京的国家级科技资源以及北京所在区域的科技资源。世界城市必然是面向全球、对国际经济及科技要素配置具有重要影响力的城市,随着全球经济一体化进程的进一步推进,世界各国、各地区之间的联系越来越广泛,国际科技资源为我所用应该成为世界城市的发展理念。北京是我国高校、科研院所及国家级顶尖科技人才汇聚之地,应充分发挥其在北京科技、经济建设中的作用。

其次,北京的中关村国家自主创新综合改革示范区已经成为了国内第一、世界知名的创新高地应努力打造全球创新极,促进科技和经济要素资源的有效整合。应高度重视企业在科技创新中的主导作用。虽然科研和教育部门为纽约和伦敦创造了非常大的经济和社会效益,但是他们和东京一样,其研发(R&D)活动的一个非常突出的特征是,大部分的R&D人员都分布在企业,三大都市区分布在企业中的R&D人员比例分别约为80%、90%和66%,企业的研发活动是城市创新的重要源泉。反观北京,在高校和科研院所中从事R&D活动的人员所占比重达到了44%,企业R&D人员比例不到54%。企业是与市场结合最紧密、最直接获得科技创新经济回报的主体,企业科技创新不活跃将很大程度上影响北京的国际竞争力,需要引起足够重视。

最后,大力发展战略性新兴产业,提升高技术和现代制造业发展水平,优化发展高端制造业。瞄准国际前沿技术和产业发展趋势,大力发展战略性新兴产业,重点发展新一代信息技术、生物医药、新能源、节能环保、新能源汽车、新材料、高端装备制造和航空航天等产业,实现关键核心技术和前沿技术的自主研发,提高战略性新兴产业在制造业中的比重及产业带动作用;进一步提升高技术和现代制造业发展水平,着力发展高端制造业,促进产业链条高端化发展,积极培育现代产业集群。最后,高度重视信息产业在世界城市建设中的重要作用。在信息产业和计算机技术高度发达的社会,互联网以及虚拟现实技术将深刻影响人们的生活,改变人们对世界的认知,决定人们在信息化社会中全新的数字生存方式。"数字城市"正在成为世界城市积极规划和建设的全新目标,这也为后发国家建设世界城市提供了历史性机遇。北京是全国信息和通信技术最为发达的城市之一,应充分利用这一优势,推进智能政府、电子商务和新一代通信事业建设。我国正在经历着大规模城市化过程,西方高耗能、高污染的不可持续的发展方式已不能被效仿,低碳、环保型增长方式将成为历史必然,这将对科技提出更高要求。信息和通信技术的发展为我国迅速接近世界前端科技、高效传播推广先进技术提供了重要机遇。北京在这一过程中责无旁贷要成为领头羊。

2. 着力打造北京服务

从北京市的总体经济实力来看,与纽约、伦敦、东京等世界城市还存在很大差距。建设世界城市，必须要充分发挥自身优势，积极发展高端产业，进一步增强北京市的综合经济实力。从世界城市的发展趋势来看，服务业即第三产业在经济中的比重会持续加大，在城市经济中的占比应最终超过80%，而服务功能尤其是生产性服务业将成为城市的核心功能，从而促进城市发展成为全球的高端服务中心。从北京市目前的服务业发展水平来看，尽管服务业占比已经达到75%，但是仍然有一定的发展空间；同时服务业的发展水平和档次还存在较大差距，生产性服务业所占比重和发展水平还十分有限，因而应当不断强化"北京服务"的发展理念，打造立足区域、服务全国、辐射世界的高端服务中心。

首先，"北京服务"强调品牌影响和服务能力，应进一步优化发展环境，不断完善现代服务市场体系，提升北京市服务业的发展速度和规模，提高服务业在总体经济中的比重，全面增强和完善北京的服务功能，打造"北京服务"品牌；其次，"北京服务"强调高端的服务水平和面向世界的服务网络，应加快服务业结构调整，推进生产性服务业发展，促进金融服务、信息服务、科技服务、商务服务、流通服务等生产性服务业加快发展，进一步壮大金融、创意文化等产业，全面提升服务业发展水平，面向国际需求，加快融入全球产业链，积极开发新型服务业态，带动产业结构优化升级，提升"北京服务"在国内国际的影响力和话语权；最后，"北京服务"还要强调可持续发展能力和发展潜力，应加快科技进步和人才培养，依托重点高端服务区域综合基础设施和支撑要素环境的建设，结合首钢搬迁等产业结构调整契机，加快首钢等区域产业调整和功能优化的速度，高水平推进这些区域的综合环境配套和服务业发展，建设新兴高端服务业区域，完善北京服务业格局。

3. 全面发展总部经济

伦敦、纽约、东京等著名世界城市，基于其各自的经济发展特点，均集聚着大量企业和国际组织总部。例如，三大世界城市均集聚着大量金融总部、著名媒体、律师事务所以及会计事务所的总部，而纽约同时也是联合国总部所在地，东京还同时集聚着大量来自世界各地的制造业和产业咨询类跨国公司总部。无论是企业总部还是机构总部，在区位选择时对人才、技术、交通网络、信息网络、综合服务支撑条件等方面都有较高的要求，而同时总部的集中也会进一步促进区域在以上方面的优势和发展水平的进一步提升。企业总部集中了企业价值链的高端环节，总部是核心机能和最高管理决策环节的所在地，往往承担发展战略的制定等决策职能，对分散于各地的机构和经济活动进行管理和控制，因而总部经济有利于发挥区域优势和提升区域在全球网络中的控制能力。通过大量吸引企业总部、国际性组织总部等，能够提升城市在全球网络中的总体地位，形成不同城市、不同区域之间的合理分工与合作。

北京作为我国首都，不仅是我国各中央机构和大型企业、组织的所在地，由于其拥有的得天独厚的政策优势，多年来已经吸引了大量国际企业总部的入驻，为北京建设世界城市奠定了重要基础，未来进一步吸引国际企业和机构的总部入驻，尤其是提升对高端服务业总部的吸引力，推动总部经济发展，将对北京建设世界城市起到重要支撑作用。因而首先应进一步完善政策环境，积极吸引跨国公司和国际组织在京设立总部及分支机构，尤其是亚太区总部、中国区总部，以及研发中心、销售中心、采购中心、结算中心，和金融、会计、法律等服务业企业总部；其次应进一步明确CBD、金融街、中关村等已有总部基地的发展定位，研究推进总部集聚和总部经济发展的相关政策和机制创新，加强空间规划组织，引导不同功能、不同产业的总部在空间上的集聚和分工，增强总部经济的整体实力；最后，处理好政府在总部经济发展中的作用，充分发挥北京的政策优势，不断提升和完善发展总部经济的总体能力，加强北京总部与首都圈乃至全国其他区域的合作，增强北京总部对周边地区乃至全国、全球其他地区的辐射和控制能力，提升北京的全球控制能力。

4. 积极加强区域合作

北京周边的天津、河北、山西等地在许多资源、能源、制造等领域具有比较优势，因而北京建设世界城市应当进一步深化区域分工合作体系，在突出不同城市的各自特点的同时，通过扩大区域经济合作、增强区域经济合力，提升北京经济发展的综合实力。进一步加强首都圈区域合作网络的营建，在充分发挥各城市专长的基础上，通过各种正式和非正式合作网络的发展增强首都圈职能分工合作。通过多种集团的对话、协调、合作以达到最大程度地动员资源，并实现区域管理中公平与效率的并重，使得整个区域的合能增加，网络各参与者则可获得网络的外部效应（Capello，2000；Meijers，2005），逐步实现北京从城市向城市区域发展。

首先，在产业分工方面，北京以生产者服务业、文化创意业及高科技产业为核心，天津以商贸物流业、高科技制造业、现代制造业为主导，河北以原材料工业、现代制造业、现代农业、旅游休闲业为主导。应引导北京产业对外辐射发展，重点沿京唐、京津、京石三线，搞好产业基地开发，大力发展总部经济，把握研发、核心制造、营销等关键环节。

其次，应进一步加快北京经济技术开发区、滨海新区及周边区域开发，推动京津塘高新技术产业带形成。拓展首钢搬迁调整模式，推动不符合首都功能要求的产业调整和转移。进一步深化地域分工，在首都圈开展基于价值链的职能分工，公司总部、研发部门和商业服务部门主要集中在北京、天津等大城市的核心地区，核心生产职能主要集中在北京、天津经济技术开发区等高级别产业园区，而一般生产职能和日常办公职能则向周边的中等城市集聚。

最后，应重视区域科技合作。以经济社会发展对科技的需求为基本出发点，突出"优势集成、高端引领、协同共赢、点轴支撑、跨越发展"，注重解决重大共性科技问题；集成整合优势科技资源，强化高端引领作用，实施重大科技专项和建设重大产业创新基地，完善区域创新体系，形成互动共赢的区域科技发展机制和点轴支撑的区域科技发展布局；以原始创新能力提升，区域产业结构升级，解决资源、能源与环境问题，和谐社会建设为合作的四大主题，积极建设"三基三带"，即中关村研发与知识服务基地、滨海新区技术成果转化基地、曹妃甸基础产业技术开发与应用基地，京津塘高新技术产业带、沿海重化工产业技术示范带和环京津创业带的布局结构，不断完善区域创新体系。重点开发建设好滨海新区现代制造和研发转化基地，不断增强产业创新能力，营造转化与承接的良好环境。突出中关村、滨海新区和曹妃甸三个区域创新点对相关科技创新资源的聚集、整合、辐射作用和创新的示范作用，突出京津塘高新技术产业带、沿海重化工产业技术示范带、环京津创业带三个科技带对整个区域产业转移、技术转移的梯度连接作用，在点轴带动下，形成由点到线、由线到面、有机连接、互动互利的创新网络，降低创新成本，彰显创新网络的系统效应。

二、北京建设世界城市的空间策略

北京建设世界城市应当着力建设网络化大都市的空间模式，积极构建分工明确的多中心空间结构，即在北京市域范围内建设多个服务全国、面向世界的城市职能中心，并不断加强多中心之间便捷畅通的互动与联系，在分解城市功能的基础上，提升北京的核心功能和综合竞争力。

1. 完善广域基础设施，推进区域网络建设

网络化空间结构和畅通的对外联络是世界城市的重要特征，面向世界城市建设，北京在基础设施建设尤其是广域基础设施建设方面，仍然存在较大的差距，未来应当进一步完善交通、通信等物质性网络基础设施建设，促进节点之间的人员、物质、信息的流动，推进要素流动空间的形成，强化城市内部的联系和整合；促进企业内部和企业之间的联系，加强多中心中间的功能联系，从而突破形态上的多中心而成为有机的功能实体，即真正意义上的网络化大都市。

首先，加快城市内部轨道交通、城市快速通道建设，加强城市内部网格化快速交通基础设施建设，逐步将圈层化道路系统改造为网络化交通系统；区域间加强与以天津港为核心，京唐港（王滩港区、曹妃甸港区）、秦皇岛港共同组成的渤海湾枢纽港群海洋运输体系的协调，建立以北京为核心的区域高速公路和铁路运输体系，以及以北京首都机场为枢纽的区域航空运输体系，形成陆海空一体，国际国内便捷联系的区域交通网络；着力推进京津、京唐、京石、京

张、京承等重点城市之间的城际轨道交通建设,并充分利用新建的高速铁路网络进一步提升区域内部交通网络的质量。

其次,加快推进和全面提升信息化基础设施建设。加快推进和完善第三代、第四代通信网络,加速推进光纤入户,建设国际先进水平的城市高速网络;推进城乡一体化的农村信息化基础设施建设,采取多种技术形式实现农村地区的全面宽带接入,实现农村信息化基础设施的跨越式发展;加快完成交互式数字电视网络改造和平台建设,全面推进移动多媒体系统建设;配合城市快速发展,统筹推进信息管道、地铁信息化基础设施、政务信息化设施和信息安全体系等的建设,满足城市管理、应急指挥和公众对畅通信息网络的多元化需求(白新、童腾飞、毛东军,2010)。

最后,高标准推进能源、水资源、环境等基础设施建设,加强能源开发合作,鼓励本市企业参与周边地区电力、煤炭开发及新能源和可再生能源的开发利用,配合实施华北电网建设改造,提高区域能源保障水平。积极推进"南水北调"跨流域调水工程的实施和天津海水淡化产业化的合作。生态环境保护方面,加强水源保护与水环境治理合作,建立专项资金,支持密云、官厅水库上游地区水利设施建设、水环境治理和节水产业发展。继续开展生态环境建设合作,实施一批生态环境建设的重大工程,支持张家口、承德等地区发展生态产业。

2. 打造郊区重点新城,加快城市空间重构

尽管随着郊区新城的发展,北京市已经开始出现多中心的雏形,但是城市中心区仍然表现出强大的单中心引力,造成人口及各要素向中心区的持续集中以及城市中心区域的向外蔓延,进而造成了交通拥堵、空气污染等大城市病的日趋严重。面向世界城市建设,构建多中心网络化的空间结构是缓解大城市问题、促进城市可持续发展的重要保障,目前就北京市的空间结构特点来看,与城市单中心表现出巨大引力相比,郊区城镇尚不能承担功能完善的次中心功能,在人口和功能疏散能力方面仍然较弱,而与此相对应的即是空间组织的失衡,因而未来应当以打造郊区重点新城为核心,加快城市空间的重构,不断推进多中心结构的形成。

首先,明确和进一步突出郊区新城职能分工,高标准推进郊区新城基础设施建设,稳步推进人口及要素集聚,围绕重点产业功能区建设,不断壮大区域综合实力和完善区域功能;引导教育、医疗、文化体育等公共服务设施在郊区新城的高水平配套,推进中心城优质服务资源向新城辐射,鼓励中心城区名院、名校向新城发展,使新城在主要基础设施、公共服务以及城市管理方面相对于中心城有更强吸引力。分类推进郊区新城发展,大力提升新城产业规模和发展水平,城市发展新区着力发展先进制造业、战略性新兴产业和生产性服务业,

生态涵养发展区重点培育健康休闲、会议会展、体育健身、文化创意等产业功能，努力将生态资源优势转化为生态发展优势；重点建设通州、顺义、亦庄-大兴、昌平和房山等新城，提升综合服务、人口疏解和辐射带动功能，加快建设门头沟、延庆、怀柔、密云、平谷等生态涵养区新城，提升区域公共服务和产业集聚功能。

其次，依托高端产业功能区建设和产业结构优化升级，推进城市中心区空间的产业和功能置换，逐步疏散过度集中的人口和产业、功能，扼制城市中心区的进一步蔓延；培育和建设高端产业功能区即构建多个分工明确的职能中心，并加强各职能中心的功能配置和区域间联系，逐步实现中心城区的多中心发展；积极建设通州高端商务服务区、新首钢高端产业综合服务区、丽泽金融商务区以及怀柔文化科技高端产业新区，在推进产业集聚的基础上，积极推进产业功能的差异化发展，作为城市功能拓展、提升和优化的重要区域，高标准建设基础设施和综合服务环境，逐步建设成为新的城市功能中心和集聚中心，以及多中心网络的新节点。

3. 加强分区空间管制，实现城市精明增长

空间的合理利用是保证健康的城市空间组织的前提，在全球许多大城市的发展历程中，往往都经历过城市的无序增长，造成区域空间组织效率低下，城市发展受限。"精明增长"理念的提出正是在美国大量城市面对类似问题的大背景下，而该理念在城市空间发展中的应用成功促进了城市空间的高效利用和空间组织的健康化发展。面向世界城市建设尤其是面向北京市人口规模不断快速增大的现状特点，北京应当积极吸取西方国家和城市的经验教训，秉持"精明增长"的基本理念，用足城市存量空间，减少盲目扩张，加强对城市空间开发的规划和分区管制。

首先，在原有的城市功能用地进行适当的旧城改造、功能置换等，强调对现有社区的改建和对现有设施的利用，在中心城区改造和郊区新城建设过程中，坚持相对集中、密集组团，紧凑设计、高效利用的基本原则，加强对现有社区的重建，重新开发废弃工业用地，提高已开发土地和基础设施的利用率，降低城市边缘地区的发展压力；其次，在明确区域功能和制定区域定位的基础上，合理分区，优化布局，加强分区空间管制，节约利用土地，保护公共空间、农业用地和自然景观，提高城市土地利用效率；再次，建立土地储备与转换制度，为新兴产业和新的城市功能预留发展空间，根据城市空间拓展的方向，合理按照现有土地资源的开发次序和利用强度，使之能够保障城市各项功能的正常发挥，实现整个城市空间经济效益的最大化；最后，发展多样化交通组织，鼓励发展公共交通，强调减少交通、能源需求以及环境污染，从而有效节约城市资源，保证生活品质，促进城市集约型增长。

4. 加强智能城市管理，积极建设智慧城市

面向高度网络化和外向性的城市特征，世界城市在城市空间和组织方面的复杂度将进一步提高，城市安全和智能运行成为世界城市发展的必备基础。因而建设智慧城市是北京未来发展的必然选择，北京建设世界城市不仅需要在空间结构上推进多中心和网络化建设，更需要在城市管理上与其相对应，构建智能化的城市管理体系，实现空间的科学管理，保障城市的安全运行。

首先，加快对物联网、云计算等高端技术的研究和推广，推进城市空间地理信息系统的建设，加快建设"智慧城市"的数据资源体系，逐步形成物联"知识库"，研究构建能够一体完成数据采集、数据管理和数据服务的综合数据资源体系；其次，以应急管理和智慧服务为核心，进一步完善信息基础设施，逐步构建实现实时跟踪、预警的城市运行在线监测系统，实时保障城市的正常运行，加快土地规划管理、交通运行、环境检测、应急联动、电子政务等智能管理应用支撑系统及基础平台的研究、规划与建设，实现综合分析、研判和全方位管理城市的目标；再次，建立分工明确、协同高效的指挥系统，深化完善交通综合信息服务体系，提升交通综合管理与服务的智能化水平，有效改善交通组织，加快交通事故的应急处理能力，提升交通体系的畅通运行；最后，积极开发面向公众服务的专业及综合应用系统，推动医疗、教育、综合信息等公共服务领域的信息化，提升社会领域信息化水平。

三、北京建设世界城市的社会策略

世界城市的基础在于其国际竞争力。在全球城市竞争中，没有国际吸引力和竞争力的国家与城市将不可避免地处于劣势地位。2001年，东京为了提高其世界城市的竞争力，提出了多项新政策和计划，"包括振兴城市核心区、首都重新布局、机场和滨水区开发等"。对于城市核心区的活力振兴，强调服务和基础设施的建设以及核心区商业功能的聚集；对于人口过于集中、交通拥挤和地价过高等问题，"提出采用区域的方法和控制政策，使区域在保持中央政府功能的同时实现效率"（沈金箴，2003）。北京要建设世界城市，在社会发展的过程中，就必须坚持优质化和均等化的社会公共服务，来提升在国际社会中的竞争力。

1. 促进收入倍增，缩小收入差距

发展的根本目的是提高人民生活水平，北京建设世界城市不仅要加快经济建设、促进空间优化发展，也必须进一步提高人民生活水平。相对于经济总体增长速度，北京市城乡居民收入的增长速度仍然比较缓慢，城乡差距不断扩大，因而推进收入倍增计划，提高国民收入和缩小贫富差距应当成为北京建设世界城市过程中的重要任务。

首先,通过收入倍增计划,提高国民收入。建立和不断完善工资增长机制,全面提升人均收入水平,确保人均收入增速不低于GDP增速甚至高于GDP增速;不断调整就业结构,增加就业机会和就业引导,确保失业率始终保持在较低水平;完善社会保障制度,不断提高社会保险、城乡居民最低生活保障标准,使普通百姓可以共享社会经济发展成果。

其次,不断缩小阶层间、城乡间的收入差距。在调整和优化国民收入分配格局的基础上,推动实施事业单位绩效工资制度,加快企业职工工资集协商和支付保障制度建设,改革国有企业特别是垄断行业工资总额管理制度,完善国有企业、金融机构高管人员薪酬分配和监管制度,保证企业普通职工、一线职工、中低收入阶层以及离退休人员等社会群体的收入实现倍增的目标,逐步缩小阶层间的收入差距;不断完善农民创业的体制环境和金融体系,为农民提升收入水平创造良好环境,切实缩小城乡收入差距。

2. 实现公共服务优质化

北京市应按照世界城市的标准,努力坚持提供优质多样的公共服务,建设"和谐北京"和"宜居北京"。积极引导社会力量以兴办实体等形式举办高规格、高质量的公共活动,加快现代科技在公共服务领域的应用,提高公共事业的信息化和网络化水平,提供高质量、高水平的公共服务。

第一,推进教育的现代化和国际化发展。首先要坚持实施中长期教育改革和发展规划纲要,优先发展教育事业,保持教育公平和素质教育的快速推进,不断提升高等教育质量,创新人才培养模式,为北京建设世界城市提供更多的国际化专业人才。其次,要建设世界一流大学与科研机构,加强学、研各机构的合作与交流,吸收全世界优秀的科技人才和后备人才力量来北京深造,不断创新知识与研究。再次,还要创造优越的软硬环境、完善外籍人士管理的法律法规体系、制定外籍人士行业准入标准等来留住国际高端人才为北京服务,扎根北京;鼓励北大、清华等国内一流大学不断扩大对外开放,增加外国留学生的人数。最后,要吸引大量的熟悉国际事务的高端国际人才,不断往国际大型社会机构和组织派送人员进行学习、交流及任职,增强我国在国际社会事物中的话语权。

第二,促进医疗服务的高质化发展。深化医药卫生体制改革,提高公共卫生和医疗服务水平与品质。不断提高医疗技术水平,加大医疗基础设施建设,完善医疗应急服务体系,提升综合医疗服务能力,为广大市民提供高品质的医疗服务。发展健康产业,积极引进优质国际和民营医疗康体机构,支持医疗机构提供多样化的健康服务,满足市民多样化健康需求。

第三,提升文化软实力及影响力。在传承历史文化的同时,显著提升城市文化软实力。注重保护历史文化遗产,充分挖掘首都文化资源优势,全面提升城市文化魅力，塑造高品位、有特色的城市文化。大力发展文化创意产业，注重培育新兴文化产业，显著提升文化创意产业竞争力，巩固北京作为全国文化中心的地位。扩大文化产品和服务输出，构建高效的文化传播网络，不断提升国际文化影响力。

3. 推进基本公共服务均等化

基本公共服务均等化是政府按照"基本、平等、普遍、均衡"的要求，为全体公民提供的与经济社会发展阶段和总体水平相适应的，机会均等、水平大致相等的基本公共服务。在承认城乡、区域、人群间差别的前提下，保障居民都享有一定标准之上的基本公共服务，其实质是"底线均等"。北京在建设世界城市的过程中，必须积极推进基本公共服务的均等化发展。

首先，推进教育的均等化发展。构建覆盖城乡、布局合理的学前教育公共服务体系，保障适龄儿童都能接受高质量的学前教育；加强社会教育机构的整合与管理，促进职业教育和各类培训教育的规范化和优质化发展；重视和加强特殊群体的教育，解决农村留守儿童和孤残儿童的上学与教育问题；优化城乡优质教育资源配置，促进城乡教育质量整体提升。

其次，促进医疗服务的均等化发展。完善农村医疗服务体系，建立健全农村三级医疗卫生服务网络；降低弱势群体基本医保以外的成本开支，实现真正合理的"均等化"；建立"医、药、患、监、管"多管齐下机制，有效实现基本医疗服务的均等化；加强以全科医生为重点的医疗队伍的建设，形成"社区首诊、分级就诊、双向转诊、社区康复"的高效医疗服务模式，推进城区的优质医疗资源向郊区县的扩展，实现中医药服务的城乡全覆盖；对基本医疗基金进行预算管理，坚持量入为出，实现北京市不同地区之间基本医疗服务的"均等化"；随着北京市财政收入水平的提高，不断提高基本医疗服务的报销标准。到2030年，建立完善的社区卫生服务网络和农村医疗服务体系，家庭医生、山区巡诊等医疗服务模式得到全面展开。

再次，推动社会保障的均等化发展。促进城乡养老保险一体化，改革机关事业单位退休金制度，建立公职人员养老保险制度和城乡老年津贴制度；实现城乡居民养老保险制度、公职人员养老保险制度和职工基本养老保险制度的并轨。促进城乡医疗保险一体化，整合制度安排，通过扩大城镇职工基本医疗保险的覆盖面，将未参保的机关单位的公职人员、中小企业职工、灵活就业人员，以及农村中的三次产业的劳动者逐步纳入城镇职工基本医疗保险的范围，推进企业年金和职业年金，鼓励参加储蓄性养老保险，完善多形式的补充医疗保险，建立统一的国民医疗保险制度。促进城乡社会救助一体化，加快完善农村最低生活保障制度，促进城市居民最低生活保障制度与农村居民最低生活保障制度的并轨（林闽钢，2011）。整合社会福利政策和资源，到2030年基本实现普惠性社会福利体系。

最后,强化文化服务的均等化发展。提高基层文化工作队伍素质,开展各具特色的群众文化活动,保障城乡居民都能享受到更高水平的公共文化服务;改革传统的公共文化服务,对重要公共文化产品、重大公共文化服务项目和公益性文化活动进行公开招标,经费管理实行由财政部门转移支付、文化部门全程监督的模式;创新公共文化服务方式,推动城乡文化信息资源共享工程建设,满足城乡居民文化需求,提高公共文化服务技术水平。

四、北京建设世界城市的人口与资源环境发展策略

世界城市是在国际政治、经济和文化等方面都具有深远影响力和控制力的国际大都市。世界城市的建设不单单是一个社会经济乃至政治问题,更是一个关系到地区人口资源与环境协调发展的问题。

从《中国 21 世纪议程——中国 21 世纪人口、环境与发展白皮书(1992年)》到《中国 21 世纪初可持续发展行动纲要》,人口、资源与环境之间的矛盾已经成为全中国关心的重要问题。针对不同的地区,其解决的策略会有所差异。北京市人口的过度膨胀对于其他方面的影响是非常深远的,尤其是资源和环境。人口既是生产者又是消费者,既要利用资源生产产品来满足自身需求,也要利用工具改造环境来提高生存空间质量。

北京市现有的 16 个区县发展阶段不同,因此对于其资源环境的开发利用程度就有着很大差异。同时,根据主体功能区划的要求,各区县在人口、资源与环境方面的发展定位与策略也有着差异。总体上可以分成以下三类区县策略:①中心城区在人口、资源与环境方面的发展策略主要是集聚更多的高端人才大力发展现代服务业,打造北京市乃是全国的总部经济济地、国际商务中心等,同时改善现有的生态环境,使用清洁能源,保障在这里工作生活的人们能够享受到最优质的服务;②近郊区在人口、资源与环境方面的发展策略主要是集聚高新技术产业、现代物流业等高端人才,使其成为能够承接中心城区中下游产业、对外辐射周边地区的专业化地区,并合理调配整个北京建设世界城市所需要的各类资源,构建整个区域的宜居环境;③远郊区在人口、资源与环境方面的发展策略主要是保护好现有的生态环境,尤其是西北部地区的水源地,以保证整个地区的小气候不会出现急剧变化,结合当地的发展条件和新农村建设的要求,合理安置当地的农民,并适当发展一些环境友好的城市型工业。

北京市所要面临的人口、资源与环境问题都与北京建设世界城市有着直接的关系。因此,北京建设世界城市的人口与资源环境发展策略可以归纳成以下五个方面:

1. 合理有序疏散中心城区人口，优化人口布局

针对北京市中心城区"人口过密"问题，近年来，北京市也在努力通过在郊区建设卫星城来疏散中心城区过多人口，但效果并不特别理想。因此，需要进一步优化人口布局，重新审视人口疏散及新城发展定位、规模与布局等。

一是增强人口疏散的针对性。需要考虑将现有中心城区的哪些类人口外迁到卫星城，才能够使得既保证社会经济的稳定发展，又能促进社会环境的改善，防止各类人口在中心城区的过度集聚，按照一定的原则，引导人口分流。二是合理安排好人口疏散的进度。人口疏散的进度安排需要根据北京市域内各新城建设的具体情况来进行合理配置，不应存在"拔苗助长"、"急功近利"等强硬的行政干预行为，尽量做到平稳、安定、和谐的过渡性引导，务必保证被安置居民的正常工作生活，并做好相应的城市基础设施建设工作。三是要大力发展新城，特别是远郊区县的新城，使之成为承接持续增加的北京市人口的重要载体。同时新城的功能定位要与当地的人口资源环境等各方面相匹配，制定合理的发展规划，应根据所承载人口的职业属性、年龄构成、性别结构等方面的特征，并结合人口接受地的职能特征与区域定位，进行合理的匹配、安置。四是新城的人口规模应该与其功能定位相吻合，专业人才的培养与供给相协调，在满足本地需求的同时，适当的向外输送人力资源，以打造区域协同发展的产业链条，从而实现新城作为中心城区和外围地区人口、社会和产业联系纽带的作用；五是积极推进市域网络化大都市的建设，在市域范围内形成多中心、网络化的区域空间结构，以承载未来持续增加的城市人口并缓解城市人口过度集中的状况。

2. 集聚高端人才，加快建设高端人才集聚特区

按照《首都中长期人才发展规划纲要（2010—2020年）》和《国家中长期人才发展规划纲要（2010—2020年）》的总体部署，加快高端人才培养和引进，争取在未来10~20年，将北京市建成一个面向海内外高层次人才的高端人才集聚特区。重点实施以下措施：①根据北京市的整体社会经济发展阶段与需求，确立人才引领经济社会发展的新格局，以保障人才供给与培养的市场机制正常运行，并从基础教育开始培养各类专业人才、科技人才；②大力吸引海外高层次人才和紧缺的专门人才，坚持自主培养开发与引进海外人才并举的原则，同时积极利用国（境）内外教育培训资源培养人才，提升北京市的区域创新能力；③大力营造适合高档人才生活、工作的自然、人文、社会等综合环境，提升"引才、聚才、用才"的地方品质，增强对人才的吸引力、集聚力，努力在全国率先形成具有全球竞争力的人才服务综合配套体系；④根据各区县的主体功能定位，确立向人才发展倾斜的资源配置格局，使得每个区县能够拥有属于自己的特色人才群体，打造各区县的特色人才集聚区，提升创新核心竞争力。

3. 调整自身资源结构，加强区域合作

深入推进节能降耗、积极应对气候变化是调整经济结构、转变发展方式的内在要求，是有效破解资源环境约束的重要途径，是实现可持续发展、建设和谐宜居之都的战略举措，事关全局和长远发展（北京市发展和改革委员会，2011）。

北京市的水资源、能源和土地资源是其资源体系的三个主要组成部分。目前，除土地资源外，北京市的资源体系过于依赖传统的不可再生资源、过于依赖周边省区的资源供给、过于依赖国家行政能力的区域分配作用。因此，构建集约型、节约型的资源利用体系，发展循环经济、低碳经济，并制定相关的制度、法律、法规以及行业标准和技术规范等是北京市建设世界城市的资源节约发展策略。

北京市的资源问题不单单是其自身发展的瓶颈，也会对其周边地区的发展产生深远影响。因此，加强资源的区域合作，实现资源开发、利用与分配的"战略同盟"具有积极意义。加强资源的区域合作，首先要明确区域内（首都圈，乃至整个华北地区）各地区的资源地位，即其自身的资源供给与消费状况；其次按照市场机制，实现资源的良性流通，保证地区生态补偿的及时到位；最后就是各地区合作开发新资源，以实现本区域内资源的供需均衡，从而保障整个区域社会经济的稳定发展。

调整区域能源的供给系统结构，加大对于新能源、可替代能源、可再生能源、清洁能源等的研发和推广利用力度，使得传统能源、新能源等有着较合理的供给与消费比例关系，不至于过于依赖单一能源，使得整个供给体系可以在任何时候不会影响整个地区生产与生活的正常运作。此外，对于提高能源利用效率方面，北京市还有很大的发展空间，但主要限于可再生能源、生物能源等的循环利用，尤其是对于建筑节能技术和生产生活节能技术的应用，使得节能不再流于表面，也使得北京市能够逐步改变过于依赖外来能源的尴尬局面，从而为其建设世界城市提供更好的发展平台，建设节能型城市。

4. 开源节流，集约利用水资源

北京是座水资源严重短缺的城市。由于城镇化建设、现代工业和农业生产、防洪和环保设施的修建等原因，水资源稀缺和水质下降成为最紧迫的资源问题之一，威胁到北京市的经济发展和公众健康。借鉴欧美的基于流域的综合管理模式，北京市应根据本地区的行政管理体制现状及其未来改革趋势，建立行之有效的水资源综合供给与消费策略，在水资源开发利用方面，继续强化"开源节流"。

开源主要包括两个方面，一是以"南水北调"为主的跨流域调水，二是通过加强技术研发，大力发展海水淡化，向"海洋要水"。因为整个首都圈周边区域都存在水资源短缺问题，周边区域调水也很有限，多为应急调水，南水北调可供水量也会很有限，海水淡化也受到区域水环境容量的制约。总体而言，"开源"是很有限的。因此，北京市未来水资源问题的解决取决于"节流"，应力求做到集约利用、节约利用和循环利用。①集约利用，即整个首都圈的水资源协同整合管理，以保障整体区域用水安全，以提高整个区域的水资源承载能力与可再生能力，最大限度的利用现有的水资源，减少其在生产和消费环节过程中浪费；②节约利用，即在强调需求管理，加快从供水管理向需水管理转变、把水资源开发利用优先转变为节约保护优先、加快从事后治理向事前预防转变、加快从粗放利用向高效利用转变（陈雷，2009），转变现有的水资源利用模式，做好节水宣传工作，并加强水资源的分配管理，发展节水型的新型产业，建立节水型城市；③循环利用，根据各类用水的性质，合理配置水资源在各类产业中的循环，提高水资源的利用效率，并保障水资源的正常循环，使得水资源能够实现本地区的循环利用。

5. 统筹区域环境保护，切实改善区域环境质量

一个地区的环境容量不是固定不变的，它会随着本地区的生态环境等条件的改变而有所变化。合理利用现有的和将来会有的各类资源，系统规划设计一个人口、资源与环境可持续发展的进程安排，使得北京市的区域环境容量能够得以扩大，以保障将来更多的人可以在北京地区舒适的生活与工作。在扩大环境容量的同时，也要提高北京市单位面积上的生态承载能力，毕竟北京市各区县存在着比较大的区域差异，尤其是其主体功能区分类差异，导致其生态承载能力也有着明显的差异。为此，针对不同区县，需要根据其现在的发展状态、发展定位与发展进程，而确定不同的生态承载上限，以保障各区县能够充分发挥出各自的优势，使得北京市的整体生态承载能力有一个质的提升。

区域环境保护不单单是北京市自身需要注意的，北京周边其他地区的环境对于北京市自身的环境也有着直接的影响。制定区域环境保护规划，统筹整个区域的环境治理与保护，使得整个区域环境治理能够形成协同的策略方针，以保证整个区域环境质量的共同提升。

改善区域环境质量，不单单可以提高北京市的宜居水平，还可以促进整个区域的可持续发展，为北京建设世界城市提供一个广阔的环境腹地。改善区域环境质量具体的策略主要有：①加强环境规治，提高整个区域的环境污染治理水平，加大对于环保技术的科研投入和检测监督等执法力度，以保证环境市场的公平竞争与环境质量的改善；②进行分区环境管治，并将整个区域划分生态环境保育区、生态环境恢复地区、生态环境协调地区、产业提升地区、中心提升地区、交通枢纽地区、一般政策性地区等 7 类环境治理区划；③预防环境污染，对污染企业征收环保税，同时限制其规模的扩大，并促进其产业产品结构

向着"少污染"、"无污染"、"可降解"等环保方向升级；④提高公众对于环境保护的意识，不再流于表面，尤其是对于生活垃圾的自觉处理，以减少城市生活垃圾的处理量，并在整个区域内联合处理生活垃圾，进行生态化管理，以减少垃圾处理站场建设的成本和对于城市景观的负面影响等；⑤在整个北京地区确定城市基本生态控制钱，形成一个完整的绿色空间结构，分批次提升各区县的环境容量，构建合理的生态安全体系，保障城市营运安全，提高环境保护与利用水平，促进人与自然的和谐。

参考文献

白新，童腾飞，毛东军. 2010. 建设符合首都功能定位，国内领先、国际先进的信息化基础设施. 电信网技术，(1)：1-4

北京市发展和改革委员会. 2011. 北京市"十二五"时期节能降耗及应对气候变化规划

陈雷. 2009. 实行最严格的水资源管理制度保障经济社会可持续发展（节选）资源与人居环境，(11)：64-66

李国平. 1999. 面向世界城市的北京经济功能强化方向研究. 中国软科学，(11)：73-76

李国平. 2000. 世界城市格局演化与北京建设世界城市的基本定位. 城市发展研究，(1)：12-16

李国平，卢明华. 2002a. 北京高科技产业价值链区域分工研究. 地理研究，21（2）：228-238

李国平，卢明华. 2002b. 北京建设世界城市模式与政策导向的初步研究. 地理科学，22（3）：263-269

李小建等. 1999. 经济地理学. 北京：高等教育出版社

林闽钢. 2011. 我国进入社会保障城乡一体化推进时期. 中国社会保障. (1)：36-37

沈金箴. 2003. 东京世界城市的形成发展及其对北京的启示. 经济地理，(7)：571-576

杨开忠等. 2000. 持续首都——北京新世纪发展战略研究. 广州：广东教育出版社

Camagni R, Capello R. 2004. The city network paradigm: theory and empirical evidence // Capello R, Nijkamp P. Urban Dynamics and Growth: Advances in Urban Economics. Amsterdam: Elsevier: 495-529

Capello R. 2000. The city network paradigm: measuring urban network externalities. Urban Studies, 37 (11): 1925-1945

Meijers E. 2005. Polycentric urban regions and the quest for synergy: is a network of cities more than the sum of the parts? Urban Studies, 42 (4): 765-781

附 录

北京 2030：面向世界城市的首都发展趋势分析和展望专家调查问卷

尊敬的专家：

您好！感谢您抽出宝贵时间参与此次调查。本调查旨在了解您对北京未来 20 年发展趋势的判断，包括对城市定位、人口发展、经济发展、资源环境、空间发展、社会发展等方面的见解和观点。您的回答将对我们科学分析、正确把握北京未来发展趋势提供重要帮助。请您根据个人观点，就以下问题提出您的宝贵见解。您所提供的信息将只用于本课题研究，绝不他用，请放心作答。衷心感谢您的支持与合作！

《北京 2030：面向世界城市的首都发展趋势分析和展望》课题组

第一部分：城市发展定位

1. 目前，北京等我国特大城市都提出建设"世界城市"的发展目标和定位，您认为目前北京、上海、香港在世界城市体系（或世界城市网络）中的地位是_____；您认为今后（到 2020 年和 2030 年时）这几个城市在世界城市体系（或世界城市网络）中的地位将有望达到：_____（请将相应选项填至下表）

城市	目前在世界城市体系中的地位	到 2020 年在世界城市体系中的地位	到 2030 年在世界城市体系中的地位
北京			
上海			
香港			

1）全球城市（对全球政治、经济具有最强控制与命令能力的城市，世界城市体系中最高层级的世界城市，如伦敦、纽约、东京等）

2）成熟的世界城市（世界城市网络的重要枢纽性节点城市，具有全球政治、经济控制能力）

3）雏形的世界城市（初具世界城市的雏形，目前已可列入世界城市网络体系，为区域性节点城市，并将在未来 10 年左右发展成为成熟的世界城市）

4）世界城市的后备阵营（具有发展成为世界城市的潜力，有可能在未来 20 年或更长时间内发展成为世界城市）

5）不具备建设世界城市的潜力
　2. 您认为以伦敦、纽约、东京等全球城市为参照，北京何时有望成为世界城市体系的高层节点？_____
　　1）5 年左右
　　2）10 年左右
　　3）15 年左右
　　4）20 年左右
　　5）20 年以上
　　6）不太可能
　3. 您认为与伦敦、纽约、东京等全球城市相比，目前北京城市发展的主要差距在于（可多选）_____
　　1）经济发展水平仍有较大差距，尤其在资本、信息、生产性要素集聚方面
　　2）经济活力和竞争力上仍有较大差距，表现在制度环境、开放程度和创新能力等方面
　　3）社会发展水平仍有较大差距，表现在居民收入差距、社会保障体系等方面
　　4）信息化水平仍有较大差距，表现在公共服务、居民服务等的信息化程度上
　　5）居民生活质量仍有较大差距，表现在生活的舒适程度、便捷程度等方面
　　6）城市环境质量仍有较大差距，表现在空气、水的清洁程度等方面
　　7）其他（请注明）_____
　4. 您认为北京建设世界城市，应优先突出或达到具有世界影响的城市功能是：_____
　　1）国际政治功能（优先成为国际政治中心）
　　2）国际金融功能（优先成为国际金融中心）
　　3）国际研发功能（优先成为国际研发中心）
　　4）总部经济功能（优先成为跨国公司总部聚集中心）
　　5）其他（请注明）_____
　5. 全球城市区域是全球城市发展的区域基础，北京建设世界城市依托于京津冀都市圈，您如何评价北京建设世界城市的区域基础？_____
　　1）很好
　　2）较好
　　3）一般
　　4）较差
　　5）很差
　6. 您如何评价目前京津冀都市圈的区域一体化或区域协调发展程度？_____
　　1）很高
　　2）较高
　　3）一般
　　4）较低
　　5）很低
　　如果您认为目前京津冀都市圈的区域一体化或区域协调发展程度一般、较低或很低，您觉得主要的原因是（可多选）_____

1) 区域协调机制不健全
2) 市场化程度偏低，民营经济较弱，以企业为主体，由市场引导的产业合作有限
3) 行政区划分割严重，仍存在行政区范围内发展各自为政的局面
4) 城镇体系不健全，空间结构不合理
5) 整体经济发展水平不高，城市间经济发展水平差距过大
6) 尚未形成区域统一市场，影响要素跨区域流动
7) 其他（请注明）＿＿＿＿＿＿＿＿＿＿＿＿＿＿＿＿

7. 您认为到 2030 年京津冀都市圈的区域一体化或区域协调发展程度会＿＿＿＿＿＿
1) 有很大程度的提高
2) 略有提高
3) 不会有太大变化
4) 有所降低

8. 您认为到 2030 年京津冀都市圈是否有望成为支撑北京建设世界城市的全球城市区域？＿＿＿＿＿＿
1) 很有可能（已成为全球城市区域）
2) 有可能（已具备雏形）
3) 不太可能（但未来有潜力）
4) 不可能（没有可能性）

9. 相比于我国其他中心城市（香港、上海等），您认为北京建设世界城市的主要优势是（可多选）＿＿＿＿＿＿
1) 大国首都
2) 智力资源（人才和创新能力）优势
3) 文化资源优势
4) 区位优势（便捷的国际、国内交流，较好的区域基础等）
5) 经济基础（已经形成的产业集聚）优势
6) 其他（请注明）＿＿＿＿＿＿＿＿＿＿＿＿＿＿＿＿

10. 相比于我国其他中心城市（香港、上海等），您认为北京建设世界城市的主要劣势是（可多选）＿＿＿＿＿＿
1) 资源紧缺（如土地、水资源等）
2) 经济实力或经济地位仍不够突出
3) 市场化程度偏低、经济活力不足
4) 区域基础相对薄弱
5) 对外交通功能不完整，没有出海口
6) 其他（请注明）＿＿＿＿＿＿＿＿＿＿＿＿＿＿＿＿

11. 奥运会后，北京提出建设"人文北京、科技北京、绿色北京"的发展目标。除了以上表述，您认为下列表述中，哪些能够准确反映未来北京的城市定位或城市形象？（可多选）＿＿＿＿＿＿
1) 服务型城市
2) 便捷型城市

3）节约型城市

4）安全型城市

5）健康型城市

6）信息城市

7）创新城市

8）宜居城市

9）低碳城市

10）生态城市

11）和谐城市

12）文化城市

12. 请提出您对 2030 年北京城市发展定位（理念或形象）的表述：
_____

第二部分：人口发展

13. 目前，北京市常住人口已近 2000 万人，您认为 2030 年时，北京市常住人口将可能达到_____；您认为作为国际大都市，北京市未来常住人口比较合理的规模是_____

1）2300 万人左右

2）2500 万人左右

3）2700 万人左右

4）2900 万人左右

5）达到或超过 3000 万人

6）其他（请注明）_____

14. 2008 年，北京市城镇人口占常住人口的 84.9%，您认为 2030 年时，这一比例将可能达到_____

1）88%

2）90%

3）92%

4）95%

5）其他（请注明）_____

15. 根据第五次人口普查，2000 年时北京市 65 岁及以上老年人口占总人口的 8.4%。2008 年时，根据人口变动情况抽样调查数据，北京市 65 岁及以上老年人口占总人口的 10.3%。您认为 2030 年时，北京市 65 岁及以上老年人口占总人口的比例将可能达到_____

1）15%

2）17%

3）20%

4）其他（请注明）_____

16. 近年来，北京市人口老龄化趋势加速，您认为 2030 年时北京市人口老龄化趋势将_____

1）持续加速

2）趋于稳定

3）有所减缓

17. 根据第五次人口普查，2000 年时北京市 6 周岁及以上人口中接受大学（指大专以上）教育的占 17.5%。2008 年时，根据人口变动情况抽样调查数据，这一比例达到 28.2%。您认为 2030 年时，北京市 6 周岁及以上人口中接受大学（指大专以上）教育的比例将可能达到_____

1）35%

2）40%

3）50%

4）其他（请注明）_____

第三部分：经济发展

18. 2008 年，北京市 GDP 突破 1 万亿元，人均 GDP 超过 6 万元。您认为到 2030 年，北京市 GDP 将可能达到_____

1）3 万亿元

2）3.5 万亿元

3）4 万亿元

4）4.5 万亿元

5）5 万亿元或以上

6）其他（请注明）_____

人均 GDP 将可能达到_____

1）10 万元/人

2）15 万元/人

3）20 万元/人

4）25 万元/人或以上

5）其他（请注明）_____

19. 近年来，北京市经济保持快速增长，增长速度保持在两位数以上。您认为未来 5 年、未来 10 年和未来 20 年，北京市经济年均增长速度将分别保持在：（请在相应数值下画钩）

时间	1）5%以下	2）5%	3）6%	4）7%	5）8%	6）9%	7）10%	8）10%以上
未来 5 年								
未来 10 年								
未来 20 年								

20. 目前，北京市已实现以第三产业为支柱的经济结构转型，第三产业比重超过 70%。您认为到 2030 年，北京市经济结构中第三产业比重将可能达到_____

1）75%

2）80%

3）85%

4) 85％以上

5) 其他（请注明）＿＿＿＿＿＿＿＿＿＿＿＿

21. 您认为北京市制造业中，未来最具发展潜力的产业是（可多选）＿＿＿＿＿＿

1) 电子与信息技术

2) 光机电一体化

3) 生物工程和新医药

4) 汽车制造业

5) 新材料

6) 新能源

7) 环保产业

8) 其他（请注明）＿＿＿＿＿＿＿＿＿＿＿＿

22. 您认为北京市现代服务业中，未来最具发展潜力的产业是（可多选）＿＿＿＿＿＿

1) 金融保险业

2) 房地产业

3) 商务服务业

4) 信息服务业

5) 科技服务业

6) 创意文化产业

7) 旅游、会展业

8) 其他（请注明）＿＿＿＿＿＿＿＿＿＿＿＿

23. 您认为到 2030 年，支撑北京城市经济的主导产业是（可多选）＿＿＿＿＿＿

1) 现代制造业

2) 金融、保险、房地产业

3) 创意文化产业

4) 信息技术与信息服务业

5) 旅游业

6) 科学研发和技术服务业

7) 商务服务业

8) 其他（请注明）＿＿＿＿＿＿＿＿＿＿＿＿

第四部分：资源环境

24. 与主要世界城市相比，北京作为国际大都市您认为其目前整体生态环境水平是＿＿＿＿＿＿

1) 超过国际大都市应有的水平

2) 与国际大都市应有水平基本相当

3) 低于国际大都市应有的水平

4) 远低于国际大都市应有的水平

25. 您认为目前北京市最突出的环境问题是什么？（可多选）＿＿＿＿＿＿

1) 水污染

2）大气污染

3）绿化不足

4）固体废弃物污染

5）其他（请注明）_____

26. 您认为以下哪些途径可以帮助缓解目前北京市的环境问题？（可多选）_____

1）控制人口增长

2）控制汽车保有量增长

3）调整产业结构，减少高资源消耗、高污染企业

4）加强宣传，提高政府、市民的环保意识

5）建立有效的监督机制

6）其他（请注明）_____

27. 您认为目前北京是否达到"宜居城市"的标准？_____如果否，您认为2030年时北京是否有望建设成为"宜居城市"？_____

1）是

2）否

3）不确定

28. 您认为目前北京建设"宜居城市"最大的制约性因素是（可多选）_____

1）政府环境治理投入不足

2）工业污染严重

3）汽车尾气污染严重

4）人口增长过快

5）周边区域生态环境比较脆弱，破坏严重

6）其他（请注明）_____

29. 您认为以下哪些途径可以帮助缓解北京市用水紧张的问题？（可多选）_____

1）控制人口增长

2）提高居民节水意识

3）限制大用水行业发展

4）加快从外地调水入京

5）其他（请注明）_____

30. 您认为2030年时北京市是否会因能源短缺而制约经济发展？_____

1）是

2）否

3）不确定

31. 您认为以下哪些途径可以帮助缓解北京市能源紧张的问题？（可多选）_____

1）加快调整产业结构

2）扩大可再生能源的使用

3）推广节能技术

4）提高政府、市民的节能意识

5）其他（请注明）_____

第五部分：空间发展

32. 您认为目前北京是否存在"城市蔓延"现象？_____

1）是

2）否

3）不确定

如果是，您认为以下哪些因素造成了北京的"城市蔓延"？_____

1）环线建设

2）城市轨道交通建设

3）近郊大规模住宅开发

4）郊区工业区、开发区建设

5）外来人口在城市边缘地区的集中

6）其他（请注明）_____

33. 您认为目前北京城市空间结构的主要特征是_____

1）单中心结构

2）基本形成多中心结构雏形

3）已形成多中心结构

4）其他（请注明）_____

34. 您认为目前北京是否已在传统的城市中心（CBD）外形成了新的经济集聚中心？_____

1）是

2）否

3）不确定

如果是，您认为这些集聚中心包括（可多选）_____

1）中关村地区

2）奥林匹克中心区

3）亦庄

4）顺义新城

5）通州新城

6）大兴新城

7）其他（请注明）_____

35. 您认为以下论述中，哪些是对未来北京城市增长或空间发展趋势的准确描述？_____

1）郊区新城建设将无法有效遏制中心城扩张，中心城将进一步"摊大饼"式的向外蔓延

2）随着郊区新城建设，中心城规模扩张将得到有效遏制，北京将形成以中心城和郊区新城组成的多中心空间格局

3）郊区新城建设将加速城市整体蔓延，随着中心城和新城规模扩张，中心城将与近郊新

城连接，形成市域范围的整体蔓延趋势

4）其他（请提出您的描述）_____

36. 目前，北京市中心城建成区规模已基本突破五环路，您认为到 2030 年时，北京市中心城建成区规模将_____

1）主要向北扩张，并突破六环路

2）主要向东扩张，并突破六环路

3）主要向南扩张，并突破六环路

4）沿环线整体向外扩张，并突破六环路

5）其他（请注明）_____

37. 您认为 2030 年时北京市三个重点新城的人口规模将分别可能达到_____（请在相应数值下画钩，或写下您认为的可能值）

区	1）60 万人	2）70 万人	3）80 万人	4）90 万人	5）100 万人	6）其他（请注明）
亦庄						
顺义						
通州						

38. 2008 年，北京市城八区常住人口占全市 61.6%。您认为到 2030 年，这一比例将是_____

1）60%

2）50%

3）40%

4）其他（请注明）_____

39. 您认为未来（到 2030 年）北京市四大功能区人口分布趋势是_____（请在相应选项下画钩）

地区	占全市总人口比重					
	1）显著增加	2）略有增加	3）基本不变	4）略有降低	5）显著降低	6）不确定
首都功能核心区（东城、西城、崇文、宣武）						
城市功能拓展区（朝阳、丰台、石景山、海淀）						
城市发展新区（房山、通州、顺义、昌平、大兴）						
生态涵养发展区（门头沟、怀柔、平谷、密云、延庆）						

40. 您认为以下哪些措施将有助于控制未来北京中心城"摊大饼"式的空间扩张？_____

1）加强土地规划与管理

2）加强产业布局引导

3）加强人口布局引导

4）加快郊区新城建设

5）疏散中心城过度集中的社会服务设施和职能

6）其他（请注明）_____

41. 您认为以下论述中，哪个是未来北京作为国际大都市最适宜的城市发展模式？_____

1）以中心城为核心的紧凑型发展模式

2）以中心城为核心、郊区新城为次中心的多中心发展模式

3）中心城、郊区新城并重的多中心、网络化发展模式

4）其他（请注明）_____

42. 目前，北京市机动车保有量突破 400 万辆。您认为到 2030 年，北京市机动车保有量将可能达到_____；您认为作为国际大都市，北京市适宜的机动车保有量规模是_____

1）1000 万辆或以下

2）1200 万辆

3）1400 万辆

4）1600 万辆以上

5）其他（请注明）_____

43. 您认为大力发展城市公共交通是否会有效抑制北京私人汽车的增长？_____

1）很大程度上会

2）一定程度上会

3）基本不会

4）不确定

44. 您认为目前北京市居民最主要的交通出行方式是_____；您认为 2030 年时北京市居民最主要的交通出行方式将可能是_____

1）使用私家车出行

2）以地铁、轻轨为主的公共交通

3）以公交车为主的公共交通

4）其他出行方式（请注明）_____

45. 您认为目前北京城市公共交通主要存在以下哪些问题？（可多选）_____

1）不准时，等车时间太长

2）站点设置不合理

3）行车速度慢

4）太拥挤

5）服务差

6）设施条件差

7）其他（请注明）_____

46. 您认为以下哪些方面的改变会使更多的北京市民愿意使用公共交通？（可多选）_____

1）出台更多的鼓励政策和优惠措施

2) 提高公共交通服务和设施水平
3) 更合理地布置站点和完善线路
4) 加大快速公交方式，如轨道交通、快速公交通道等的建设
5) 使用私家车成本不断增加
6) 其他（请注明）＿＿＿＿＿＿＿＿

47. 您认为以下哪些措施可以帮助缓解北京市交通拥堵的问题？（可多选）＿＿＿＿＿＿＿

1) 控制购买私人汽车
2) 大力发展公共交通，并坚持低票价
3) 引导私人汽车的使用，如通过汽车尾号限行措施等
4) 合理规划，降低城市内部的职住分离
5) 加快道路基础设施建设
6) 征收汽车拥堵税
7) 其他（请注明）＿＿＿＿＿＿＿＿

第六部分：社会发展

48. 从以下各方面来看，以伦敦、纽约、东京等全球城市为参照，您认为到 2030 年北京是否有望达到高端国际大都市应有的水平？（请在相应选项下画钩）

项目	1) 仍有较大差距	2) 有一定差距	3) 基本可以达到	4) 有望超过
居民收入水平				
社会保障体系				
公共服务体系				
城市安全保障（防灾减灾）体系				
城市信息化水平				
城市基础设施水平				
城市管理水平				
城市碳排放水平				

49. 您认为未来 20 年北京市居民收入"基尼系数"的变化趋势是＿＿＿＿＿＿＿

1) 有所增加
2) 基本不变
3) 有所降低
4) 不确定

50. 您认为未来 20 年北京市居民收入差距的变化趋势是＿＿＿＿＿＿＿（请在相应选项下画钩）

差距项	1) 显著增加	2) 有所增加	3) 基本不变	4) 有所降低	5) 显著降低	6) 不确定
行业差距						
城乡差距						
教育差距						

51. 您认为到 2030 年，北京城市系统压力的状态将趋于＿＿＿＿＿＿＿

1）较现在有较大改善

2）较现在有一些改善

3）与目前状态基本相同

4）将面临更多问题

52. 您认为到 2030 年，北京城市公共安全的问题可能会趋于集中在哪些方面？（可多选）_____

1）交通安全问题

2）社会治安问题

3）生态安全问题

4）基础设施运行安全问题

5）其他（请注明）_____

53. 为建设创新型城市，北京提出加大科技投入，计划到 2010 年全社会科技研发经费支出占 GDP 比重要达到 6%。您认为到 2030 年，北京市全社会科技研发经费支出占 GDP 比重将可能达到_____

1）6%

2）8%

3）10%

4）其他（请注明）_____

54. 您认为到 2030 年，北京市创新型城市的建设程度将达到_____

1）国内领先水平，但仍低于世界城市的一般水平

2）国内领先水平，并达到世界城市的一般水平

3）世界城市的领先水平

4）其他（请注明）_____

55. 您认为未来北京市建设创新型城市的重点是_____

1）区域创新体系（或创新环境）建设

2）自主创新能力建设

3）加强区域创新合作

4）创新型人才培养

5）其他（请注明）_____

56. 您认为从现在到 2030 年，北京科技促进城市发展的路径和模式将呈现怎样的趋势？_____

1）仍将延续政府主导型模式

2）向市场导向型模式转变

3）向学研拉动型模式转变

4）向产业牵引型模式转变

5）向混合模式转变

57. 您如何评价目前北京市信息化水平？_____（请在相应选项下画钩）

项目	1) 很差	2) 较差	3) 一般	4) 较好	5) 很好
信息基础设施建设水平 （包括信息网络、信息资源库等的建设）					
城市管理与运行的信息化水平 （包括电子政务，城市应急救灾、城市规划管理、城市交通管理、城市环境监控等信息系统）					
城市公共服务与社区的信息化水平 （包括社会保障服务信息系统、医疗信息服务系统、科技教育信息系统、旅游娱乐信息系统、社区信息化服务系统等）					
城市产业与经济的信息化水平 （包括企业信息化、电子商务，以及信息产业的发展等）					

58. 您认为未来北京市信息化建设的重点是_____

1) 城市信息网络基础设施建设

2) 城市信息资源库（如自然资源和空间地理基础信息库、公共设施信息库、人口信息库、企业信息库、信用信息库）建设

3) 电子政务建设

4) 城市管理与运行信息系统建设

5) 公共服务信息系统建设

6) 促进企业信息化和电子商务发展

7) 促进信息产业发展

8) 其他（请注明）_____

第七部分：个人基本信息

59. 您的年龄_____

1) 35 岁以下

2) 36~55 岁

3) 56 岁以上

60. 您在北京工作、居住的时间_____

1) 5 年以下

2) 5~10 年

3) 10~20 年

4) 20 年以上

5) 从未在北京工作或居住过

61. 您的研究领域和方向_____

1) 城市规划

2) 地理学

3）经济学
4）管理学
5）社会学
6）其他（请注明）＿＿＿＿＿＿＿＿＿＿
62. 您的工作单位＿＿＿＿＿＿＿＿＿＿＿＿＿＿＿＿＿＿＿＿＿＿＿＿＿＿＿＿